KB208529

도올 김용옥의 금강경 강해

법정法頂 스님 서문
도올 김용옥 지음

통나무

차 례

서 문

- 법정法頂 -

『금강경金剛經』은 대승경전大乘經典 중에서도 가장 널리 읽히는
불타 석가모니의 가르침이다. 초기에 결집結集된 경전이라, 그만큼
그 형식이 간결하고 소박하다. 다른 대승경전에서처럼 도식화된 현
학적인 서술이 거의 없다. 공空의 사상을 담고 있으면서도 공空이란
용어마저 쓰지 않는다.

대장경 속에 들어 있는 수많은 가르침 중에서 이『금강경』은 패기에
가득 찬 가장 젊은 사상이라고 할 수 있을 것이다. 경전 여기저기에
읽는 사람의 눈을 번쩍 뜨게 하고 참신한 사상의 맥박이 약동하고
있다.

강을 건너는 뗏목의 비유를 들면서 부처의 가르침에도 얽매이지
말고 자유로워지라고 부처 자신의 입으로 말하고 있다. 온갖 명칭과

겉모양에 팔리지 않는 사람만이 진리를 볼 수 있다고 설파한다. 자신의 선한 행위에 안으로나 밖으로나 털끝만치라도 집착하지 않아야 진정한 보살이라고 거듭거듭 강조한다.

이와 같이 거리낌이 없는 가르침이기 때문에 동서고금을 가릴 것 없이 많은 수행자들이 이『금강경』을 통해서 깨달음을 이루었다. 그래서 선종禪宗에서는 일찍부터 이 경전을 소의경전所依經典으로 삼았다.

길은 누구나 가라고 열려 있고, 가르침은 듣고서 함께 나누어 가지라고 말해진 것이다. 도올 김용옥 거사居士는 이『금강경』을 대하자 책의 향기에 흠뻑 취해버리고 말았다고 한다. 그는 이 경에서 인류 최고의 지혜를 발견한 느낌이라고 털어 놓았다.

『금강경』에서 받은 감동이 너무도 커서 동시대의 사람들에게 전달하지 않으면 안될 것 같은 구도자적인 심정에서, 미친 듯이 매달려 단시일 안에 이 원고를 완성한다. 그리고 그는 자기 평생의 종교적 체험을 이 강해講解에 모두 쏟아 부어 한 자리에 회통會通시키려고 시도한다. 이 책을 대하는 독자들은 그의 투철한 탐구정신과 해박하고 걸찍한 언어의 구사력에 놀라면서, 끝까지 읽으려면 적잖은 인내력을 발휘해야 할 것이다.

불자들에게는『금강경』이란 경전이 널리 알려져 독송되어 왔지만, 일반인들은 그 이름은 들었어도 실제로 접할 기회가 별로 없었을 것이다. 이번에 나온 이 『금강경 강해金剛經 講解』가 불자들에게는 새 그릇에 담긴 새 법문法門이 될 것이고, 가치의식이 전도된 이 땅의 혼미한 지식사회에는 새로운 사상의 지평을 제시하는 담론談論이 되리라 믿는다.

끝으로, 저자의 이름 아래 생소한 거사居士의 호칭을 붙인 것은, 그 어떤 기존의 틀에도 안주하려고 하지 않는 그이지만, 가까이서 지켜본 그의 뜻과 삶의 자세가 재가불자在家佛子의 길을 가고 있기 때문이다.

도올 거사居士의 구도자적인 그 기상과 작업을 함께 기뻐하면서 책 머리에 사족을 붙인다.

이 책을 대하는 사람마다 금강金剛의 큰 지혜로써 이 어렵고 험난한 풍진세상을 무난히 헤쳐 나아가기를.

금강 반야 바라밀!

99년 가을

들어가는 말

나는 과연 어떠한 종교를 믿는 사람일까? 나는 독실한 기독교집안에서 태어났다. 나의 어머니는 이화학당을 다니면서 개화의 물결의 선두에 섰고 나의 아버지 역시 휘문고보 시절부터 기독교야말로 우리민족을 구원할 수 있는 유일한 소망이라는 믿음을 받아들였다. 그래서 개화된 의사집안 광제병원 일가의 막둥이로 태어난 나는 태어나자마자 유아세례를 받았고 장성하여서는 목사가 되기 위해 신학대학까지 들어갔다.

그렇지만 우리 집안은 증조부가 조선말기에 종2품 전라도병마절도사, 중추원中樞院 칙임의관勅任議官까지 지낸 사람이고, 할아버지도 무과에 급제하여 동복군수를 지내었다. 조부는 아관파천 이후 덕수궁돌담 쌓는 작업을 총감독하고 정3품 당상관의 지위에까지 오른 사람인데, 일제에 강점을 당하자 일체의 작위를 거부하고 은거한 선비였다. 그러니 우리 집안은 고지식한 전통적 사대부 가문의 유교적 풍도를 고스란히 물려받은 분위기에 깊게 물들여져 있었다. 그것이 내가 지금 한시漢詩까지 자유롭게 쓸 수 있는 한학漢學의 소양의 밑거름이 되었다. 다시 말해서 유교의 바이블이라고 할 수 있는 사서삼경四書三經의 언어가 머릿속에 가득차 있는 것이다.

그런데 또 내가 학문을 하겠다는 실존적 자각을 하게 되고부터 나의 사유의 출발이 된 경전은 유교경전이 아닌, 도가경전이다. 다시 말해서 나의 학문의 적통은 『노자』와 『장자』, 즉 노장사상이다. 나의 기철학의 출발이 『노자도덕경』에서부터 이루어졌다는 것은 내가 누누이 언명한 것이다. 그리고 나는 학문적으로 노장철학 방면에 있어서는 세계적으로 어느 누구도 범치못할 확고한 문헌실력과 학문방법을 다져왔다. 뿐만 아니라 나는 춘추제가경전 중에서 외도라 할 수 있는 『한비자』『묵자』『순자』『회남자』『손자』『내경』 등의 외경을 폭넓게 공부했으니, 법가法家, 묵가墨家, 음양가陰陽家라고 말해도 크게 어긋나지 않는다.

그런데 나는 대학시절부터 이미 삭발하고 절간에 들어가 입산수도入山修道하는 승려의 체험을 했고, 또 『대장경』이라는 방대한 서물 속에서 허우적거린 지도 벌써 30년을 지냈을 뿐 아니라, 불교계에 파문을 던지는 적지않은 서적을 썼고 여기 저기 대찰에서 설법說法을 하는 위치에 서게 되었으니 독실한 불자라 말해도 그리 이상할 것이 없다. 당신은 기독교인이요? 불교인이요? 유교인이요? 도교인이요? 선교인이요? 천도교인이요? 원불교인이요? 역술가요? 침술가요? 명리가요? 도대체 뭐요?

도대체 내 종교가 무엇인가? 나는 과연 어떤 종교의 사람이라 해야 할 것인가? 이런 질문은 정말 나를 곤혹스럽게 만든다. 나와 같은 삶의 역정을 가진 사람이 타인에게 줄 수 있는 혼란은 쉽게 이해가 갈 수 있는 것이다. 그러나 정작 곤혹스러운 것은 내가 아니다. 바로 그러한 질문을 던지고 있는 그 사람들이 곤혹스러운 것이다.

"당신의 종교가 무엇입니까?"라는 질문은 그 당신이 꼭 어느 특정 종교의 사람이 되어야 한다는 전제를 가질 때만이 성립할 수 있는 질문이다. 이러한 질문을 던지는 사람들을 위하여 간결하고 소박하게 나의 평소 견해를 여기 밝히려 한다. 이것은 바로 『금강경』이라는 서물을 이해하는데 큰 도움을 주기 때문이다. 그리고 이것은 내가 나의 인생을 살아온 자그마한 실존적 원칙같은 것이래서 많은 사람에게 여실하게 참고가 될 수 있을 것이다. 같은 시대에 같은 공기를 들여마시고 사는 한 사람이 생각하고 살아가는 방식이기 때문이다. 요즈음 같이 자유로운 "민주세상"에 한 사람이 그렇게 생각하고 그렇게 살고 있다는 그 여실한 모습이야, 범법을 하지 않는 이상, 윽박지르거나 묵살하거나 할 수는 없는 노릇이다.

제1명제: 종교는 신앙이 아니다. 종교는 더더욱 신앙의 대상이 아니다.

종교는 꼭 믿어야 하는 것이라는 생각은 매우 어리석은 것이다. 생각해 보자! 여기 어떤 사람이 눈사람이 땡볕 아래서 절대 녹지 않을 것이라는 믿음을 가졌다고 하자! 그 믿음이 그에게 있어서 매우 소중한 것이었고 확고한 것이었다 한들, 눈사람을 땡볕에 놓고 보니 녹더라는 현상의 분석보다 구극적으로 더 강렬하고 보편적인 믿음이 될 수는 없는 것이다. 일시적으로 그에게 눈사람은 녹지 않는다는 믿음이 성립되었다 하더래도, 또 그와 같은 믿음이 상당수의 사람들에게 공유된다 하더래도, 결국 눈사람이 땡볕 더위 속에서 녹는다는 사실은 매우 쉽게 관찰될 수 있는 사실로서 보다 일상적이고 보다 보편적인 "믿음"을 형성하고 있다는 것이다. 다시 말해서 우리가 믿음이라고 생각하지 않는 믿음들이 더 강렬한 믿음일 수도 있다는 것이다. 다시 말해서 종교는 믿지 않아도, 세밀하게 깊게 관찰하고 분석하고 그냥 사실을 아는 것만으로도 종교가 될 수 있다는 것이다. 꼭 사람이 죽었다가 다시 살아났다(부활했다)는 것을 믿어야만 종교가 되는 것이 아니라, 그냥 사람은 죽는다는 것을 아는 것만으로도 훌륭한 종교가 될 수 있다는 것이다. 뿐만 아니라 사람이 그냥 살아가고 있다는 것만으로도 훌륭한 종교가 될 수 있는 것이다.

사도바울 선생이 이런 말씀을 하신 것을 한번 기억해보자! 그 유명한 『고린도전서』 13장 사랑장에 있는 말씀을:

> 우리가 부분적으로 알고 부분적으로 예언하니, 온전한 것이 올 때에는 부분적으로 하던 것이 폐하리라. 내가 어렸을 때에는, 말하는 것이 어린 아이와 같고, 깨닫는 것이 어린 아이와 같고, 생각하는 것이 어린 아이와 같다가, 장성한 사람이 되어서는 어린 아이의 일을 버렸노라. 우리가 이제는 거울로 보는 것 같이 희미하나 그 때에는 얼굴과 얼굴을 대하여 볼 것이요, 이제는 내가 부분적으로 아나 그 때에는 주께서 나를 아신 것 같이 내가 온전히 알리라.

이 얼마나 훌륭한 말씀인가? 부분적으로 알던 것이 온전하게 알 때에는 폐하리라 한 것은 곧 부분적으로 아는 것에서 전체적으로 아는 것으로 확대되어 갈 때에, 이런 지식의 확대만으로도 훌륭한 깨달음, 훌륭한 종교가 성립한다는 것을 의미하는 것이다. 이것은 나의 말이 아니라 사도바울의 말씀이다. 맹자孟子는 이것을 "확이충지擴而充之"라 하지 않았는가? 여기 "거울" 얘기가 나오는데, 희랍시대의 거울이란, 박물관에 진열된 우리 옛날 거울도 마찬가지였지만, 요새와 같은 유리거울이 아니었고, 동판거울(동경銅鏡)이었던 것이다. 쑤세미에 돌가루를 문대어 닦아놓은 동판거울에 얼굴을 비추어보면 항상 희미하고 뿌열 것이다. 이런 비유는 실상 고린도라는 희랍의 도시에서 동판거울이 많이 생산되었었기 때문에 생겨난 비유였다.

그 뿌연 거울을 들여다 보는 것과도 같은 희미한 인식에서 얼굴과 얼굴을 마주 들여다보는 것과도 같은 맑은 인식으로 우리의 앎이 확대되고 깊어지는 현상을 사도바울 선생께서는 "사랑"이라 표현했던 것이다. 즉 사랑이란 **부분적인 앎**에서 **전체적인 앎**으로의 확대를 의미하는 것이다. 우리가 어떤 것을 진정으로 사랑한다는 것은 그것을 부분적으로 알 때보다는 온전하게 전체적으로 알 때에 비로소 가능해지는 것이다. 괴팍한 남편(아내)일지라도 전체적으로 알고 이해할 때에 비로소 참으로 사랑을 하게 되는 것이다. 사람이 죽는가? 사는가? 꼭 죽을 것인가? 죽지 않을 수도 있을 것인가? 죽으면 못 살아나는 것인가? 죽었다가도 살아 날 수 있는 것일까? 이런 모든 질문이 결국 부분적 앎에서 생겨나는 것이다. 온전한 앎이 올 때에는 이러한 부분적 앎이 폐하게 되는 것이다. 이러한 아이더 오아

(either-or, 이것 아니면 저것)의 질문이 다 폐하게 되는 것이다. 왜 꼭 종교가 신앙이 되어야 하는가? 종교가 사랑이 될 수도 있고, 종교가 단순한 지식이 될 수도 있고, 종교가 지식의 온전한 확대에서 오는 깨달음일 수도 있는 것이다. 어찌하여 하나의 고정된 믿음체계나 교리체계를 신앙의 대상으로 강요하는 것만이 종교라고 생각하는가? 나 도올은 말한다. 종교는 신앙이 아니다.

제2명제: 종교의 주제는 신이 아니다. 신이 없이도 얼마든지 종교가 될 수가 있다.

이 두 번째 명제는 실상 상식적인 경우, 제1명제 속에서 포함되어 있던 것이다. 다시 말해서 대개 상식적으로 신神(=God)을 말하는 경우, 신은 초월적인 존재자가 되어야만 하고, 초월적인 존재자가 된다고 하는 것은 곧 바로 믿음 즉 신앙(Faith)의 대상이 된다고 하는 것을 의미하기 때문이다. 신이 존재자이고 그것이 초월적이라고 하는 생각은, 신은 우리의 상식적 감관에는 포착되지 아니하며 그의 언어·행동방식이 우리의 상식과 맞아떨어지지 않는 상황이 많기 때문에, 그것은 우리의 상식에 기초한 합리적 이성적 판단의 대상이 아니고, 따라서 이성을 초월하는 비합리적 신앙의 대상이 될 수밖에 없다고 하는 생각을 전제로 한 것이다. 여기서 우리는 바로 신앙과 이성의 이원론적 대립이라고 하는 서양 중세철학의 케케묵은 전형적 개념의 짝의 본질을 발견하게 되는 것이다. 그러나 종교가 꼭 믿음이어야만 할 필요가 없다고 할 때 이러한 이원적 대립은 근본적으로 해소되어버리고 또 신앙의 대상으로서의 신神의 존재가 종교의 필요충분조건일 필요가 하나도 없게 되는 것이다. 그런데 과연 신이란 존재하는 것일까? 존재한다면 과연 어떤 모습을 하고 있는 것일까? 미켈란제로가 그린 털보아저씨의 모습일까? 그렇지 않다면 과연 신이란 무엇인가?

이러한 질문 자체가 매우 우매한 질문이기 때문에 나는 구차스럽게 대답할 필요를 느끼지 않는다. 또 그러한 질문을 진지하게 내가 인정한다고 할 때는 나는 그러한 질문에 방편적으로 대답할 수 있는 모든 대답을 예비하고 있지만, 너무 갑자기 결론을 내리는 것은 별로 재미가 없기 때문에, 나의 구업口業은 여기서 삼가는 것이 좋을 것이다.

"토끼뿔은 몇 그램이냐?"하고 누가 다짜고짜 물을 때, 토끼뿔의 중량에 대한 세세한 논의를 하면서 세월을 낭비한다는 것이 어리석은 일이라는 것은 누구나 상식적으로 알 수 있는 것이다. 근본적으로 있지 않은 것에 대하여 그 존재의 가능태에 대한 우리의 상상력 때문에 그 존재의 속성에 관하여 논의를 한다는 것은, 때로 재미가 있거나 유의미할 수 있을지는 몰라도, 근본적으로 아무런 소득이 없을 뿐 아니라 결말이 날 수가 없는 것이다.

지나가다가 길거리에서 한 옛친구를 만났는데, 그 친구가 다짜고짜 "요즘은 마누라 안 때리냐?"(Did you stop beating your wife?)라고 나에게 묻는다면, 마침 내가 평소 마누라를 패던 사람이라면 이 질문은 대답이 가능할 수 있어도, 근본적으로 내가 마누라를 팬 적이 없는 사람이라면 전혀 "응,""아니"라는 대답을 할 수가 없게 된다. 다시 말해서 인간의 판단이라는 것은 근본적으로 어떤 전제 (presupposition)의 맥락을 가지고 있다는 것이다. 신에 관한 대부분의 논의가 이러한 문화적 전제 속에서 이루어지는 것이다. 전혀 다른 문화의 언어께임 속에서 살고 있을 때 우리는 그러한 질문에 대답을 할 필요를 근원적으로 느끼지 않는다. "신은 존재하는가?" "신은 하나냐? 둘이냐?" "신은 무엇이냐?" 이와 같은 질문들은 "당신은 요즈음도 부인을 때리십니까?" "술 끊으셨습니까?"와 동일한 류의 질문일 수 있다는 것이다. "신은 존재하는가?"라는 질문에서 "신은"이라는 주부主部 속에는 이미 "신의 존재성存在性"이 포함되어 있으므로 그 질문은 근본적으로 성립될 수가 없는 것이다. "신은"이라는 말은 이미 신이 존재한다고 하는 전제를 가지고 있는 것이다. 그러므로 "존재하는 신은 존재하는가?"와 같은 무의미한 토톨로기 (동어반복)가 되어버릴 뿐이다. "까만 새는 까만가?"라는 질문에 새로운 내용을 첨가할 필요가 전혀 없다는 것은 누구든지 상식적으로 알 수 있을 것이다.

나는 이런 소소한 끝도 없는 이야기를 할 필요를 느끼지 않는다. 단지 신에 대한 모든 이야기는 그 신이라는 주부主部가 주부로서 그냥 성립할 수 있는 것이 아니라, 그 신이라는 말을 하는 화자話者의 의미체계에 있어서 규정되고 있는 수많은 숨은 술부적述部的 전제를 확실히 드러내지 않는 한, 그 어떠한 논의도 무의미해진다는 것이다. "신은 존재하는가?"라는 말을 하는 사람에게 있어서 신이 "사랑"이었다면 이것은 곧 "사랑은 존재하는가?"라는 명제로 환원될 것이다. "신은 존재하는가?"라는 말을 하는 사람에게 있어서 신이

"전지전능한 아저씨"였다면, 그 질문은 "전지전능한 아저씨는 존재하는가?"가 될 것이다. "신은 존재하는가?"라는 말을 하는 사람에게 있어서 신이 "내 운명을 관장하는 힘"이었다면, 그 질문은 곧 "내 운명을 관장하는 힘은 존재하는가?"라는 명제로 환원될 뿐이라는 것이다. 신이라는 주어의 술부적 속성이 기술(Description)될 때만이 그 맥락에서 구체적이고 생산적인 논의가 가능해진다는 것이다.

그런데 일반 보통사람들은 이런 말을 알아듣는다 해도, 이런 엄밀한 철학적 규정을 별로 좋아하지 않는다. 그리고 그냥 "하나님," "하느님"을 말하기를 좋아한다. 그리고 보통 종교를 "신에 대한 믿음"이라고 생각한다. 신이 무엇인지 규정할 필요도 없이 그냥 믿으라는 것이다. 도대체 뭘 어떻게 믿으라는 것인가?

그런데 이런 말을 하는 사람들의 대부분이 신은 어떤 전지전능한 유일한 절대자, 우주의 시공 속의 모든 존재를 처음부터 끝까지 관장하는 절대자라는 어떤 막연한 "초월신＝유일신"이라는 생각의 도식에 사로잡혀 있다. 절대자가 있으니 믿으라는 것이다. 절대자가 있다는 것(존재)과 그것을 믿어야 한다는 당위는 도대체 어떠한 필연적 관계를 가지고 있는 것일까? 도대체 어떠한 근거 위에서 그 필연성이 도출되는 것일까?

그런데 믿음의 대상으로서 신神을 말하는 대부분의 사람들이 "유일신" 즉 하나밖에 없는 신을 고집한다. 이 우주에 단 하나밖에 있을 수 없는 신이 존재한다는 것이다. 다시 말해서 자기가 믿는 신만이 우주 전체에 유일무이하게 존재하는 신이라는 것이다. "유일무이하게 존재한다는 것," 참 그것이 무슨 말인지 도무지 알 수가 없으나, 유일무이하게 존재한다는 것은 논리적으로 모든 타 존재를 배제한다는 뜻이 된다. 이렇게 되면, 모든 타 존재를 배제하는 유일무이한 존재라는 것은, 스피노자의 말대로 존재存在하는 모든 것이 될 수밖에 없다. 보다 쉽게 말하면 우주에 유일무이한 존재라는 것은 우주 전체 그 자체가 될 수밖에 없다는 것이다. 왜냐하면 그 존재가 우주 밖에 있다면 그 존재는 또다시 한정되는 일자一者가 될 수밖에 없음으로, 타 존재를 인정할 수밖에 없게 되는 것이다. 그런데 보통 유일신임을 자처하는 모든 신들이 이름을 가지고 있고 또 어떤 한정된 모습을 가지고 존재하고 활동하고 있다. 여기서 "존재한다"는 뜻은 저기 있는 저 나무나 의자처럼 "실체로서 있다"는 뜻이다. 그럼 과연 신이란 우주 밖에 있거나 우주 내에 있는 어떤 물체인가?

흔히 유일신이라고 종교적 신앙의 대상으로서 경배하는 존재의 대표적 예로서 우리는 야훼, 혹은 여호와 하나님, 혹은 주 예수그리스도의 아버지인 하나님을 들 수 있다. 그리고 이 여호와 하나님을 믿는 우리나라의 기독교인들은 모두 한결같이 여호와 하나님만이 우주에 존재하는 유일무이한 하나님이라고 강변한다. 이 말에 거슬렸다간 뼈도 못추리는 것이다. 그런데 재미있는 것은 여호와 하나님께서, 바로 하나님 당신께서 당신이 유일무이한 신神이 아니라 타신他神이 존재存在하고 있다고 역설하고 계시다는 것이다. 여호와 하나님께서 모세를 통하여 그의 백성에게 내리신 그 유명한 십계명(Ten Commandments)의 첫 계명은 무엇이었든가?

너희는 내 앞에서 다른 신을 모시지 못한다.(공동번역 「출애굽기」 20:3)
You shall have no other gods before me.(RSV)

"다른 신을 모시지 못한다"는 것은 그 말을 하는 당신 자신이 다른 신이 있다는 것을 인정하시는 것이다. 여호와 하나님 당신의 직접 말에 의하면, 여호와 하나님이 유일신이라고 하는 것의 구체적 의미는, 많은 신들이 있는데 딴 신들은 섬기지 말고, 나만을 섬기라는 뜻이 되는 것이다. 이것은 우리의 해석이 아닌 여호와 하나님 당신의 언명이다. 다시 말해서 우리가 유일신이라고 믿는 여호와 하나님 당신 자신이야말로 다신론자이신 것이다. "유일신"이라 할 때 유일(only)의 실제 의미는 "유일하게 받드는," "유일한 방식으로 모시는," "유일한 것처럼 섬기는"이라고 하는 부사적 의미가 되는 것이다. 다시 말해서 이것은 야훼 자신이 유일자唯一者임을 자처하는 한, 필연적으로 도출될 수밖에 없는 다자성多者性인 것이다. 유일唯一은 파다頗多를 전제로 한다. 일一은 곧 다多다. 일一은 곧 다多의 전제 없이 성립할 수가 없는 명언名言에 불과한 것이다.

너희는 다른 신을 예배해서는 안된다. 나의 이름은 질투하는 야훼,
곧 질투하는 신이다.(「출애굽기」 34:14).

야훼는 바로 다른 신들을 질투하는 많은 신들 중의 일자一者인 것이다. 그러므로 유일신관을 자랑하는 기독교 신학에 있어서조차 "유일신"관이라는 것은 근원적으로 성립할 수가 없다. 신·구약성경이 모두 잡신雜神을 존재론적으로 전제한 위에서 성립한 유일신을 말하고 있을 뿐인 것이다. 이 내 말은 아무리 위대한 성서신학자라도 부정할 수가 없다. 그것은 곧 여호와 하나님 당신의 말씀에 대한 거역일 뿐이다. 유일신관은 곧 성서를 부정하는 불경不敬이다. 우리가 신을 존재로 생각하는 한에 있어서는 필연적으로 도출될 수밖에 없는 결론이다. 신이 존재자인 한 그것은 많은 존재 중의 일자일 수밖에 없다. 야훼래야 그것은 역사적으로 잡신雜神을 물리친 만신萬神일 뿐이다. 이러한 야훼의 유일신화는 유대민족사에 있어서 다윗왕조의 성립과 궤를 같이하는 것이다. 즉 "지상에서의 통일왕조의 성립"과, "잡신의 통일"의 일치현상은 모든 인류사에서 공통적으로 나타나는 보편현상인 것이다. 정치권력의 통일과 신적 권력의 통일은 상응하는 것이다.

그렇다면 과연 우리는 신神 중심으로 종교를 논할 수 있을까? 그 많은 신의 역사를 어떻게 다룰 것인가? 그 많은 유일신들을 어떻게 다 취급할 것인가? 부뚜막에는 조왕신(부뚜막신)이 있고, 툇마루에는 성주대감이 있고, 장독대에는 항아리신이 있고, 돼지우리에는 돈신이 있다. 인간의 이름보다도 더 많을 신들을 따라 종교를 논한다면 과연 종교가 논구될 수 있을 것인가? 신의 족보를 따지려해도 그것은 최소한 우리민족의 대동보大同譜를 따지는 것보다 더 복잡할 것이니 과연 어느 장단에 그 유일성을 맞출 것이며, 어느 이름에 그 기준을 짤 것인가?

나는 말한다. 종교는 신학이 아니다. 신학이 진정한 신학이 되기 위해서는 그것은 "신神의 학學"(신에 관한 배움)이 될 수 없는 것이다. 신학이 만약 신의 학이라면 그것은 신의 족보학(the Genealogies of Gods), 신의 전기학(the Biographies of Gods)에 불과한 것이다. 실상 모든 신학이라고 하는 것들의 현금現今의 수준이, 아무리 정교한 레토릭을 가장해도, 세계적으로 족보학·전기학의 수준을 벗어나지 못하고 있는 것이다. 종교는 신학이 아니다. 종교는 철학일 수도 있는 것이요, 종교는 문학일 수도 있는 것이요, 종교는 예술일 수도 있는 것이요, 종교는 과학일 수도 있는 것이다. 어찌 종교가 신학이어야만 하는가?

종교를 신학이라고 생각하는 옹졸한 자들은 모두 기독교나 그 유사한 아류의 초월신관을 기준으로 삼아 그런 주장을 편다. 그러나 세계종교사에 있어서, 종교학에 있어서, 그러한 편협한 규정은 불교의 엄존으로 말미암아 수정되지 않을 수 없게 되었다. 불교는 분명이 지구의 엄청난 인구가 신앙으로 삼고 있는 고등종교이다. 그것은 종교로서 현실적으로 엄존하고 있는 것이다. 그런데 불교는 신을 전제로 하지 않는다. 불교는 신을 믿지 않는다. 불교에는 신이라는 초월적 존재자가 없는 것이다. 단언하건대 불교는 무신론인 것이다. 무신론이 어떻게 종교가 될 수 있는가?

여기 우리는 불교가 무신론이라는 테제를 보다 정확히 이해해야 한다. "무신론"이란 "신이 없다"라는 것을 말하는 것이 아니다. "신이 없다"라는 말은 "신이 있는데 없다"가 된다. 다시 말해서 신이 있는데 그 존재성이 부정된다는 뜻이 되므로, 신이 없다고 말하는 순간에 곧 신이 있다는 것을 인정하게 되는 것이다. 불교는 세속적 의미에서 무신론이라 말할 수는 없는 것이다. 불교는 무신론이 아니다. 불교를 굳이 무신론이라고 말한다면, 그것은 근원적으로 신이 존재와 비존재라고 하는 인간의 언어영역 속으로 들어올 수 없다는 것을 말한다고 하는 맥락에서만 사용될 수 있는 것이다. 그러나 불교에서는 신의 실체성 즉 존재성이 근원적으로 성립할 수 없으므로 역시 무신론이라고도 말할 수 있는 것이다. 우리는 "무신론"이라는 용어를 자랑스럽게 당당하게 사용해야 하는 것이다. 그렇다면 분명 종교의 주제는 신이 아닌 것이다. 신이 없이도 얼마든지 종교는 성립할 수 있는 것이다. 종교는 심리학이 될 수도 있는 것이요, 철학적 성찰이 될 수도 있는 것이다. 모든 학문의 근원을 파고 들어가면 모두 종교적 주제와 만나게 된다. 어찌 신학만을 종교의 유일한 통로라 말할 수 있으며, 어찌 신만을 종교의 유일한 주제라 말할 수 있으랴!

제3명제: 종교는 제도가 아니다.

많은 사람들이 교회를 가면 예수를 믿는다고 하고, 절깐에 다니면 부처를 믿는다 하고, 나처럼 일요일날 교회도 아니 가고 절에도 아니 가면 예수도 안 믿고, 부처도 안 믿는다고 생각한다. 그런데 정말 교회나 절깐에 가는 것을 예수 믿고 부처 믿는다고 생각하는 것은, 극장 가면서 영화 믿는다고 하고, 식당 가면서 음식 믿는다고 말하는 것과 똑같은 것이다. 근본적으로 말이 되지 않는 것이다. 영화야말로 나의 삶의 구원이요, 영화를 보는 행위 그 자체가 나의 삶의 유일한 소망이라고 믿는 어떤 사람에게 있어서도, 그의 영화에 대한 특수한 믿음과 그의 극장 가는 행위가 전적으로 일치될 수 없다는 것은 너무도 명약관화한 일이다.

　대강 "제도적 믿음"이라고 하는 것은 나 개인 홀로만의 행위가 아니라, 개인들의 집단으로서의 행위를 전제로 한다. 대강 인간의 제도라는 것은 인간집단의 어떤 기능의 유지를 위하여 필요로 하는 것이다. 그런데 종교는 원래 인간 개인의 내면의 요구에 의하여 생겨난 것이고 또 궁극적으로 나의 내면의 구원이라든가 평온이라든가 해탈이라든가 고통의 벗어남이라든가 하는 매우 사적私的인 문제로 귀결된다는 것은 아무도 부인하지는 못할 것이다. 물론 종교의 기능이 사회적 집단을 통한 대중적 행위와 깊은 관련이 있다는 것을 부인할 필요도 없는 것이지만 ―.

　인간은 사회적 동물임이 틀림없는 것 같다. 원숭이나 고릴라도 꼭 떼 지어 같이 살고, 나도 생각해보면, 혼자 있는 것을 견디기 힘들어하는 것을 보면 분명 인간은 사회적 군집생활을 하게 되어 있는 종자인 것 같다. 그러니 종교생활이라는 것도 자연히 군집생활의 형태를 띠게 되는 것은 인지상정人之常情 같다. 다시 말해서 종교는 인간의 사회생활의 제 형태 속에 내재하며, 그러한 사회적 형태의 존속을 위하여 필요하게 되는 제 요소, 예를 들면, 건물, 조직, 규약, 경제 등등의 요소들과 불가분의 관계를 맺고 있다고 말할 수 있는 것이다. 따라서 종교를 생각할 때 종교적 제도를 부인할 수는 없다. 불교를 생각할 때 절깐을 부인할 수 없고, 기독교를 생각할 때 교회를 부인할 수는 없을 것이다. 그러나 문제는 종교가 제도와 공존하고, 종교가 제도 속에 내재한다고 해서, 그 제도가 곧 종교일 수는 없다는 것이다.

20세기 동아시아 역사에 있어서 희한한 인물이 한명 있다. 캄보디아라는 나라의 크메르혁명을 주도한 폴 포트Pol Pot, 1925~1998라는 인물이다. 폴 포트라고 하면 흔히 "킬링필드"를 생각하고, 대규모의 인민학살과 잔혹하고 끔찍한 혁명극을 연상케 된다. 따라서 폴 포트하면 매우 냉혹하고 잔악하게 생긴 혁명가의 얼굴을 떠올릴 수 있다. 그러나 폴 포트라는 인물은 개인적으로 만나본 사람들의 말에 의하면, 매우 인자하고 조용하고 온화하고 과묵하고 설득력 있는 인물이라는 것이다. 성장배경도 아주 유복한, 부유한 집안에 태어나 불란서유학을 했고, 사상적으로도 무시할 수 없는 지식을 소유한 인물이었다. 그런데 그가 1975년 4월에 국민들의 대대적인 환영을 받으며 정권을 장악하여 1979년 1월에 다시 월남군에 의하여 축출될 때까지, 자그마치 150만 명 이상의 자국민이 살상되었으며 20만 명 이상이 공식처형된 인류사에 그 유례를 보기 힘든 피의 역사를 남겼던 것이다.

그의 오류는 바로 이 인간세의 제도의 부정에 있었던 것이다. 『노자老子』 80장에 보면 "소국과민小國寡民"이라는 얘기가 나온다. 그곳에 "이웃 나라간에 닭소리·개소리가 서로 들려도 백성들이 죽을 때까지 서로 왕래함이 없다"라는 매우 목가적인 표현이 있는데, 아마도 폴 포트야말로 노자老子가 80장에서 설파한 "소국과민"의 농업주의적 평등사회(agrarian egalitarianism)를 극단적으로 실현하려 했던 과격한 이상주의자였던 것 같다. 그는 근본적으로 도시를 철폐해버렸다. 화폐를 없애버리고, 시장을 없애버리고, 학교를 없애버리고, 신문을 없애버리고, 종교를 없애버리고, 모든 사유재산을 없애버렸다. 그의 사고는 극단적인 반문명론적 해탈주의였다. 그리고 그는 이러한 방식으로 모든 사람을 순박하고 무지한 원시적 농경사회의 사람으로 만드는 것만이, 가장 원천적으로, 구조적으로 서양의 제국주의의 손길을 벗어나고 오염되지 않은 정결한 사회를 구축하는 것이라고 굳게 믿었던 것이다. 나는 그의 판단이 원칙적으로 틀린 것이라고 생각하지 않는다. 그러나 그러한 원칙의 급격한 실현은 인간의 가장 자연스럽고 원초적인 요구를 위배한 것이다. 도시문명이라는 제도 그 자체가 인간이 수천 년을 걸쳐 구축해온 자연스러운 업業이었다. 그 업業의 부정이 폴 포트 자신의 해탈을 이루었을지는 몰라도, 수많은 국민을 기아와 질병과 공포의 아수라 속으로 몰아넣을 수밖에 없었던 것이다.

종교는 분명 제도 속에 있다. 그리고 제도 역시 인간의 자연스러운 요구이다. 그러나 제도가 요청된다 해서, 제도가 곧 종교는 아니다. 제도는 종교를 질식시킨다. 제도는 어디까지나 종교의 방편일 뿐이다. 내가 절깐에 앉아있다고 곧 불교인일 수는 없으며, 내가 교회에 앉아있다고 곧 기독교인일 수는 없다. 제도가 곧 그 종교성을 보장하는 것은 아니다. 기실 모든 종교의 역사는 제도와 반제도의 투쟁의 역사였던 것이다. 마틴 루터의 종교개혁은 기존의 카톨릭 제도와 투쟁하는 새로운 반제도적 성령의 주장이다. 그러나 이러한 성령주의의 승리는 또 새로운 제도로 고착된다. 그러면 이 프로테스탄티즘의 제도를 부정하는 새로운 성령주의가 탄생케 되는 것이다. 바로 이러한 제도와 반제도의 변증법은 모든 종교사에 공통으로 구가되는 리듬이다.

그런데 사실 이러한 논의는 좀 피상적이다. 아직 우리의 논의가 "제도"라고 하는 것의 본질에 접근하고 있질 못하기 때문이다. 제도란 무엇인가? 그것은 인간이 사회생활을 하기 위하여 만들어 내는 유위적有爲的 세계의 총칭이다. 무위無爲란 스스로 그러한(자연自然) 것임에 반해 유위有爲란 인간이 만든다(man-made)고 하는 뜻이 내포되어 있는 것이다. 그리고 제도라는 것은 대개 약속(convention)의 성격을 띠고 있다. 다시 말해서 제도란 인간이 사회생활을 영위하기 위하여 방편적으로 만들어 내는 모든 약속체계라고도 말할 수 있을 것이다. 결혼도 약속이고, 가정도 약속이고, 집도 하나의 약속이다. 그리고 학교도 약속이고, 입시도 약속이고, 선거도 약속이고, 정부부처조직도 약속이다. 그리고 이런 것들을 유지하기 위한 규율이나 규칙, 법률이나 율법 이 모두가 다 약속인 것이다.

그런데 이러한 약속의 체계에 있어서 우리가 흔히 사회제도라고 생각하는 것보다 가장 본질적인 제도가 인간존재 그 자체에 내장되어 있다. 그 제도란 바로 "언어言語"라는 것이다. 언어야말로 인간이 사회생활을 하기 위해 인간이 만들어낸 가장 본질적인 약속체계인 것이다. 언어는 분명, 인간이 만든 것이며, 인간존재의 내재적 절대적 조건이 아닌 외재적 사회적 규약에 속하는 것이다. 그러나 인간은 사회적 동물인 한에 있어서는 언어를 부정할 수가 없다. 오로지 홀로의 해탈을 추구하는 자에 있어서는 언어는 부정될 수 있지만, 사회적 삶을 추구하는 모든 인간에게 언어는 필요불가결한 존재의 조건인 것이다.

그러나 여기서 중요한 것은 인간의 언어가 제도인 이상, 인간의 언어 또한 그것이 곧 종교가 아니라는 결론이 도출되는 것이다. 제도가 곧 종교가 아니라면, 언어 또한 곧 종교가 아닌 것이다. 아주 단도직입적으로 말하면, 여호와 하나님의 말씀이나, 예수의 말씀이나, 불타의 말씀이 곧 종교가 아니라는 것이다. 교회나 절깐이 곧 종교가 아니라면 마찬가지로 예수의 말씀을 적어놓은 『성경』이나, 불타의 말씀을 적어놓은 『불경』이 곧 종교는 아닌 것이다. 그것은 결국 종교의 제도적 측면의 유지를 위해서 요구된 언어형태에 불과한 것이다.

　예수의 설법시기와 장소를 AD 30~33년 갈릴리의 어느 시골로 잡는다고 한다면, 예수의 말씀은 그 순간에 듣는 사람의 고막을 울리고 허공으로 사라졌을 것이다. 이것은 부인할래야 부인할 수 없는, 너무도 상식적인 사실이다. 그런데 그 말씀을 문서로, 언어로 기록했다는 것은 이미 그것을 그렇게 가시적 형태로 보존했어야 할 어떤 제도적 요구가 있었기 때문인 것이다. 그러한 제도적 요구가 없었다면 『성경』이라는 언어체계는 존속했을 이유가 없다. 물론 『불경』도 마찬가지다. 다시 말해서, 『성경』은 교회가 요구한 것이고, 『불경』은 절깐이 요구한 것이지, 교회가 있기 전에 『성경』이 있었고, 절깐이 있기 전에 『불경』이 있었던 것은 아니다. 이것은 정확한 역사적 사실이다. 교회·사찰이라는 종교제도의 발생 이전에는 오직 예수와 불타의 "말씀"이 있었고, 그 말씀은 어떤 의미를 전달하기 위한 방편이었을 뿐, 그 말씀대로 어떤 고정불변한 절대적 실체적 사태가 있었던 것은 아니다.

　『성경』이나 『불경』이야말로 종교의 가장 깊은 본질이라고 생각해온 많은 사람들에게, 나의 이러한 논리는 너무도 급작스레 짧은 지면에서 직언直言되기 때문에, 의아스럽거나 충격으로 와 닿을 수도 있다. 그러나 마음을 가라앉히고 곰곰이 생각해보면 이것은 우리 주변에서 쉽게 발견할 수 있는 아주 상식적인 이야기다.

『원불교교전』이 20세기 초를 산 전라도인 박중빈이라는 각자覺者의 말씀 이전에 존재하지 않았다는 것은 너무도 명백한 사실이다. 그리고 또 『원불교교전』의 성립이 원불교라는 종단의 성립 이후의 사건이라는 사실 또한 너무도 명백한 사실이다. 다시 말해서 『원불교교전』의 성립은 원불교라는 사회적 제도의 자내적 요구에 의하여 이루어진 것이다. 그리고 『교전』 편찬내용이 역사적 제도적 요구의 변천에 따라 변천되어가는 것 또한 아주 평범하고 진실한 사실이다. 불교나 기독교나 다 마찬가지인 것이다. 『교전』 이전에는 오로지 초기집단을 구성한 인간들의 행위가 있었을 뿐이다. 그리고 그 행위는 말로 다 나타낼 수가 없는 것이다.

우리는 종교의 언어적(제도적) 측면을 총칭하여 "교리"라고 부른다. 그러나 교리가 곧 종교는 아니다. 불교의 교리가 곧 종교(불교)가 아니며, 기독교의 교리가 곧 종교(기독교)가 아닌 것이다. 교리教理란 곧 교教의 리理요, 교의 리란 곧 교회조직이 요구한 리인 것이다. 교회가 없다면 교리가 필요할 이치가 없는 것이다. 교리는 어느 경우에도 종교가 아닌 것이다. 교리는 종교가 요구하는 제도가 요구하는 것이다. 그러므로 교리는 반드시 종교조직이라는 이해관계와 얽혀있다. 인간의 사회조직이라는 것은 이해利害가 발생시키는 배타

관계로 형성되는 것이다. 따라서 교리는 인간세의 이해관계를 전제로 하는 것이다. 우리가 상식적으로 이해하여 온 인류의 종교사는 바로 이 교리간의 충돌과 분쟁의 역사인 것이다. 그것은 제도적 이해관계를 전제하고 있기 때문에 너무도 당연한 것이다. 그렇게도 화평한 듯이 보이는 깊은 종교심성의 인도인들이건만 항상 종교분쟁으로 나라가 갈라지고 지도자의 암살과 전쟁과 분쟁이 끊임없이 일어나고 있는 것은, 모두 이 교리간의 이해관계의 충돌에서 기인하는 것이다.

우리가 종교를 곧바로 교리라고 이해한다면 종교는 중상, 모략, 전쟁, 질투, 암살, 음모, 살상, 등등의 단어 이외에 아무 것도 아니다. 인류의 역사에 가장 큰 죄악을 저질러온 것이 바로 종교요, 종교간의 분쟁인 것이다. 인간세의 전쟁의 대부분의 명분이 바로 이 종교와 관련이 있는 것이다. 그러나 이때의 종교란 곧 교리인 것이다. 그것은 제도화된 종교(institutionalized religion)를 말하는 것이다. 종교는 분명 교리와 더불어 존립存立한다. 그러나 종교는 분명 교리 이전의 그 무엇이다. 종교는 교리 이전의 그 무엇이 아니면 아니 되는 것이다. 종교를 교리라고 이해하게 되면 다른 종교를 가진 아버지와 아들이 싸움을 하게 되고, 시어머니와 며느리가 알목하게 될 뿐이요, 더 크게는 나라와 나라가 전쟁하게 될 뿐인 것이다. 종교는 분명 교리가 아니다. 이것은 제도가 곧 종교일 수가 없다고 하는 나의 논의에서 자연스럽게 도출되는 것이다. 『성경』도 『불경』도 거시적으로는 모두 교리의 일부분에 지나지 않는 것이다. 경經에서 종교를 찾는다고 하는 생각은 가장 진실된 생각 같지만 실상 그것은 종교의 본질을 영원히 꿰뚫어볼 수 없는 우매한 자들의 유치한 소견에 지나지 않는 것이다. 경經의 그릇된 절대성을 유포한 민족이 바로 유대민족이요, 유대민족의 그러한 종교문화는 그들의 민족사적 특수 상황과 운명에서 기인된 것일 뿐이다.

자아! 한번 다시 생각해보자! 종교란 믿음이 아니요, 종교란 하느님이 아니요, 종교란 제도도 아니다. 종교란 성경도 아니요, 말씀도 아니요, 교리도 아니요, 인간의 언어도 아니다. 그렇다면 도대체 종교란 무엇이란 말인가?

종교란 무엇인가? 바로 나는 여기에 대답을 하려는 것이다. 그런데 나는 나의 입을 열어서는 아니된다. 입을 여는 순간, 나는 "아닌" 또 하나의 종교를 말해버리거나, 나 자신이 하나의 종교를 만들거나, 또 하나의 제도를 만드는 죄업罪業을 쌓을 것이 분명하기 때문이다. 나는 침묵한다. 그러나 나는 말한다. 여기 바로 내가 『금강경』을 설說하는 이유가 있는 것이다. 『금강경』은 내가 발견한 유일한 종교에로의 해답이다.

종교란 무엇인가? 침묵할지어다. 구태여 나의 구업口業을 빌리지 않아도 『금강경』이 그 질문에 답할 것이다. 내가 말하면 그것은 나 김용옥의 소견所見이 되어버리고 만다. 그러나 『금강경』이란, 어떤 종교조직의 교리경전이라기보다는, 두 밀레니엄 동안 한강의 모래알 수만큼의 한강들에 가득찬 모래알보다 더 많은 사람들이 받아들여온 진리체계인 것이다. 나의 설법은 나 개인의 독단이 되기 쉽다. 그러나 『금강경』의 설법은 그 아무도 범접할 수 없는 역사의 축적된 진리의 기氣가 설법하는 것이다. "나"는 침묵하지만, 『금강경』은 침묵하지 아니한다.

나는 불교의 교리를 사람들에게 전파하기 위하여 『금강경』을 설說하는 것이 아니다. 내가 생각키로 『금강경』은 불교를 말하는 경전이 아니다. 경經에 종교의 본질이 있지 아니하다고 말한 내가 어찌 『금강경』이 불교의 구극적 진리라 말할손가? 『금강경』은 불교를 말하지 아니한다. 그것은 기독교든, 불교든, 이슬람교든, 유교든, 도교든, 모든 교敎(제도)를 통틀어 그 이전에 교敎가 소기했던 바의 가장 궁극적 진리에 대한 몇 가지 통찰을 설說하고 있을 뿐이다. 『금강경』은 교리가 아니다. 그것은 통찰이다!

종교란 무엇인가? 나는 독자들이 『금강경』에서 그 해답을 발견하기를 원하지 아니한다. 나는 독자들이 『금강경』이 설說하는 몇몇의 통찰에 감입感入됨으로서, 불교도든, 기독교도이든, 이슬람교도이든, 유교도이든, 자기 나름대로의 해답을 구성해주기를 바라는 것이다. 이러한 해답의 구성을 위하여 나는 『금강경』 이상의 좋은 레퍼런스(참고서)는 없다고 단언한다.

새로운 21세기의 인류의 과제는 다음의 세 가지로 요약된다고 나는 말한다. 그 첫째가 자연과 인간의 슬기로운 공존(ecological concern)이요, 그 둘째가 모든 종교·이념간의 배타의 해소(religious coexistence)요, 그 세째가 학문의 생활화(The decompartmentalization of human intelligence)이다. 인간세의 화평을 저해하는 가장 큰 요소가 바로 이 "종교"라는 문화현상이었다. 종교가 제각기 인류를 구원한 다고 선포하면서, 종교야말로 인간의 죄악에 대한 평화로운 해결이 라고 선전하면서, 종교야말로 사랑과 자비와 은혜의 원천이라고 선 언하면서, 종교야말로 인류를 억압하고 대규모의 잔악한 살상을 자 행하는 명분이 되었으며, 인간을 노예로 만들고 무지하게 만드는 모 든 끔찍한 죄악의 온상이 되었으며, 질투와 배타와 저주의 원천이 되어왔다는 이 인류사의 파라독스야말로 더 이상 감내할 수 없는 무명無明의 소치인 것이다. 이제 우리는 종교라는 제도를 말해서는 아니 된다. 이제 우리는 종교 그 자체를 이야기해야 되는 것이다. 종 교를 나의 주관적 믿음의 체계로서 접근하거나, 신의 권위나 이름으 로 접근하거나, 제도나 규약의 이해로서 접근한다면 우리는 영원히 서로 알목하고 배타하고 시기하고 질투하고 저주하기만 할 수밖에 없는 나락으로 떨어지고 마는 것이다. 인간을 구원한다고 하는 종교가, 나의 마음에 화평을 가져온다고 하는 종교가, 나의 고통을 덜어준 다고 하는 종교가 어찌하여 서로 알목하고 배타하고 시기하고 질투 하고 저주해야만 하는가?

종교간의 배타의 문제에 오면, 우리는 대체적으로 불교도들보다 는 기독교도들에게서 매우 강렬한 배타의식을 직면하게 된다. 나의 긍정이 타의 부정 위에서만 가능하다고 하는 생각이 그들의 "전도 주의Evangelism"의 본질을 이루고 있기 때문이다. 그러나 이것은 결 코 기독교의 교리의 진정한 본질이 될 수 없다. 그것은 유대민족의 선민의식(Chosen People)의 연장태일 뿐이요, 유대민족의 선민의식이란 팔레스타인이나 이방민족과의 끊임없는 투쟁 속에서 살아야만 했던 유랑하는 유목민족의 역사적 환경에서 자연스럽게 형성된 후천적·문화적 산물인 것이다. 그러나 그것은 파기되어야 할 "구약," 즉 "옛 약속"의 세계에 속하는 것이다. 그것은 "신약" 즉 "새로운 약속"이 아닌 것이다. 새로운 약속이란 나만 잘났다고 하는 선민의식의 파기에서 성립하는 보편주의적 사랑의 약속인 것이다. 신약의 약속은 유대인만을 위한 사도가 아닌 이방인을 위한 사도(Apostle for Gentiles), 바울을 통하여 만방에 전파된 것이다.

그런데 요즈음 더욱 희한한 사태는 만교萬敎를 통섭統攝해야 할 불교가 매우 배타적인 의식에 사로잡혀 간다는 것이다. 많은 스님들이 불교만이 구원과 해탈의 유일한 길이라고 아집상을 틀고 앉아 있는 것이다. 이것은 기독교의 배타주의적 환경과의 접촉에서 반사적으로 형성되어간 병폐라 할 수 있다. 내가 원광대학교를 다니면서 자연스럽게 원불교도들과 많은 접촉을 가지게 되었고 또 깊은 이해를 하게 되었는데, 원불교도 애초에는 조선의 땅의 고유한 환경속에서 피어난 혁신불교운동이었다. 그런데 원불교에서 내가 가장 상찬賞讚하는 것은, 바로 그 핵심교리에 있어서 모든 교리의 포용, 인간세의 모든 종교와의 화해를 적극적으로 표방하고 또 실천하고 있다는 것이다. 제잠鯷岑의 시골구석에서 태어났건만 그 생각의 포용성이 소박하면서도 세계의 여타 종교의 편협성을 뛰어넘는 면이 있다고 할 것이다.

배타排他는 결국 배자排自이다. 남을 배척한다는 것은 결국 나를 배척하는 것이요, 나를 배척한다는 것은 결국 나를 옹졸하고 졸렬하고 치졸하게 오그려 붙이는 것이다. 배타를 통해 나를 확장한다는 것은 일시적인 성과를 거둘지 몰라도 결국은 나의 축소와 소멸을 초래할 뿐인 것이다. 20세기 동안 기독교는 조선땅에서 놀라운 확대의 일로를 걸었다. 그러한 확대는 "배타적 전도주의exclusive evangelism" 덕분이었다. 그러나 그러한 확산이 이제 축소의 일로로 갈 수밖에 없다는 것은 너무도 자명한 유기체의 법칙이다. 21세기 조선의 기독교는 결코 20세기의 팽창주의 추세를 유지할 길이 없다. 그리고 그러한 팽창주의적 확대만을 모색한다면 기독교는 이 땅에서 불운한 역방향의 운명을 맞이할 수밖에 없다.

배타에 배타로 맞서서는 아니 된다. 배타는 자기논리에 의하여 붕괴될 수밖에 없다. 그것은 역사의 정칙이다. 배타에는, 수모가 따를지라도, 끊임없는 포용의 자세로 임할 것이다. 나는 이 나의 『금강경』 강해를 불교도가 듣기보다는, 기독교집안에서 자라난 편견 없는 많은 젊은이들이 들어주기를 바란다. 종교간의 갈등의 해소라는, 21세기 문명사적 과제상황의 근원적인 해결의 열쇠가 이 『금강경』 속에 다소곳이 놓여있기 때문이다. 최근에 개인적으로 만난 인도의 한 현자賢者의 말을 나는 생각한다: "종교란 본시 사람의 수만큼 각기 다른 종교가 필요한 것이지요. 종교에 대해 일원적인 논의를 한다는 것처럼 어리석은 일은 없습니다. 훌륭한 종교의 교사라는 것은 모든 사람에게 제각기 다른 종교의 형태를 발견해주는 것입니다. 마치 옷이 사람마다 그 취향과 색감과 크기가 모두 다르듯이 …"

『금강경』에 대하여

　조선의 불교는『금강경』을 적통으로 한다라고 말해도 과히 틀린 말이 아니다.『대장경大藏經』이라고 하는 거대한 바구니 속에 삼장三藏의 호한浩瀚한 경전이 즐비하지만, 우리 민중이 실제로 불교를 생각할 때 가장 많이 독송하고 암송하고 낭송하고 인용하는 소의경전을 꼽으라 하면 그 첫째로『반야심경般若心經』이 꼽히고, 그 둘째로『금강경』이 꼽힌다.

　우리나라 불교, 특히 우리에게서 가까운 조선왕조시대의 불교사, 그리고 오늘날의 한국불교를 이야기하면 임제臨濟류의 선禪을 적통으로 하는 선종禪宗중심의 역사이고 보면, 선종에서 거의 유일하게 소의경전으로 삼는 것이『금강경』이므로, 많은 사람들이『금강경』이야말로 선종의 기초경전인 것인 양 착각할 수도 있다. 그러나 정확히 말하건대,『금강경』과 선종은 역사적으로 일푼어치의 직접적 관련도 없다. 다시 말해서『금강경』이 선종에서 나온 것도 아니요,『금강경』에서 선종이 나온 것도 아니다. 선禪이란 본시, 중국의 당대唐代에나 내려와서, 이전의 일체一切의 교학불교를 부정하는 데서 생겨난 불립

문자不立文字, 직지인심直指人心의 아주 래디칼한 토착적 운동이고
보면, 선禪은 문자文字로 쓰인 모든 경전을 부정하는 일종의 반불교
反佛敎운동이라고도 말할 수 있는 것이다. 선은 불교라고 말하기보
다는 중국인들의 어떤 시적詩的 영감靈感(poetic inspiration)이라 해야
옳을 것이다. 선은 그 근본이 아나키스틱(무정부주의적)한 것이요, 따
라서 물론『금강경』도 선의 입장에서 보면 부정되어야 할 교학불교
의 대표경전 중의 하나인 것이다. 그럼에도 불구하고 선과『금강경』
이 항상 친근한 관계를 유지하고, 마치『금강경』이 선종의 대표경전
인 양 착각되어온 소이연에는 두 가지 이유가 있다. 그 하나는 역사
적 이유(historical reason)요, 그 하나는 논리적 이유(logical reason)다.

첫째로, 역사적 이유라 함은 중국선中國禪의 실제 개조開祖라 할
수 있는 역사적 인물인 혜능慧能, 638~713의 삶의 이야기와『금강경』
이 얽혀있다 함이다. 혜능의 전기적 자료로서 으뜸이라 할『육조단
경六祖壇經』과『전등록傳燈錄』,『지월록指月錄』등의 자료를 종합해
보면 다음과 같은 이야기가 성립한다.

혜능의 속성은 원래 노盧씨요, 그 본관은 범양范陽이었다. 그의 부
친父親, 행도行瑫는 무덕武德 연간에 좌천되어 영남嶺南으로 유배되
어 신주新州(광동성廣東省, 신흥현新興縣)의 백성이 되었다. 불행은 여기
서 그치지 않았다. 3세 때에 그 부친이 돌아가신 것이다. 후에 혜능은
노모와 함께 남해南海로 이사갔고 거기서 밑창이 째지라 가난한 살
림을 이끌게 되었다. 혜능은 산에서 나무를 해다가 시장에 지게짐을
놓고 팔아 생계를 꾸려가고 있었다. 공부할 겨를이 없는 일자무식의

나무꾼 노동자였던 것이다. 그런데 어느날, 어느 손님이 나무를 한 짐 사더니, 그 나무를 자기가 묵고 있는 여관까지 배달해달라고 하는 것이었다. 혜능은 그 여관까지 다 배달을 해주고 그 손님에게서 돈을 받았다. 그리고 여관 문밖을 나서려는데 바로 문깐 방에 묵고 있던 어느 손님이 경經을 읽고 있었다. 그런데 그 경전의 내용이 귀에 쏘옥 들어오는 것이 아닌가? 그 경經이 바로 문제의『금강경』이었고, 문제의 구절은 현금의 텍스트 제십분第十分「장엄정토분莊嚴淨土分」, 제오절第五節에 있는 "응무소주이생기심應無所住而生其心"(반드시 머무는 곳이 없이 그 마음을 낼지니라)이라는 구절이었던 것이다. 나무꾼 혜능은 그 구절을 듣자마자 마음이 활짝 개이는 것 같았다.

"그 경經이 무슨 경이오?"

"『금강경』이외다."

"선생은 어디서 오셨길래 그런 훌륭한 경전을 가지고 계시오?"

"나는 기주蘄州 황매현黃梅縣 동풍모산(東馮母山＝동산) 동선사東禪寺에서 왔소. 그곳에 오조五祖 홍인대사弘忍大師께서 주석하고 계시면서 많은 사람을 감화하고 계신데, 그 문인門人이 일천 명이나 넘소. 내가 그 산에 가서 홍인대사님께 절을 하고 이 경經을 받았소이다. 대사님께서는 항상 승속僧俗에 권하시기를 이『금강경』만 몸에 지니고 있어도, 곧 스스로 견성見性할 것이요, 단박에 성불成佛하리라 하시었소."

이 말을 들은 혜능은 그 자리에서 발연勃然하여 출가구법出家求法의 결심이 스는지라, 어느 손님에게 구걸하여 은십냥銀十兩을 얻었다. 그 돈으로 노모의 의복과 식량을 충당하고 노모에게 엎드려 하직하고 발길을 황매黃梅로 재촉하였던 것이다. 삼십여일三十餘日 이 못되어 황매黃梅에 도착, 곧 오조五祖 홍인弘忍을 뵈올 수 있었다 운운云云 …….

이 이야기가 역사적으로 사실인가 아닌가는 전혀 중요하지 않다. 중요한 것은 바로 선가禪家의 개조開祖들이 소의경전으로서, 이『금강경』이라는 경전을 중시했다는 역사적 사실이다. 오조五祖 홍인弘忍이『금강경』을 강설하였고, 육조六祖 혜능慧能의 출가出家의 동기가 바로 이『금강경』에 있었다는 사실이 중요한 것이다. 그리고 혜능慧能이 득도성불得道成佛한 후에도 이『금강경』을 계속 설파說破하였다는 사실이다. 이로써『금강경』과 선종은 떼어 놓을래야 떼어 놓을 수 없는 인연을 맺게 된 것이다. 혜능의 수제자인 하택신회荷澤神會는 아예, 오조五祖・육조六祖부터가 아니라 초조初祖인 달마達磨로부터 이『금강경』을 가장 중요한 경전으로서 전승傳承하여 왔다고 못박았다. 따라서 하택신회 이래, 신수계神秀系의 북종北宗이『능가경楞伽經』(AD 400년경 성립한 대승경전, "능가"는 스리랑카의 "랑카"를 의미한다. 불타가 랑카섬에 강하하여 설파한 내용이라 함. 여래장과 아라야식을 통합)을 중시한데 비하여, 혜능계慧能系의 남종南宗에서는『금강경金剛經』이 그 소의경所依經으로서 확고하게 자리잡게 된 것이다.

둘째로, 논리적 이유라 함은 뭔 말인가? 선종의 출발이 역사적으로 8세기 초 중국에서라고 한다면,『금강경』은 인도에서 대승불교의 초기에 성립한 산스크리트원전(범본梵本)의 존재가 확실한 경전으로,

그 성립시기를 학계에서 대강 AD 150~200년경으로 보고 있다. 다시 말해서,『금강경』과 선禪은 최소한 500년 이상의 시간거리와, 인도와 중국이라는 문화적·지리적(공간적) 거리를 가지고 있다는 것이다.『금강경』을 그 자체로 독립된 단일 경전으로 흔히 오해할 수도 있지만,『금강경』이란 원래 "반야경般若經"의 일부에 지나지 않는 것이다.

그런데 또 많은 사람들이 "반야경"이라는 말을 어떤 단일한 책의 이름으로 생각하기 쉬운데, 반야경이란 단권의 책이 아니요, 반야사상을 표방하는 일군一群의 책들에 붙여지는 일반명사인 것이다. 반야경이라는 카테고리에 들어오는 책들은 한두 권이 아니다(한역漢譯된 것만도 42종). 그런데 반야사상이란 무엇인가? 이것은 반야(prajñā)라는 것을 공통으로 표방하는, 기독교의『신약성경』이 쓰여지기 시작한 1세기, 같은 시기에, 초기 불교승단에서 불꽃같이 타오른 새로운 운동을 말하는 것이다. 아주 쉽게 말하면, 반야사상의 성립, 즉 반야경의 성립이 곧 대승불교의 출발을 의미하는 것이다. 기독교의 출발과 대승불교의 출발은 거의 같은 시기에 같은 언어문자권(희랍어-산스크리트어) 내에서, 아주 비슷한 혁신적 생각을 표방하면서 인류사에 등장한 일대종교一大宗敎운동이었던 것이다(요즈음의 세계사상계에서는 이 양대 종교운동을 같은 문화권 내에서 같은 사상축을 표방한 운동으로 본다).

소승 아라한(arhan)에게 주어지는 실천덕목으로 원시불교의 팔정도八正道를 든다면, 대승보살(bodhisattva)에게 주어지는 실천덕목은 "육바라밀六波羅蜜"(육도六度)이라는 것이다. 이 6바라밀이란, 1)보시布施, 2)지계持戒, 3)인욕忍辱, 4)정진精進, 5)선정禪定, 6)지혜智慧의 여섯 덕목을 말하는데, 앞의 5바라밀前五波羅蜜은 최후의 지혜바라밀을 얻기 위한 준비수단으로서 요청되는 것이다. 바로 이 최후의 지혜바라밀, 즉 혜지의 완성, 그것을 우리가 반야("쁘라기냐"의 음역)라고 부르는 것이다. 바로 반야사상(=반야경의 성립)이란 최후의 바라밀, 즉 지혜바라밀을 통괄統括적으로 이해하면서 아주 새로운 혁신적 불교운동을 선포하기에 이른 일련의 흐름 전체를 의미하게 되는 것이다. 바로 『금강경』은 이 반야운동의 초기에 성립한, 반야바라밀사상을 완성完成시킨 결정체인 것이다.

1) "보시布施"란 요새말로 하면 "사랑"이요, "베품"이다. 내가 가진 것을 남과 "나눔"이다. 그렇다면 내가 만 원이 있기 때문에 천 원을 남에게 주면, 그것이 보시가 될까? 그럼 이천 원은 어떨까? 그럼 아예 만 원을 다 주면 어떨까? 아니 아예 남에게 꾸어다가 이만 원을 주면 어떨까? 길거리 지나가다 나보다 헐벗은 자가 있으면 내 옷을 다 벗어주고 가야할 텐데! 과연 나는 그러한 보시를 실천하고 있는가? 그럼 추운데 내 옷 다 벗어주고 빨개벗고 간다고 나는 보시를 과연 완성할 것인가?

2) "지계持戒"란 계율을 지키는 것을 말한다. 그것은 우리 삶의 도덕성이요, 일정한 삶의 규율성이다. 그런데 시내에서 모처럼 친구를 만났는데 술 한잔은 어떠할까? 담배 두 가치는 너무해도 한 가치? 아니, 한 모금은 어떠할까? 조갑지에 꽉물리면 곤란해도 살짝 스치는 김에 담구었다 빼면 안될 것도 없다. 아니, 아예 그 물건을 작두로 짤라버리면 어떠할까? 계율을 완벽하게 지키시는 율사님의 사생

활에는 과연 흠잡을 구멍이 없을까?

3) "인욕忍辱"이란 욕됨을 참는 것을 말한다. 욕됨을 참는다는 것은 "용서"를 의미한다. 나에게 욕을 퍼붓는 모든 자들을 용서하고 그들에게 원망이나 복수의 마음을 품어서는 아니 된다. 사실 우리네 인생이라는 것은, 기독교의 교설을 빌리지 않아도, "참음"과 "용서함"이 없이는 하루도 살 수가 없는 것이다. 그런데 어디까지 참는가? 어디까지 용서하는가? 나를 죽이려 칼을 들고 덤비는 자에게 고스란히 창자를 내어주는 것이 인욕인가? 아니 너무 극단적 비유를 들지 않더라도, 잠결에 따끔하게 물어대는 모기를 때려 죽여야 할까? 그대로 인욕해야 할까?

4) "정진精進"이란 올바른 삶의 방향으로 흔들림 없이 매진하는 것을 말한다. 오로지 구부림 없이 불도佛道를 실천하는 것을 말한다. 그런데 과연 무엇이 올바른 삶의 방향이란 말인가? 내가 정진하고 있는 가치관이 과연 최선의 것이라는 보장은 어디서 받아야 할 것인가? 과연 무엇이 불도이며, 과연 무엇이 올바른 예수님의 가르침인가? 무엇이 과연 내가 정진해야 할 종교적 삶인가?

5) "선정禪定"이란 명상에 의한 정신의 집중과 통일을 말하는 것이다. 이것은 인도인이나 희랍인에게 공통된, 테오리아적 삶의 가치관의 우위를 반영하는 덕목이다. 그러나 구태여 그런 말을 하지 않아도 "주목注目" 즉 "어텐션attention"의 능력이 없는 삶은 결국 정신분열의 삶이 되고 만다. 정신을 집중할 수 있는 능력이란 우리가 책을

보거나 대화를 하거나 영화를 보거나 강의를 듣거나 시험을 치거나, 모든 삶의 행위의 순간순간에 요구되는 것이다. 이러한 훈련을 인도 인들은 "요가"라는 수행으로 정형화시켰고, 중국인들은 "조식調息" "도인導引"으로 공부화시켰고, 그것은 후대 좌선坐禪이라는 갖가지 형태로 발전·정착한 것이다. 그런데 오늘날 많은 승려나 불자들이 "선禪"과 "좌선"을 일치시키는 오류를 범하고 있다. 그럼 "와臥선"은 어떠하고, "행行선"은 어떠하며 "처처사사處處事事선"은 어떠한가? 그렇다면 도대체 "선"이란 게 무엇이냐?

나는 동안거·하안거 결제를 100번이나 거쳤다. 어간에만 앉는 최 고참 최상등자다! 그래, 그래서 그대는 성불成佛했는가? 뇌리꾀리 꾀 죄죄한 얼굴이나 하고 앉아 지댓방조실의 소화笑話나 경청하고 있는 신세가 되질 않았는가? 과연 선정禪定이 성불成佛을 보장하는가?

보시·지계·인욕·정진·선정의 다섯 바라밀은 종교생활을 지향하 는 모든 사람이 실천해야 할 덕목임에 틀림없다. 사랑을 실천하며, 계 율을 지키고, 참고 온유하며, 하나님의 말씀에 따라 정진하는 생활을 하며, 고요히 명상하고 기도하는 생활, 불자佛子나 야소자耶蘇子나 가 릴 바가 없는 덕목임에 틀림이 없다. 이 다섯 바라밀은 부파불교시 절의 엄격한 많은 계율이 추상화되고 간략화된 것이다. 그러나 이 다섯 바라밀은 마지막 바라밀, 즉 지혜의 바라밀이 없이는 완성될 수가 없는 불완전한 덕목인 것이다. 아무리 보시·지계·인욕·정진· 선정을 완벽하게 해도, 그것이 지혜를 결缺할 때는, 형식주의적 불완 전성에 머물고 마는 것이다. 그럼 제육도第六度, 즉 여섯 번째의 바라밀이란 무엇을 말하는 것일까? 반야 즉 지혜란 무엇인가? 바로 여기에 대한 대답이 곧 『금강경』이란 서물을 구성하는 것이다. 『금강경』은 곧 『금강반야바라밀경』의 약칭이며, 『금강경』이야말로 "반야바라밀"이라는 것을 최초로 명료하게 규정한 대승운동의 본고장인 것이다.

다음으로 내가 "논리적 이유"라 말한 뜻은 무엇인가? 논리적 이유라 함은, 비록 『금강경』의 성립과 선종禪宗의 성립 사이에 5·6세기의 시간이 가로놓여 있지만, 그리고 선종의 불립문자적 정신으로 볼 때, 『금강경』은 부정되어야 할 문자로 이루어진 초기경전임에도 불구하고, 바로 선종이 "불립문자不立文字·직지인심直指人心·견성성불見性成佛"등의 말을 통하여 표방하고자 하는 모든 논리적 가능성이, 아니, 정확하게는 논리 이전의 가능성이, 이미 『금강경』이라는 대승불교의 초기경전 속에 모두 내재한다는 것을 의미하는 것이다. 다시 말해서 『금강경』이라는 대승교학의 바이블은 비록 그것이 교학불교의 남상濫觴을 이루는 원천적인 권위경전임에도 불구하고, 그 자체가 하나의 선禪이요, 가장 "선적인" 경전으로 선사들에게 비추어 졌던 것이다(The *Diamond Sūtra* is considered the Sanskrit work closest in spirit to the Zen approach. *EB*). 그러므로 이 『금강경』이야말로 대승불교의 최초의 운동이면서 최후의 말미적 가능성을 포섭하는 포괄적인 내용의 위대한 경전인 것이다. 『금강경』이야말로 대승불교 전사全史의 알파요 오메가다. 선종이 『금강경』을 소의경전으로 삼지 않을 수 없었다 하는 것은, 곧 선의 가능성이 초기불교운동 내에 이미 구조적으로 내장되어 있다는 것을 방증하는 것이며, 동시에 역으로 선禪이 반불교적反佛敎的임에도 불구하고, 대승운동의 초기 정신으로의 회귀를 의미하는 것이라는 역사적 정황을 잘 대변해주는 것이다. 다시 말해서 『금강경』처럼 사상의 폭이 넓은 불교경전이 없으며, 바로 그러하기 때문에 동아시아의 전불교사를 통하여 가장 많이 암송되고 낭송되고 독송될 수밖에 없었던 필연성이 내재하는 것이다. 『금강경』을 이해한다는 것은 곧 대승불교정신의 알파-오메가를 다 이해하는 것이다. 그러므로 비록 그 경전이 소략한 형태를 취하고 있지만, 불교 전사全史에 대한 온전한 이해가 없이는 그 온전한 이해가 불가능한 것이다.

반야사상을 집대성한 기념비적 반야경으로서 우리는 현장玄奘이 칙명을 받들어 조역詔譯한 『대반야경大般若經』을 꼽는다(이것은 『대품반야경大品般若經』과는 별도의 책이므로 혼동치 말것). 이 기념비적 반야경의 스케일은 대장경을 뒤적거리는 우리의 눈길을 경악으로 이끈다. 그것은 16회十六會 600권六百卷에 이르는 참으로 방대한 분량의 서물인 것이다. 이 방대한 분량의 『대반야경大般若經』을 뒤적거리다 보면, 제9회第九會 권제577卷第五百七十七에서 「능단금강분能斷金剛分」이라는 한 챕터를 만나게 된다. 이 챕터에 실린 「능단금강분能斷金剛分」의 내용이야말로 우리가 말하는 『금강경』과 일치하는 것이다. 『금강경』에 해당되는 「능단금강분能斷金剛分」은 지금 『대정대장경大正大藏經』의 편집체제로 불과 6페이지에 지나지 않는다(7/980~985). 그런데 『대반야경大般若經』 전체의 분량은 『대정大正』으로 세 책(5~7)에 해당되며, 그 페이지수는 자그만치 3,221쪽이나 되는 것이다. 3,221쪽의 분량의 방대한 서물(오늘날의 작은 활자본, 큰 판형의 서물기준이니까 이것을 한번 목판으로 계산해보라! 이 책 한 종만 해도 몇 만 장이 되겠는가?)의 6쪽에 해당되는, 즉 600권 중의 577권에 자리잡고 있는 서물이 바로 우리에게 문제가 되고 있는 이『금강경』이라는 것이다. 그럼『금강경』은 본시『대반야경』의 한 권卷을 분립시킨 것인가?

그렇게는 말할 수 없다. 현장玄奘의『대반야경』은 당唐나라 때, 660~663년 사이에 성립한 것으로, 그 내용은 실로 600년 이상에 걸친 반야사상운동의 표방경전들을 한 종으로 묶어 낸 것이며, 따라서 그 내용은 이전에 독립경전으로 존립存立하고 있었던 것이 대부분인 것이다. 그러면 현장玄奘의『대반야경』이전에 독립경전으로써 한역된『금강경』이 있었는가? 물론 있다! 그럼 왜 현장玄奘은 그것을 구태여 다시 번역했는가? 물론 이 질문에 대한 대답은 쉬앤짱(玄奘, 602~664)이라고 하는 역사적 인물의,『대반야경』을 위시하여 유가사지론瑜伽師地論, 섭대승론攝大乘論, 유식론唯識論, 구사론俱舍論 76부部 1,347권卷에 이르는 우리의 상상을 초월하는 그 개인의 방대한 역경사업(62세밖에 살지 못했음에도 불구하고) 전반에 걸쳐 논의되어야 할 문제일 것이다.

쉬앤짱의 문제의식은 중국한역불교中國漢譯佛教의 격의적格義的 특색에 관한 비판적 검토로부터 출발한다. 한마디로 그의 문제의식은 한역불교의 모호함과 애매함에 대한 답답함에서 출발하고 있는 것이다. 쉽게 생각하면 이런 종류의 고민과 비슷하다. 일제강점기를 통해 일본교사, 내지 그들에게 배운 사람들을 통하여 이해된 "서양철학," 데카르트가 어떻구 칸트가 어쩌구 쇼펜하우어가 저쩌구 하는데 도무지 모호하다. 그러지 말구, 직접 서양에 가서 그 언어를 배우고, 그 언어사상 체계가 발생한 문화적 분위기를 익히고, 그 사람들을 알아보자! 그래서 유학을 간다! 직접 가서 알아보자! 그는 하남성河南省 낙양洛陽의 사람! 그가 살았던 시기는 수당隋唐교체의 난세亂世였다. 장안長安·성도成都 각지에서 스승을 구하고, 『열반경涅槃經』, 『섭대승론攝大乘論』, 소승小乘의 제론諸論에 통달通達했으나 의문이 끊이지 않았다. 몸소 직접 산스크리트 원전에 기초하여 그 뜻을 철저히 고구考究하고 싶은 학문적 열망으로 가득찬 27세의 청년, 독력獨力으로 만난萬難을 각오하고 장안長安을 출발하여 구도행求道行의 걸음을 내친 것이 정관貞觀 3년(629)! 간난신고를 무릅쓰며 신강성 북로를 뚫고, 서西투르키스탄, 아프가니스탄을 거쳐 북北인도로 들어가 중中인도의 나란타사那爛陀寺에까지 이르렀다. 그곳에서 계현戒賢(Śīlabhadra, 529~645)을 스승으로 모시고, 무착無着·세친世親계系의 유가유식瑜伽唯識의 교학敎學을 배웠다. 인도 각지의 불적佛跡을 방문하고, 불상佛像·불사리佛舍利를 비롯하여 범본梵本불경 657부部를 수집하여, 파미르고원을 넘고 천산남로남도天山南路南道를 통하여 장안長安에 도착한 것이 정관貞觀 19년(645)! 그의 나이 43세! 당태종唐太宗은 너무 기뻐 후원을 아끼지 않았다. 그가 62세로 세상을 뜨기까지 19년 동안 홍복사弘福寺, 자은사慈恩寺, 옥화궁玉華宮에서 번역한 그 방대한 사업이 오늘 『대장경』의 위용의 골조를 이루고 있는 것이다. 그의 여행기인 『대당서역기大唐西域記』가 명대明代에 희곡화戲曲化된 것이 바로 『서유기西遊記』!

배불排佛의 유교국가임을 자처하는 조선의 궁궐의 용마루 처마에도 그의 서유西遊의 소상塑像들이 나란히 서있고, 한때 우리 코메디

입담에도 "사오정"이 판을 치고 있는 실정, 그 위대한 법력을 어찌 내가 새삼 논구할 필요가 있으랴!

　현장玄奘의 번역의 특징은 가급적인 한 산스크리트어 원전에 충실하려는 노력이다. 그리고 음역도 가급적이면 원래의 발음에 충실하려 한다. 예를 들면, "samādhi"를 "삼매三昧"라 하고, "yojana"를 "유순由旬"으로, "sattva"를 "중생衆生"으로 번역하는 것으로 묵약되어 있었지만, 현장玄奘은 이를 모두 와류訛謬로 간주하고 "삼마지三摩地," "유도나踰闍那," "유정有情"으로 고친다. 발음과 의미를 모두 원어에 충실케 하려는 자세인 것이다. 그리고 지나치게 자수字數나 리듬에 얽매인 번역을 산문화시켜 상세히 연술衍述한다. 『금강경』의 경우 그 유명한 사상四相의 번역에 있어서도, "중생상衆生相"(sattva-samjñā)은 "유정상有情想"(정이 있는 자라는 생각)이 되어 버리고, 마지막의 "pudgala-samjñā"는 아예 "보특가라상補特伽羅想"으로 음역해버린다.

　이러한 식의 현장玄奘의 번역을 우리는 중국역경사中國譯經史의 특수용어로서 "신역新譯"이라고 부르고, 현장玄奘 이전의 번역을 "구역舊譯"이라고 부른다. "구역"의 대표로서 우리는 구마라집鳩摩羅什(Kumārajīva, 350~409년경)과 진체眞諦(Paramārtha, 499~569)를 꼽는다. 그렇다면 대체적으로 신역이 구역보다 더 정확하고 우수한가? 반드시 그렇게 일괄적으로 말할 수 없다는 것이 사계의 정론이다. 나 역시 신역이 구역의 아름다움을 따라가지 못한다고 생각한다. 현장玄奘의 번역은 당唐나라 때의 국제적인 문화의 분위기를 잘 전달하고 있다 해야 할 것이다.

『금강경』의 경우, 한역본으로 우리는 보통 다음의 6종을 꼽는다.
이를 시대적으로 나열하면 다음과 같다.

1. 후진後秦 구마라집鳩摩羅什(Kumārajīva) 역譯,
   『금강반야바라밀경金剛般若波羅蜜經』(일권一卷), 402년 성립.

2. 북위北魏 보데류지菩提流支(Bodhiruci) 역譯,
   『금강반야바라밀경金剛般若波羅蜜經』(일권一卷), 509년 성립.

3. 진陳 진체眞諦(Paramārtha) 역譯,
   『금강반야바라밀경金剛般若波羅蜜經』(일권一卷), 562년 성립.

4. 수隋 급다笈多(Dharmagupta) 역譯,
   『금강능단반야바라밀경金剛能斷般若波羅蜜經』(일권一卷),
   590년 성립.

5. 당唐 현장玄奘 역譯, 『대반야바라밀다경大般若波羅蜜多經』
   「제구능단금강분第九能斷金剛分」(일권一卷), 660~663년 성립.

6. 당唐 의정義淨 역譯,
   『불설능단금강반야바라밀다경佛說能斷金剛般若波羅蜜多經』
   (일권一卷), 703년 성립.

그런데 이 많은 판본 중에서(모두 내용이 조금씩 다르고 저본이 된 산스크리트 원어 텍스트 자체도 일치하지 않는다), 우리는 어떤 것을 과연 『금강경』이라고 불러야 하는가? 그것은 우리의 선택이 아닌 역사의 선택이었다.

우리가 보통 『금강경』이라 부르는 것은 현장역본玄奘譯本을 저본으로 삼지 아니한다. 역사적으로 『금강경』으로 유통되어 온 것은 바로 최고역最古譯이라할 수 있는 꾸마라지바(鳩摩羅什)의 역본이다. 다시 말해서 신역이 아니라 구역인 것이다. 신역이 구역의 권위에 눌렸기 때문인가? 그렇지는 않다. 평심이론平心而論컨대 신역이 구역의 아름다움과 고결함을 따를 수 없기 때문이다. 그리고 이것은 대중의 선택이었다. 현재 다행스럽게도, 상기上記의 6종六種번역이 모두 말끔하게 정돈되어 『대정大正대장경』에 실려있다. 현장의 번역은 제7책, 980~985쪽에 실려있고, 나머지 5개의 번역은 제8책, 748~775쪽에 순서대로 실려있어서 아주 손쉽게 여섯 개의 텍스트를 비교검토 해볼 수 있다(보데류지菩提流支[?~527]의 역본譯本의 경우는 이본異本 2개가 실려 있다). 이 6본六本의 텍스트의 본격적인 비교연구 또한 우리 불교학계의 주요한 연구테마가 될 것이다.

우리가 흔히 『금강경』이라고 부르는 텍스트는 라집羅什의 역본, 『금강반야바라밀경金剛般若波羅蜜經』을 양梁나라의 소명태자昭明太子가 삼십이분三十二分으로 분절分節하여, 각 분에 이름을 붙인 것이다. 그 분절分節이 반드시 학구적으로 올바른 나눔이라 말할 수 없는 상황도 있지만, 대체적으로 텍스트를 일목요연하게 이해하는데 큰 도움을 줄 뿐 아니라, 그 이름 또한 모두 그 분分의 내용을 개관

하고 있는 의미 있는 명칭으로 대체적으로 적절하다고 나는 생각한
다. 그런데 이 소명태자昭明太子, 501~531가 누구인 줄 아는가? 그가
바로 『벽암록碧嚴錄』 제1칙第一則의 주인공, 달마達磨와 초면初面하
고 "몰라"(불식不識)의 일화를 남긴 그 유명한 대보살大菩薩 황제,
남조불교南朝佛敎의 극성極盛시대를 연출한 양무제梁武帝, 464~549의
장자長子였다. 명名은 소통蕭統, 자字는 덕시德施, 태어난 다음해 바
로 황태자皇太子가 되었고, 인품이 총명하고 인애롭고 호학好學의 일
도一道를 걸었다. 그의 서재의 장서 3만萬! 유효작劉孝綽 등의 문학
文學의 사士를 자택에 불러들여 같이 편찬한 그 유명한 『문선文選』
은 만고萬古의 명저名著로 남아있다. 바로 그 소명태자昭明太子가 라
집羅什의 『금강경金剛經』을 오늘의 삼십이분三十二分텍스트로 만든
것이다. 그 다섯 자로 이루어진 분의 이름을 나열하면 다음과 같다.

법회인유분法會因由分　　제일第一

선현기청분善現起請分　　제이第二

대승정종분大乘正宗分　　제삼第三

묘행무주분妙行無住分　　제사第四

여리실견분如理實見分　　제오第五

정신희유분正信希有分　　제육第六

무득무설분無得無說分　　제칠第七

의법출생분依法出生分　　제팔第八

일상무상분一相無相分　　제구第九

장엄정토분莊嚴淨土分　　제십第十

무위복승분無爲福勝分　　제십일第十一

이 분명分名만을 일별하여도 소명태자가 얼마나 불교의 이치를 깊게 공독攻讀했는가를 알 수 있다. 그러나 때로는 이러한 분절分節이나 제명題名이 우리의 이해를 그르치게 만들 수도 있다는 것을 아울러 병기幷記해둔다. 그리고 보통 제일분第一分을 서분序分이라 하고, 제이분第二分부터 제삼십일분第三十一分까지를 정종분正宗分이라 하고, 제삼십이분第三十二分을 유통분流通分이라고 말하기도 하지만, 그러한 규정은 『금강경』의 내적 흐름을 파악하지 못한 자들이 형식적으로 희론戲論하는데 불과하다. 『금강경』은 그러한 식의 서序 -정종正宗 -유통流通의 구조로 되어 있지 않다.

한 가지 텍스트 상上의 문제로 특기해 둘 것은 구마라집鳩摩羅什 텍스트에서 제이십일분第二十一分의 후반부분("이시혜명수보리백불언爾時慧命須菩提白佛言"부터 "시명중생是名衆生"까지의 62자)은 라집羅什 텍스트에 부재했던 것으로 보데류지菩提流支 텍스트에서 빌려와 보완補完한 것이다(당唐 장경長慶 2년에 영유법사靈幽法師가 보입補入한 것). 현재의 『대정大正』 및 『고려대장경』 라집羅什 텍스트는 보완補完된 상태로 실려 있다. 그 부분을 잘 들여다 보면 그것은 분명히 라집羅什의 역본譯本이 아님을 알 수 있다. 선택한 용어와 문장스타일이 크게 다르다. 그런데 많은 사람들이 이 사실을 인지하지 못하고 이 부분에 대해 그릇된 주석을 달고 있는 상황도 쉽게 목격된다. 후학들의 주의를 요청한다.

내가 여기서 강해하려는 『금강경』은 물론 라집羅什이 역譯한 『금강경』이다. 그런데 중요한 것은 라집羅什의 『금강경』의 판본이 또 수없이 많다는 것이다. 그런데 이 라집羅什의 『금강경』의 가장 정본正本이라 할 수 있는 것이 우리나라 해인사 장경각에 보존되어 있는

『고려대장경』판본인 것이다. 그리고 사계의 가장 정밀한 판본으로 통용되고 있는 일본의 『대정대장경大正大藏經』도 바로 우리의 『고려대장경』을 저본으로 한 것이다. 그런데 통탄스러운 것은 조선조로부터 오늘날에 이르기까지 우리나라 시중에 유통되고 있는 모든 『금강경』이 이 정본正本인 우리 『고려대장경』본을 거의 하나도 사용하고 있지 않다는 사실이다. 나의 『금강경』 강해는 『고려대장경』판본을 최초로 사용한 우리말 『금강경』이라는데 무한한 자부감을 느낀다. 『고려』본을 원칙으로 하고 『대정大正』본과 비교해가면서 나의 텍스트를 정확하게 구성할 것이다. 그리고 이 텍스트에 소명태자昭明太子의 분절分節을 따른다. 콘체도 이 분절分節을 썼다. 이 『고려』본 라집羅什텍스트를 주축으로, 가능한 모든 텍스트를 비교 연구하여 현재 이 땅에 살고 있는 우리 한국사람들에게 가장 의미있는 방식으로 나의 역문譯文의 문의를 창조해나갈 것이다.

『고려대장경』이라 하는 것은, 현종때 새긴 초조대장경판(1011~1087)과 제2차 의천대장경판(1092~1100)이 1232년(고종19) 몽고군의 침입으로 불타자, 당시의 집권자인 최우崔瑀 등을 중심으로 고종23년(1236) 대장도감大藏都監을 설치하여 16년 만에 재조再雕, 완성한 것이다(고종38년, 1251년에 완성). 『고려대장경』은 정확하게 말하면 "고려제국대장도감판高麗帝國大藏都監版"이라 해야 옳다. 우리의 『금강경』은 1238년(무술戊戌)에 조조彫造된 것이다.

나의 생애에서 이 지혜의 서를 처음 접한 것은, 1960년대 내가 당시로서는 폐찰이 되다시피 쇠락하였던 고찰, 천안의 광덕면에 자리잡고 있는 광덕사廣德寺에서 승려생활을 하고 있던 시절이었다. 계통을 밟아 정식 출가를 한 것은 아니었지만 머리 깎고 승복 입고 염불을 외우며 승려와 구분 없이 지냈으니 출가인出家人과 다름이 없었다.

그런데 어느날, 구멍 숭숭 뚫린 판잣대기로 이어붙인 시원한 똥숫간에 앉아 있는데, 밑 닦으라고 꾸겨놓은 휴지쪽 한 장에『반야바라밀다심경般若波羅蜜多心經』이 현토를 달아 뜻이 통하도록 해석되어 있는 글이 적혀 있는 것을 발견하였다. 아랫도리에 힘을 주는 일도 잊고 꾸부린 가랭이가 완전히 마비되도록 하염없이 앉아있을 수밖에 없었다. 아랫도리에 힘을 주는 일보다 내 시선이 닿고 있는 휴지쪽에서 튀어나오는 의미가 내 몸뚱아리에 헤아릴 수 없는 모종의 전율을 전달하고 있었기 때문이었다. 그때 나는 문자 그대로 불교에 대해서 아무것도 몰랐다. 불교학개론강의를 듣고 불교를 몸소 체득하고 싶어 출가승이 되었건만, 나는 "반야심경"이란 그냥 아무런 의미도 되지않는 그냥 염불용의 기호체계에 불과한 것으로 생각했었다. 그것이 어떤 일정한 의미를 갖는 경전 텍스트라는 것을 전혀 이해하지 못하고, 중노릇을 하기 위해 외우고만 있었던 것이다. 이것은 참으로 나같이 문외한인 자들에게는 리얼할 수밖에 없었던 무지의 소치였다.

한 줄, 한 줄, 정확하게 그것이 무엇을 의미하는지 내 머릿속에 그림이 그려지지는 않았지만, 그 엉성한 현토 문장들을 따라가면서, 그것이 나에게 던지는 어슴프레한 영감은 나의 짧은 생애에서 미처 경험할 수 없었던 어떤 태고의 푸릇푸릇한 이끼와도 같은 신비를 불러일으키고 있다는 것을 깨달았다. 내가 사실 "불교"에 대해 최초의 영적 체험을 하게 된 것은, 어느 대선사와의 만남이 계기가 된 것도 아니요, 내가 수없이 들었던 세계적인 불교학 석학의 열띤 강의 속에서 이루어진 사건이 아니다. 그것은 싱그러운 호도닢 향기바람이 구수한 분뇨에 배어 태고의 토담의 정취를 한층 더 짙게 만들어 주는 바로 그 측간의 마루바닥에 떨어져 있던 휴지쪽 한 장과의 만남이었던 것이다. 바로 그 순간의 전율이 나의 인생에 "불학佛學"이라고 하는 인류지혜의 보고를 맞아들이는 계기를 만들어 준 것이었다. 우리네 인생이란 참으로 우연의 연속인 것이다. 그때 나는 『반야심경』을 이해할 수 없었지만, 분명 내가 평생토록 고구考究해볼 만한 가치가 있는 어떤 진리의 체계가 담뿍 함장舍藏되어 있다고 판단할 수밖에 없었고, 언젠가 내 손으로 그것을 상세히 파헤쳐 보리라고 결심하면서 마비된 다리를 어루만져 가면서 그 뒷깐을 절룩절룩 걸어나왔던 생각이 난다. 그 "언젠가"가 삼십여 년의 세월을 소요하게 될 줄이야!

그 뒤로 나는 불자 독송의 경전들을 똥숫간에 가지고 가서 뒤적이고 앉아 있는 취미에 빠지게 되었다. 내가 다음으로 접한 책이 바로 그 유명한, 『다이아몬드 수뜨라』라고 불리우는 『금강경』이었던 것이다. 『금강경』이라는 이름을 들으면 우선 "금강석" 즉 "다이아몬드" 생각이 나고, 무언가 보석 중의 보석, 세상에서 가장 비싼 무엇, 그리고 가장 귀한 무엇이라는 생각이 들어 『금강경』하면 뭔가 다이아몬드처럼 반짝이는 지혜로 가득찬 위대한 경전이라는 선입견이 들었던 것이다. 지혜의 다이아몬드를 발견하자!

나는 곧 실망에 빠지고 말았다. 내가 『반야심경』을 접했을 때는, 그 분량이 매우 적고, 또 그 압축된 뜻이 가물가물했지만, 아주 정확한 논리체계들이 수없이 착종되어 있고, 그것을 풀어내기만 하면 우주의 비밀이 다 풀릴 것과도 같은 그러한 농축된 비의秘義의 느낌이 강렬히 들었다.

그러나 『금강경』은 비교적 짧은 글이기는 했지만 『반야심경』처럼 압축되어 있지도 않았고, 우선 나에게 아무런 "논리적인" 사색의 실마리를 던져주는 바가 없었다. 그리고 같은 말의 반복이 심했고, 따라서 아주 진부하고 상투적인 말의 나열이라는 생각이 들었고, 한마디로 아무런 재미를 느낄 수 없었던 것이다. 그래서 나는 『금강경』은 "대중을 위한 용속한 경전"일 뿐, 학문적으로 일고의 가치도 없는 유치한 책이라고 덮어버리고 말았다. 『반야심경』과 『금강경』과의 최초의 해후는 이러한 나의 대비적 인상 속에서 이루어진 사건이었다. 그렇게 30여 년의 세월이 흘렀고, 나는 『금강경』을 내 인생에서 다시 꺼내볼 수 있는 그런 마음의 여유를 얻지 못했다. 『금강경』과의 진검일전眞劍一戰은 20세기가 종료를 고해가는 1999년 여름, 도올서원 제12림에서 벌어졌던 것이다. 푸릇푸릇한 동승의 모습이 이제 원숙한 선승의 모습으로 변했건만 진정코 내가 그 반야의 일단一端이라도 체득했단 말인가?

회고컨대, 푸릇푸릇한 청춘의 시기에, 지적인 갈구에 영혼의 불길이 세차게 작열하고 있었던 그 시기에 내가 『반야심경』을 포褒하고, 『금강경』을 폄貶한 것은 실로 너무도 당연한 것이다. 『금강경』과 『반야심경』은 그 성립시기가 약 3세기 정도(정확한 시기를 추정키는 어렵지만)의 세월을 격한다. 비록 『반야심경』은 『금강경』에 비해 분량이 극소한 것이지만, 그 내용은 『금강경』보다 훨씬 더 복잡한 개념과 논리적 결구로 이루어져 있다. 『금강경』은 원시불교의 아주 소박한 수뜨라의 형태, 즉 "여시아문如是我聞"으로 시작하여 "환희봉행歡喜奉行"으로 끝나는 전형적인, 소박한 붓다설법의 기술의 형식을 취하고 있는 것이다. 그러나 『반야심경』은 성격이 전혀 다르다. 『반야심경』은 이미 이러한 초기 대중운동이 당대의 최고의 식자들에게 소화되면서 집필되기 시작한 모든 철학적 논서論書의 개념들을 소화하고, 그것을 압축하여 놓은, 실생활적 설법이 아닌 철학적 논설이다. 따라서 『반야심경』의 진정한 이해는 용수龍樹의 『중론中論』서書와 같은 삼론三論의 논지라든가 반야경계열에 공통으로 나타나는 공空사상에 대한 역사적이고 개념적인 인식의 전제 없이는 이루어질 수 없는 것이다. 다시 말해서 『반야심경』이, 『금강경』에서 표방하고 있는 사상내용의 4세기 동안의 개념적이고 논리적인 전개를 압축해놓은 것이라고 한다면, 『금강경』은 『반야심경』의 모든 가능성을 포섭하고 있는 비개념적·비논리적 배태胚胎와도 같은 것이다.

예를 들면, 『반야심경』하면 우리는 그 유명한 "색즉시공色卽是空, 공즉시색空卽是色"하는 공空사상의 문구를 떠올리고, "불생불멸不生不滅, 불구부정不垢不淨, 부증불감不增不減"하는 팔불중도八不中道의 문구를 떠올리지 않을 수 없다. 그러나 재미있게도 『금강경』에는 "공空"(śūnya)이라는 글자가 단 한 번도 등장하지 않는다. 다시 말해서 『금강경』은 반야경전의 대표경전임에도 불구하고, "반야사상=공空

사상"이라는 일반적 도식이 성립하기 이전의 초기경전인 것이다. 그리고 『금강경』 원문에는 "소승小乘" "대승大乘"이라는 표현도 나오지 않는다. 다시 말해서, 자신이 표방하는 사상운동을, "소승小乘"에 대한 "대승大乘"이라고 개념적으로 규정 짓는 역사적 의식이 형성되기 이전에 성립한 경전인 것이다. 다시 말해서 대승경전이 사용하고 있는 일체의 상투적인 개념들이 『금강경』에는 개념화된 형태로 등장하는 바가 없다. 『금강경』은 고졸古拙하나 참신하기 그지없고, 소략하나 세밀하기 그지없고, 밋밋하나 심오하기 이를 데 없다. 개념과 개념의 충돌의 벌판에서 논리의 창칼을 휘두르는 호전好戰의 만용을 즐기었던 동승, 도올이 그러한 고졸한 청신의 맛을 흠상하기에는 너무도 어렸던 것이다. 삼십 년의 세월이 흘러서야 겨우 그 일단의 묘미妙昧를 씹게 될 줄이야!

인도고어古語인 산스크리트어語 데와나가리(Devanāgarī)는 장음과 단음의 주기적인 배열, 우리말에서 보기 어려운 복자음의 중첩, 그리고 자음과 모음, 받침의 율동적인 배열, 그리고 모든 자음 뒤에 숨어 있는 "아"음 …… 하여튼 데와나가리를 따라가다 보면 그것은 의미를 전달하는 언어이기 전에 하나의 신적 영감을 표현하는 음악이라는 생각이 든다. 우리가 일반적으로 "경經"(수뜨라)이라고 부르는 원래의 최초의 의미는 "구슬을 꿴 스트링, 코드"라는 것인데, 이것은 바라문교에서 설교說敎의 내용을 짧은 문구로써 간결하게 압축시켜 암송에 편리하게 만든 것을 가리키는 것이었다. 이러한 최초의 의미는 "경經"이라는 역사적 의미 전반에 남아있다고 나는 생각한다.

원래 산스크리트어의 교의전통은 일차적으로 써서 보는 것을 위한 것이 아니라 암송하여 듣는 것을 위한 것이었다. 데와나가리를 전혀 모르는 사람도 우빠니샤드 전체를 정확히 암송하는 자가 많다고 한다.

예를 들면, 용수龍樹(Nāgārjuna, AD 150~250년경 사람. 초기 대승불교의 대논사大論師)의 『중론中論』은 분명 문자로의 집필이 구전에 앞섰을 것이다. 그러나 『금강경』은 문자화되기 전에 구전口傳으로 성립했을 가능성이 크다. 다시 말해서 『금강경』은 보고 분석해야 할 철학서가 아니라, 듣고 즐기고 깨달아야 할 음악이요, 한 편의 시詩인 것이다.

『금강경』을 잘 들여다보면, 제일품第一品으로부터 전체의 절반에 해당되는 제십육품第十六品까지가 하나의 단락을 형성하고(여시아문 如是我聞 … 과보역불가사의果報亦不可思議) 제십칠품第十七品으로부터 제 삼십이품第三十二品까지가(이시수보리백불언爾時須菩提白佛言 …… 개대환 희皆大歡喜, 신수봉행금강반야바라밀경信受奉行金剛般若波羅蜜經) 또 하나의 큰 단락을 형성하여 전반前半의 주제를 후반後半에서 반복하고 있는 인상을 받는다. 이러한 『금강경』의 전반과 후반의 어구문의語句文義 의 사동似同을 놓고 역사적으로 주석가들이 논의를 폈다. 그 유명한 구마라집鳩摩羅什의 수제자 승조僧肇는 전반前半은 중생공衆生空을 설說한 것이요 후반後半은 법공法空을 말한 것이라 했고, 지의智顗와 길장吉藏은 이를 중설중언重說重言으로 간주하고, 전반은 전회중前 會衆을 위한 것이요 후반은 후회중後會衆을 위한 것이며, 또 전반은 이근利根을 위한 것이요 후반은 둔근鈍根을 위한 것이며, 또 전반은 연緣을 진盡한 것이요 후반은 관觀을 진盡한 것이라 했던 것이다.

그러나 나는 이러한 논의가 결국 『금강경』이 보는 책이 아니라 듣는 음악이요 시라는 그 원초적 성격과, 그리고 문헌비평상 간파될 수 있는 구전문학 편집구도의 특이성에 대한 몰이해에서 비롯된 구차한 논설이라고 생각한다.

베토벤의 "운명교향곡"을 잘 분석해보면, 처음에 베토벤의 멀어가는 귀를 두드리는 운명의 사자의 소리라 하는 "따다다 따안~"하는 테마가 나온다. 그리고는 그 테마가 다양한 형식으로 변주되어 나타나는 것을 발견할 수 있다. 다시 말해서 베토벤의 운명교향곡 전체가 하나의 테마의 변주라고도 말할 수 있는 것이다. "주제와 변주"라는 이러한 형식은 확대, 축소, 혼합, 세분, 생략과 부가, 반진행, 역행, 반진행의 역행 등의 다양한 형태를 취하는 것이다. 베토벤은 화성음악시대에 있어서 이러한 변주를 "자유변주"라는 아주 독특한 새로운 형식으로 개발하여 뛰어난 예술적인 경지를 개척했던 것이다. 주제의 각종요소를 성격적으로(음형, 화성, 리듬의 변화를 통하여) 변화시킴으로써 어떤 경우에는 본래의 주제와 전혀 다른 국면을 전개시키게 되는 것이다.

나는 『금강경』이 바로 베토벤의 『운명교향곡』과 같은 음악적 구성을 하고 있다는 것을 깨달았다. 우리는 교향곡을 들을 때, 많이 들은 사람들은 거개가 그 교향곡의 멜로디를 다 암송하고 듣는다. 마찬가지로 『금강경』은 현실적으로 그것을 다 암송하는 자들에게만 들리게 되어있는 명심포니 중의 명심포니인 것이다. 『금강경』은 외워야 한다. 『금강경』은 수지독송受持讀誦해야 한다. 『금강경』은 생활 속에서 느껴야 한다. 『금강경』은 그 향기 속에 취해 있을 때만이 그 위력을 발휘하는 것이다. 그 묘미는 곧 간결한 주제와 그 반복의 묘미인 것이다.

『금강경』은 어느 경우에도, 한 구절도 똑같이 반복되지 않는다. 세밀하게 들여다보면 조금씩 다 다르게 되어 있다. 그것은 반복이 아니라 변주다. 그리고 그러한 반복이 없으면 『금강경』은 『금강경』의 오묘한 맛을 낼 수 없다는 것을 깨닫게 된다. 『금강경』은 워낙 심오하고 워낙 근본적이고 워낙 철저한 "무아無我"의 주제를 설設하고 있기 때문에, 그 주제는 끊임없이 변주형식으로 반복되지 않으면 사람들에게 인지될 길이 없다. 그것은 철학의 논서가 아니라 깨달음의 찬가이다. 그것은 번쇄한 개념의 나열이 아니라 득도의 환희를 불러일으키는 신의 부름이다. 아~ 위대하도다! 금강의 지혜여!

『금강경』은 사람을 취하게 만든다. 천하의 명주보다도 더 사람을 취하게 만든다. 소명태자昭明太子가 이에 취해 그 유명한 분절分節을 창조했다면, 나는 우리나라 역사에서 이 『금강경』의 향기에 취했던 자로서, 두 얼굴의 사나이, 총명과 예지로 번뜩이는가 하면 탐욕과 음험한 살육의 화신인 사나이, 경세치용의 명군인가 하면 조선의 역사를 부도덕의 나락으로 떨어뜨린 사나이, 수양대군首陽大君 세조世祖를 서슴치 않고 들겠다.

우리나라 조선왕조의 초기의 사상적 형세는 실로 불교와 유교라는 양대兩大 의식형태의 충돌로 특징지워진다. 조선왕조가, 교과서에 나오듯이 1392년 7월 17일 무장武將 이성계李成桂가 왕王으로 추대 되는 사건으로 성립된 것은 아니다. 그것은 어디까지나 소수 집단들 사이에서 일어난 권력의 변화에 불과할 뿐이요, 역사의 장章이 한날 한시에 바뀌는 예는 없다. 박정희의 등극으로 하루아침에 우리나라 가 경상도 왕국이 된 것도 아니요, 김대중의 취임 그날로 우리나라 가 전라도 왕국이 된 것도 아니라는 것을 미루어 짐작하면 쉽게 이 해가 갈 것이다. 박정희의 치세기간 동안에 사회각계각층에 경상도 사람이 점진적으로 득세한 것이 어김없는 사실이라면, 그에 안티테 제를 걸고 나온 김대중의 치세기간에 경상도 일변도의 인재포진에 서 전라도 사람들의 득세가 눈에 띄는 것도 사실이지만 그간의 변 화는 점진적일 뿐 아니라 많은 충돌과 타협이 이루어질 수밖에 없 는 사태라는 것은 우리 주변에서 쉽게 경험할 수 있을 것이다. 바로 조선왕조 초기의 불교와 유교의 대립형국은 이와 비슷한 것이다. 유 교는 새로운 조선왕조의 이념기반이었다. 그리고 유교적 이념을 구 현하고자 하는 유신儒臣들은 고려왕조에서는 권력층에서 비교적 소 외되었던 신진세력이었다.

김대중정권의 성립과 동시에 전라도사람들의 입지가 싹 바뀌듯 이, 이성계정권의 성립과 동시에 유신들의 입지가 싹 바뀌었다. 조선 왕조에 들어오면, 유교는 유신들을 중심으로 하는 엘리트 관료주의 철학이 되어버리고, 구왕조의 기반이었던 불교는 기묘하게도 역으로 민중사상이 되어버리는 것이다.

유교의 문치주의의 극성極盛을 과시하는 세종조의 찬란한 치세의 성과에도 불구하고 그 만년에 세종이 불교에 기울어 불교식佛教式 제례祭禮를 거행하고, 효령대군孝寧大君의 한강수륙재漢江水陸齋를 지원하고, 흥천사興天寺를 중수重修하고, 불경佛經의 금서金書와 전경법회轉經法會를 강행하고, 세종世宗 30년에는 급기야 내불당內佛堂을 건립하였던 것은 그 나름대로 피치못할 역사의 아이러니를 잘 말해주고 있다. 광평廣平·평원대군平原大君의 두 아들이 죽고, 중궁中宮 소헌왕후昭憲王后를 연이어 잃고, 자신의 건강이 악화되는 인간적 연약함을 틈타, 유교적 합리주의合理主義 정신의 한계가 노출되었다고도 볼 수 있겠지만, 세종의 호불好佛은 인간적 차원 이상의 조선왕조 초기 권력구조 자체의 구조적 갈등에서 비롯되는 것이다.

세종 자신이 집현전을 활성화시켰고 또 집현전을 통해 길러진 인재들의 활용으로 조선왕조의 유교적 기반을 공고하게 한 것은 사실이지만, 말년에 이를수록 집현전의 비대와 그 성격의 언론·정치기관으로의 변모가 왕권을 고립시키는 결과를 자초하게 되었다. 집현전의 권위가 팽대됨에 따라 원로학자들은 『주례周禮』적인 관념론이나 막연한 모화慕華주의에 빠져 현실감각을 상실해갔고, 정치적으로도 그들은 자연히 국왕전제國王專制체제보다는 유신권문儒臣權門에 의한 귀족정치를 원하게 되었다. 이러한 왕권王權고립, 특히 엘리티즘 속에 경색되어가는 왕권의 민중으로부터의 소외감을 막기 위한 세종世宗 말년의 두 가지 장치가 있었으니, 그 하나가 바로 "한글창제"인 것이요, 그 하나가 "호불好佛"인 것이다. 고려시대에는 지배권력을 대변하였던 불교가, 조선조에 내려오면, 민중의 갈망을 대변하는 형태로 바뀌는 것 또한 역사의 뉴전扭轉이다. 요즈음 현세적 권력과

결탁하는 대부분의 엘리트들이 기독교세에 직접·간접으로 가담하고 민중들은 불교에 노출되는 현상과, 당대의 유교-불교의 관계는 상응성이 있다.

　재미있는 것은 바로 한글창제라는 우리민족사상 가장 위대한 업적이라 할 수 있는 사건이, 집현전학사들의 외면과 반대 속에 진행되었다는 것, 그리고 그것이 유교를 견제하는 의도에서 나온 호불好佛정책과 맞물려 있다는 사실은 매우 의미심장하다. 훈민정음이 창제된 후에『금강경언해』등의 불경국역사업이 활발하게 이루어졌다는 사실,『월인천강지곡月印千江之曲』이니『석보상절釋譜詳節』이니 하는 우리말로 이루어진 위대한 불교서사시가 창작되었다는 사실, 또 인류역사에 유례를 보기 힘들 정도로 아름다운 우리민중 자신의 불교음악인『영산회상곡靈山會上曲』이 작곡되었다는 사실 등등은, 억불숭유抑佛崇儒정책을 추구하는 유교이념국가인 조선에서 왜 언문과 불교가 밀접한 관계를 가지고 등장했는가에 대한 절묘한 역사의 틈새를 엿보게 하는 것이다.

　세조는 원래 세종의 아들 중에서는 가장 영민하고 왕위에 걸맞는 인물이었다. 그러나 역사는 그렇게 흘러가지 않았다. 그렇다고 그렇게 흘러가지 않은 역사를 무단武斷으로 되돌린다는 것은 궁극적으로 세조世祖의 실책이다. 세조의 치세는 어느 왕 못지않은 훌륭한 면을 많이 가지고 있다. 그러나 유교정치의 생명은 명분이요 도덕이다. 세조의 쿠데타는 이 땅의 많은 사림들을 변절자로 만들었고 이 땅의 지식의 도덕적 정통성을 크게 흔들어 놓았다. 세조의 업은 이방원이 지어놓은 업의 연속일 수도 있다. 그러나 이방원의 악업은 그 나름대로 대의가 전제되어 있었고 역사적 필연성이 있었다. 그러나 세조의 악업은 개인의 탐욕에 불과했다.

세조는 이미 수양대군시절부터 세종世宗이 내불당內佛堂을 건립하는 일을 주도적으로 도왔고, 승려 신미信眉의 아우인 김수온金守溫과 함께 불서佛書의 번역을 감장監掌했다. 그가 군주가 된 후에는 그는 대호불왕大護佛王이 되었다. 그의 행적은 바로『금강경金剛經』이 설說하는 진리에 모두 위배되는 업業의 삶이다. 그러나 그는『금강경』에 몰입했다. 오늘 우리에게 전해내려오고 있는『금강경언해』는 바로 세조가 직접 한글로 토吐를 단 것이다.『세조실록世祖實錄』권32 卷三十二, 10년갑신2월8일十年甲申二月八日(신묘辛卯)조條에 다음과 같은 글귀가 보인다.

공조판서工曹判書 김수온金守溫, 인순부윤仁順府尹(인순부는 조선
초기 동궁에 딸렸던 관아) 한계희韓繼禧, 도승지都承旨 노사신盧思愼
등에게 명命하여『금강경金剛經』을 역譯하게 하였다.

국역은 주로 한계희가 한 것이라 하고, 효령대군孝寧大君과 판교종사判敎宗事인 해초海超 등의 승려에게 교정케 하였다 한다. 애사哀史의 주인공 단종端宗, 사육신 등, 세조의 잔악한 칼날에 베임을 당한 수없는 원혼의 피맺힌 한을 압구정 앞을 흐르는 도도한 한강물에 씻어보내기라도 할 셈이었나? 갠지스강의 모래알만큼의 칠보공덕의 무상함을 깨닫기라도 했단 말인가? 자신을 질타하고 있는『금강

경』의 무아상無我相의 명령에 무릎을 꿇을 줄 알았던 과거 군주들의 인간적 고뇌와 정신적 깊이를 다시 한번 새겨 본다.

『금강경언해』는 소명태자가 분절한 라집한역본羅什漢譯本과 육조六祖 혜능慧能의『구결口訣』이 실려있고 이 양자의 국역이 다 실려있어, 나는 그 판본과 국역을 다 참조하였다. 불행하게도 세조언해본『금강경』판본은 아주 후대에 성립한 열악한 판본이며 우리 해인사본과는 출입出入이 크다. 연세대학교 국문과 박사과정에 있는 장경준군張景俊君(도올서원 제12림 재생)이『금강경언해』를 내가 활용할 수 있도록 일목요연하게 타이프치고 고어古語를 현대말로 옮겨 주었다. 이 자리를 빌어 그 공로에 감사한다. 내가『금강경』을 번역함에 있어 우리 옛말의 아름다운 표현이 참조될 부분이 있을 때는 그것을 살리도록 노력하겠다. 내가 참고로 한 판본은 홍문각弘文閣 영인본『금강경언해金剛經諺解 上·下』(1992)이다.

우리나라에는 일찌기 원효元曉가『금강반야경소金剛般若經疏』(산일散佚하여 전傳하지 않는다)와 같은 주석서를 남겼고 그 뒤로도『금강경』에 대한 주석이 끊이지 않았으나 가장 유명한 것으로는 선초鮮初의 고승, 함허당涵虛堂 득통기화得通己和(1376~1433)의『금강경오가해설의金剛經五家解說誼』를 든다. 여기 오가해五家解란, 당唐 규봉종밀圭峰宗蜜의『금강경소론찬요金剛經疏論纂要』, 육조六祖 혜능慧能의『금강경해의金剛經解義』(구결口訣), 양梁 쌍림부대사雙林傅大士의『금강경제강송金剛經提綱頌』, 송宋 야보도천冶父道川의『금강경金剛經』착어著語와 송송頌, 송宋 예장종경豫章宗鏡의『금강경제강金剛經提

綱』을 지칭한다. 이 다섯 종의 책이 이미 중국에 단행본으로 존재하고 있었지만 이 다섯 종이 합본合本으로 등장하는 것은 역사적으로 『금강경오가해설의金剛經五家解說誼』에서부터이다. "설의說誼"란 바로 이 오가해五家解에 대한 기화 스님의 주석이다. 『설의說誼』이전에 『금강경오가해金剛經五家解』란 책이 기존하고 있었던 것은 틀림없으나 그것이 과연 중국에서 편찬된 것인지, 한국사람들이 그렇게 만든 것인지조차 확실치는 않다. 『오가해五家解』의 성립 자체가 기화己和 스님의 『설의說誼』를 위하여 편집된 것으로 볼 수도 있다.

그런데 기화己和 스님의 "설의說誼"는 오직 『금강경金剛經』본문本文과 야보冶父와 종경宗鏡의 저술에 한정하여 주해했을 뿐, 나머지 규봉圭峰, 육조六祖, 부대사傅大士의 삼가三家에 대해서는 오자의 정정에 그칠 뿐 손을 대지 않았다. 이것은 기화己和 스님 자신의 사상적 경향과 관련이 있다. 즉 야보冶父와 종경宗鏡의 주해만이 선가적禪家的인 입장을 대변하고 있다고 보기 때문이다. 다시 말해서 앞의 삼가三家는 선종적 입장을 드러내는 참고서적 가치밖에는 없다고 생각한 것이다. 기화己和는 『금강경』을 교외별전敎外別傳의 선풍禪風으로 이해하고 있는 것이다. 따라서 이후의 성종때 출간된 언해본인 『금강경삼가해金剛經三家解』는 야보冶父의 『송頌』과 종경宗鏡의 『제강提綱』과 기화己和의 『설의說誼』만을 따로 분리하여 국역한 것으로 우리나라의 『금강경』 이해의 선적 취향을 잘 나타내준다고 하겠다. 나는 『금강경오가해설의金剛經五家解說誼』도 참고하였다. 우리시대의 존경스러운 석학, 고익진 선생高翊晋先生의 피땀이 서려있는 동국대학교東國大學校 『한국불교전서韓國佛敎全書』(제7책第七冊)본을 썼다.

그런데 나는 본시 기존의 주해서들을 과히 좋아하지 않는다. 참으로 필요하지 않으면 쳐다보지 않는다. 원효元曉 정도나 된다면 혹 내가 심복할 것이 있을지 모르겠지만, 과거 중국의 선지식이나 한국의 고승의 주해들을 쳐다보면 말장난이 심하고, 그 말장난의 이면에 그들의 심오한 뜻이 숨어있는지는 몰라도 이미 우리의 인식체계나 언어표현과 맞지를 않아 크게 답답함을 느낄 뿐이다. 그리고 이들의 주해는 『금강경』 산스크리트 원문과 그 인도철학·인도문화적 배경을 정확히 이해하질 못하고 있기 때문에 그 한계가 너무도 명백한 것이다. 그리고 앞서 말했듯이 『금강경』은 근본적으로 선풍禪風으로 접근해서는 아니 되는 것이다.

나는 내가 깨달은 바를 설說할 뿐이다. 본 강해는 나 도올의 실존적 주석이다. 나는 도올서원 제12림에서 『금강경』을 강의할 때 기본적으로 『금강경』 라집역羅什譯 고려본과 산스크리트 원문 이외는 읽지를 않았다. 그리고 우리나라에서 최근에 나온 모든 『금강경』 해설서의 공통된 결함은 자기 자신의 이해를 빼놓고 객관적인 주석만을 달고 있다는 것이며, 따라서 본문의 해석에 있어서조차도 명료한 논리적 구조를 밝히지 못하고 있다는 것이다. 한마디로, 읽어봐도 뭔말인지 모르게만 문장을 구성해 놓고 있다는 것이다. 글 씀씀이가 아주 인색하여 『금강경』이 나에게 미칠 수 없는 먼 책으로 만들어 놓거나, 쓸데없는 남의 주석이나 나열해 놓거나, 그렇지 않으면 되도않는 자기말만 주절거려서 도무지 한문원전의 정확한 의미를 알 수 없게 흐려놓고 있다는 것이다.

『금강경』은 범본梵本이 엄존한다. 엄밀하게 말하면, 『금강경』은 범본의 번역서이다. 그러나 우리가 『금강경』을 말할 때는 결코 범본을 지칭하는 것이 아니다. 역사적으로 우리에게 『금강경』이라는 인식을 형성해온 것은 라집羅什의 『금강경金剛經』이다. 그리고 그 의미체계는 범본과 무관한 독자적인 것이다. 다시 말해서 범본의 의미체계가 라집본 『금강경』의 우리 이해를 돕기 위한 레퍼런스(참고서)가 될 수 있을지언정, 한문 『금강경』이 범본으로 환원되어야 비로소 그 정당한 의미가 드러난다는 논리는 성립할 수 없다는 것이다. 우리가 이해하려는 『금강경』은 일차적으로 라집羅什의 한역漢譯 『금강경』 자체의 의미체계인 것이다. 그리고 그 정본正本은 오직 우리 해인사에 보관되어 있는 장판이 유일한 것이다. 그것이 한문으로써 이해되어온 『금강경』의 절대적 기준이다. 그것의 역사적 의미의 총체를 명료하게 밝히는 작업이 『금강경』 이해의 최초 관문이다. 그것에 준하여 타본他本이나 타범본他梵本을 비교연구함이 타당하다. 범본梵本 자체가 정본定本이 없는 상황에서(여러 이본異本이 있을 뿐이다) 어찌 본本을 밝히지 않으면서 말末의 잡화雜華만을 쫓을손가! 나는 라집羅什 한역 『금강경』의 한문의 정확한 의미를 나의 실존의 의미에 드러난 그대로 설說할 뿐이다.

"금강"의 의미?

20세기 구미歐美 반야경전학의 최고 권위라 할 수 있는 에드워드 콘체Edward Conze, 1904~1979(영국에서 출생한 독일인. 맑시즘과 부디즘의 대가)는 『금강경』을 "*The Diamond Sutra*"로 번역하였다. 그래서 사람들이 "금강金剛"과 "다이아몬드"를 일치되는 것으로 생각하기 쉬운데, 엄밀히 말하면, 이것은 오역誤譯에서 기인하는 것이다. 물론 콘체 선생이 이것이 오역인 것을 모르고 그렇게 번역하신 것은 아니다.

우리가 흔히 다이아몬드라고 부르는 광물이 오늘날과 같이 우리 일상생활에서 접할 수 있는 보편적인 보석으로서 자리잡게 된 것은 대강 19세기 중엽 이후, 즉 1867년 남아프리카공화국 오렌지강江 상류지역에서 대량의 다이아몬드가 발견되고부터의 일이다. 그리고 오늘날과 같이 휘광輝光(Brilliancy), 분산分散(Dispersion), 섬광閃光(Scintillation) 등의 전문용어로 불리우는 다이아몬드보석의 찬란함을 느끼게 해주는 것은, 들어간 빛이 하부로 새지 않고 상면으로 다시 나오게 고안된 58면의 브릴리언트 커트Brilliant Cut라고 하는 특수 연마방식이 개발된 후의 사건이므로, 그것도 17세기 말 이상을 거슬러

올라갈 수가 없다. 다시 말해서 그 이전에는 원석의 형태로만 존재했을 것이고, 그 원석의 아름다움은 오늘 우리가 보석에서 느끼는 그러한 느낌을 발할 수가 없었다.

원래 다이아몬드는 성분으로 말하면 흑연(graphite)과 아무런 차이가 없다. 단지 양자에 공통된 성분인 카본carbon의 원자가 공유결합하는 방식이 다를 뿐이다. 흑연은 벌집모양의 6면체 평면결합이 중첩되어 있는 방식인데, 다이아몬드는 정삼각형 4개를 합쳐놓은 것과 같은 정삼각 뿔의 정중앙에 위치하고 있는 원자가 등거리의 4개의 원자와 결합하고 있는 입체적 방식이다. 따라서 흑연이 쉽게 마멸되는 반면, 다이아몬드는 놀라운, 아니 이 지구상에 존재하는 물체로서는 가장 강도가 높은, 경성(hardness)을 과시하게 되는 것이다.

이러한 다이아몬드가 형성되는 일차적 조건은 고도의 압력이다. 1955년 제너럴 엘렉트릭에서 1평방인치에 60만~150만 파운드의 압력과, 750℃~2750℃의 고온의 조건을 만들어 다이아몬드를 합성해 내는데 성공하였고, 오늘날은 약 1억캐럿량量의 인조다이아몬드가 제조되어 공업용으로 쓰이고 있다. 이러한 상황으로 미루어 볼 때, 자연상태에서 킴벌라이트 암석 속에 들어있는 다이아몬드는 최소한 지하 120km 이상의 깊이의 압력의 조건에서 형성된 것이다. 그것이 대개는 화산폭발시에 지상地上으로 밀려나와 형성된 1차 광상礦床 (파이프 광상)이나 2차 광상(충적沖積광상, 표사漂砂광상)에서 채취하게 되는 것이다.

그런데 재미있는 사실은 이러한 희귀한 광물이 역사적으로 인도印度에서만이 채취되고 있었다는 것이다. 오늘날 현존現存하는 최고最古의 다이아몬드로서 알려진 코이누르Koh-i-noor의 역사는 14세기 초로 소급된다. 무굴제국등의 파란만장의 역사를 타고 흘러내려오다가 1849년 영국이 펀잡지방을 병합하면서 획득된 것이다. 그러나 그때만 해도 코이누르는 191캐럿의 분산광택이 없는 투박한 것이었다. 1852년 그것은 109캐럿의 브릴리언트 커트로 다듬어졌고, 1937년 퀸 엘리자베드(엘리자베드 2세의 엄마)의 대관식 왕관에 박히게 되었다. 인도에는 역사적으로 골콘다Golconda지방의 퇴적사토堆積砂土에서 다이아몬드가 채취되었다. 그러나 서구문헌에 나오는 다이아몬드가 정확하게 이 인도산 다이아몬드를 가리키는 것인지도 확실치 않다. 「출애굽기」 28장 18절에, 대사제의 법의法依인 에봇에 걸치는 가슴받이에 박히는, 이스라엘 12지파를 상징하는 12개의 보석이야기가 나오는데, 둘째 줄에 박히는 보석이름에 "다이아몬드"가 들어 있다 (우리나라 개역판 성경은 "홍마노紅瑪瑙"로 번역하였고 "금강석金剛石"이라 주를 달아 놓았다). 물론 이것도 오늘날 우리가 말하는 "다이아몬드"를 가리키는 것이 아닌, 색깔을 중시하여 선정된 어떤 여타 보석류일 것으로 생각된다.

오늘날 우리가 다이아몬드라고 부르는 이름은 "*adamas*"(ἀδάμας)라는, "정복할 수 없는 것"(the invincible)이라는 뜻의 희랍어에서 왔다. 하여튼 더이상 없는 강도의 어떤 광물의 존재에 대한 인식이 고대로부터 희미하게 있었던 것은 우리가 상정할 수 있고, 그 근원에는 인도산 다이아몬드가 있었다는 것은 말할 수 있으나, 인류의 고대古代

세계에 있어서 다이아몬드가 보편적 개념으로서 자리잡고 있었다는 것은 상정하기 힘들다. 그리고 다이아몬드는 기껏 커봐야 어린애 주먹 이상의 크기는 없고 대강은 아주 좁쌀 같은 작은 것이므로 그것이 어떤 무기나 큰 물체의 이미지로 형상화되기는 어렵다.

『금강경』의 범본제명梵本題名은 "*Vajracchedikā-prajñāpāramitā-sūtra*"인데 "금강"에 해당되는 말은 "바즈라*vajra*"이다. 발절라跋折羅, 발도라跋闍羅, 발일라跋日羅, 벌절라伐折羅, 부일라嚩日囉 등의 음역 표기가 한역불전에 나타난다. 그런데 이 "바즈라"의 원래 의미는 "벼락"(thunderbolt)이다. 벼락이란 무엇인가? 그것은 대기 중에 음전하체와 양전하체 사이에 방전이 생겨 발생한 막대한 에너지가 절연파괴絶緣破壞(dielectric breakdown: 과도한 전압에 의하여 절연체가 전기를 전함) 현상에 의하여 대기를 타고 땅으로 이동하는 것을 말한다. 여기 "바즈라"의 일차적 의미는 "쩨디까"(*cchedikā*) 즉, "능단能斷"(자른다)이다. 사실 『금강경』의 올바른 번역은 『벼락경』 즉 『벽력경霹靂經』이 되었어야 하는 것이다. 청천벽력처럼 내려치는 지혜! 그 지혜는 인간의 모든 집착과 무지를 번개처럼 단칼에 내려 자르는 지혜인 것이다. 인도인들의 신화적 상상력 속에서는 "벼락"은 인드라신이 휘두르는 원판모양의, 혹은 엑스자모양(X)의 어떤 무기와도 같은 것이었다.

사실 콘체가 "금강"을 "다이아몬드"로 번역한 것은, "다이아몬드"의 현실적 기능이 그 최고도의 경성으로 인하여, 여타의 모든 물체를 자를 수 있다고 하는 이미지, 여타 석물은 다이아몬드를 자를 수 없어도, 다이아몬드는 여타 석물을 자를 수 있다고 하는 성격이

"벼락"에 상응한다고 하는 전제하에서 그렇게 번역할 수 있었던 것이다.

애초에 중국인들이 "바즈라"를 "금강金剛"으로 번역한 것은 바로 이 신들이 휘두르는 무기의 이미지에서 온 것이다. 그것은 오늘날의 "다이아몬드"가 아닌, "가장 강한 쇠"(금중최강金中最剛)라는 의미로 쓴 것이며, 대강 철제鐵製, 동제銅製의 방망이었다. 그것이 바로 "금강저金剛杵"였고, 이 금강저의 위력은 특히 밀교密敎에서 중시되었던 것이다.

현장玄奘이나 의정義淨은 "능단금강반야能斷金剛般若"라는 표현을 썼고, 급다笈多는 "금강능단반야金剛能斷般若"라는 표현을 썼는데, 이는 "무엇이든지 능히 자를 수 있는 금강과도 같은 지혜"라는 뜻이지만, 돈황敦煌의 동남東南의 천불동千佛洞사원에서 발견된 코오탄어語의 『금강경』은 "금강과도 같이 단단한 업業과 장애障礙를 자를 수 있는 지혜"라는 의미로 제명題名을 해석하고 있어 주목된다. 그렇게 되면 "능단금강能斷金剛"은 "금강과도 같이 자르는"의 의미가 아니라 "금강조차 자를 수 있는"의 의미가 되어버린다. 어느 쪽으로 해석하든 본문의 내용에 그 기준이 정해져 있지는 않다.

그런데 과연 무엇을 자른다는 것인가? 우리는 보통 불교의 교의敎義를 고苦·집集·멸滅·도道라는 사성체四聖諦로 요약해서 이해한다. 인생의 모든 것, 우주의 모든 것, 산다고 하는 것 그 자체가 고통스러운 것이다(고苦). 그런데 이런 고통은 온갖 집착을 일으키는 인연의 집적에서 오는 것이다(집集). 그러므로 우리는 이러한 모든 집착을 끊어 버려야 하고(멸滅), 그 끊는 데는 방법이 있다(도道). 고苦는 오인吾人의 소지所知요, 집集은 오인吾人의 소단所斷이며, 멸滅은 오인吾人의 소증所證이요, 도道는 오인吾人의 소수所修다.

그렇다면 우리가 살아가면서 고통의 원인으로서 발생하는 모든 집착을 끊어 버리면 과연 나는 열반에 드는 것일까? 내가 산다고 하는 것! 우선 잘 먹어야 하고(식食), 색色의 욕망도 충족되어야 하고, 학교도 좋은 학교에 가야 하고, 좋은 회사도 취직해야 하겠고, 사장도 되어야겠고, 교수가 되어 훌륭한 학문도 이루어야겠고, 결혼도 잘해야겠고, 자식도 훌륭하게 키워야겠고, 자선사업도 해야겠고, 죽을 때 모든 사람에게 존경받는 사람으로 죽어 후세에 이름도 남겨야겠고 …… 자아! 인생의 집연集緣을 들기로 한다면 끝이 없는 품목이 나열될 것이다. 자아! 이제부터 하나 둘씩 끊어보자!

『금강경』을 공부했으니, 자아! "반소사음수飯疏食飮水"로 만족하고, 색골 같은 환상도 다 끊어버리고, 좋은 학교 갈 욕심도 끊고, 회사 취직할 생각도 말고, 사장 따위 외형적 자리에 연연치 않고, 학문의 욕심도 버리고, 결혼할 생각도 아니하고 정남정녀로 늙고, …… 다 벼락을 치듯 끊어버리자! 이것이 과연 지혜로운 일인가? 벼락은 과연 어디에 내려쳐야 하는 것일까?

우리가 흔히 불교의 교의를 "집착을 끊는다"(멸집滅執)는 것을 핵심으로 알고 운운하는 것은 참으로 좁은 소견에서 나온 망견妄見에 불과한 것이다. 세상을 초연히 사는 척, 개량한복이나 입고 거드름 피우며 초야에서 어슬렁거리는 미직직한 인간들을 세간世間 불자佛子의 진면眞面으로 생각하는 것처럼 기만적인 망동妄動이 없는 것이다. 벼락은 나의 존재를 둘러싼 대상세계에 대한 집착의 고리에 내리쳐야 하는 것이 아니다. 그것은 곧, 금강의 벽력은 곧 나의 존재 그 자체에 떨어져야 하는 것이다.

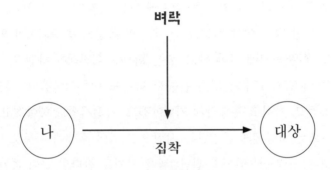

〈제1도, 보통사람들의 멸집에 대한 생각〉

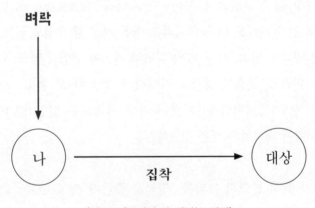

〈제2도, 『금강경』이 말하는 멸집〉

제1도에서는 벼락이 집착의 고리를 끊어도 "나"가 여전히 존재하며 또 대상이란 실체가 엄존한다. 단지 그 고리가 끊겼을 뿐이다. 그러나 이 고리는 항상 다시 이어짐을 반복할 뿐이다. 제2도에서는 벼락은 집착에 떨어지는 것이 아니라 나에게 떨어진다. "나"가 무화無化되고 공화空化된다. 나가 없어지면, 곧 대상도 사라지고, 집착이라는 고리도 존재할 자리를 잃는다. 바로 여기에 소위 소승과 대승이라고 하는 새로운 불교 이해의 기준이 성립하게 되는 것이다.

"소승"은 뭐고, "대승"은 뭐냐?

자아! 너무 번쇄한 학구적 논의를 떠나 우리가 일상적으로 받아들이고 있는 개념들을 분석해보자! 도대체 소승(小乘, hīnayāna)이란 무엇이냐? 작은 수레다! 그럼 대승(大乘, mahāyāna)이란 무엇이냐? 큰 수레다! 그럼 소승이 좋은 거냐 대승이 좋은 거냐? 요즈음 아파트도 모두 작은 아파트보다 큰 아파트 못 얻어서 야단인데 아무렴 큰 게 좋지 작은 게 좋을까보냐? 큰 수레가 넉넉하고 좋을 게 아니냐? 작은 길 가는 데는 작은 수레가 좋지, 뭔 거추장스런 큰 수레냐?

사실 "히나"라는 의미에는 단순히 싸이즈가 작다는 물리적 사실의 의미만 있는 것이 아니라 "용렬하고 옹졸하다"는 가치판단의 의미가 들어가 있다. "마하"의 의미에는 상대적으로 "크고 훌륭하고 장엄하다"(magnificent)는 의미가 들어가 있다. 그렇다면 그 누가 "히나"로 불리기를 좋아할 것인가?

그런데 우리나라 사람들의 평상적인 불교이해, 교과서적인 불교이해를 잠깐 들여다보면, 누구든지 이런 말을 서슴치 않는다. 남방불교는 소승불교고, 북방불교는 대승불교다. 그럼 버마·타이 등지에서 보는 불교는 소승이고, 중국·한국·일본의 불교는 대승이란 말인가? 마치 소승·대승이라는 말이 규정되는 어떤 고정적 대상을 가지고 있는 것처럼, 그들의 어휘 속에서는 소승과 대승이 실체화되어 있는 것이다. 과연 불교와 같이 추상적인, 눈에 보이지 않는 인간구원의 정신세계를 더듬는 종교적 세계에 소승과 대승이라는 확연한 구분의 기준이 가능할까? 누런 까샤야를 걸친 미얀마의 스님들은 모두 소승불교인이고, 회색의 가사를 걸친 조선의 스님들은 모두 대승불교인인가? 우리가 흔히 불교를 이해하는데 있어서 통시적으로나 공시적으로나, 모두 소승이니 대승이니 하는 개념들을 무비판적으로 사용하고 있는 경향이 있는데, "소승·대승"이라는 개념이야말로 실로 불교를 이해하는데 가장 걸림돌이 되는 일대 편견이라 아니할 수 없다. 왜냐하면, 우리들의 소승·대승의 이해가 철저히 "실체화"되어 있는 오류에 속하기 때문이다. 역사적으로 "교상판석敎相判釋"도 중국불교의 교리체계화에 기여한 바가 크지만, 그러한 아전인수격의 서열적 가치판단은 오히려 근원적으로 불교의 이해를 그르치게 만드는 도식성을 조장할 수도 있다. 우리는 그것을 경전해석학의 방편으로 수용할 수는 있으나, 불교의 근본교의를 이해하는 열쇠로 삼을 수는 없는 것이다.

"대승"이란 말은 물론 "대승"이라는 말을 사용한 사람들이 그들의 "대승"됨을 정당화하기 위한 수단으로, 상대적으로 "소승"이라는 말을 지어냄으로써 역으로 대승의 존재이유를 확립하려한 데서 생겨난 말일 뿐이다(소승이라는 말 자체가 대승이라는 말보다 수백 년 후에 생겨났다). 다시 말해서, 소·대승의 구분개념은 실제로 "소승"과는 무관한 개념이다. 즉, 대승에게는 소승이 존재하지만, 소승에게는 소·대승의 구분근거가 근원적으로 존재하지 않는 것이다. 남방에 가서 그들에게 우리가 규정하는 의미맥락에서 당신은 소승이냐고 물으면, 그 말에 고개를 끄덕이는 자들은 아무도 없을 것이다. 그것은 유태인들에게 가서 "구약"을 운운하는 것과 똑같은 바보짓이다(유대 인들에게 "구약"은 없다. "바이블"이 있을 뿐이다).

불교사적으로 "소승"이란 주로 "부파불교"를 가리키는 것이다. 그리고 대승이란 이 부파불교를 근원적으로 비판하고 나온 어떤 혁신적 그룹의 운동을 규정하는 말이었다. 그렇다면 우리의 소·대승에 대한 이해는 바로 이러한 역사적 정황에서 규정된 원래의 의미만을 정확히 맥락적으로 파악하고, 그 파악된 의미를 상황적으로, 유동적으로, 방편적으로 적용해야 할 뿐인 것이다. 우선 우리의 논의를 단축하기 위해서 이러한 역사적 정황을 압축시킨 도식을 하나 제시해보자!

小乘(Hīnayāna) 소 승	阿羅漢(Arhat) 아 라 한	八正道 팔 정 도
大乘(Mahāyāna) 대 승	菩薩(Bodhisattva) 보 살	六波羅蜜 육 바 라 밀

그런데 문제는 이러한 도식적 이해 자체가 불교의 근본교의의 이

해를 그르치게 할 수 있는 위험성을 내포한다는 데 있다. 지금 내가 이 강의를 하고 있는 곳은 도올서원 제12림이다. 매림마다 우리나라 전국의 각 대학에서 약 150명의 우수한 선발된 젊은이들이 몰려들어 내 강의를 직접 듣고 있다. 벌써 12림이 되었으니까, 이것을 나의 12번째 대설법이라고 한번 비유적으로 상정해보자! 우리 도올서원에서는 내 강의를 수강하는 학생들은 "유호례由戶禮"로부터 "승당례升堂禮"라는 과정을 거치게 되며 이 과정을 다 거치면 "재생齋生"이라는 칭호를 얻는다. 그리고 재생齋生생활을 모범적으로 수차에 걸쳐 완수하면 대중의 추천에 의하여 "재수齋秀"라는 존칭을 얻는다. 현재 2천여 명 정도의 재생이 있으며, 40여 명 정도의 존경스러운 재수들이 있다. 물론 도올서원은 순수한 학술기관이며, 일체의 종교적 행위가 허락되는 곳이 아니다.

그러나 인간에게 "깨달음"을 던져준다는 데서는 별 큰 차이가 없을 수도 있다. 아마도 불타의 최초의 승가의 모습도 이와 같이 시작되었을 것이다. 역사적으로 싯달타라고 하는 어떤 실존인물이 있었다고 한다면, 그는 나 도올 김용옥과 하나도 다를 바가 없는 평상적인 인간이었을 것이다. 그대 또한 인간이라면 여기에 이의異意를 달 수는 없을 것이다. 그런데 그 싯달타라는 인간은 그의 삶의 어느 시점에 "아뇩다라삼먁삼보리"라고 하는 무상정등각無上正等覺을 얻었고, 그로 인해 주변의 만나는 모든 사람들에게 깨달음의 감화를 던지는 훌륭한 인물이 되었다. 그래서 사람들은 그를 "깨달은 자" 즉 "붓다"라고 부르고 그에게서 깨달음을 얻기 위해 몰려들었다. 이 몰려든 사람들이 싯달타 주변을 떠나지를 않고 살게 됨에 따라 그들은 자연스럽게 어떤 콤뮤니티 즉 집단을 형성하게 되었다. 이것을 승가僧伽(saṃgha)라고 불렀다. 아예 집을 떠나(출가出家) 전문적으로 승가에 상주하는 사람들을 남·녀 구분하여 비구比丘(bhikṣu)·비구니比丘尼(bhikṣuṇī)라고 불렀고, 그냥 가정을 유지하면서 집에서(재가在家) 승가에 다니는 사람들을 우바색優婆塞(upāsaka, 신사信士)·우바이優婆夷(upāsikā, 신녀信女)라고 불렀다. 이 출가이중出家二衆과 재가이중在家二衆을 합쳐 우리가 초기 승단을 구성한 사부대중四部大衆(사중四衆, 사부중四部衆)이라고 부르는 것이다. 그런데 인간세에는 항상 이러한 집단이 발생하면 집단의식이 생겨나게 마련이고, 이 집단의식은 항상 그 집단을 성립하게 만든 본래정신과는 무관하게 발전해나가는 상황은 인지상정에 속하는 것이요, 역사의 정칙이다.

도올서원에 모여 내 강의를 듣는 학생들이 자기들은 "재생"이라 하고, 나는 일반 대학생들과 다르다라는 의식을 갖게 되고, 나는 도올선생의 강의소리(성聲)를 직접 들었다(문聞)는 강한 프라이드를 갖는다고 생각해 보자!(불교초기집단에서 불타의 소리를 직접 들은 자들을 "성문聲聞"[śrāvaka]이라 불렀다). 이러한 프라이드는 어떤 의미에서는 그들에게 권위를 주고 디시플린을 주고 더 열심히 공부하게 만드는 긍정적 효과도 있겠지만, 그것이 도가 지나치고 고착화되고 장기화되면, 그것은 역으로 권위주의(authoritarianism)와 형식주의(formalism)와 차별주의(distinctionism)를 낳게 된다. 물론 이러한 현상은 누가 생각해도 바람직하지 않다. 초기의 도올서원의 생동하는 원래 모습과는 다른 모습이 될 것이며, 그것은 분명 개선되어야 할 상황이지만, 기득권자들의 권위의 타성과 관성체계에 의하여 눈덩이처럼 굴러가는 역사가 전개될 수도 있다. 바로 초기 불교승단의 상황은 이와 같은 상황이었다. 그리고 이러한 도올서원의 권위주의자들은 자신의 권위를 정당화하기 위해서 역으로 "도올선생"의 위치를 평범한 교수가 아닌 극존極尊의, 범인이 도저히 미칠 수 없는 신비스러운 권위의 상징으로 만든다. 왜냐하면 그렇게 도올을 절대의 자리로 높여놓아야만, 그의 소리를 직접 들은 자기들만의 특수성의 권위가 확보될 것이기 때문이다. 부파불교의 상황은 정확히 이런 상황이었다. 싯달타의 사후, 불교는 아쇼까(Aśoka, 아육왕阿育王, 치세治世 268~232 BC)라는 마우리아왕조 제3대의 명군名君, 전륜성왕轉輪聖王을 만나 크게 그 세를 떨쳤지만, 이러한 세의 확대가 불교승단 내부에 많은 부작용을 가져오게 된 것은 쉽게 생각할 수가 있다. 포만은 부패를 낳게 마련이다. 아쇼까 치세기간에 이미 보수적인 상좌부上座部(Theravāda)와 진보적이고 자유주의적인 대중부大衆部(Mahāsāṅghika)의 분열이 생겼고, 이후 이 양대파의 세부적인 분열이 가속화되어 우리가 통칭 "부파불교部派佛敎"라고 부르는 시대가 연출되게 되는 것이다. 이 부파불교시대를 대변하는, 소위 "소승小乘"으로 규정되는 대표적인 종파가 바로 "설일체유부說一切有部"(Sarvāstivādin)라고 하는 아비달마 교학불교인 것이다.

부파불교의 수도인들이 지향한 이상적 인간상을 우리는 "아라한"(줄여 "라한")이라고 부른다. 그런데 이 아라한이라는 말은 원래 초기 불교집단에서 인간 싯달타를 존경하여 부르던 열 개의 존칭(십호十號) 중의 하나였다: 1) 여래如來(진리에서 온 사람), 2) 응공應供(응당 공양을 받을 사람), 3) 정편지正遍知(두루 바르게 깨달은 사람), 4) 명행족明

行足(이론과 실천이 구비된 사람), 5) 선서善逝(열반을 자유로이 드나드는 사람), 6) 세간해世間解(세상을 잘 아는 사람), 7) 무상사無上士(최고의 인간), 8) 조어장부調御丈夫(사람을 잘 다루는 사람), 9) 천인사天人師(신과 인간 모두의 스승), 10) 불타佛陀(깨달은 자, 佛), 11) 세존世尊(복덕을 구유한 자). (정확히 11개인데, 십호를 말할 때는 이 중 하나를 뺀다).

이중 두 번째의 "응공應供"이라는 것이 바로 "아라한"인 것이다. 사실 나도 밖에 돌아다닐 때, 누구와 식사를 하게 되면 대강 상대방이 식사값을 치르는 상황이 많은데, 내가 꼭 얌체라서기보다는, 평소때 내가 많이 베풀고 살기 때문에 그냥 편하게 얻어먹을 수 있는 상황이 발생하는 것이다. 응공應供 즉 아라한이란, 얻어먹어도 그것이 업이 되지 않는 사람이란 뜻이다. 그만큼 존경스러운 사람이란 뜻이다. 사실 이것은 뭐 대단히 특수한 존칭이 아니다. 경주 석굴암에도 십대十大제자 나한상이 뼹둘러쳐 있듯이, 부처의 제자들을 나한이라고 부르기도(십육나한十六羅漢), 불전편찬을 위해 일차결집一次結集때 모였던 500인의 제자를 보통 "오백나한五百羅漢"이라고 부르듯이 그것은 특수명사라기보다는 일반명사였던 것이다.

그런데 부파불교시대에 내려오면 이런 아라한의 의미가 변질되어 수도원에서 고립된 생활을 하는 수도인이 도달하는 최고의 성스러운 경지에 해당되는, 더 이상 배울 것이 없는 무학위無學位로서 아주 특수한 의미를 지니게 되었다. 그리고 그것은 유학위有學位인 1) 예류預流(srota-āpanna), 2) 일래一來(sakṛd-āgāmin), 3) 불환不還(anāgāmin)의 세 위位를 거처 도달되는 사향사과四向四果의 극위極位로 엄격하게 설정이 되었던 것이다. 그러나 재미있는 것은 불타시대에는 불타든 제자든 응공應供의 사람들 모두에게 붙여졌던 이 아라한의 명호가, 부파불교시대에는 완전히 불타에서 분리되어 버렸다는 사실이다. 이것은 앞서 든 예대로 도올서원 재생들이 자기들의 권위를 확보하기 위하여 도올을 넘나보지 못할 사람으로 만들어버리는 것과 유사한 상황이다. 즉 부파불교시대에는 인간이 도달하는 최고의 성자의 경지가 아라한이며, 이 아라한은 절대적인 붓다의 경지의 하위下位개념으로서 설정된 것이다. 그렇게 되면 인간은 아무리 수도를 해도 붓다가 될 수가 없는 것이다.

이러한 부파불교시대에, 즉 서양에서는 "그노시스"(영지)를 추구하는 지혜운동이 「요한복음」사상의 배경을 이루는 것과 동시대에, 바로 불교종단 내부로부터 이러한 아라한의 독주·독선·독재의 편협성을 타파하고 누구든지, 즉 출가자出家者나 재가자在家者나를 불문하고 곧바로 불타가 될 수가 있다고 하는 대중운동이 발생했던 것이다. 이러한 새로운 진보세력은 아라한됨을 추구하는 자들을 성문聲聞, 독각獨覺(=록각綠覺)이라 불렀다. 성문聲聞(śrāvaka)이란 곧 수도원(사원)내에서 고립된 생활을 하면서 자기들끼리 서로 가르치고 가르침을 받으면서 절차탁마 수행하는 자들이요, 독각獨覺(pratyeka-buddha)이란 선생이 없이 혼자 산속 같은 데서 도사연하면서 깨달음을 추구하는 자들, 즉 토굴파들을 가리킨 말이었다. 바로 이들 새로운 진보세력이 이 성문聲聞·독각獨覺의 이승二乘에 대하여 새롭게 내걸은 일승一乘이 바로 "보살"(bodhisattva)이라는 새로운 개념이었다. 새 포도주는 새 푸대에 담아야 한다! 보살이라는 개념은 곧 그들이 추구하는 새 생명과도 같은 새 포도주를 담을 수 있는 새 푸대였던 것이다. 이 새 포도주를 우리가 보통 대승大乘이라고 부르는 것이다. 즉 대승大乘이란 보살운동이다. 즉 보살이라는 개념 이전에 대승이 없고, 대승은 보살과 더불어 출발하는 것이다. 그렇다면 보살이란 무엇인가? 절간을 신나게 나돌아 다니는 "자유부인들"인가? 새 절 짓는 개왓장에 큰 이름을 올리는 부잣집 "마나님들"인가? 아니면 스님들 공양을 지어올리는 절간 부엌의 "공양주들"인가?

"bodhisattva"는 "bodhi"라는 말과 "sattva" 두 마디로 이루어져 있다. "bodhi"는 "보뎨菩提"(속음으로 "보리"라고 한다) 즉 "깨달음"이다. "sattva"는 "살아있는 자者" 즉 "유정有情"이라고 번역되는 말이다. 80년대 우리 대학가를 풍미한 노래가사에 "산 자여 따르라!"라는 말이 있다. 다시 말해서 "깨달음을 추구하는 모든 산 자!" 그들이 곧 "보살"인 것이다!

일설一說에 의하면 "sattva"는 "마음"(심心)의 뜻이 되기도 하고, "바램"(지원志願)의 뜻이 되기도 한다. 이 설을 따르면, "보살"은 곧 "깨달음을 바라는 모든 자"의 뜻이 되는 것이다. 그런데 이 "보살운동"의 혁명적 성격은 바로 "보살"이 곧 불위佛位요 불승佛乘이라는 것이다. 즉 보살이 곧 부처 자신의 원래 모습이라는 것이다. 싯달타가 곧 보살이었고(본생담本生譚), 이 보살은 곧 붓다 즉 각자覺者가 된다는 것이다. 보살은 곧 아라한의 정면부정이다. 아라한이 승가라는 제도의 보호를 받는 특수한 디시플린의 출가자出家者에 국한되었다면 보살은 출가자出家者, 재가자在家者, 가르치는 자, 가르침을 받는 자를 가리지 않는다. 즉 보살에는 승僧·속俗의 이원적二元的 구분이 사라지는 것이다. 종교적 세계와 세속의 세계의 근원적 구분이 사라지는 것이다. 모든 차별주의(distinctionism)여! 가라! 떠나가라!

그런데 우리나라 사람들의 "보살"에 대한 교과서적 이해는 대강 이러한 것이다. 즉 "보살"이란 부처가 될 수도 있는 사람인데, 부처가 아니 되고, 중생의 구제를 위해 사회적으로 헌신하는 자, 소승이 자기 일신만의 구원을 추구하는데 반하여 대승은 일체중생一切衆生과 더불어 구원받기를 원하는 자, 즉 소승은 차안에서 피안으로 자기 혼자만 타는 일인용 보트를 타고 저어가는데, 대승은 많은 사람과 피안으로 같이 가기 위해서 큰 수레, 큰 배가 필요한 자, 그 자가 곧 대승이다!

나는 이러한 규정이 구체적으로 불경에 근거한 이야기이기는 하지만 우리나라 사람들의 대·소승에 대한, 즉 "보살"에 대한 이해를 아주 그르치게 만드는 망견妄見 중의 망견이라고 생각한다. 우선 인간의 구원은 어떠한 경우에도 홀로 이루어질 수가 없는 것이다. 다시 말해서 인간의 구원의 길에는 일인용一人用 보트와 만인용萬人用 배가 따로 있을 수 없는 것이다. 인간의 구원의 개인성과 집단성을 기준으로 소小·대승大乘을 나누는 것은 극심한 망상이다. 아무리 암자에 홀로 사는 미얀마의 스님이라 할지라도, 낙도에 떨어진 로빈슨 크루소라 할지라도 나 혼자만이 해탈한다는 것은 있을 수가 없다. 어차피 해탈의 길에는 인간과의 "관계"가 절연될 수가 없는 것이다. 그렇다면 한 사람 백 사람 만 사람의 양적 차이에 의해서 아라한과 보살의 차이가 가려질 수는 없는 것이다.

둘째, 부처가 될 수 있는데 부처가 아니 되고 보살노릇한다는 말도 참으로 어색하기 그지없는 억설이다. 부처가 될 수 있으면 언제고 그 자리에서 부처가 돼야지, 어찌 부처가 되면 대중구원을 할 수 없고, 부처가 아니 되고 보살이 되어야만 대중구원이 가능하다는 그따위 엉터리없는 말이 도대체 어떻게 성립가능하단 말인가? 이런 엉터리없는 망견이 바로 불법을 흐리게 만드는 마장魔障인 것이다. 부처가 된다는 것과 보살이 된다는 것은 2원적 구분이 있을 수 없다! 부처가 곧 보살이요, 보살이 곧 부처다! 지장보살이 어찌 부처가 아닐 수 있으리요!

지금 이러한 보살의 사회성에 관한 논의는 원래 인도사상의 회향廻向(pariṇāma) 개념에서 발전된 것인데, 회향에는 두 가지가 있다. 제1의 회향이란, 선근善根을 자기의 "행복"의 추구로부터 자기의 "깨달음"의 추구로 방향전환하는 것이다. 제2의 회향이란 곧 나의 선근善根을 자기의 행복으로 돌리는 것이 아니라, 곧 타인의 깨달음과 행복으로 돌리는 것이다. 다시 말해서 제2의 회향은 제1의 회향의 전제하에서 이루어지는 것이다. 제2의 회향은 제1의 회향의 논리적 결과이다. 즉 성불成佛이야말로 보살행의 전제며, 보살행이야말로 성불의 당연한 결과인 것이다. 제1의 회향은 무상정등각을 얻는 것이요, 제2의 회향은 그 얻은 무상정등각을 타인의 깨달음으로 전위시키는 것이다.

아라한의 팔정도八正道의 궁극에는 정정正定(samyak-samādhi)이라고 하는 관조적인 삼매三昧가 자리잡고 있다. 그러나 보살의 육바라밀六波羅蜜의 궁극에는 바로 반야般若 즉 지혜, "쁘라기냐"가 자리잡고 있는 것이다. 제1의 회향의 완성은 바로 이 반야에서 이루어지는 것이요, 이 반야를 획득한 자에게만이 제2의 회향이 가능케 되는 것이다. 이 반야를 최초로 명료하게 제시한 경전이 바로 이 『금강경』이라는 희대의 지혜서인 것이다.

소승과 대승의 궁극적 구분 근거가 바로 "보살"이라는 새로운 개념이다. 그렇다면 다시 묻건대 보살이란 무엇인가? 그것은 일체의 차별주의를 거부하는 일승一乘(ekayāna)인 것이다. 일승一乘이란 무엇인가? 그것은 곧 나만이, 혹은 내가 속한 어느 집단만이 구원을 얻을 수 있다고 하는 일체의 구분의식이나 우월의식이나 특권의식의 거부를 말하는 것이다. 이 우월의식·특권의식의 거부가 곧 대승의 출발인 것이다. 이 대승정신이 바로 일승정신이요 보살정신이다. 이 보살정신이 바로 반야사상인 것이다. 그리고 이 반야사상의 최초의 명료한 규정이 바로 『금강경』인 것이다. 따라서 대승의 의미는 금강능단金剛能斷의 지혜의 실천, 곧 『금강경』이 설하는 지혜를 실천하는 자에게만이 주어질 수 있는 것이다. 다시 말해서 소승과 대승의 구분 근거는 사회적 실천의 양의 다소에 있는 것이 아니라, 금강지혜의 실천의 유무에 있는 것이다. 아무리 엄청난 양의 사회적 실천을 실현했다 하더라도 금강의 지혜의 실천이 없으면 그것은 대승이 아니라 곧 소승이다.

그렇다면, 금강의 지혜 즉 반야란 무엇인가? 그것이 곧 부처의 삼법인三法印 중의 가장 궁극적 법인이라 할 수 있는 "제법무아諸法無我"에 대한 가장 심오하고 가장 보편적인 규정인 것이다. 『금강경』

이야말로 "무아無我"의 가장 원초적 의미를 규정한 대승의 가르침인 것이다. 내가 많은 중생을 제도한다고 하는데 보살의 의미가 있는 것이 아니라, 바로 그 많은 중생을 제도하는 내가 있지 아니하다고 하는 아상我相의 부정, 『금강경』에서 말하는 사상四相(아상我相, 인상人相, 중생상衆生相, 수자상壽者相)의 부정에 곧 그 보살의 원초적이고도 진실한 의미가 있는 것이다.

현금 한국의 대부분의 스님은 소승이다. 따라서 한국불교는 소승불교다. 왜냐? 그들은 법당法堂에 앉아 있는 스님이고 절깐에 들락이는 신도들은 스님 아닌 보살이라고 생각하기 때문이다. 스님이 스님이라고 하는 아상我相을 버리고 있지를 않기 때문이다. 밥먹을 때도 따로 먹어야 하고, 법당에 들어갈 때도 따로 들어가고, 수도할 때도 따로 결제를 해야하고, 옷도 따로 입어야 하고, 방석조차도 다른 방석에 앉아야 하고, 모든 진리의 척도가 그들 중심이 되어있는 것이다. 공양주보살은 당연히 공양을 바쳐야 할 아랫것들이고, 자기들은 당연히 공양을 받아먹어야 할 윗것들이라고 생각하기 때문이다. 스님들은 신도들에게 절받는 것을 당연한 것으로 여기고 자신은 절하는 마음자세를 잃어만 간다. 한국의 스님들이 자신을 보살이라고 생각하고 자신을 보살이라고 부르는 것을 나는 보지 못했다. 그들은 아라한이지 보살이 아닌 것이다. 성철당은 성철 스님이 되어서는 아니된다. 성철 스님은 곧 성철보살인 것이다. 현재의 스님과 보살의 개념이 바뀌어야 한다! 부엌깐의 공양주보살이야말로 스님이요, 료사채의 자신들이야말로 보살이 되어야하는 것이다. 한국의 승려들은 모두 이름을 바꾸어야 한다. 아무개 스님이 아니라, 아무개 보살로 모두 그 이름을 바꾸어야 하는 것이다. 그래야 비로소 대승이 되는 것이다. 대승의 기준은 "큰 수레"가 아니다. 대승의 기준은 "무아無我"일 뿐이다. 무아無我의 반야를 실천 못하는 자, 남북南北을 무론無論하고, 동서東西를 막론莫論하고, 고금古今을 물론勿論하고 다 소승小乘일 뿐인 것이다! 어찌 소승·대승이 고정된 함의나 대상을 가질 수 있으리오!

올 봄, 초파일의 신록이 우거질 즈음의 일이었다. 나는 우연히 내설악內雪岳의 백담百潭을 지나치게 되었다. 그런데 그곳의 회주會主 큰스님께서 날 알아보시고 만남을 자청하시는 것이었다. 나는 오실奥室로 안내되었다. 법명法名이 오현五鉉! 아무리 그것을 뜯어 보아도 법명의 냄새가 없었다. 나는 우선 그것부터 여쭈었다.

"그건 어릴 적부터의 내 이름입니다. 중이라 할 것이 따로
없으니 그 속명이 바로 내 법명이 된 것이지요."

낌새가 좀 심상치 않았다.

"내가 도올선생을 뵙자고 한 뜻은, …… 아무리 여기 백담에
백칸짜리 가람을 짓는다 한들, 그곳에 인물이 없고 지혜가
없으면 자연만 훼손하는 일이지 뭔 소용이 있겠소?"

오현 스님은 다짜고짜 나에게 이와같은 제안을 하시는 것이었다.

"인류의 미래를 바꾸어 놓을만한 지혜의 책을 여기 백담에

앉아 쓰시오. 백담사가 만해萬海 이래 텅 비었소이다. 도올 선생이 여기 오신다면 내가 무금선원無今禪院을 통채로 내 드리리다. 여기와서 무금선원無今禪院 방장方丈이 되시오. 그리고 도올총림을 만드시오!"

스님의 거친 입담에 난 좀 소름이 끼치었다. 방장이니 총림이니 하는 말은 스님과 같이 책임있는 자리에 계신 분이 나같은 속인에게 함부로 쓸 수 있는 말은 아니었다. 방장이란 현 조계종 체제상으로 거의 스님의 최고의 존숭尊崇의 지위를 의미하는 말인 것이다. 이날 우리의 이야기는 하염없이 깊어만 갔다. 백담에 하염없이 졸졸 흐르는 푸르른 물소리와 함께 ……

스님이 어려서 출가한 시절, 산골의 대가람이라 해봤자 아주 극빈한 처지였다. 그리고 일제 강점시기 대처스님들이 절깐을 운영하던 시절이었고, 대처스님들의 생활은 절도가 있었으나 곤궁하기 이를 데가 없었다. 스님도 배가 고파 절깐에 들어가 머리를 깎았는데, 또 고픈 배를 채우기 위해서는 죽으라고 하루종일 걸식을 해야만 했던 시절이었던 것이다. 그가 주로 걸식을 하러다니는 동네에, 걸식을 하는 또 한 사람이 있었는데 그는 문둥이었다. 아마도 한하운님과 같이 학식 꽤나 있었던 문둥이었을지도 모른다. 그때는 걸인의 상당수가 문둥이었던 시절이었다. 그런데 오현 스님은 매번 그 문둥이만큼도 밥을 얻을 수 없었다. 그 문둥이는 샘나게도 밥을 곧잘 얻었던 것이다. 다시 말해서 당시의 스님을 바라보는 조선민중의 눈초리가 스님을 문둥이만큼도 대접을 하지 않는 분위기였던 탓도 있겠지만,

문둥이라는 전염병환자를 사람들은 공포스럽게 생각했기 때문에 미리미리 밥을 주어 쫓아내곤 했던 것이다.

"부화가 치밀어 견딜 수 있어야지요. 에이 비러먹을 중 때려 치고 문둥이나 될란다!"

배고픈 오현 스님은 진실로 문둥이가 되기로 작심했다. 그리고 그 문둥이를 졸졸 따라다녔다. 그 문둥이가 밥을 걸식하는 비법도 전수받고, 그 문둥이와 같이 한 깡통에 밥을 비벼먹고 추울 때는 추운 동굴 한 거적지 속에서 껴안고 자고 뒹굴었다.

"처음에 이 문둥이는, 요놈 사미승, 맛 좀 봐라! 너 정말 문둥이 될래? 하고 참으로 날 문둥이로 만들 생각이었던 것 같았습니다. 그런데 …… "

그런데 오현 스님이 진실로 문둥이가 될려면 되라 하고 분별심을 버렸다는 것을 그 문둥이가 깨닫게 된 어느날, 추운 동굴에서 하루를 지새우고 일어나보니 그 문둥이는 자취 없이 온데간데없이 사라지고 말았다. 그리고 먼동이 트는 새벽이슬에 젖은 한 종이쪽지가 뒹굴고 있었다.

"너는 훌륭한 스님이 될 터이니 부디 성불成佛하거라!"

눈시울이 뜨거워진 사미승 오현은 문둥이가 사라진 허공을 향해 절을 했다. 그리고 문득 깨달았다.

"아하! 부처님이 문둥이구나!"

이 순간이 바로 그의 생애를 지배한 득도의 순간이었다.

> 버드나무 밑에서
> 찌까다비를 벗으면
> 발가락이
> 또 한개 없다

이것은 한하운님의 "소록도로 가는 길"이란 시의 한 구절이다. 그래! 부처님이 문둥이요, 문둥이가 부처님이다. 손톱이 빠지고 손가락이 뭉크러지고, 발톱이 빠지고 발가락이 떨어져나가고, 눈썹 빠지고 코가 뭉그러지고 귀가 찌그러지고, 살갗이 바위처럼 이그러지는, 날로 날로 아상我相이 없어져가는 바로 그 문둥이야말로 부처님인 것이다. 내가 문둥이라면 뭔들 못하겠나? 조선의 스님들에게 묻겠다. 그대들은 과연 문둥이가 될 수 있는가?

나는 지금 이 인류의 최고의 지혜서, 『금강경』을 설說하기에 앞서 독자들에게 이 화두話頭를 하나 던지려는 것이다. 불교는 관념의 종교가 되어서는 아니 된다. 불교는 체험의 종교인 것이다.

부처님은 문둥이다

"'시십마是什麽'가 '이 뭐꼬'가 아니라 그냥 '뭐꼬'라 한 김선생님의 일갈이 썩 마음에 들었소이다."

"무금선원無今禪院을 헐어버립시다."

"그건 뭔 말이요?"

나는 이런 제안을 하나 했다. 우리나라 불교가 "좌선坐禪" 때문에 망하고 있다. 그러나 우리나라 스님들의 수도修道의 열정 또한 우리나라 수행불교를 떠받치는 힘이다. 나는 백담사만이래도 결제방식을 바꾸자고 했다. 모든 선원이 똑같은 결제방식을 취해야 할 이유가 어디 있는가? 안거安居란 원래 부처님시대에는 하안거夏安居밖에 없었던 것이다. 동안거冬安居는 불교가 티베트나 중국북방의 추운 지방에 와서 새롭게 발전한 것이다. 하안거夏安居란 인도의 기후풍토에서 자연스럽게 생겨난 우안거雨安居요, 그 3개월은 우기가 되어놔서 제방諸方에 행화行化하는 것이 심히 불편하고, 또 초목草木·소충小虫을 살상殺傷할 염려가 있어 불제자들을 일개소一個所에 집합시켜 금족禁足시킴으로써 수학修學을 깊게 하자는 일거양득의 제制였던 것이다. 안거安居라 해서 어떤 정해진 규칙이 있었던 것은 아니다.

"하안거는 그냥 그대로 둔다 하더래도 동안거 3개월만이라
도 스님들을 선발하여 나하고 집중적으로 불경을 공부하
게 하는 새로운 제制를 설設합시다! 3개월 동안만이라도
용맹정진 스타일로 독서하고 토론하면서 정진하면, '무無'
자字 하나 들고 있는 것보다는, 천만 개의 간화看話가 쏟아
질 것이외다."

"좋소! 거참 좋은 생각이구료!"

이날 나는 다음날의 일정 때문에 백담을 떠나와야 했다. 바람이 쌩쌩 스치는 칠흑 같은 어둠 속을 질주하면서 나는 지긋이 눈을 감았다.

"뭘 또 쓸데없는 업을 지으려구. 너 같은 속인이 뭘 또 콧대 높은 스님들까지 교육한다구래! 그런 네 아상我相이나 지 우려무나!"

『금강경』은 선禪이 아니다. 『금강경』을 선으로 접근하는 모든 주석을 나는 취하지 않는다. 『금강경』은 오로지 대승大乘의 출발이다. 대승됨의 최초의 기준이요, 최후의 기준이다. 만약 선이 『금강경』과 그 의취가 부합된다고 한다면 그것은 오직 선이 "대승"의 정신을 발휘하고 있기 때문인 것이다.

버트란드 럿셀경은 말했다: "20세기가 인류의 어느 세기보다도 우리가 살고 있는 세계에 대한 지식의 증대를 가져왔지만, 불행하게도 그에 상응하는 지혜의 증대는 찾아볼 수가 없다." 이제 21세기는 지식의 세기가 아닌 지혜의 세기가 되어야 하지 않을까? 서구의 소피아는 연금술에 빠지고 말았다. 동양의 금강의 지혜는 연단煉丹을 부정하고 아我·인人·중생衆生·수자壽者를 부정했다. 이제 우리는 금강의 지혜에서 모든 종교적 편견을 회통시킬 수 있는 새로운 길을 발견해야 한다. 두근거리는 마음으로, 두근거리는 마음으로 이제 금강의 문을 두드려보자!

金剛般若波羅蜜經
금 강 반 야 바 라 밀 경

姚秦天竺三藏鳩摩羅什 譯
요 진 천 축 삼 장 구 마 라 집 역

戊戌歲高麗國大藏都監奉勅彫造
무 술 세 고 려 국 대 장 도 감 봉 칙 조 조

法會因由分　第一
법 회 인 유 분　제 1

1-1. 如是我聞。一時, 佛在舍衛國祇樹給孤獨園,
여 시 아 문　　일 시　　불 재 사 위 국 기 수 급 고 독 원

與大比丘衆千二百五十人俱。
여 대 비 구 중 천 이 백 오 십 인 구

제1분　법회의 말미암음

1-1. 이와 같이 나는 들었다. 한 때에 부처님께서는 사위국의 기수급
고독원에 계셨는데, 큰 비구들 천이백오십인과 더불어 계시었다.

[강해]　제일 먼저 소명태자가 나눈 분分의 이름을 설說하겠다. 소
명태자의 분명分名은 글자수를 모두 네 글자로 맞추었다. 따라서 문
법적으로 약간의 무리가 있는 상황도 있다. 인因과 유由는 같은 뜻의
반복일 뿐이다. 둘 다 "말미암다"는 뜻이다. 따라서 "법회인유法會因
由"란 법회法會가 일어나게 된 상황의 설명 정도로 번역하면 그 뜻이
명료하게 될 것이다.

다음 "1-1"식으로 번호가 매겨져 있는 것은 내가 최초로 시도하는 장절의 구분이다. 『성경』도 장절이 있어 인용에 편리하듯이, 우리 불경도 이렇게 장절번호가 매겨지면 아주 활용에 편리하다. 앞의 번호는 소명태자의 분단에서 온 것이다. 그리고 하이픈 뒤의 번호는 전통적 구분을 참고하여 내가 최초로 다시 문의의 흐름에 따라 매긴 것이다. "1-1"은 "1장 1절" 혹은 "1분分 1절節"에 해당되는 기호라 생각하면 된다.

"여시아문如是我聞"은 "에밤 마야 슈루땀"(evaṃ mayā śrutam)이라는 초기원시경전의 정형화된 표현의 한역이다. 『금강경』은 부처님과 장로長老 수보리 사이에서 일어난 문답의 형식이다. 그러나 물론 여기서 "여시아문如是我聞"의 "아我"는 수보리가 아닌 수보리와 부처님 사이의 대화를 목격하고 기술한 제3자일 수밖에 없다. 전통적으로 "여시아문如是我聞"의 "아我"는 아난阿難존자로 여겨지고 있다. 그것이 사실인지는 확인할 수 없어도, 부처님의 십대十大제자의 일인一人인 아난阿難(Ānanda)은 귀가 밝아 잘 듣고 또 기억력이 탁월한 것으로 유명해 "다문제일多聞第一"로 꼽히었고, 석존釋尊의 멸후滅後, 왕사성王舍城의 불전제일결집佛典第一結集(544 BC ?) 때 경전송출經典誦出의 위대한 역량을 발휘했다고 전해지고 있다. 아마 이것은 사실이었을 것이다. "이와 같이 내가 들었다"라고 한 것은 곧 아난 자신이 나의 날조가 아닌 부처님의 말씀을 들어 기억하여 송출誦出한다고 하는, 그 객관성과 오리지날리티를 높이기 위한 표현인 것이다. "결집結集"이란 "saṃgīti"를 말하는데, 그것은 "더불어 같이 노래 부른다"의 뜻이다. 오백결집五百結集 때의 장관을 우리는 상상해 볼 수 있다.

　육조六祖가 "여시아문如是我聞"의 아我를 추상화시켜 "아我는 성性이요, 성性은 곧 아我다. 내외동작內外動作이 다 성性에서 우러나오는 것이니, 일체一切를 다 듣는다는 뜻이 된다. 그러므로 아我가 듣는다(아문我聞)라고 한 것이다"(我者, 性也。性即我也。內外動作, 皆由於性, 一切盡聞, 故稱我聞也。)라고 해석解한 것은 참으로 헛소리에 지나지 않는다. 일고一考의 가치도 없는 잡설에 불과하다. 아무리 그것이 일리가 있는 이야기라 하더라도 원의의 소박한 뜻에 위배하여 애써 현묘해지려고 노력하는 소치는 참으로 구역질나는 것이다. 야보冶父의 송頌도 때로 번뜩이는 기지가 엿보인다 해도 참고의 가치가 없다. 내가 『금강경』을 선禪으로 접근해서는 아니 된다 함이 바로 이런 뜻이다. 『벽암록』을 해석하는 식으로 『금강경』을 설說해서는 아니 되는 것이다. 야보冶父, 종경宗鏡, 함허涵虛의 주해가 모두 이렇게 무원騖遠하여 망이忘邇하고, 측미測微하여 유현遺顯하는 말폐에 빠져 있으니 어찌 그러한 말폐를 취하리오?

　세조본에는 "여시아문如是我聞"이 "이 같음을 내 듣자오니"로 되어 있다. 아름다운 우리말 옛 표현이다.

　"일시一時"의 해석에 관해서도 승조僧肇는 그것이 반야시般若時라 하고(一時者, 說此般若時也。) 이문회李文會는 설법의 이치가 상황에 맞아 감응이 일어나고 도道가 교감되는 때(一時者, 謂說理契機感應道交之時也。)라 하고 야보도천冶父道川은 그 "일一"을 "건곤이 혼돈하여 나뉘기 전"이니 운운하며 아주 현묘玄妙하게 해석하고 있으나 이 모두가 그릇된 해석이다. "일시一時"는 "한 때" "어느 때" "at one time"이란 아주 일상적인 소박한 뜻 외에는 아무 뜻도 없다. 불특정한 시점을 가리키는 말일 뿐이다. 산스크리트 원문에는 "일시一時"(ekasmin samaye)가 의미상으로 뒤로 붙지 않고 위로 붙는다. 그렇다면 "일시一時"는 "한 때 이와 같이 나는 들었다"가 된다. 콘체의 번역은 그렇게 되어 있다: "Thus have I heard at one time."

"불재사위국기수급고독원佛在舍衛國祇樹給孤獨園"이란 문장은 정확한 사실적 고증과 역사적 상황에 대한 상상을 요구하는 대목이다.

내가 생각키에는 여기서 말하는 "사위국舍衛國"은 곧이어 뒤에 나오는 "사위대성舍衛大城"과 구분되어 이해되어야 한다. 분명 국國과 성城은 다른 개념이기 때문이다. 성城은 국國 속에 있는 성곽도시의 개념이다. 사위국舍衛國은 여기서는 바로 코살라왕국을 가리킨다. 역사적 붓다가 소속해 있던 샤카종족의 카필라바쯔는 작은 종족(tribe) 단위의 종족집단정치체제였고, 그것은 보다 거대한 집단인 부족部族(clan)에 속해 있었다. 당대의 부족은 큰 국가를 형성하고 있었는데, 전제군주체제인 왕국王國과 "상가" 혹은 "가나"라고 불리우는 공화제의 두 종류의 국가형태가 공존하고 있었다. 샤카종족이 속해 있던 코살라왕국은 전제군주체제의 나라였다.

코살라왕국은 남북南北의 두나라로 형성되어 있는데, 보통 북코살라왕국은 그냥 코살라왕국이라 칭하고 남코살라왕국을 남코살라왕국이라 칭하는데, 현장玄奘의 『대당서역기』에 보면, 남南을 그냥 "교살라국憍薩羅國"이라 하고, 북北을 "실라벌실저국室羅伐悉底國" (Śrāvastī) 즉 사위국舍衛國이라 하고 있다. 바로 여기의 사위국舍衛國 이라 한 것은 북코살라왕국 전체를 지칭하는 말로 보아야 할 것이 다. "사위성舍衛城" 즉 슈라바스띠(Śrāvastī)는 바로 북코살라왕국의 수도이다. "사위舍衛"라는 음역은 슈라바스띠의 쁘라끄리트(Prākrit, 통속어) 어형語形인, "Sāvatth"에서 유래된 것이다. 사위국舍衛國이라 는 표현은 그 왕국王國의 수도인 사위성舍衛城의 확대개념으로 생겨 난 것이다. 대한민국을 그냥 "서울의 나라"라고 부르는 것과 같다. 그런데 여기 아주 기묘한 일치가 있다. "사위舍衛"를 현장玄奘은 산 스크리트 원어에 충실하여 "실라벌室羅筏"이라고 음역하였다. 우리 는 이 "실라벌"이라는 음역을 접하는 순간 바로 우리나라 옛 국명 을 떠올리지 않을 수 없다. "서라벌徐羅伐," "서벌徐伐"등으로 표기 되는 음에서 유래된 "신라"라는 국명은 바로 "부처님이 계셨던 나 라의 수도"의 이름, 슈라바스띠에서 온 것일 가능성이 크다. 그리고 오늘날 대한민국의 수도인 "서울"이 바로 이 "서벌"에서 온 것임을 생각할 때, 우리나라 현재 수도의 이름도 각자覺者가 설법하신 장소 의 이름과 관련있다는 사실을 깨달아야 할 것이다. "s"발음이 "sh" 발음이 나고, "v"발음이 "위"발음이 난다는 것을 생각하면 서벌의 원음은 "셔월"이고 그것이 "서울"이 된 것임은 쉽게 짐작할 수가 있다.

이 뿐만 아니라, 우리가 어렸을 때 국민학교 교과서에서 처음 접 한 "토끼와 거북이"의 이야기도 바로 인도의 대표적인 지혜설화이 며, 『수궁가』『별주부전』의 이름으로 애창되는 판소리, 『토끼전』의 이야기도 인도의 설화가 불교를 통해 전래된 것이다. 이와 같이 우리가 다 의식하고 있지는 않지만, 인도문화와 우리문화의 관계는 역사적으로 우리의 상상을 초월하여 가깝게 소통되어온 것이라는 것을 깨달을 수 있다.

붓다 당대의 코살라왕국의 군주는 파사익왕波斯匿王, 즉 쁘라세나지뜨(Prasenajit)였다. 설화적인 이야기겠지만, 파사익왕은 싯달타와 생년월일이 같다 하고, 또 싯달타가 성불한 해에 왕위에 올랐다고 한다. 그리고 성불한 싯달타를 만나는 순간 그에게 감화를 입어 독실한 신도가 되었다고 한다. 이념적으로 보나, 정치적 관계로 보나 이 두 사람은 정복자와 피정복자의 관계에 있음에도 불구하고 정복자가 피정복자에게 정신적으로 무릎을 꿇는다는 것은, 붓다의 인격의 위대성과 함께, 그 위대함을 위대함으로 인지할 줄 아는 당대의 통치자들의 큰마음을 엿볼 수 있다. 파사익왕은 초기승가의 절대적인 외호자外護者였다. 바로 파사익왕은 국도國都인 슈라바스띠(사위성)에서 살고 있었다.

파사익왕에게 태자가 있었다. 그의 이름은 제뜨리(Jetṛ), 한역하면 "기타祇陀"가 된다. "제뜨리"라는 말은 원래 "전쟁에서 이긴 사람"(전승자戰勝者)의 뜻이다. 속어적 표현에서는, 합성어合成語 속에서 "Jeta"(제따)가 된다. 기타祇陀는 Jeta의 번역이다.

최근에 미국의 한 세대를 풍미한 『스타워즈』라는 영화 속에 "제다이"라는 전사들이 나오는데, 이 제다이는 바로 파사익왕의 태자인 제다(제따)의 이름에서 온 것이다. 전승자戰勝者의 이미지와 기원祇園의 성스러운 불교적 이미지가 제다이의 모티브를 구성하고 있다. 이와 같이 불교의 영향은 우리 삶의 곳곳에 숨어 있다.

  초기 승가에게는 집단거주의 장소가 절실하게 필요했다. 그래서 그들은 그런 장소를 물색했다. 그 장소는 번화한 도시 한복판에 있을 수 없고 또 도시로부터 너무 멀리 떨어져 있어도 안된다. 한복판에서는 수도修道의 분위기가 저해되고, 너무 멀리 떨어져 있으면, "걸식"이 어렵다. 드디어 그들은 부유한 서울도시, 슈라바스띠에서 멀리 떨어져 있지도 않고 가깝지도 않은 교외의 한적한 곳에 명상적 삶에 최적한 아름다운 숲이 있는 한 곳을 발견했다.

  슈라바스띠에는 수달須達(혹은 수달다須達多, Sudatta)이라는 부상富商이 살고 있었다. 이 사람은 돈이 많았지만 항상 빈곤하고 고독한 사람들에게 먹을 것을 제공하는 보시를 했기 때문에 그는 보통 "급고독給孤獨의 장자長者"(anātha-piṇḍada)라는 존경스러움을 표하는 별명으로 불리워졌다. 이 급고독의 장자, 수달은 초기승단에 속해 있었고 부처님공양을 지극히 하였다. 그래서 부처님과 그의 제자들이 원하는 그 아름다운 땅을 인류사상 최초의 가람을 지을 곳으로 지목해놓고 그 땅 임자를 알아보았다. 그랬더니 그곳이 바로 쁘라세나지뜨(파사익)왕의 아들 제따 태자의 소유지임을 알게 되었다. "기수祇樹"의 원어는 "Jetavana"인데, 祇(기)는 제따의 음역이고 樹(수)는 바나 즉 숲의 의역이다. 음역과 의역의 합성어로서 기수祇樹는 "제따 태자의 숲"이란 뜻이다. 수달은 곧 이 기수祇樹를 매입하기 위해서 제따 태자를 찾아갔다.

　수달은 제따에게 그 땅을 팔라고 간청을 했으나 제따는 절대 그 땅을 팔 수 없다고 했다. 제따 태자는 참으로 그 아름다운 숲을 사랑하고 있었던 것이다. 아무리 간청을 해도 협상이 결렬되고 말았다. 그래서 풀이 죽어 돌아서는 수달에게 제따는 농을 던졌다:

　"기수祇樹 땅 전체가 보이지 않도록 금金이라도 깐다면!"

　그 순간, 수달의 얼굴에는 희색이 만면했다. 수달장자는 곧바로 집으로 달려와서, 즉시 금은보화가 가득한 창고를 열어제켰다. 그리고 금을 기수땅 전체에 깔기 시작했다. 이 소식을 들은 태자는 놀라서 헐레벌떡 달려왔다. 금 까는 대공사를 벌이고 있는 수달에게:

　"아이 참! 아까 말은 농담이었는데!"

　수달은 진지한 표정을 하고 태자에게 말했다.

　"이 나라를 이끌어가실 태자님께서 어찌 망언을 하실 수 있겠
　　습니까? 기수땅을 곧 금으로 남김없이 휘덮겠습니다."

　이 순간 태자는 수달의 그 진지한 얼굴에 감복되었다. 그리고 수달이라는 부호로 하여금 그런 행동을 서슴치 않게 만든 붓다라는 사람의 위대한 감화력에 충격을 받았다.

"아하! 부처님이야말로 위대한 땅(양전良田)이시군요. 정말 그
땅에 위대한 나무가 클 수 있는 씨앗을 심을 수 있다면 난들
어찌 이 땅을 안 내놓겠습니까?"

태자太子 제따와 장자長者 수달은 진지하게 상의하기 시작했다.
이미 약속대로 그 땅은 수달에게 넘어갔으니, 그 땅은 수달이 부처
님께 봉시奉施하고, 그 땅에 있는 아름다운 나무들은 태자太子 제따
가 봉시奉施하고, 그 땅에 깔린 금을 거두어 정사精舍를 건립하기로
합의를 본 것이다. 이로써 인류사상 최초의 불교가람이라 할 수 있
는 "기수급고독원祇樹給孤獨園"이 탄생된 것이다. 급고독원給孤獨園
이란 곧 급고독給孤獨의 장자長者 수달須達이 보시한 원園이란 뜻이
다. 이 "기수급고독원"의 앞글자와 뒷글자를 따서 보통 "기원祇園"
이라 하기도 하고 거기에 건립된 사찰 이름까지 합쳐 "기원정사祇園
精舍"라 하는 것이다. 부처님의 초기승단의 최초의 확실한 거점이었
으며, 부처님의 위대한 설법의 대부분이 바로 이 기원정사에서 이루
어진 것이다. 역사적 싯달타의 가장 오랜 안거처安居處였으며 불교
의 대부분의 초기경전이 바로 이 기원정사를 무대로 하고 있는 것이
다. 이상은 『대반열반경大般涅槃經』제29第二十九, 『오분률五分律』
제25第二十五 등에 보이는 이야기를 내가 다듬은 것이다. 물론 설화
적 요소를 다분히 내포하지만 역사적 진실성을 내포하는 초기승단의
스토리라 할 수 있다. 그 얼마나 아름다운 이야기인가?

돈이란 돈 그 자체로 가치가 있는 것이 아니라, 그 돈으로 무엇을
하느냐에만 그 가치가 드러나는 것이다. 오늘날의 부자들은 자본주

의의 구조적 속성 때문에 그러하기도 하겠지만, 돈을 벌기 위해서만 돈을 번다. 돈을 벌어서 또 돈을 버는 데만 열중한다. 그들의 돈을 버는 노력이 아무리 진실한 것이라 하더래도 오직 돈을 벌기 위한 진실이라면 그 진실은 아무런 사회적 가치를 창출하지 못한다. 돈이라는 허상虛像에만 매달리는 것이다. 돈의 확대재생산은 필요불가결한 것이지만, 그 과정에서 생기는 돈을 기원祇園에 까는 가치로 환원시키는 자세가 바로 그 사회의 돈을 만들어 내는 힘이 된다는 것을 우리사회의 부자들은 깊게 깨닫고 있지를 못한다. 미국의 부호 카네기Andrew Carnegie, 1835~1919도, 미국 47개 주와 여타 국가에 거대한 도서관 3천여 개를 지었다. 눈에 보이지 않지만 그러한 공력이 오늘의 미국의 힘을 형성하고 있는 것이다. 도올서원과도 같이 순수하고 열정적으로 우리나라의 젊은이들을 가르치고 깨우치는 사설교육기관은 한 푼 두 푼에 허덕여도 그 서원마루에 황금 한 돈이라도 깔려는 생각을 하는 사람은 없으나, 라스포사의 터무니없는 비싼 옷들은 날개 돋친 듯이 팔려나가고 있는 우리사회의 가치관을 반추해 볼 때, 이 초기승단의 이야기는 오늘 교회나 사찰에 연보돈이 푹푹 쌓이는 것과는 본질적으로 다른 차원에서 이해되어야 할 것이다.

『오분률五分律』에 의하면, 기원정사는 경행처經行處, 강당講堂, 온실溫室, 식당食堂, 주방廚房, 욕사浴舍 및 제방사諸房舍가 있었다고 하고, 남방소전南方所傳에 의하면, 이 외로도 창고, 측간, 우물, 연꽃 피는 연못, 병실病室 등이 있었다고 한다. 그리고 정사의 중앙에 불전佛殿에 해당되는 향실香室(gandhakuṭī)이 조영造營되었고(부처님이 살아 계실 때의 상황이니까 부처님을 모신 법당法堂이나 대웅전大雄殿류의 건물은 있을 리 없다) 그 주위에 80개의 소방小房이 지어져 있었다고 하니 제 따 숲의 향기와 더불어 그 아름다운 장관을 상상해 볼 수 있다. 후 대의 일이지만 아육왕阿育王도 친히 이 기원정사를 방문하여 사리불 舍利弗, 목건련目犍連, 가섭迦葉, 바구라婆駒羅(Dvākula, 박구라薄拘羅로 쓰기도 한다. 무병제일無病第一, 장수제일長壽第一로 유명), 아난阿難 등의 제대제자諸大弟子의 탑을 건립했다고 전한다. 『대당서역기大唐西域 記』에는 현장玄奘이 이 기원정사를 방문한 기록이 있으나, 그때만 해 도 이미 폐허廢墟가 되어버리고 동문東門의 좌우左右에 석주石柱만 남아있다고 기록하고 있다.

기원정사의 유적은 1863년 영국의 고고학자 커닝햄경Sir Alexander Cunningham, 1814~1893에 의하여 발굴되었는데, 그곳은 현금의 네팔 남경南境에 가까운 라쁘띠(Rapti) 하河의 남안南岸, 웃따라 쁘라데쉬 주州의 사헤뜨(Sāhet)와 마헤뜨(Māhet) 지역으로 추정되고 있다. 마헤 뜨는 누벽壘壁으로 둘러싸인 성곽城廓도시며 그곳이 바로 사위성의 중심거리로 추정되며, 그 성城밖으로 서남쪽 약 1km지점에 사헤뜨 가 위치하고 있는데 여기가 바로 기원정사의 유적지로 간주되고 있 다. 남북 350m, 동서 240m에 이르는 유적지이다. 기원정사의 규모 를 생각해볼 수 있다. 다시 말해서 기수급고독원(기원)은 사위성 성 밖 서남쪽 1km 떨어진 숲에 한가롭게 자리잡고 있었고 여기서 바 로 이『금강경』의 대설법이 이루어진 역사적 정황을 리얼하게 머릿 속에 그려볼 수 있다.

"여대비구중천이백오십인구與大比丘衆千二百五十人俱."에서 앞의

"여與"는 우리말의 "…과"에 해당되는 전치사이다. "대비구중천이백 오십인大比丘衆千二百五十人"은 그 전치사의 목적이며, 맨 끝의 "구 俱"가 본동사이다. "구俱"는 "더불어 계시었다," "같이 생활하였다" 는 의미이다. "중衆"은 여기서는 우리말의 "들"에 해당되는 복수격 일 뿐이다. "대大"는 산스크리트 원전의 문맥으로 비추어볼 때, "아 주 훌륭한 인격을 갖춘," "득도得道의 깊이가 있는"의 의미를 포함 하고 있다. 그런데 여기 "대비구중천이백오십인大比丘衆千二百五十人(훌 륭한 비구들 1,250인)이라는 말은 좀 깊은 통찰을 요구한다.

『금강경』의 설법의 내용은 불교적 진리의 최고봉의 간략한 통찰 이다. 『화엄경』같은 장편의 서사시가 깊은 계곡과 봉우리의 모든 세 세한 장면을 장엄하게 다 훑고 있다고 한다면, 『금강경』은 봉우리에 서 봉우리로 건너뛰는 소략하고 담박한 시경詩境이라 할 것이다. 그 런데 이런 시경詩境은 설說한다 해도 아무나 쉽게 알아들을 수가 없 다. 사실 반야의 지혜라고 하는 것은 이미 고도의 혜지慧智를 체득體 得한 자들을 대상으로 할 수밖에 없는 것이다. 생각해보라! 『반야심 경』을 염불하면서 우리 불교도들이 나날이 줄줄 암송하고 있는 구 절들을 한번 상고해보라!

是故空中無色, 無受想行識, 無眼耳鼻舌身意,
시 고 공 중 무 색　　무 수 상 행 식　　무 안 이 비 설 신 의

無色聲香味觸法, 無眼界乃至無意識界。
무 색 성 향 미 촉 법　　무 안 계 내 지 무 의 식 계

無無明, 亦無無明盡, 乃至無老死, 亦無老死盡。
무 무 명　역 무 무 명 진　내 지 무 노 사　역 무 노 사 진

無苦集滅道。無智亦無得, 以無所得故。
무 고 집 멸 도　　무 지 역 무 득　　이 무 소 득 고

오온설五蘊說도 부정되며, 육근六根도 부정되며, 육경六境도 부정
되며, 육식六識도 부정되며, 십이연기설十二緣起說도 부정되며, 그 유
전문流轉門도 부정되며, 그 환멸문還滅門도 부정되며, 뿐만 아니라
불교佛敎의 가장 근본 요체인 사성체四聖諦도 부정된다. 지혜智慧반
야설도 부정되며 일체의 "깨달음"이라는 것도 부정된다.

자아! 이렇게 되면『반야심경』처럼 지독한 반불교적反佛敎的 이단
설異端說은 없는 것이다. 왜냐하면 부처님께서 설법하신 불교의 기
본교리를 하나부터 열까지 모조리 깡그리 쳐부수고 있기 때문이다.
과연 반야사상은 불교사상인가? 반불교사상인가?

학생들이 방만한 나의 저술을 여기저기 읽다, 여러 군데서 같은
논조가 정반대로 되어 있는 것들을 적어가지고 와서 논리적으로 모
순된다고 나에게 지적하고 항의하곤 하는 사태를 나는 종종 경험한
다. 이때 나는 미소지을 수밖에 없다. 그들은 소위 "방편설법"이라는
것을 깨닫기에는 너무 어린 것이다.

부처님의 설법은 기본적으로 우리가 "방편설법"이라고 부르는 것
인데, 이 방편이란, 그 설법이 이루어지는 대상과 상황에 맞추어 "수
단적으로" 변주되는 것을 말하는 것이다. 쉽게 말하면 "방편"이란
"융통성"이나 "변통"의 의미가 되겠지만 그렇게 상식적인 의미의
타협을 의미하는 것은 결코 아니다. 방편方便이란 "upāya"라고 부르
는 것으로 "접근한다," "도달한다"라는 동사에서 파생된 것이다. 즉
진리에 도달하기 위해서 동원되는 여러가지 교화의 방법, 선교善巧의

수단을 말하는 것이다. 그것은 "진실眞實" "진여眞如" "진리眞理" 즉 "tathatā"에 대응하는 말로서, 있는 그대로의 진리(yathā-bhūta)에 도달하기 위한 길을 말하는 것이다. 불교를 긍정하든 부정하든 그것은 불교 이전의 어떤 진여眞如에 도달하기 위한 방편인 것이다. 종교는 교리가 아니라고 한 나의 서언序言을 한 번 다시 상기해주었으면 하는 것이다.

반야사상은 지독하게 반불교적 사상(anti-Buddhistic thought)임에 틀림이 없다. 그러나 그것은 그러기에 그것을 깨달을 수 있는 자들을 불교로 인도할 수 있는 것이다. 기독교의 가장 큰 맹점은 바로 기독교 교리 자내에 반反기독교논리를 포함하지 않고 있다는 데 있다. 그렇게 되면 그것은 단지 정통과 이단의 판별의 역사가 되어버릴 뿐이다. 크라이스트Christ나 안타이 크라이스트anti-Christ나, 기독이나 반反기독이나, 결국 알고보면 동일한 방편方便이라는 것을 기독교의 위대한 신학자들도 깨닫지 못하고 있었다는 데 근본 맹점이 있는 것이다.

따라서 이러한 고도의 지혜는 아무에게나 설파될 수 없다. 초심자가 반야의 사상을 접하면 악취공惡取空에 빠져버리고 말 뿐이다. 함부로 선禪을 말하는 우리나라 스님들의 말폐가 모두 이와 같은 것이다. 선은 불교의 최종진리다. 어찌 초심의 어린아이들이 선을 완롱玩弄하는가?

우리말에 "귀명창"이란 말이 있다. 요즈음 우리나라에 송만갑과 같은 위대한 판소리명창이 생겨나지 않는 이유는 매우 간단하다. 이미 우리사회에 귀명창이 없기 때문이다. 판소리를 깊게 흔상欣賞할 수 있는 귀를 가진 대중이 형성되어 있질 않기 때문이다. 다시 말해서 소리명창은 귀명창이 있어야만 탄생되는 것이다. 아무리 부처님이라 할지라도 부처님의 명강의는, 그 강의를 들을 수 있는 대중이 확보되어야만 가능한 것이다. 나도 요즈음 대학에 가서 강의를 해보면, 피곤함만을 느끼고 별 보람을 느끼지 못할 때가 있다. 학생들의 질이 저하되어 있는 것이다. 학생들의 수업태도가 진지함이 결여되어 있고 분산되어 있는 것이다. 그런데 도올서원에서 강의를 하면 너무도 강의가 술술술술 풀어진다. 마음의 깊은 이야기들이 쏟아져 나온다. 우수한 학생들이 전국에서 선발되었을 뿐 아니라 가장 결정적인 이유는 그들이 내 강의를 들으러 발심發心을 일으켜 자발적으로 걸어 들어 왔다는데 있다. 그들은 내 말 한마디라도 놓치지 않으려고 열중하는 진지함을 보이고 있는 것이다. 어떻게 하면 내 말을 한 마디라도 더 안들을까 하고 궁리하고 있는 대학가의 분위기와는 정반대로 진지하고 장엄한 분위기가 도올서원을 육중하게 누르고 있는 것이다.

바로 여기 "큰 비구들 1,250명과 같이 있었다"라고 한 표현은, 부처님이 최고의 지혜를 설법하실 수 있는 특수한 귀명창들의 자리가, 그 마당, 그 분위기가 마련되었다라는 의미인 것이다. 금강반야의 지혜가 설파된 장엄한 자리는 전문적인 불법의 소양을 갖춘, 그리고 출가하여 오랜 수도를 한 큰 비구스님들 1,250명을 청중으로 해서 이루어졌음을 시사한 것이다. 그런데 이와 같은 나의 해석에 반론을 제기할 수 있는 다른 견해가 성립할 수도 있다는데 『금강경』강론의 오묘한 성격이 존存하는 것이다.

우선 큰 비구들 1,250명이라는 숫자부터 문제다. 왜 하필 1,250명인가? 그런데 이런 질문에 대해 역대주석가들의 신통한 논의가 별로 없다. 원시불교 교단의 구성멤버의 수로서 관념적으로 그 숫자를 구성해내고 있을 뿐이다. 그리고 오늘날 우리의 상식으로 비추어, 해인사나 송광사 같은 대찰의 규모에 비견해보아도, 큰 비구스님들 1,250명이라는 숫자는 좀 과장된 표현으로 보인다. 기원정사의 규모로 볼 때 도저히 1,250명의 스님들을 한자리에 수용하기는 어려웠을 것이다. 그리고 현실적으로 초기승가의 규모가 큰 스님 1,250명 정도가 한자리에 모일 만큼의 체제를 갖춘 것이라고 보기는 힘들다.

그러나 일설에 의하면 기원정사 본당이 7층짜리 건물이었고, 또 오늘 발굴된 기단의 주춧돌의 규모로 미루어 굉장宏壯한 가람의 모습이 헤아려지고 따라서 그런 인원을 수용했을 가능성도 있다고 말할 수도 있다. 그런데 더 중요한 반론은 아무리『금강경』의 설법이 고도의 반야지혜라고 하지만 꼭 선정된 남자 비구승 1,250명이 엄숙하게 앉아 있는 자리에서 이루어진 것이라고 보아야 하느냐는 것이다. 물론 보살대승운동이 성공한 이유는 승단내부의 자기반성으로부터 일어났기 때문이었지만, 그것보다는 본질적으로 광범한 재가신도들의 요구가 있었기 때문이었다. 그리고 초기승가의 모습은 오늘날의 절깐에서 보여지는 비구일색의 전문화된 집단이었다기 보다는, 자연스럽게 형성된 사부대중四部大衆의 화합중和合衆이었다. 즉 출가자出家者와 재가자在家者의 공용적功用的 구분은 있을지라도 수도修道나 득도得道의 경지에 있어 엄격한 서열이나 차별이 있는 그런 집단이 아니었다. 따라서『금강경』이 설하여진 마당이 큰 비구들

1,250명만의 자리이었다고 하는 것은『금강경』의 혁신적이고 민중적이고 반아라한적인 성격을 비구의 엘리티즘으로 귀속시키는 병폐를 조장시킬 우려가 있다.

더구나 이『금강경』32분分이 한자리에서 한나절에 이루어진 짧은 내용이라고 할 때, 그 통일성을 생각한다면 이 설법이 끝나는 장면을 묘사한 제32분에 "불설시경이佛說是經已。 장로수보리長老須菩提, 급제비구비구니우바색우바이及諸比丘比丘尼優婆塞優婆夷, 일체세간천인아수라一切世間天人阿修羅, 문불소설聞佛所說, 개대환희皆大歡喜," 운운한 것을 보면 애초부터 이 자리에는 비구·비구니·재가 신사信士·신녀信女가 모두 참석하고 있었음을 알 수 있는 것이다.

산스크리트 원본에는 분명히 "천이백오십인의 많은 비구比丘(bhikṣu)들과 많은 구도자求道者·뛰어난 사람들과 함께"로 되어 있다. 여기 구도자求道者는 원어로 "bodhisattva"이며 바로 "보살菩薩"의 의역이다. 한역경전에서는 "대사大士," "개사開士"로도 의역된다. 여기 "뛰어난 사람들"이란 "mahāsattva"이며 이것은 "마하살摩訶薩"로 음역되며, "대중생大衆生" "대유정大有情"으로 의역된다. 꾸마라지바 역본에서 "보살"에 해당되는 곳에 현장玄奘은 항상 "보살마하살菩薩摩訶薩"이라는 표현을 쓰는데, 이것은 바로 "깨달음을 추구하는 모든 사람들"이라는 보편주의를 강조하는 어법인 것이다. 보살(깨달음을 추구하는 자)은 곧 마하살摩訶薩(훌륭한 사람)이요, 마하살은 곧 보살인 것이다. 그리고 이들은 1,250명의 비구들과 함께 부처님께서 금강의 지혜를 설說하는 자리에 같이 있었던 것이다.

그런데 라집羅什은 이 후절을 번역에서 의도적으로 생략한 것이다. 아마도 중국인들을 설득하기 위해서, 또 승려들의 권위를 높이기 위해서, 또 도입부 드라마의 그림의 순결성을 위해서, 라집羅什은 그런 번역을 선호했을 것이다. 이러한 라집羅什의 번역은 현장본玄奘本에까지 5종의 모든 번역에 공통된다. 그런데 최후의 역자인 성당盛唐의 의정義淨은 "여대필추중천이백오십인구與大苾芻衆千二百五十人俱, 급대보살중及大菩薩衆。"이라 하여 산스크리트 원문에 가깝게 바로 잡았다 ("필추"는 "비구"의 다른 음역).

금세기 일본의 대불교학자라 할 수 있는 나카무라 하지메中村元, 1912~1999(동경대학 인도철학과 중심으로 활약)는 역逆으로 의정義淨 외의 타5본他五本에 보살·마하살이 없으므로 범본의 "보살·마하살" 부분이 후대의 첨가라고 못박았다. 나카무라의 이와 같은 생각은 『금강경』 전체 텍스트와 그 전체 의미를 고려하지 못하고 부분만을 천착한 데서 생겨난 명백한 단견이다. 그런데 우리나라 이기영은 이 단견을 그대로 옮겨 놓았다.

한국불교연구원韓國佛教研究院에서 나온 이기영李箕永 번역飜譯·해설解說의『반야심경·금강경』(1978 초판, 1997 개정판)은 일본 불교학계의 거장, 나카무라 하지메中村元·키노 카즈요시紀野一義 역주譯註의 『반야심경般若心經·금강반야경金剛般若經』 일서를 거의 그 체제 그대로 옮겨놓은 것이다. 실제적으로 나카무라 하지메의 일본어역의 우리말 번역에 해당되는 책이다. 「해제」조차도 나카무라의 해제를 그대로 옮겨 놓고 있다. 단지 산스크리트 원문이 나카무라본에는 실려 있지 않다. 이기영의 범문梵文은 콘체본인데 오식이 적지 않다.

 이기영 선생께서 서문에 나카무라 하지메의 번역본으로서 본서를 출간하려 했다는 당초의 취지를 밝히고는 있지만, 사실 이 정도의 체제라면 나카무라 책의 개역본改譯本 정도의 성격임을 표지에 밝혔어야 했다. 그리고 서序에 "한문 원전 중의 착오도 바로 잡았다"고 했는데, 나카무라본은 『대정』본이며, 『대정』본은 해인사본을 저본으로 한 것이다. 따라서 나카무라본 한문원전을 바로잡을 수 있는 유일한 판본은 고려도감판밖에는 없다. 그러나 이기영은 우리 고려도감판을 보지 않았다. 따라서 그의 "바로잡음"은 정확한 기준을 결하고 있는 것이다.

 나 개인은 "보살·마하살"이 빠진 라집羅什의 역보다는 "보살·마하살"이 들어있는 산스크리트 원본의 모습이 보다 수미일관首尾一貫되고 『금강경』의 대승정신에 맞는 해석이라고 생각된다. 금강의 지혜는 비구의 전유물이 아닌, 남녀노소, 출가재가 모두 같이 듣고 깨달아야 할 진리인 것이다.

 이상이 나 도올의 『금강경』 최초의 한 줄에 대한 강해이다. 이런 식으로 강해를 해나가자면 『금강경』 전체를 해석하는데 『8만대장경』의 분량의 원고가 모자를 것이다. 문제는 내가 라집羅什한역본 한문원본의 해석과 "직접적으로" 관련되지 않은 이야기를 하나도 하지 않았다는데 있다. 물론 내가 이 『경經』을 모두 이런 식으로 다 강해해나갈 수는 없을 것이나 우리의 고전에 대한 이해가 얼마나 편협하고 고식적이고 맹목적인가 하는 일면을 보여주려 한 것이다. 내가 모든 경전을 이렇게 번역했으면 좋으련만 나 혼자의 힘으로써는 불가능한 일이다. 내가 요구하는 것은 후학들의 학문하는 자세에 관한 것이다. 최소한 경전을 해석하려면:

1) 경전의 역사적 배경과 그것을 이해하고 있는 오늘 나의 역사적 관심에 대해 일단 상세한 정보와 객관적 관점이 확보되어야 한다.

2) 그리고 경전의 판본에 대한 역사적 고증이 반드시 선행되어야 하며, 그리고 그 쓰여진 문자에 대한 이해, 그 어휘와 문법에 대한 통시적이고도 공시적인 정확한 이해가 있어야 한다.

3) 그리고 "나의 이해"에 앞선 모든 기타해석의 가능성에 대하여 내 마음이 열려있어야 한다. 그리고 나서 나의 이해를 선택하여야 한다. 그리고 그러한 선택의 과정이 어떠한 방식으로든지 타인에게 전달될 수 있어야 한다.

4) 나의 이해의 최종적 결과를 옮겨놓을 생각을 하지말고 그 이해에 도달하게 된 과정을 독자와 공유할 생각을 해야한다.

5) 번역은 "문의文義의 해석"이 아니라 곧 그 문의文義에 대한 "나의 이해의 구조"를 오늘 여기의 좌중들에게 밝히는 작업

이라는 투철한 인식이 있어야 한다.

6) 나의 깨달음을 타인의 깨달음으로 회향廻向시키려는 열정
  이 있어야 하고, 그 열정 속에서 우리는 모든 방편을 구사
  하는데 있어 자유로와야 한다.

앞으로 한국의 불교학계에 나와 같은 초로草蘆의 보잘것 없는 학
인을 크게 뛰어넘는 대석학들이 대거 배출되기를 희망하면서 다음
줄로 나의 강해를 옮긴다.

내가 이 책에서 사용하는 발음은 우리말 원래의 발음체계를 살린 것이다. 우리나라
불교학계는 유기음을 무기음화 하고 유성음을 무성음화 시키거나, 또 받침이나 된소
리를 없애버리는 방식의 두리뭉실한 발음체계를 아주 정통적인 불교식 발음인 것처
럼 생각하는데, 그것은 조선조의 방식이 아니라 일제강점기를 거치면서 일본의 불교
용어의 영향을 받은 것이다. "사성체"를 왜 "사성제"라고 해야만 하며, "구마라집"을
"구마라쥬"라고 해야만 하는가? 일본어는 기본적으로 "송기[aspiration]"가 없으며 받침
(CVC의 종성)이나 된소리가 없는 매우 제한된 발음체계이다. 여기서 사용하는 발음은
동국역경원에서 나온 운허 스님의 『불교사전』을 기준으로 하면서, 나 자신의 학술적
판단력에 따라 방편적으로 선택한 것이다. 풍요로운 우리말의 음가를 무시하고 극히
제한된 일본 음역의 표기를 모방할 이유가 없다. 그것은 효꽈를 "효과"라고 어색
하게 발음하고, 짜장면을 자장면이라고 하는 어리석음과 동일하다. 우리 문명 구석
구석에 끼어있는 왜색을 깨끗이 청소해야 한다.

1-2. 爾時, 世尊食時, 著衣持鉢, 入舍衛大城乞食。
이 시 세 존 식 시 착 의 지 발 입 사 위 대 성 걸 식

1-2. 이 때에, 세존께서는 밥 때가 되니 옷을 입으시고 바리를 지니시고 사위 큰 성으로 들어가시어 밥빌으셨다.

[강해] 나의 국역은 세조본 언해의 아름다운 표현들을 참조한 것이다. 그런데 우리의 수양대군 세조께서는 마지막 "걸식乞食"을 1-3절의 첫머리에 붙도록 끊어 읽었다. "입사위대성入舍衛大城, 걸식어기성중乞食於其城中." 어떻게 끊어 읽든지 그 의미상에 대차는 없으나 나는 "입성入城"과 "어기성중於其城中"이 너무 뜻이 반복되므로, "어기성중於其城中"이 뒤로 붙는 것이 더 낫다고 생각한다.

우선 주어의 표현이 달라졌다. 앞에서는 "불佛"이란 표현을 쓰고, 여기서는 "세존世尊"이란 표현을 썼다. 둘다 역사적 싯달타에게 쓰였던 칭호, 십호十號에 속한다. 불佛은 물론 "각자覺者"라는 뜻으로 그것은 역사적 싯달타에게 국한되지 않는 아주 보편적인 칭호이다. "삼세시방제불三世十方諸佛"과 같이 "진리를 깨우친 성인" 모두를 가리킨다. 라집羅什이 최초의 주어를 불佛로 한 것은 불佛이 보다 객관적인 느낌이 있기 때문이었을 것이다. 그리고 보다 상황이 구체화되면서 주관적 느낌이 강화될 때 이 "세존世尊"이라는 표현을 쓴 것이다.

세존世尊은 한어 그 자체로는 "세상에서 존귀한 사람"의 뜻이 되지만 산스크리트어 표현의 의미는 좀 다르다. "Bhagavat"는 "bhaga" (행운, 번영)과 "vat"(…을 소유한다)의 결합으로 이루어진 단어다. 따라서 산스크리트어 의미는 "복덕福德을 구유한 자者"의 의미이다. 여기서 말하는 "복덕"이란 후천적인 노력에 의한 습득이 아닐 것이다. 본시 그러한 모든 복덕을 타고난 존귀한 사람이란 뜻일 것이다. 그러나 그것은 인간적인 존칭이다.

『아함경阿含經』『성실론成實論』에서는 이 세존世尊이란 칭호가 나머지 아홉 개의 호칭을 모두 내포하기 때문에 "세존世尊"이라 하였다는 설명을 하고 있다. 이것을 현장玄奘은 음역하여 "박가범薄伽梵"이라 하였는데, "불佛," "세존世尊"을 따로 두지 않고 처음부터 "박가범薄伽梵"을 주어로 해서 시작하였다. 범어원문에 더 충실하다 하겠지만 라집羅什본의 미묘한 맛을 따라갈 수 없다.

"식시食時"는 "밥 때"인데, 보통 사시巳時라 하니 그러면 9시~11시 사이가 된다. 류지留支와 진체眞諦는 "어일전분於日前分," 급다笈多는 "전분시前分時," 현장玄奘은 "어일초분於日初分," 의정義淨은 "어일초분시於日初分時"라는 표현을 쓰고 있는데, 이것은 하루를 삼분三分하여 초初(전前)·중中·후後로 인식하는 데서 생겨난 표현들이다. 초분初分은 새벽 3시부터 아침 9시까지를 말하고, 중분中分은 오전 9시에서 오후 3시까지, 후분後分은 오후 3시에서 밤 9시까지를 말한다. 사실 산스크리트어로는 "아침때, 점심때, 저녁때"라는 일반적인 의미 외로 어떤 특수한 의미부여는 없다(제15분 제1절에도 같은 표현이 있다).

내가 생각키로, "식시食時"는 "밥 때가 되어"라는 생활관습상의 표현일 뿐이다. 부처님은 너무 일찍도 늦게도 식사를 할 수 없었으므로 아침식사시간을 9시 정도로 잡으면 무난할 것이다. 요즈음 우리 절깐의 승려들의 아침 공양시간이 이른 것은 "걸식"이 아니기 때문이다. 걸식은 기원에서 사위성까지 1km를 걸어나갔다 또 걸어돌아오는 시간이 걸릴 뿐 아니라, 더더욱 중요한 사실은 성내城內 주민들의 밥짓는 시간과 맞추어야 한다는 것이다.

그렇다면 "착의지발著衣持鉢"하고 기원정사를 떠나는 시간은 약 새벽 6시경이 되지 않을까? 한번 생각해보라! 새벽 6시 먼동이 틀 무렵, 1,250명의 제자와 불타가 누런 가사를 걸치고 바리를 들고 기원의 정사를 출발하여 사위성으로 향하는 장엄한 모습을! 규모는 물론 더 컸겠지만 낙안읍성앞 벌교의 너른 들판에 일렬로 1천여 명의 스님들이 줄지어 묵묵히 먼동의 신선한 햇살을 받으며 논두렁 마찻길을 걸어가고 있는 모습을!

여기 "대성大城"이라는 표현은 매우 중요하다. 즉 1,250명의 스님들이 매일 걸식을 할 수 있을 정도의 성읍城邑이라면 그 하부구조의 단단한 토대를 상정하지 않으면 아니되기 때문이다. 우리는 여기서 왜 인류최초의 정사精舍가 사위대성 곁의 기원祇園이 되었어야만 하는지 그 경제사적 이유를 발견하게 되는 것이다.

맹자孟子는 노심자勞心者(마음을 쓰고 사는 자)와 노력자勞力者(힘을 쓰고 사는 자), 식인자食人者(사람에게 밥대접을 하는 자)와 식어인자食於

人者(사람에게 밥대접을 받는 자)를 말하였다. 이를 계급적 차별구조의 정당화를 꾀하는 반동철학이라 말하기 전에, 인간세상은 분명 힘써(노력勞力, 육체적 노동) 생업生業에 종사하는 사람들만으로 이루어질 수 없다는 것은 너무도 당연하다. 나 도올 김용옥도 분명 생업生業에 종사하는 사람이 아니다. 마당에 약간의 채소를 길러 먹기는 하지만, 내가 생산업에 종사하고 있지는 않다. 그렇다고 내가 먹고 사는 방식이 잘못되었다고 말할 수는 없다. 다시 말해서 이 세상에 걸식자乞食者(밥을 비는 자)와 급식자給食者(밥을 제공하는 자)가 존재存在하는 것은 맹자孟子의 말대로 "천하지통의天下之通義"(「등문공滕文公」 상上)다.

생각해보라! 매일 매일 1,250명의 사람이 성안으로 걸식을 하고, 성안의 주민들은 매일 매일 이들을 위해서 밥을 준비해놓고 한 숟갈 퍼주기 위해서 기다리고 있는 사위대성의 모습을! 이것은 남방의 문화요, 오늘날에도 현실적으로 지속되고 있는 종교적 전통이다. 미얀마에 가면 스님들은 모두 걸식을 해서 먹고 산다. 이러한 분위기가 우리에게는 생소한 듯이 보이지만, 사실 사위성의 이름을 이은 오늘 우리 서울성의 모습도 대차가 없다. 아마 서울장안의 교회에 매주 쌓이는 연보돈만 다 합쳐도 서울시 예산의 몇곱절이 될 것이다. 이쯤되면 서울이 "종교도시"라 말하지 않을 수 있을까? 세상 어느 도시에서도 볼 수 없는 진풍경이다. 문제는 "걸식자"의 도덕성에 있는 것이다. 그러한 어마어마한 연보돈이 라스베가스에서 도박하는데 쓰여지고 라스포사의 밍크코트를 사는데 쓰여진다면 그러한 종교 전통은 문제가 있다. 부처님은 걸식하시고 오직 "금강의 지혜"만을 말씀하신 것이다.

그런데 왜, 카필라성의 왕자였던 부처는 보시자들도 많았을 텐데 하필 "걸식"의 삶의 형태를 취했어야만 했을까? 그 제1의 정신은 법정 스님께서 말씀하시는 "무소유"정신이다. 이문회李文會(자 단우端友, 송나라 진사, 12세기에 활약)는 "걸식자乞食者, 욕사후세비구불적취재보야欲使後世比丘不積聚財寶也。"(부처님께서 걸식을 하신 가장 큰 이유는 후세의 비구스님들이 재산이나 보화를 쌓아놓지 못하게 하려 하심이었다.)라는 주석을 달아 놓았다.

여기 "착의지발著衣持鉢"이라 한 것도 바로 그 뜻이 담겨있다. 비구가 소유하는 모든 것이 바로 이 삼의일발三衣一鉢일 뿐이라는 것이다. 내가 먹는 밥조차 내가 소유한 것을 먹어서는 아니 되는 것이다. 과거에 선가禪家에서 "의발衣鉢을 전수傳授한다"운운한 것도, 그것이 무슨 비전의 대단한 보물이래서가 아니라, 스님이 소유한 것이 "삼의일발三衣一鉢"밖에 없었기 때문이었다. 그것조차 사람들이 집착하니까, 혜능慧能은 자기의 의발을 조계산에 묻어버렸다. 선가禪家의 위대성은 바로 그 의발상전의 법法조차 없애버린 데서 출발했다는 데 있다. 칠조七祖가 있을 수 없고, 따라서 "조사선祖師禪"이라는 명칭도 잘못된 것이다. 혜능慧能조사가 구현한 삶의 뜻을 깨닫자는 것이지, 혜능慧能조사가 전傳한 선禪을 배우자는 것이 아닌 것이다. 조사선祖師禪을 여래선如來禪과 구별하여 그 상위上位의 개념으로 설정한 것은 앙산仰山(앙산혜적仰山慧寂, 807~883; 백장회해百丈懷海, 위산영우潙山靈祐의 법통을 이은 당나라의 고승. 조사선을 여래선 위에 별립시킴. 위앙종潙仰宗 개조의 한 사람. 앙산은 강서성 의춘현宜春縣 남방 60리에 있다)의 말장난에 불과한 것이다.

다음, 걸식의 또 하나의 중요한 의미는 마음의 무소유다. 마음의 비움이요, 앞서 내가 한 말로 다시 표현하자면 "문둥이의 겸손"이다. 僧僧 약눌若訥이 주를 달기를 "걸식乞食"의 본래 의미는 "사리교만 捨離憍慢"이라 하였으니, 이는 "모든 교만한 마음을 버리기 위한 것"이라는 뜻이다. 아무래도 걸식이란 그리 유쾌한 일이 아니다. 그리고 걸식과정에는 끊임없이 도사리고 있는 수모의 가능성이 있다. 그리고 먹고 싶은 것을 골라 먹는 것이 아니라 주어지는 대로 무분별하게 먹어야한다. 이러한 수모 앞에 끊임없이 마음을 비운다는 것 자체가 하나의 큰 수행인 것이다. 현재 미얀마에서 행해지는 습속을 보면, 아침에 나가 얻어온 밥과 반찬을 모두 다시 합쳐서 일제히 나누어 먹는 방식을 취하고 있다. 아마도 부처님시대에도 그렇게 공양했을 것이다. 한국의 공양주보살님들의 따끈따끈한 요리솜씨의 식사에 비하면, 과히 유쾌한 식사방식은 아니다.

1-3. 於其城中, 次第乞已, 還至本處, 飯食訖。
어 기 성 중   차 제 걸 이   환 지 본 처   반 식 글

1-3. 그 성 안에서 차례로 빌으심을 마치시고, 본래의 곳으로 돌아오
시어, 밥 자심을 마치시었다.

강해 우리말은 세조언해본을 많이 따랐다. 고전을 읽을 때, 우리는
그 문의文義를 해석하려고 애쓸 것이 아니라, 한편의 영화를 보듯이,

그 실제로 일어난 상황을 머릿속에 이미지로 그려보는 것이 중요하다. 1분 3절은 바로 그러한 이미지가 명료하게 그려지는 대목이다. 새벽에 먼동이 틀 무렵, 잠에서 깨어난 비구승들이 가사를 챙겨입고 바리를 들고 1km 떨어진 대성大城안으로 묵묵히 걸어 들어간다. 그리고 그 성안에서 차례로 밥을 빌고, 다시 기원祇園의 숲으로 돌아오는 평화롭고 웅장한 모습을 그려볼 수 있는 것이다.

"차제次第"란 바로 우리말의 "차례"와 같은 표현이다. 정확히 말하면 우리말의 "차례"가 바로 이 "차제次第"라는 한자음이 변한 것이다. 세종대왕이 훈민정음을 만든 후, 훈민정음으로 한자음을 표기하려고 만든 운서韻書, 그러니까 우리말 음가로 표기된 최초의『중한사전』이라 말할 수 있는『동국정운東國正韻』(신숙주申叔舟 등 집현전 학사 9명이 세종의 왕명으로 편찬하여 1448년에 간행)의「서序」에 한자음이 우리말의 발음 환경 속에서, 그 초성初聲이 변한 예로 차제次第(차제→차례)와 목단牧丹(목단→모란)의 두 예를 들고 있다.

"차제次第"는 "차례로"라는 뜻이며, "걸이乞已"는 "빌으심을 마치시었다"는 뜻이다. 본동사는 "걸乞"이고, "이已"는 그 동사의 진행상태를 나타내는 보어補語이다. 문법학에서는 "결과보어"라고 칭한다.

그런데 "차례로 빌었다"는 뜻은 무엇일까? 1,250명이 한 집을 다 거친다면 그 집은 1년 먹을 곡식이 다 거덜나도 모자랄 것이다. 분명히 비구比丘들은 구역을 나누어 중복되지 않게 민폐를 최소화하는 방식으로 빌었어야 했을 것이다.

이에 대해 육조六祖는 재미있는 주석을 남겨놓고 있다: "'차례로' 라는 말은 가난한 집과 부잣집을 가리지 않고 평등하게 대한다는 뜻이며 '빌으심을 마치시었다'는 것은 많이 빈다 해도 일곱 집을 넘지 않는 것이며, 일곱 집만 되면 다시 다른 집에는 가지 않음을 말하는 것이다."(次第者, 不擇貧富, 平等以化也。乞已者, 如過乞, 不過七家。七家數滿, 更不至餘家也。)

이것이 반드시 불타시대의 걸식의 법칙을 나타내는 것인지는 알 수 없어도, 부처님시대에 걸식에도 어떤 예법이 있었다는 것을 짐작할 수 있다. 혹자는 상대방에게 조금이라도 선업을 더 짓게 한다는 뜻에서 가난한 집만을 찾아다닐 수도 있고, 혹자는 서민들에게 민폐를 끼치지 않기 위해 부잣집만을 골라 다닐 수도 있다. 여기 "차례로"라는 말에 가난한 집, 부잣집을 불문하고 차례로라는 뜻이 있다 함은 일체의 분별심을 버리라는 것이다. 그리고 빌어도 많이 빌어서는 아니 된다. 일곱 집만 빌고, 일곱 집에서 밥을 못얻는다 하더래도 더 빌어서는 아니 된다. 주어지는 대로 다른 비구들과 나누어 먹으면 될 것이고, 없으면 굶어야 할 것이다. 빌음에도 어떤 일정한 법도가 있음을 말한 것이다.

미얀마에서 현재 행하여지고 있는 습속을 보면, 새벽 6시 먼동이 틀 무렵 장자長者가 앞서 일렬로 나가며, 나가기 전에 간단한 게송을 읊는다고 한다. 반드시 맨발로 나가며 비가 와도 일체 우산을 쓸 수 없으며 걸식할 때는 일체 상대방을 쳐다보아서는 안된다. 바리를 가슴에 품고 고개를 숙이는 자세를 취한다. 걸식이 그 자체로 하나의 고행인 것이다.

　나는 어려서 비교적 유족한 집안에서 태어났다. 일제시대 때 우리 아버지가 세의전을 거쳐 쿄오토제대京都帝大에 유학까지 한 분이고 보면 당시로서는 정말 부잣집 대가大家였다. 그래서 우리집에는 걸인들이 많이 드나들었다. 우리 어머니는 분명 대갓집 큰마나님이었을 것이다. 그런데 큰마나님 노릇하기가 그렇게 쉬운 일이 아니다. 우리 어머니는 평생 이런 원칙을 가지고 사셨다: "누구든지 우리집 대문 안에 발을 들여놓은 사람은 등돌리고 떠나게 해서는 아니 된다."

　옛날 집들의 대문은 24시간 개방되어 있었다. 그때는 밥을 비는 자나 밥을 주는 자나 다 같이 예의가 있었다. 거지들은 주인집 사람들이 밥을 먹는 시간은 피해서 왔다. 그리고 거지가 오면 우리 어머니는 꼭 툇마루에 독상을 차려 주었다. 그러나 거지는 툇마루에 앉아서 그것을 먹는 법이 없었다. 부엌앞 마당 한 구석에 그것을 가지고 가서 먹었다. 그리고 그들은 명절 때가 되면 자기들이 보일 수 있는 성의를 다했다. 그들은 흔히 빗자루나 조리 같은 것을 삼아가지고 왔다. 이것이 옛날에 내가 직접 경험한 걸인들의 예법들이요 우리네 양속良俗이다.

　"환지還至"는 "되돌아 왔다"는 뜻이다. "본처本處"는 기원祇園이다. 즉 떠났던 본래의 자리이다. "반식글飯食訖"에서 "반飯"은 "밥"이라는 명사로 여기서는 "아침"에 해당되는 복합적 개념이다. "식食"은 "먹다"라는 동사로써 반飯을 목적으로 갖는다. "글訖"은 식食이라는 동사의 보어補語이다. "반식글飯食訖"은 "아침먹기를 끝내었다"가 된다(訖: 마친다는 뜻일 때는 "글"로 읽는다).

1-4. 收衣鉢。洗足已, 敷座而坐。

수 의 발　　세 족 이　　부 좌 이 좌

1-4. 옷과 바리를 거두시고, 발을 씻으심을 마치시고, 자리를 펴서 앉으시거늘.

강해 그 얼마나 아름다운 장면인가? 잔잔한 영화 속에 클로즈엎 되어 나타나는 컷들이 강렬한 인상을 남기며 하나둘씩 스러져간다. 이 장면이 우리에게 감동을 주는 것은 번뜩이는 금강의 지혜가, 너무도 일상적이고 평범한 하루의 일과 속에서 설파說破되었다고 하는 사실의 파라독스다. 가장 일상적인데 가장 벼락 같은 진리가 숨어있다고 하는 긴장감을 이 붓다의 행동은 보여 준다. 의발을 거두어들이고, 발을 씻고 자리를 깔고 앉는 이 모든 평범한 의례가 바로 금강의 지혜에 번뜩이는 자가 바로 금강의 지혜를 설說하려는 그 순간에 묵묵히 진행되고 있었다는 것이다. 이제 우리는 이 평범 속에 가린 의미를 좀더 깊게 분석해 볼 필요가 있다.

"수의발收衣鉢"이란 무슨 뜻인가? 우리가 스님들이 입는 옷을 "가사袈裟"라고 부르는데 이는 "kaṣāya"의 음역인데, 이는 본시 옷을 가리키는 말이 아니고 색깔을 가리키는 말이었다. 적갈색으로서 모든 원색이 파괴된 색깔이라는 의미의 괴색壞色을 의미한다. 괴색이라면 우리는 먹물이 흐려진 "회색"(灰色, grey)을 생각하지만 남방에서는 색소가 주로 나무껍질이나 과즙, 목란木蘭에서 채취되기 때문에 자연 적갈색을 띤다. 원래 스님의 가사는 본래 분소의糞掃衣(pāṃsu-kūla)라고 부르는 것으로 공동묘지에서 시체를 쌌다가 버린 천이나 난지도 같은 쓰레기 집적소에서 주울 수 있는 천쪼가리들을 꿰매어 염색한 것이다. 자기를 낮추는 지극한 표현이라 할 것이다. 우리말의 "납승衲僧"이란 표현도 문자 그대로 "분소의糞掃衣 누더기를 입은 승려"란 뜻이다. 그렇지만 이런 누더기옷을 깨끗하고 귀하게 다루는 것이 곧 초기승가집단의 윤리였다. 삼의三衣는 여러 가지 구구한 설說들이 있지만, 쉽게 말하면 바지 한 벌과 저고리 한 벌과 그위에 걸치는 대의大衣(saṅghāṭī) 한 벌을 의미한다고 보면 된다. 부처님도 물론 걸식하러 나갈 때에는 이 삼의三衣를 다 걸치고 나갔을 것이다. 돌아와서 아침밥을 다 먹고 나서, 이제 깨끗이 씻긴 바리(=발우 鉢盂, 이 때는 오늘과 같은 목칠기였다기보다는 금속제였을 것이다)와 겉옷을 곱게 개, 제자리에 갖다놓는 의식을 행한 것이다. 그것을 "수의 발收衣鉢"이라 표현한 것이다. 항상 무엇을 하면 그 원 위치로 매사를 환원·정돈한다는 것은 모든 공부工夫의 원칙이다. 초기승가집단의 이러한 공부工夫의 전형, 그 솔선수범하심을 여기 부처님께서 보이신 것이다.

다음 "세족이洗足己"의 표현에서 "이己"는 본동사인 "세洗"를 수식하는 보어補語임은 앞서 "걸이乞己"에서 말한 바와 같다. 그런데

"세족洗足"이란 무엇인가?

여기에 우선 우리가 생각해야 할 물리적 사실은 부처님과 그의 제자 1,250명이 사위성城을 갔다 왔다고 하는 신체적 행위가 나족裸足(맨발)으로 이루어진 사건이라는 사실이다. 맨발로 2km이상을 걸어 갔다 왔다면 그 발이 누구나 더러울 것임은 뻔한 노릇이다.

「요한복음」 13장에, 예수가 그의 제자의 발을 씻기는 유명한 이야기가 나온다. 이 이야기는 타 공관복음서共觀福音書에는 보이지 않는다. 예수의 인간적이고 일상적인 면모를 많이 보이는 「요한복음」에만 유독 이 기사가 보이는 것이다. 그런데 사실 여기의 상황도 마찬가지다. 당시의 팔레스타인의 길들은 먼지투성이요 비만 오면 진흙탕이 되어 버린다. 그리고 그때의 사람들이 신는 신발이란 가죽바닥을 발에 노끈으로 묶는 샌달이었다. 당시의 습관으로 외부에서 들어오는 손님들을 맞이할 때는 문깐에 물통을 놓고 하인이 기다리고 있다가 손님의 발을 씻기는 것이 상례였다. 유월절을 앞둔 이 다락방에 모인 예수의 제자들에게는 하인이 없었다. 이 때 예수는 자신이 몸소 하인의 몸으로 제자들의 발을 씻긴 것이다. 이 때 예수는 이미 자기가 십자가에 못박혀 죽으리라는 것을 예견하고 있는 절박한 최후의 삶의 심정에 있었다.

여기 불타는 물론 제자 비구들의 발을 씻긴 것은 아니다. 그러나 불타는 자기 발을 자기가 씻었다. 그런데 이 모습에도 우리가 간과할 수 없는 중대한 사실이 숨어있다. 요즈음 우리나라 큰스님 정도만

되어도 이러한 행위는 분명 행자 소관이었을 것이다. 더구나 당대의 부처세존世尊의 위치는 만인萬人의 사표가 되는 그런 지존의 자리였다. 그러나 부처는 자기 발을 자기가 씻은 것이다. 이 장면에서 우리는 초기불교의 건강한 모습, 각자覺者의 건강한 모습을 다시 한번 엿볼 수 있는 것이다. 모두가 스스로 조용히 자기 발을 씻는 것이다. 그런데 과연 도대체 이 "발씻음"이란 무엇인가?

우리나라 진도에 가면 "싯킴굿"이라는 것이 있다. 영혼의 진혼이지만 "씻는다"는 이미지와 관련되어 있다.

나의 부인도 내가 어디 나갔다 들어오면 손발을 씻기 전에는 무엇을 먹지도 못하게 한다. 그런데 여기서 말하는 "발씻음"은 그런 위생문제와 관련되어 있는 것 같지는 않다. 만약 그런 맥락이었다면 "발씻음"의 문구가 "반식글飯食訖"(아침밥 자심을 끝내시었다) 앞에 가 있어야 한다. 다시 말하면, 발씻음은 바로 "자리펴고 앉음"을 위한 것이요, 바로 진리의 설법을 위한 자리로 들어가기 위함이었다는 사실이 명기되고 있다는 것이다. 발씻음은 더러움을 씻는다고 하는 물리적 행위 그 이상의 제식적 의미가 있었던 것이다.

4복음서 모두의 벽두에 세례요한이라는 인물이 등장한다. 그리고 그는 외친다.

나는 너희에게 물로 세례를 주었거니와 그는 성령으로 너희에게 세례를 주시리라(「마가」 1:8).

우리는 지금 "세례"라는 새크라멘트sacrament(성례전聖禮典)가 아주 보편화되어있기 때문에, "세례"라는 제식이 구약시대부터 있어왔던 유대인 고유의 보편적 이니시에이션 세리모니initiation ceremony처럼 착각하기 쉽다. 사람을 물에 잠그었다 빼냄으로써 그 순간에 "죄사함"을 받았다고 하는 발상의 제식은 유대인전통에는 전혀 없는 생소한 것이었다. 그럼 이것은 어떻게 오늘날의 기독교의 주요제식으로 정착하게 되었는가? 이 물의 세례, 즉 "물의 싯킴굿"을 처음 고안·개발하고 실천한 사람이 바로 요한이라는 광야의 사나이었고, 그래서 우리가 그를 부를 때 그의 트레이드 마크를 붙여서 "세례요한"(John the Baptist)이라고 부르는 것이다. 바로 요한이라는 어떤 역사적 인물은 요단강에서의 "세례"라고 하는 제식적 행위를 통하여 새로운 대중운동을 펼쳤던 것이다.

세례란 무엇인가? 그것은 "죄사함"이다. 죄사함이 세례로 이루어지는가? 그렇다! 죄사함이 물에 한번 잠깐 들어갔다 나오는 것으로 가능케 되는가? 그렇다! 사실 이것은 유대교의 율법주의의 엄격성(legalistic rigorism)에 대한 엄청난 반동이었던 것이다.

죄(Sin)란 무엇인가? 그것은 바로 불교에서 말하는 업業(karma)이다. 죄는 뭐고, 업은 무엇인가? 그것은 바로 인간의 행위(Deed)인 것이다. 행위란 본시 유형이 아니고 무형의 것이다. "도둑질"은 그 순간만 모면하면 형체도 없이 사라진다. "거짓질"도 그렇고, "간음질"도 그렇고, 모든 "질"이 그러한 것이다. 그런데 그것은 우리의 존재存在(마음) 속에 죄로, 업으로 쌓이는 것이다. 그래서 우리는 괴로워하고 신음하고 고해苦海를 헤엄쳐야 한다. 그런데 "광야에서 죄사함을 받게 하는 회개의 세례를 전파하는"(「마가」1:4) 요한은 외친다. 여기 지금 이 요단강 물속에 한번만 들어갔다 나오면 모든 죄가 말끔히 씻기고 깨끗한 사람이 된다. 모든 죄가 말끔히 씻기고 온전한 새사람이 된다! 이 얼마나 위대한 복음(Good News)인가! 사람들은 이 복된 소식을 들었다. 예루살렘, 유대아, 사마리아, 갈릴리, 사방에서 이 복음의 기쁨에 동참하기 위하여 몰려들었다. 사실 이 복음에 몰려든 많은 사람 중의 하나가 바로 예수였다.

오늘 복음서의 기사들이 모두 예수제자들의 입장에서 집필된 것이기 때문에, 세례요한과 예수의 관계에 관하여 그 정당한 모습이 드러나지 않는다. 그러나 분명 세례요한은 예수보다 선각자였고, 예수는 세례요한의 행위의 민중적 가능성과 그 지지성에서 어떤 삶의 전기를 발견한 사람임에 틀림이 없다. 한마디로, 세례요한과 예수는 바로 대승운동의 동반자요, 친구요, 선후배요, 사제지간이었다. 그러나 세례요한은 예수의 길을 준비한 자로서 자기를 낮추었다. 사실 세례요한이 그렇게 낮추었다기보다는 예수의 위대성을 정당화하기 위해서 예수 편의 기자들이 그런 식으로 기술한 것이다. 세례요한의 일생은 가만히 살펴보면 예수의 삶과 죽음의 매우 비슷한 패턴을 가지고 있다. 그리고 요한은 당시에 민중들에게 "메시아"로 인식되었고 그것은 헤롯에게 엄청난 스트레스를 주었다. 요한은 최근에 사해문서가 발견된 쿰란Qumran 콤뮤니티와 같은 어떤 집단에 소속된 사람일 것이라는 견해와, 또 당대의 강력한 종교운동집단들의 한 지파였던 엣세네Essenes파 계열의 사상가였다는 지적이 있으나

이 모두가 설說에 불과하다.

　그러나 그의 세례론, 세례운동의 핵심은 매우 명확한 것이다. 최근에 성철 스님의 "돈오돈수頓悟頓修"등의 논의로 인하여 우리나라 불교계에 돈頓(Sudden Enlightenment)과 점漸(Gradual Enlightenment)이라는 문제가 심각하게 대두되었지만, 일반적으로 무명無明의 업業을 씻는데 시간이 걸린다고 생각하면 그것은 점교漸敎가 되는 것이고, 그것이 시간이 걸릴 필요가 없이 일시에 이루어지는 것이라고 하면 돈교頓敎가 되는 것이다. 후대에 발전한 사상이지만 유식종唯識宗에서는 무시이래無始以來의 종자種子의 훈습에 의한 아라야식의 업業을 전환轉換시키는 데는 긴 시간이 걸릴 뿐아니라 각고의 요가수행이 필요하다고 본다. 우리가 유식종唯識宗을 보통 유가종瑜伽宗이라고 부르는 이유는 전식성지轉識成智를 위하여 엄청난 요가의 고행을 요구하기때문인 것이다. 어떤 의미에서 모든 정통불교론은 돈頓의 입장보다는 점漸의 입장을 취하는 것이다.

　세례요한의 발상! 사람이 한번 강물에 들어갔다 나오는 즉시 그자리에서 죄업罪業이 다 씻기고 새사람이 된다고 하는 그러한 발상은, 바로 돈교頓敎의 가장 전형적인 발상이다. 바로 요한의 세례운동이야말로 기독교대승운동의 출발인 것이요, 돈교적頓敎的 성격을 지니는 것이다. 인간의 구원에는 율법의 약속과 철저한 지킴의 역정이 요구된다고 말함으로써 특수층의 구원만을 고집하는 제사장이나 아라한에 대한 철저한 반역이요, 비로소 복음이 억압받는 자, 가난한 자, 곤궁한 자, 애통하는 자, 그들 모두의 것이 될 수 있는 길이 열리는 것이다. 『금강경』의 설법내용이, 칠보를 길에 까는 자들, 화려한 탑을 무수히 세우는 자들, 장쾌한 사원을 무수히 건립하는 자들에 대해, 단지 부처님의 진리 4구게를 암송할 수 있는 평범한 사람들! 그들에게야말로 구원의 복음이 있다고 선포하는 것과 대차가 없는 것이다.

그런데 이러한 선포의 새로운 가능성이 열리는 바로 그 모우먼트가 바로 그 "씻김"인 것이다. 그것이 세례인 것이다. 예수는 이 세례를 "물의 세례"에서 "불의 세례"로, 보이는 세례에서 보이지 않는 세례로, 물체적 세례에서 성령적 세례로 바꾼 것이다. 바로 그 "불의 세례"가 『금강경』에서는 사구게송四句偈頌의 세례인 것이다. 그것은 곧 영혼의 노래요 성령의 노래요, 영혼이 부정되는 노래요 성령이 부정되는 노래인 것이다.

여기 부처님께서 "발을 씻으셨다"한 것은 단순히 걸식으로 더러워진 맨발을 물로 씻음을 말하는 것이 아니다. 그것은 곧 세례의 전형적 행위인 것이다. 다시 말해서 『금강경』을 설하기 이전에 당신 자신의 모든 죄업을 씻으신 것이다. 불자들은 나의 이런 말에 불쾌감을 느낄지 모른다. 부처에게 어찌 씻을 죄업이 있을까보냐? 하구. 그러나 나는 말한다. 역사적 불타는 인간이었을 뿐이다. 아무리 해탈한 자라 할지라도 매일 매일 죄업을 짓고 사는 한 인간이었을 뿐이다. 그는 매일 매일 발을 씻어야 하는 한 인간이었을 뿐이다.

예수는 자신의 죽음을 앞두고 사랑하는 제자들의 발을, 몸소 무릎

꿇고 앉아 씻기셨다. 고락을 같이 한 제자들의 죄업을 씻기셨다. 예수의 마지막 싯킴굿이었던 것이다. 자아! 이제 나 도올이 말한다. 『금강경』의 설법의 자리에 동참하려면 우선 그대들의 발을 씻어라! 요단강에, 갠지스강에 뛰어 들어라! 그대들의 마음을 성령의 불로 태워버리고 들어라!

제일 마지막 표현인 "부좌이좌敷座而坐"는 라집羅什의 위대성을 잘 드러내주는 명번역 중의 명번역이다. 그 산스크리트 원문을 보면, "이미 마련된 자리에 앉아, 양다리를 꼬고, 몸을 꼿꼿히 세우고, 정신을 앞으로 집중하였다."로 되어 있다. 이미 설정된 자리에 쌍가부좌를 틀고 등을 세우고 입정入定하였다는 뜻인데, 현장玄奘은 이러한 원문에 충실하여 "어식후시於食後時, 부여상좌敷如常座, 결가부좌結跏趺坐, 단신정원端身正願, 주대면념住對面念."이라고 구구한 문자를 늘어놓았다. 집什(앞으로 꾸마라지바를 약略하여 집什으로 쓰기도 한다)의 위대성은 바로 문자의 간결함과 상황적 융통성이다.

특정의 자리에 앉는다는 것보다는 불특정의 장소에 방석이나 돗자리를 깔아 자리를 만드는 것이 보다 더 상황적이고 자연스러운 맛이 있다. 그리고 "결가부좌를 하고 등을 세우고 선정禪定에 들었다"하는 것보다는 그냥 "앉았다," 그냥 "자리 위에 편안하게 앉았다"가 몇천만 배 나은 번역이다. 『금강경』의 설법은 선정이나 삼매에 들은 자가 비의적으로 내뱉는 주문이 아니다. 그냥 편하게 방석 위에 앉은 자가 또렷한 제정신으로 말하는 일상언어인 것이다. 집什의 번역의 위대성은 바로 이러한 자연스러움에 있는 것이다. 빈 공간에 자리를 까는 행위는, 바로 자리를 깔음으로써 그 자리를 성화聖化(sacralization)시킨다는 제식적 의미를 지닌다. 즉 그 주변에 성스러운 공간이 창출되는 것이다. "자리를 깐다"는 것은 바로 그러한 성화의 행위인 것이다.

그런데 "좌坐" 즉 "앉았다"함은 무엇인가?

사복음서에 공통으로 나오는 유명한 스토리 중의 하나가 예수가 다섯 개의 떡덩이와 두 마리의 물고기로 5천 명의 무리를 먹인 사건이다. 예수에게 복음의 진리를 들으러 모인 갈급한 심령 5천 명! 날이 이미 어두웠고 마을에 내려가 사먹으려 해도 돈도 없고 그만한 물자도 준비되어 있지 않았을 것이다.

다섯 개의 떡과 두 마리의 물고기! 오병이어五餠二魚! 이것은 혼자 먹기에 딱 좋은 분량이다. 5병2어를 혼자 먹는다는 것은 분명 소승小乘이다! 5병2어로 5천 명이 다 함께 먹는 것이야말로 대승大乘이다. 나는 이 떡 다섯 개와 물고기 두 마리의 설화처럼 소승小乘과 대승大乘의 갈림길을 말해주는 강력한 상징성이 없다고 생각한다.

그런데 이 사복음서에 공통으로 나오고 있는 이 기적설화를 잘 뜯어보면 이 소승과 대승의 갈림길을 말해주는 결정적인 예수의 한마디를 모두가 간과하고 있음을 발견한다.

혼자 먹을 수 있는 분량의 떡 다섯 개와 물고기 두 마리밖에 없다.

이때 예수는 말씀하신다.

"그것을 내게 가져오라!"

그리고 4복음서에 공통으로 기재되어 있는 결정적인 한 마디가 있다. 예수는 5천 명의 무리를 향하여 외친다.

"이 무리들로 하여금 앉게 하라!"

여기에 가장 중요한 멧세지는 배고파 들뜬 오천 명의 무리로 하여금 모두 같이, 함께 앉게 한다는 것이다. 한 마음으로 한 잔디 위에 앉게 하라! 배고픔에 들뜬 마음을 가라앉히고, 성나서 싸우려는 마음을 가라앉히고, 복음의 소식에 기쁜 마음을 가라앉히고, 앉아라! 이스라엘의 사람들아! 바리새도 앉아라! 엣세네도 앉아라! 단검을 품은 이스카리옷도 앉아라! 게릴라인 열성당원들도 앉아라! 제사장도 앉고, 배고픈 자도 앉고 배부른 자도 앉아라! 보통 "일어나라!"는 외침은 "북돋음"이요. 무위無爲가 아닌 유위有爲로의 외침이다. 전쟁이 일어났다! 일어나라! 싸우자! 자본가들의 횡포가 심하다. 일어나라! 노동자여! 나가자! 싸우자! 춘투의 계절이다!

다섯 개의 떡덩이와 두 마리의 물고기로 5천 명을 배불리 먹이기 전에 예수가 요구한 것은 "앉으라!"라는 명령이었다. 바로 "앉음"의 "일심一心"이 다섯 개의 떡과 두 마리의 물고기가 5천 명에게 공유될 수 있는 대승大乘의 비결이었다.

서서 듣는 진리가 있다. 그러나 금강의 지혜는 앉아서 들어야 들린다. 모든 성난 가슴을 가라앉히고, 북돋아진 모든 양기를 가라앉히고 들어야 들린다. 성문聲聞도 독각獨覺도 보살菩薩도, 삼승三乘모두가 같이 앉아야 들리는 지혜인 것이다. 이것이 제1분第一分의마지막이다. 이제 우리는 겨우 금강의 지혜가 설파되는 자리의 문턱에온 것이다.

통석 나는 매우 엄격하고도 신실한 기독교신앙의 집안에서 태어났다. 우리어머니는 기독교를 통하지 아니하고서는 우리민족의 구원의 길이 없다고 생각하고 개화開化의 세기를 사셨다. 나는 아침에 일어나면 우선 『성경』구절을 외워야 했다. 그리고 학교 가기 전에 안방윗목 문턱에서 『성경』구절을 외우면 한 구절당 10원을 탔다. 그리고 못 외우면 종아리를 맞았다. 그렇게 해서 『신약성경』을 몽땅 외우다시피 했다. 나의 고전에 대한 소양은 이렇게 해서 길러진 것이다. 동양고전에 대한 기초 소양도 우리 모친이 이렇게 해서 길러준 것이다.

그런데 내가 가장 신나게 외운 것으로 "산상수훈"(Sermo in monte)이라는 것이 있다. 이 산상수훈은 「마태복음」에 가장 완정한 형태로 나온다.

예수께서 무리를 보시고 산에 올라가 앉으시니
제자들이 나아온지라 입을 열어 가르쳐 가라사대 …

여기서도 "산에 올라가 앉다"라는 이미지가 나온다. 사실 『금강경』은 기원祇園에서 붓다가 아침 한나절에 앉아 설說한 것이다. 나는 『금강경』을 예수의 "산상수훈山上垂訓"과 병치並置되는 붓다의 "기원수훈祇園垂訓"이라 불러도 무방하리라 생각한다.

그런데 이 산상수훈의 첫머리에 우리가 흔히 "비아티튜드"(the Beatitudes)라고 부르는 여덟 개의 "유복有福"시리즈가 나온다. 그 첫 구는 다음과 같다.

> 심령(마음)이 가난한 자는 복이 있나니
> 천국이 저희 것임이요.

> Blessed are the poor in spirit,
> for theirs is the kingdom of heaven.

나는 어려서부터 이 산상수훈을 신나게 외웠지만, 도무지 그 뜻을 알 수가 없었다. 가난한 자가 복이 있다고 한다면 이해가 쉽게 간다. 예수의 역설적 복음의 진리는 돈 없고 헐벗고 굶주린 자들에게 기쁜 소식을 전하려 함이라면 가난한 자들이야말로 오히려 복이 있다는 멧세지는 쉽게 이해가 가는 것이다. 사실 「마태」와 같은 내용을 전하는 유일한 공관복음의 기사인 「누가복음」 6장 20절에는 그냥 "가난한 자는 복이 있나니 하나님의 나라가 너희 것임이요."로 되어 있다. 아마도 「누가복음」의 기사가 「마태복음」의 기사보다 더 소박한 오리지날한 멧세지였을지도 모른다.

그런데 "마음이 가난하다," "심령이 가난하다," "정신이 가난하다"는 도무지 이해가 가지 않는다. 물질적으로 가난한 것은 오히려 복받을 수 있는 여지가 있지만, 정신적으로 가난한 것은 동정이나 공감의 여지가 없다. "정신의 빈곤," "마음의 빈곤"은 치료되어야 할 상황이지 그 자체로 복 받을 수 있는 상황은 아닌 것이다. 나는 이 숙제를 풀 수가 없었다. 아무리 비슷하게 맞아떨어지는 소리를 하는 성서주석서를 수백 권을 읽어도 내 마음에 석연하게 해석되어지는 희열을 느낄 수 없었다. 어째서 "심령의 가난"이 연민의 대상이 될 수 있을지언정 축복의 대상이 된단 말인가?

나는 소꿉장난할 시절부터 품어왔던 이 의문을 1999년 여름 도올 서원 12림에서 『금강경』을 강의하면서 비로소 풀게 되었다. 그 열쇠는 바로 『금강경』에 있었던 것이다.

여기 가난한(πτωχοί) 것의 주어로써 쓰여진 "마음"에 해당되는 단어는 "프뉴마"(πνεύμα)이다. 프뉴마는 "바람," "목숨," "영혼," "유령," "마음의 상태" 등의 다양한 함의를 지니는데, 이것은 상키야 sāṃkhya철학에서 쁘라끄리띠(prakṛti, 물질物質)와 함께 형이상학적 두 원리로 간주하는 뿌루샤(puruṣa, 정신精神)와 같은 계열의 어원에 속하는 것이다.

프뉴마가 가난하다고 하는 것은 무엇인가? 가난하다고 하는 것은 "결여"의 상태를 말하는 것이다. 가난하다는 것은 "아무 것도 **없어서** 줄 것이 없다는 것"이다. 뿌루샤, 즉 인간존재의 결여인 것이다("뿌루샤"는 "사람"을 뜻하기도 한다). 프뉴마의 가난은 직설적으로 프뉴마의 결여를 말한다. 그것은 곧 "아상我相의 결여"를 말하는 것이다. 내어 줄래도 내어 줄 마음이 없는 것이다. 보일래야 보일 마음이 없는 상태, 이것이야말로 "무아無我"인 것이다. 그것은 참으로 무아無我의 상태에 도달한 사람이여 복이 있도다 함이다.

마음이 가난하다는 것은 "내세울 나"가 없다는 것이다. 곤궁하고 가난하고 찌들리어 핍박을 받지마는, 그러기에 마음이 비어져 버렸다는 것이다. 나는 중국인들이 그들의 『성경聖經』에 이를 번역하여,

虛心的人有福了, 因爲天國是他們的。
쉬신더르언여우후우러　인웨이티엔꾸어스타먼더

라고 한 것은 참으로 통찰 있는 번역이라고 생각한다. "가난"에 대하여 도가적 개념인 허虛를 썼지마는 그것은 『금강경』적인 "무無"나 『반야심경』적인 "공空"과 일맥상통하는 것이다. 진정으로 복을 받을 수 있는 자는 마음이 가난한 자요. 아상我相, 인상人相, 중생상衆生相, 수자상壽者相이 없는 자인 것이다. 그들이야말로 애통해 할 수 있고, 그들이야말로 온유할 수 있고, 그들이야말로 의로움에 주리고 목마를 수 있는 것이다. 그리고 그 마음이 청결하고 화평할 수 있는 것이다.

도올은 말한다. 『금강경』을 읽어야 비로소 『신약』이 보인다. 우리는 『신약』을 소승적으로 읽어서는 아니 되는 것이다. 대승적으로 읽어야 하는 것이다.

善現起請分 第二
선 현 기 청 분 제 2

2-1. 時, 長老須菩提在大衆中, 卽從座起, 偏袒右肩,
    시 장로수보리재대중중 즉종좌기 편단우견

    右膝著地, 合掌恭敬而白佛言:
    우 슬 착 지 합 장 공 경 이 백 불 언

제2분 선현이 일어나 법을 청함

2-1. 이 때, 장로 수보리가 대중 가운데 있다가, 곧 자리에서 일어나,
    웃옷을 한편으로 걸쳐 오른쪽 어깨를 드러내고, 오른쪽 무릎을
    땅에 대고, 손을 모아 공경하며, 부처님께 사뢰어 말하였다:

[강해] 소명태자의 분의 이름은 4자의 제약 때문에, 수보리須菩提
라는 3글자 이름을 쓸 수 없으므로, 그것을 줄여 표현한 것이다.
"선현善現"은 바로 "수보리須菩提"(Subbūti)를 의역한 데서 생겨난
말이다. 후에 현장玄奘은 바로 이 의역을 채택하였다. "세존世尊"과
같은 것은 "박가범薄伽梵"이라고 음역하고, 막상 수보리須菩提와 같
은 사람의 고유한 이름은 의역해버리는 현장玄奘의 태도는 도무지

이해가 가지 않는다. 이러한 면에서 본다면 역시 "장불급집奘不及什"(현장이 꾸마라지바에게 못 미친다)이라 말하지 않을 수 없다. 장로長老는 또 "구수具壽"라는 표현으로 바꾸어 썼다. 그리고 의정義淨은 "선현善現"을 "묘생妙生"이라고 달리 의역하였다. 선현善現은 또 선현천善現天(sudṛśa)을 의미하기도 하는데 색계십팔천色界十八天 중의 하나를 가리킨다.

"기청起請"이란 "자리에서 일어나 청한다"는 뜻이다.

"장로長老"란 "āyuṣmat"의 의역으로, 덕행德行이 높고 나이가 많은 출가수행자出家修行者를 통칭하는 말이다. 현장玄奘은 "구수具壽"라는 표현을 썼고, "대덕大德," "존자尊者," "혜명慧命," "정명淨命," "명자命者" 등의 다양한 표현으로 나타난다. 장로長老는 젊은 비구가 늙은 비구를 높여 부르는 호칭으로 쓰이지만 때로는 나이 많은 비구가 젊은 비구를 가리켜 부를 때에도 쓰인다. 따라서 한역불전에서는 명확한 구분이 없이 쓰인다. 한역불전 이전에도 중국에서는 나이 먹은 사람이나 학덕을 구유한 사람을 부르는 일반칭호로 쓰이기도 했다. 재미있는 것은, 기독교에서 이 불교칭호를 빌어 "Elder"에 해당되는 용어로 현재 쓰고 있다는 것이다.

"수보리"는 불타의 십대제자十大弟子의 일인一人으로 보통 만다라 그림 속에서는 부처의 좌방상열중左方上列中, 대목건련大目犍連과 대가섭大迦葉의 사이에 자리잡는다. 사위국舍衛國의 바라문의 자제라고도 하고, 또 일설에는 사위성舍衛城에 살던 상인商人이었다고도 한다.

사위성 부근에 건립되었던 기원정사祇園精舍의 준공을 기념하여 부처가 설법을 했는데, 그 때 그 설법을 듣고 감동받아 출가하였다고 한다. 물론 수보리와 석가모니와의 만남에 관해서는 여러가지 다른 설화들이 전래되고 있다. 수보리는 기원정사를 기진寄進한 대부호大富豪 수달須達, 즉 급고독장자給孤獨長者의 동생 스마나의 아들이다. 그러니까 수달須達의 조카인 셈이다. 그에게는 "제일第一"의 칭호가 여러 개가 붙는데 제일 많이 붙는 것이 "무쟁제일無諍第一"이다. 즉 교화활동을 벌이는데 있어 외도外道로부터 온갖 비난과 중상과 박해를 받아도 결코 그들과 다투지 않고 쟁론을 벌이지 않는다는 무쟁삼매주의자無諍三昧主義者로서 항상 유화하고 원만한 인격을 유지하였다(『금강경』 9분 9절 참조). 나를 비난하는 자들과 다투지 않는다는 것도 삶의 큰 지혜에 속하는 것이다. 그래서 그는 많은 사람들이 항상 따랐고 그를 대접하기를 좋아했다. 그래서 또 "공양제일供養第一"의 칭호가 붙었다. 그리고 용모가 수려하고 총명하며 변재辯才가 뛰어나 "색상제일色像第一"이라고도 불리웠다. 그러나 무엇보다도 중요한 것은 그에게 따라다니는 "해공제일解空第一"이다. 『법화경法華經』에 의하면 그의 출생설화부터가 "공空"과 관련이 있어 그의 이름을 "공생空生"이라 하였다고 기록하고 있다. 그는 항상 공空과 무상無常의 도리를 가장 잘 깨달았다. 그의 무쟁주의無諍主義의 이면에는 철저한 공空의 인식이 있었을 것이다.

실제로 붓다와 수보리 사이에서 이 대화가 이루어졌다기보다는 『금강경』의 기자가 수보리가 "해공제일解空第一"이라는 칭호로 알려져 있으므로 그를 등장시켜 부처님께서 이 무상무주無相無住의 금강의 지혜를 설파說破하시도록 연출한 것이라고 보아야 할 것이다.

　우리가 보통 싯달타라고 하면 카필라성城의 왕자요, 삼천궁녀에 둘러싸여 화려한 생활을 염기厭棄할 정도로 누린 그러한 지고至高의 신분의 사람으로 생각하기 쉬운데 실제로 그러한 이야기는 불타설 화작가들이 그려낸 픽션에 불과하다. 카필라성을 오늘 실측해 보면 동서東西 400m에 남북南北 50미터의 아주 촌구석 산중턱에 있는 자그만 촌락村落에 불과하다. 샤캬는 아주 작은 소규모의 종족으로, 역사적 싯달타의 배경은 브라만의 이념을 거부하는 이러한 종족신 앙을 배경으로 한 것이다.

　이에 비하면 수보리의 배경은 싯달타에 비해 훨씬 화려하다. 카필 라바쯔와 사위성舍衛城의 규모는 비교도 안된다. 사실 싯달타는 강 원도 감자바위 "촌놈"쯤 되는 사람이요, 수보리는 서울의 부유한 문물을 다 향유한 사람이라 보면 된다.

　수보리는 브라만계급의 자제일 뿐아니라 부유한 집안의 사람이다. 그리고 도시인에 걸맞는 미모와 수려한 자태를 지녔고 변재도 뛰어 났다. 그리고 점잖은 사람이었다. 함부로 남과 다투지도 아니했고 철저한 비폭력주의의 사람이었다. 그리고 남에게 항상 대접을 잘 받 는 존경스러운 사람이었으며, 그러면서도 몸과 마음 모든 것을 비우 고 집착함이 없는 공空의 사람이었다. 무쟁無諍제일, 공양供養제일, 색 상色像제일, 해공解空제일이라는 칭호를 종합해 볼 때, 우리는 『금강 경』 드라마의 두 주인공의 설정 이유를 깊게 이해할 수 있게 되는 것이다. 즉 맞상대가 되는 것이다. 조금도 한쪽이 기울지 않는 것이다. 최고의 진리는 고수高手들 사이에서 이루어지는 께임일 수밖에 없다.

대중大衆이 모두 조용히 앉아있는 장면에서 갑자기 수보리가 일어서는 모습 또한 인상적이다. 일어섬은 의문의 제기를 의미하는 것이다.

"편단우견偏袒右肩"은 "단袒"이 "벗긴다"는 본동사이고 우견右肩(오른쪽 어깨)이 그 목적어임을 알아야 한다. 많은 우리나라의 번역들이 이를 애매하게 처리하고 있다. 옷을 걸치는 것은 왼쪽 어깨에 걸치는 것이다. "편偏"의 의미는 왼쪽 어깨 한쪽에 옷을 걸친다는 의미가 숨어있다. 우리가 석굴암의 십대十大제자의 석상들을 보면 이러한 정황을 명료히 알 수 있다. 제3상第三像의 모습이 명료하게 "편단우견偏袒右肩"의 모습이다. 타상他像들에는 양쪽 어깨에 모두 옷이 걸쳐있는 것으로 보아 항상 "편단우견偏袒右肩"의 모습을 하고 있는 것은 아님을 알 수 있다. 즉 한쪽으로 옷을 가다듬고 오른쪽 어깨를 드러내는 행위의 과정이 이 자리에서 새롭게 이루어지고 있다는 것을 의미한다.

편단우견偏袒右肩에 대해서는 역대 주석가들의 의미부여가 없다. 어떤 이는 더위 때문이라 하기도 하고, 어떤 이는 사죄의 의미라 하기도 하나, 모두 합당치 않다.

내가 생각키엔 존경하는 스승에게 내 몸을 드러내 보인다는 것은 자기를 낮춤으로서 상대방에게 존경을 표시하는 것이다. 즉 자기를 비우는 표시인 것이다. 즉 알몸뚱이로 그대 앞에 배움을 청한다고 하는 "겸손"의 뜻인 것이다. 그것은 "비움"이요, "여래如來 즉 자연自然으로의 회귀"를 의미하는 것이다.

라집역羅什譯의 해인사판본에는 "착著"이 모두 "저著"로 되어 있다. 저著도 물론 여기서는 "착"으로 읽어야 한다. "우슬착지右膝著地"도, 그 자세가 아름답다. 일어섰다고 해서 뻣뻣이 치솟아 있는 것이 아니라, 오른쪽 어깨를 드러내고 오른쪽 무릎을 땅에 대고 두손을 공손히 모아 절하고 어른께 여쭙는 모습은 지금 남방에 가면 그냥 그대로 목격할 수 있는 아름다운 예법이다.

2-2. "希有世尊! 如來善護念諸菩薩, 善付囑諸菩薩。
희 유 세 존   여 래 선 호 념 제 보 살   선 부 촉 제 보 살

2-2. "희유하신 세존이시여! 여래께서는 뭇 보살들을 잘 호념하시며, 뭇 보살들을 잘 부촉하여 주십니다.

[강해] 산스크리트 원문을 무시하고 집본什本을 그대로 볼 때에 "희유希有"는 세존世尊을 수식하는 형용구로 볼 수밖에 없다. "참으로 드물게 있는 세상의 존귀하신 분이시여!"의 뜻이 될 것이다. 세존世尊은 이미 상설詳說하였다.

그런데 재미있는 것은 호칭으로 부를 때는 "세존世尊"이라는 말을

쓰고, 구체적인 문장의 주어로 쓰일 때는 "여래如來"로 바꾸었다는 것이다. 이것은 라집羅什이라는 탁월한 번역자의 숙달된 맛에서 생겨난 것으로 산스크리트 원문과 정확히 일치하는 것은 아니다. 불佛, 세존世尊, 여래如來 …… 동일한 대상을 여러 말로 달리 부름으로써 우리의 인식의 지평을 넓히고 또 문의文義의 다양함을 꾀하고 있다.

"여래如來"또한 십호十號 중의 하나이다. 그런데 이것은 불타시대에 자이나교 등 기타 타종교에서도 뛰어난 종교인들에게 붙이는 일반칭호로서 통용되고 있었다. 그것을 초기승단에서 싯달타에게 사용한 것일 뿐이다. 산스크리트 원어 "tathāgata"의 어원語源이나 원의原義는 사실 확정되어 있질 않다. "그와 같은(tathā) 경지(gati)에 간 사람"이라 하여 보통 존경스러운 사람에게 붙이는 호칭이었다는 설說이 가장 원의에 접근한다고 보아야 할 것이다. 당시에 그냥 보편적으로 통용되었던 말이었기 때문에 초기불전에서 이에 대한 정확한 설명이 없었던 것으로 보인다. 이에 대한 교리적 해석은 부파불교部派佛敎시대에 와서 행하여진 것이다. "tathā"는 "그와 같이," "여실如實히"의 뜻이다. "gata"는 "갔다"의 뜻이고, "āgata"는 "왔다"의 뜻이다. 교리적 해석으로, 이를 tathā+āgata로 보아 "과거의 불佛처럼, 그들과 같은 모습으로 왔다"라고 해석하기도 하고, "tathā"를 여여如如, 진리眞理의 세계로 보아 "진실眞實로부터 왔다"라고 해석하기도 한다. 그런데 어원을 "tathā-gata"로 볼 수도 있으며, 이렇게 되면, "과거의 제불諸佛과 같은 모습으로 갔다," "진리의 세계로 갔다"의 뜻이 된다. 전자의 뜻으로 새기면 "여래如來"가 되고, 후자의 뜻으로 새기면 "여거如去"가 된다. 그러나 "여거如去"라는 한역은 드물게 발견된다. "여래如來"라는 한역술어를 최초로 사용한 사람은 후한後漢의 안세고安世高다. 그 뒤로 "여래如來"라고 하면 "여여如如 즉 진리의 자리로부터 이 세계를 구원하기 위하여 왔다"고 하는 구제자적 성격(Saviorism)을 명료히 띠면서 중국인들의 심상 속에 자리잡은 것이다.

여기 "선善"은 "잘well"이라는 뜻의 부사로서 동사를 수식한다. 한자漢字의 고의古義를 모르는 어리석은 자들이 "선善"이라는 글자만 보면 무조건 현대어의 선·악의 선(Goodness)으로 해석하는 경향이 있는데, 선善이라는 글자는 본시 그러한 도덕적 이원성을 전제로 한 글자가 아니다. 우리가 생각하는 선善이라는 것도 별것이 아니고 "잘 돌아가면" 선이고, "잘 안돌아가면" 악일 뿐이다.

선·악의 구분이 본시 없는 것이요, 그 구분근거는 "잘"이라는 부사적 근거밖에 없다는 것을 꼭 기억해주기 바란다. 불교가 중국인들에게 쉽게 습합될 수 있었던 것도 바로 중국인들의 언어에 내재하는 이런 생각의 틀 때문이었다. 오늘 우리말은 대부분이 원래의 우리말이 아니요, 서양말에 우리말의 발음적 외투만을 씌운 것에 지나지 않는다는 것을 깊게 깨달아주기 바란다.

"호념제보살護念諸菩薩," "부촉제보살付囑諸菩薩"은 매우 중요한 의미를 지니고 이 문맥에 등장하고 있다. 우선 내가 강조하고 싶은 것은, 모두冒頭에 이미 언급했듯이, 내가 번역하고 그 뜻을 밝히려는 것은 정확하게 라집羅什의 한역『금강경』이라는 것이다. 즉 산스크리트 원본에 의한 의미규정이 선행되는 것이 아니라, 라집의 한문 자체 내에서 형성되어 1,600년 동안 한자문화권의 사람들에 의하여 수용된 의미체계를 우선적으로 밝힌다는 것이다. 여기의 라집의 번역은 산스크리트 원문의 번쇄함을 아주 축약하여 간결하게 변형시킨 것이다. 그런데 매우 중요한 사실은 여기 비로소 최초로 "보살菩薩"(Bodhisattva)이라는 말이 등장하고 있다는 것이다. 이것은 우리로 하여금 매우 긴장감을 갖게 만드는 사건이다.

여기 한문의 뜻은 산스크리트 원문과 정확히 일치되지 않는다. 그리고 산스크리트 원문을 살펴보면 호념護念은 "최상의 은혜"로 되어있고, 부촉付囑은 "최상의 위촉"으로 되어 있다. "최상의 은혜로 은혜를 입어왔다," "최상의 위촉으로 위촉되어 왔다"는 뜻이다. 그러나 우리의 논의는 라집역羅什譯의 내재적 맥락에서 진행될 것이다.

"호념護念"이란 "잘 보호하고 잘 생각해주신다"는 뜻이다. "부촉付囑"이란, 요새 우리말로 "위촉委囑"이란 말과 동일하다. 간단히 말하면 "잘 부탁한다"는 뜻이다. "부付"는 "부탁한다," "맡긴다"의 뜻이다. "촉囑" 역시 비슷한 뜻이다. 여기서 잘 부탁한다, 당부한다라는 뜻은 실제로 "격려한다"는 뜻이다. 따라서 전체의 뜻을 풀면 "지금 부처님께서는 모든 보살들을 잘 보호해주시고(to protect), 잘 격려해주시고(to encourage) 계십니다." 도대체 이것은 무슨 뜻인가?

여기 해석에 우리가 주의해야 할 것은 보살의 의미이다. 왜 여기

보살이라는 말이 등장했는가? 바로 이『금강경』의 기자는 방금 탄생한 대승보살의 혁명운동의 대변자로서 수보리를 내걸었다. 여기 수보리는 부처님께로부터 직접 확약을 보장받고 싶은 것이다. 수보리가 최초로 불타에게 던진 말은 대승보살운동에 대한 불타의 보호·지지·격려의 확약에 대한 인증이다.

"부처님! 부처님은 분명 지금 우리 보살대중혁명운동을 찬성하고 지지하고 격려하고 계시죠?"

그럼 부처님께서 뭐라 말씀하시겠는가?

"그래! 나는 너희들의 운동을 지지하고 보호하고 격려한다."

그러나 문제는 여기서 끝나지 않는다. 부처님이 아무리 지지하고 보호하고 격려한다 하더래도, 바로 그 보호와 격려를 받는 사람들이 과연 무엇 때문에 보살운동을 하고 있는지 알아야 하지 않는가? 보살이 누구인가? 그들은 바로 선남자善男子 선여인善女人들이다. 바로 보통사람들이다. 아라한이 아닌 유정有情(의식 있는)의 모든 사람들이다.

데모는 왜 하는가? 춘투는 왜 하는가? 정치는 왜 하는가? 그래! 나는 데모를 지지한다! 그러나 데모자들이 진정으로 알아야 할 것은 데모를 지지한다는 후원의 소리가 아니다. 그것은 참으로 덧없는 소리인 것이다. "운거영웅불자모運去英雄不自謀"(운이 가니 영웅이라

한들 어찌해 볼 도리 없다)! 이것은 녹두 전봉준이 형틀의 이슬로 사라지기 전에 남긴 최후의 일언—言이다. 데모 지지? 그게 다 헛소리인 것이다. 나는 데모를 왜 하고 있는가? 나는 무엇 때문에 보살운동을 하고 있는가? 과연 보살, 그것이 무엇인가? 보살! 보살! 보살은 무엇인가? 이 보살의 의미규정, 보살이 과연 어떠한 모습을 지닐 때 보살이 될 수 있는가? 보살이 과연 무엇인지를 아는 것이 더 중요한 것이다. 그 보살의 의미규정의 핵심을 불타로부터 직접 듣고 싶은 것이다.

"부처님! 우리는 보살운동을 막 시작했습니다. 부처님께서도 우리 운동을 지지해주고 계십니다. 그러나 막상 보살이 뭔지 모르겠습니다. 부처님! 뭐가 보살입니까?"

이에 도올은 말한다 : "우리는 지혜 없이 자비를 행할 수는 없는 것이다."

2-3. 世尊! 善男子善女人, 發阿耨多羅三藐三菩
　　　세존　선남자선여인　발아뇩다라삼먁삼보

提心, 應云何住? 云何降伏其心?"
리심　응운하주　　운하항복기심

2-3. 세존이시여! 선남자 선여인이 아뇩다라삼먁삼보리의 마음을 냈으면, 마땅히 어떻게 살아야 할 것이며, 어떻게 그 마음을 항복받아야 하오리까?"

강해 지혜는 마음의 문제다! 2-2절에서의 질문의 내용을 보다 구체화시키고 있다. 물론 여기의 라집역도 산스크리트 원문과는 크게 차이가 있다. 그러나 산스크리트 원문의 맛보다 라집본의 맛이 더 명료하고 그 의취가 깊다.

"선남자선여인善男子善女人"이란 불전에서 매우 관용구적인 표현으로 쓰인다. 특별히 선택된 승가의 멤버가 아니라는 뜻이다. 쉽게 말하면, "보통사람들"의 뜻이고, 여기서는 "보살"(구도자求道者)의 다른 표현으로 등장한 것이다. "선남자善男子, 선여인善女人"의 원어는 "kula-putra, kula-duhitṛ"이다. "kula"는 "가족家族·종족種族"특히 "양가良家"의 의미며, "선善"과 정확히 대응되지는 않는다. "kula-putra"는 "좋은 집에서 태어난 아들"이며, "kula-duhitṛ"는 "좋은 집에서 태어난 딸"이다. 그러니까 "선남자善男子·선여인善女人"은 "양가집 청년·양가집 규수"정도의 의미가 정확히 대응된다.

그런데 여기 "선남자선여인善男子善女人"의 의미 속에는 암암리 대승보살이 다 죽어가는 늙은이들의 운동이 아니라, 생기팔팔한 젊은이들의 운동이라는 뜻이 내포되어 있다. 대승운동은 젊은 운동이요, 찌들리고 병든 사람들이 주창主唱하는 운동이 아니라, 제대로 된 집안에서 태어난 유족하고 너그럽고 건강한 젊은이들의 아주 상식적 운동이라는 뜻이 내포되어 있다. 이 내 말을 듣는 "늙은이"들이 서러워할 것은 없다. 어차피 모든 늙은이들이 선남자善男子, 선여인善女人이 아니었던가? 대승운동은 영원히 젊은이들의 운동이다. 이들 젊은이들의 생각이 바르게 되어야만 비로소 늙은이들의 바른 삶이 이루어질 수 있는 것이다.

육조六祖가 선남자善男子를 평탄심平坦心·정정심正定心이라 하고, 선여인善女人를 정혜심正慧心이라 운운云云한 것은 일고의 가치가 없다.

"아뇩다라삼먁삼보리阿耨多羅三藐三菩提"는 『반야심경』 덕분에 우리 입에 많이 익은 단어다. "아뇩다라"는 "anuttarā"의 음역이다. 그것은 an(부정)과 uttara(보다 높은)의 합성어인데, "보다 높은 것이 없는"의 뜻이다. "무상無上"으로 번역된다.

"삼먁"은 "samyak"의 음역인데, 이것은 보통 형용사로서 "완벽하다"(complete)는 의미인데, "samyañc"에서 왔다. 이것을 더 나누면 "sam+i+añc"로도 나누어 진다. 여기에는 "같이 간다"(going together)라는 의미가 있다. 한역漢譯하여 "정편正徧," "정편正遍," "정등正等"이라 하는데 "편徧"의 의미 속에는 "두루두루 간다," "두루 미친다"의 뜻이 내포되어 있다.

"삼보리"는 "saṃbodhi"인데 "각覺," "정각正覺"의 뜻이다. "bodhi"가 원래 "각覺"의 뜻이다. "sam"은 "함께"(together), "완전한"(complete), "같은"(same) 등의 뜻이 있는데, 이것은 일반적으로 접두사로서 어간의 의미를 강화시키는 작용이 있다. 매우(very), 아주(very much), 철저하게(thoroughly), 완전하게(perfectly), 아름답게(beautifully)의 뜻이 있다.

우리가 한문번역에서 "삼三"자字 때문에 "셋"이라는 양수개념을 생각하기 쉬운데, 그것과는 전혀 관계없는 "sam"의 음역이라는 것을 항상 상기하는 것이 좋다.

"아뇩다라삼먁삼보리阿耨多羅三藐三菩提"는 "무상정등각無上正等覺"이요 "무상정편지無上正遍知"이다. 따라서 "발發아뇩다라삼먁삼보리심心"에서 아뇩다라삼먁삼보리를 빼면 발심發心이 되는데, 이것은 즉 더 이상 없는 바른 깨달음을 향하는 마음을 낸다고 하는 뜻이다. 그러한 발원을 하는 모든 선남선녀들이 곧 보살인 것이다. 그렇다면 이들 보살들은 어떻게 살아야 하며 어떻게 마음가짐을 가져야 할 것인가?

"응운하주應云何住"는 명본明本대장경에는 "운하응주云何應住"로 되어 있고 세조본世祖本은 명본明本을 따랐다. 양자兩者가 상통相通하는 어법이라 하겠지만, 문법적으로 따지자면 "응운하주應云何住"가 더 순조롭다. 항상 해인사본을 기준으로 삼는 것이 최선이다. 우리 해인사본 자체 내에 있어서도 17분 1절에는 "운하응주云何應住"라는 표현이 사용되고 있다. 라집羅什은 『금강경』기자記者들의 표현관습의 다양한 맥락을 존중하고 있는 것이다. "운하云何"는 "어떻게"이다. "주住"는 "살다," "머문다"인데 사실 그 실 내용은 다음의 "항복기심降伏其心"인 것이다. "주住"는 내가 여기 "살다"로 번역했지만, 사는 방식을 말하는 것은 아니고, "마음을 둔다"라는 뜻이다. 내 마음을 어디에 어떻게 두어야 하는 것인가? "항복기심降伏其心"은 산스크리트 원문에는 "마음의 상태를 어떻게 유지해야 하는가?"

로 되어 있다. 그러나 이런 식으로 번역하면 그 의미가 너무 밋밋해서 중국인의 가슴에 퍼뜩 쉽게 와 닿지 않는다. 그래서 인간의 욕망과의 갈등구조로 그 문의文義를 정확히 노출시킨 것이다. 욕망이라는 이름의 전차! 욕망의 항복! "마음을 항복받는다." 그 얼마나 쉽게 전달될 수 있는 표현인가? 라집羅什한역의 파워는 바로 이러한 직설적 스밈에 있다. 외국인인 그는 중국인의 마음을 너무도 잘 이해한 천재였다. 오히려 후대의 중국인들이 중국인의 마음을 이해하지 못했던 것이다.

2-4. 佛言: "善哉! 善哉! 須菩提! 如汝所說, 如
　　　불언　선재　선재　수보리　여여소설　여

來善護念諸菩薩, 善付囑諸菩薩。汝今諦聽!
래선호념제보살　선부촉제보살　여금체청

當爲汝說。善男子善女人, 發阿耨多羅三藐
당위여설　선남자선여인　발아뇩다라삼막

三菩提心, 應如是住, 如是降伏其心。"
삼보리심　응여시주　여시항복기심

2-4. 부처님께서 말씀하시었다: "좋다! 좋다! 수보리야! 네가 말한 바대로, 여래는 뭇 보살들을 잘 호념하며, 뭇 보살들을 잘 부촉해준다. 너 이제 자세히 들으라! 반드시 너를 위하여 이르리라. 선남자 선여인이 아뇩다라삼막삼보리의 마음을 냈으면, 마땅히 이와 같이 살 것이며, 이와 같이 그 마음을 항복받아야 하리라."

강해 얼마나 강력하고 단호한 붓다의 말씀인가? 좋다! 좋다! 나는 네 말대로 뭇 보살들을 잘 호념하고 잘 부촉한다. 너 이제 자세히 들으라!

"여금체청汝今諦聽"에서 "여汝"는 "너"이다. 그런데 이 여汝자는 중국고어에서 매우 친근감을 나타내는 "너"이다. 여기서 본동사는 "청聽"이다. 중국어에는 재미있게도 능동태와 수동태가 아예 글자가 다르게 표현된다. "청聽"은 능동적으로 내가 들을 때만 쓰는 말이다. 그에 비하여 "문聞"은 "듣는다"가 아니라 "들린다"이다. 유명한 노자老子의 말에 도道를 가리켜 "청지불문聽之不聞"(들어도 들리지 않는다. 『도덕경』 제14장)이라 한 것이 그 대표적 예이다. "여시아문如是我聞"은 정확히 번역하면, "내 귀에 이와 같이 들리었다"이다. 그 것은 있는 그대로, 들린 대로 들은 것이다. 거기에는 객관성이 보장되어 있다. 그러나 청聽은 다르다. 이것은 내가 들어야 한다. 내가 애써 힘써 주관적으로 파악해야 한다. 내가 능동적으로 발심하여 들어야 한다. 진리는 들리는 것이 아니다. 들어야 하는 것이다. 들으려 하는 마음을 가진 자들에게만 들리는 것이다. 여기서 붓다는 바로 듣고자 하는 마음의 준비를 확인하고 있다.

"너 이제 들으라!" 어떻게 듣는가? 그 "어떻게"를 나타내주는 부사가 곧 "체諦"인 것이다. 여기서 "체諦"는 "자세히" "명료하게"의 뜻이다. 그리고 "진실하게"의 뜻도 들어 있다.

"여금체청汝今諦聽!" "너 이제 자세히 들으라!" 중당中唐의 대중시인

백거이白居易, 772~846(거이는 명名이고, 낙천樂天은 자字이다. 당나라의 시인으로서 평이하고 아름다운 시를 썼다)의 「예상우의가霓裳羽衣歌」에 "응시체청수미족凝視諦聽殊未足"이란 말이 있듯이 이 "체청諦聽"이란 표현은 일반 문헌에서도 많이 나타나는 표현이다. 중국소설 『홍루몽紅樓夢』에서도 이런 표현을 찾아볼 수 있다. 그러나 스님들이 이것을 "眞諦"를 "진제"라 발음하는 관례에 따라 획일적으로 "제청"이라 발음하기도 하나, 여기서는 "체청"으로 읽어야 한다. 체념諦念, 체관諦觀, 요체要諦 등의 경우처럼, 이 때는 일반 어법에 따라 "체청"으로 읽어야 한다.

그러나 라집羅什이 여기 "체諦"글자를 선택한 이유는 불교적인 진체眞諦의 의미가 분명 숨어있다. 다시 말해서 듣되, 진리를 깨달을 수 있도록 들으라는 것이다.

그리고 붓다는 또 다시 반복하여 선포한다. 이것은 분명 붓다의 케리그마이다: "반두기 너 위ᄒ야 닐오리라!"(세조역). 반드시 너를 위하여 이르리라!

산스크리트 원문에는 이러한 강렬한 어조가 나타나지 않는다. 이것 역시 라집羅什의 탁월한 연출이다. 이 문자 속에는 인간 붓다의 실존적 "결단"(Entscheidung)이 숨어있다. 반드시 내 너 위하여 이르리라! 반야와 비반야의 갈림길, 고비길, 그 결정적인 순간의 선포인 것이다.

여기서 "너"는 누구인가? 물론 외면적으로는 수보리 존자를 가리킨다. 그러나 그렇지 아니하다. 수보리는 수없는 뭇 보살들, 진리를 갈구하는 선남선녀의 피끓는 젊은 생령들을 대변하는 지시체일 뿐이다. 내 너 위하여 이르리라, 반드시! 반드시 너 위하여 이르노니 반드시 너 "자세히"(깨달을 때까지) 들어야 한다. 이 "들음"의 과정이 바로 『금강경』이라는 노래인 것이다.

그리고 또 붓다는 수보리의 질문을 반복한다: "선남자 선여인이 아뇩다라삼먁삼보리의 마음을 냈으면, 마땅히 이와 같이 살 것이며, 이와 같이 그 마음을 항복받아야 하리라."

여기에는 붓다의 신중함, 즉 주저가 들어가 있다. 이것은 엄중한 사태에 대한 붓다의 경고다. 이 경고는 상대방에게 마음의 준비의 시간을 허락한다. 붓다는 상대방의 질문에 곧바로 대답하지 않았다. 단순히 질문을 반복해서 대답했을 뿐이다. 그럼에도 불구하고 대답이 이루어진 것이다. 붓다는 운하云何(어떻게)를 여시如是(이와 같이)로 바꾼 것이다: "이와 같이 살 것이며, 이와 같이 그 마음을 항복받아야 하리라." 이미 해답은 주어진 것이다. 이미 선포는 끝나버린 것이다. "이와 같이" 이 한마디로!

그러나 우리는 이 "이와 같이"의 내용을 확인하지 않고서는 배길 수 없다. 붓다는 그러한 갈구하는 심령을 확인한다. 이와 같이 살 것이다. 부처님! 제발, 이와 같이, 이와 같이, 그 이와 같이를 더 말씀해 주십시요!

2-5. "唯然世尊! 願樂欲聞。"
유 연 세 존 원 락 욕 문

2-5. "그러하옵니다. 세존이시여! 즐겁게 듣고자 원하오니이다."

[강해] 이 짧은 한마디 속에는 무수한 명제가 중첩되어 있다. "유연唯然"은 단순한 "예"(唯)라는 대답의 음사音寫에 "연然"을 붙인 것이다. 그러나 이 "예"는 붓다의 선포(케리그마)에 대한 보살들의 긍정이다. "그러하옵니다!" 즉 "이와 같이"란 내용이 설파되지 않았음에도 불구하고, 그것을 받아들이겠다는 마음의 "열음"이다. 받아들이고 나면 우리의 마음이 편해진다. 긴장이 사라진다. 갈등구조들이 해소된다. 그렇게 되면 우리의 마음은 진리를 즐겁게 들을 수 있게 된다. 진리는 "즐기는" 것이다. 그것은 향유(Enjoyment)의 대상이다. 존재는 곧 향유, 즐김인 것이다. 즐길 수 있을 때 비로소 진리는 들리는 것이다.

여기 "원락욕문願樂欲聞"의 본동사가 "청聽"에서 "문聞"으로 바뀐 사실을 우리는 주목해야 한다. 이제 진리는 들리도록 되어있는 것이다. 라집역羅什譯의 오묘처인 것이다: "듣좁고져 원요ᄒᆞᆸ노이다"(세조역).

"욕문欲聞"의 "욕欲"은 "욕한다"라는 동사라기보다는 영어의 "be going to"에 해당되는 조동사적 어법으로 이해하여야 한다. "… 하고자"이다. 세조의 언해는 정확하다. "락樂"은 "욕문欲聞"을 수식한다.

"원願"은 전체구문에 걸린다. 그렇다고 "원컨대"식으로 번역하는 것은 일본한문투이다. "즐겁게 듣고자 원하오니이다."가 아름답고 바른 우리말 번역이다.

大乘正宗分　第三
대 승 정 종 분　제 3

3-1. 佛告須菩提: "諸菩薩摩訶薩, 應如是降伏其心。
불 고 수 보 리　제 보 살 마 하 살　응 여 시 항 복 기 심

제3분 대승의 바른 종지

3-1. 부처님께서 수보리에게 이르시되: "뭇 보살 마하살들이 반드시 이와 같이 그 마음을 항복받을지어다:

> 강해 소명태자의 분의 이름은 적합치 못하다. 왜냐하면 『금강경』의 본경에 해당되는 부분(13분 2절까지)에서 이 "대승大乘"이라는 표현은 나타나고 있지 않기 때문이다. 다시 말해서 이 최초의 혁명적 보살운동이 아직 "대승"이라는 규합개념(organizing concept)으로 "소승"과 대비되기 이전의 소박한 진리를 이 경經은 설설說하고 있기 때

문이다. 『금강경』에서의 대승은 오직 "보살"일 뿐이요, "선남선녀"일 뿐이요, "더 이상 없는 수레"(agrayāna)며, "가장 뛰어난 수레"(śrestha-yāna)며 "보살의 수레"(bodhisattva-yāna)일 뿐이다. 단지 소명태자는 후대에 형성된 개념을 통해 그 종지를 명료히 하고자 했을 뿐이다("대승大乘"이라는 표현은 라집본羅什本에서 15분 2절에 한번 등장하지만 그것도 산스크리트 원문에는 "mahāyāna"로 되어 있지 않다).

"정종正宗"이라 함은 "바르고 으뜸됨"이다. 바로 이 제3분이야말로 가장 바르고 으뜸되는 대승의 종지宗旨를 밝히는 장이라는 뜻이다. 우리말 훈으로 종宗을 "마루"라 한다. 이것은 "클라이막스"라는 뜻도 된다. 다시 말해서 『금강경』은 바로 이 제3분에서 정점을 형성한다. 『금강경』의 모든 것이 여기서 쏟아져 나온다. 사실 제3분 이후의 문장은 제3분의 내용을 펼친 것이다.

일본에는 "스모오"(相撲)라는 운동경기가 있다. 우리의 "씨름"에 해당되는 것이다. 그런데 그것은 서구적 의미에서의 운동경기라기보다는 하나의 제식이다. 스모오 경기에 들어가기 전에 기나긴 제식이 진행된다. 엄숙하고 긴장되고, 수천수만의 관중이 밀집해서 쳐다본다. 그리고 "요코즈나"라는 최고의 스모오토리가 나오기까지는 낮은 급의 수많은 경기가 진행된다. 그런데 막상 요코즈나의 스모오는 아주 허망하게 끝난다. 아주 시시하게 끝난다. 스모오는 둥근 선을 쳐놓고 그 밖으로 사람을 밀쳐내기만 해도 끝나고, 그냥 엎어지기만 해도 끝난다. 보통 아주 짧은 몇십 초 안에 끝난다. 몇 라운드나 가는, 볼거리가 있는 서양의 권투경기와는 아주 대조적이다. 그런데 왜 스모오는 세계적으로 그렇게 열광적인 인기가 있는 경기가 되고 있을까?

이 제3분을 읽는 초심자는 아마도 허망한 스모오 경기를 바라보는 심정으로 이 분을 넘기게 될 것이다. 겨우 이 한마디였다니! 그러나 바로 이 분에서 하늘과 땅이 뒤바뀌는 심령의 체험을 할 수 없다면 그대는 아마도 『금강경』을 덮어야 할지도 모른다. 먼 훗날 그러한 체험이 다시 나에게 다가올 때까지 『금강경』 읽기를 미루어야 할지도 모른다.

일본사람들은 정종正宗을 "마사무네"라고 하는데 그것은 바로 그들의 술이름이다. 우리가 "정종"이라 하는 것이 바로 그것이다. 정종은 "바르고 으뜸가는 최고의 술"이라는 뜻이다. 술은 사람을 취하게 만든다. 정종은 들이키는 순간에 곧바로 취하지는 않는다. 들이키는 순간에는 맛이 없다. 그러나 취기는 서서히 달아오르게 마련이다.

제3분, 이 정종분을, 정종 마시듯이 마셔라! 비록 아무런 맛이 없을지라도 서서히 그대들은 남은 생애를 통하여 이 정종분正宗分의 취기를 음미하게 될 것이다.

이제 부처님은 수보리에게 고告한다. 그리고 또 다시 한 번 뭇 보살, 뭇 마하살들(훌륭한 사람들)은 이와 같이 마음을 항복받을 것이라는 선포를 한다. "이와 같이"의 내용이 이제 2절부터 시작되는 것이다. 앞으로 오는 2절과 3절은 1절의 "이와 같이"를 부연하는 내용이다.

3-2. '所有一切衆生之類, 若卵生若胎生, 若濕生
　　　소유일체중생지류　　약난생약태생　　약습생

若化生, 若有色若无色, 若有想若無想, 若非
약화생　　약유색약무색　　약유상약무상　　약비

有想非无想, 我皆令入無餘涅槃而滅度之。
유상비무상　아개령입무여열반이멸도지

3-2. '존재하는 일체의 중생의 종류인, 알에서 태어난 것, 모태에서
태어난 것, 물에서 태어난 것, 갑자기 태어난 것, 형태가 있는
것, 형태가 없는 것, 지각이 있는 것, 지각이 없는 것, 지각이 있는
것도 아니고 지각이 없는 것도 아닌 것, 이것들을 내가 다 남김
없는 온전한 열반으로 들게 하여 멸도하리라.

[강해] "소유所有"라는 것은 문자 그대로는 "있는 바"의 뜻인데, 백
화문에서는 이 자체로 "일체"라는 뜻이 된다. 다음에 "일체一切"라
는 것이 다시 나오므로, 나는 이것을 "존재하는"으로 번역하였다.
"소유일체중생所有一切衆生"은 "존재하는 모든 중생"의 뜻이다. 그
런데 중생衆生이란 무엇인가?

여기 "중생衆生"이란 "sattva"의 번역인데, 현장玄奘은 "유정有情"
으로 번역했던 바로 그 말이다. 그런데 이 "sattva"가 계속 문제되는
이유는 바로 보살의 "살"에 해당되는 말이기 때문이다. 흔히 좁은
의미에서 중생은 인간만을 가리킨다. 그러나 윤회의 범위를 생각할
때, 중생은 인간에만 국한될 수는 없고, 정확하게 "살아있는 모든

것"이며, 요새 말로는 "생물生物"에 해당된다. 그렇지만 생물生物 중에서도 식물은 제외되는 것 같으며 동물動物만을 지칭하는 것 같다(우리말의 "짐승"이 "중생衆生"에서 전화轉化된 것이다).

"유정有情"의 "정情"은 곧 "마음의 작용"이며 "감정"내지 "의식작용"을 가리킨다. 넓은 의미에서는 "지각"(sensation)을 가리킬 수도 있다. 중생衆生은 원래『장자莊子』「덕충부德充符」의 "행능정생이정중생幸能正生以正衆生"(다행스럽게도 그 삶을 바르게 함으로써 뭇 생명을 바르게 한다)이라는 말에서 왔는데, 보통 이를 "뭇 사람"으로 번역하지만, 장자莊子사상의 근본 취지로 볼 때는 "중생衆生"이 꼭 인간이나 동물에만 국한된다고만 해석할 수도 없다. 하여튼 "중생衆生"은 불성佛性을 지니는 것이며 성불成佛의 가능성을 지닌 존재이다. 그리고 그것은 무정無情(=비정非情)과 구분되는 유정有情이다. 유정有情은 "함령含靈" "함식含識"이라고도 쓰이는 것으로 보아, 역시 고도의 의식이나 영혼을 구유하는 존재存在로 일반적으로 해석되는 것이다.

그런데 전통적으로 인도에서는 이 중생衆生 즉 "사뜨바"를 9종류로 분류하여 말한다. 그런데 이 구류중생九類衆生은 크게 세 카테고리로 분류된다.

첫 카테고리는 태어나는 방식(mode of conception)에 관한 분류로 처음 4종류가 들어간다. 1) 난생卵生은 알에서 태어나는 것이며, 2) 태생胎生은 자궁의 태반에서 태어나는 것이다. 3) 습생濕生은 물에서 태어나는 것으로 물고기나 모기 등의 곤충류가 이에 속한다. 4) 화생化生은 아무 근거 없이 갑자기 홀연히 태어나는 것으로 도깨비나 신, 그리고 지옥의 존재와 같은 것이다.

두 번째 카테고리는 형태의 유무에 관한 분류로서 다음의 두 종류가 들어간다. 1) 유색有色은 형태를 가진 모든 생물이며, 2) 무색無色은 형태가 없는 신들이다.

세 번째 카테고리는 지각의 유무로 분류되는 것으로서 마지막 3종류가 들어간다. 1) 유상有想은 오관五官의 지각을 가진 존재(all organisms with sense-organs)이며, 2) 무상無想은 물리적 오관五官의 지각을 갖지 않는 천상의 존재들이다. 3) 비유상비무상非有想非無想은 지각을 가졌다고도 안 가졌다고도 말할 수 없는 지고의 신들이다.

뭇 보살 마하살들은 이 모든 아홉 종류의 중생들이, 그들의 무명으로 인하여 윤회의 바퀴를 돌고있는 불쌍한 현실을 공감하여, 이들을 모두 열반에 들게 하여 멸도滅度하려 한다는 것이다.

"멸도滅度"의 "멸滅"은 "불을 끈다"는 의미요, "도度"는 "건네다"(度渡), 즉 제도한다, 이 언덕에서 저 언덕으로 고해의 강물을 건넌다, 즉 구원한다는 뜻이다. 멸滅이란 "끔"이다. 무엇을 끄는가? 그것은 불을 끄는 것이다. 불이란 무엇인가? 우리 존재는 불로 훨훨 타오르고 있다는 것이다. 그것은 욕망·갈애의 불이요, 곧 연기의 불이요, 곧 윤회의 불이다.

그 불을 끈 상태를 우리는 "열반"이라고 부르는 것이다. "열반涅槃"은 곧 "nirvāṇa"의 음역인데 "니원泥洹"이라고 음사하기도 한다. 그런데 그것은 바로 "꺼진 상태"를 의미하는 것이다. 열반은 바로 "불의 꺼짐"이다.

그런데 이 "꺼진 상태"에는 두 가지 종류가 있다. 그 하나가 유여열반이요, 그 하나가 무여열반이다. 1) 유여열반有餘涅槃이란 문자 그대로 남음(여餘)이 있는(유有) 열반(꺼짐)이다. 무엇이 남아있는가? 열반에 들긴 했는데, 윤회를 계속하게 만드는 오온五蘊의 집적이 남아 있다는 뜻이다. 이것을 쉽게 말하면 "몸"이 남아있다는 것이다. 몸이란 무엇인가? 그것이 바로 유정有情이요, 생명인 것이다. 다시 말해서 아직 살아 있다는 것이다. 장작의 불이 꺼지긴 했는데 장작이 숯이 되어 남아 있는 것이다. 완전한 꺼짐이란 무엇인가? 그것은 숯도 남지않고 재조차 남지않고 완전히 연소되어 꺼지는 것이다. 이러한 상태를 남김이 없는 열반(꺼짐) 즉 "무여열반"(the Nirvāṇa without substratum)이라고 하는 것이다. 오온五蘊이 사라지고 열반만 남은 것이다. 이것이 무엇인가? 이것은 사실 "죽음"이다. 존재에 있어서 완전한 열반은 "죽음"밖에 없다. 그래서 우리는 죽음을 입멸入滅, 사거死去, 적멸寂滅, 멸도滅度, 원적圓寂, 입적入寂이라 부르는 것이다.

그럼 불교는 죽음의 예찬의 종교인가? 그렇다! 다음의 두 싯귀를 보라!

乾坤一戲場
건 곤 일 희 장

人生一悲劇
인 생 일 비 극

건곤은 하나의 연극무대
인생은 하나의 비극일뿐

— 황똥메이 方東美 —

Life's but a walking shadow, a poor player
That struts and frets his hour upon the stage
And then is heard no more: it is a tale
Told by an idiot, full of sound and fury,
Signifying nothing.

인생이란 걸어가는 그림자,
자기가 맡은 시간만은
장한 듯이 무대위서 떠들지만
그것이 지나가면 잊혀지는
가련한 배우일 뿐.
인생이란 바보가 지껄이는 이야기,
시끄러운 소리와 광포로 가득하지만
아무것도 의미하지 않는 이야기.

— 맥베스 —

나는 불교를 생각할 때, 비극을 생각한다. 나는 불타를 생각할 때 비극적 삶에 대한 연민을 생각한다. 존재한다는 것, 그것 바로 그것이 비극이련만, 아무것도 의미하지 않는 이야기이련만, 그토록 그토록 울부짖으며 우리는 매달려야 하는가?

보살은 말한다: "난생이건 태생이건, 습생이건 화생이건, 유색이건 무색이건, 유상이건 무상이건 비유상비무상이건, 이들 존재하는 생명체 모두를 내가 무여열반에 들게 함으로써 멸도하리라!" 그러면 보살은 살인자인가? 그럼 불타는 살생자인가? 살아있는 모든 자들을 죽음으로 인도하는 죽음의 사자이기라도 하단 말이냐?

사실, 문맥으로 보면, 이 나의 질문에 정직하게 답변할 수 있는 불교학자는 없다. 그들의 답변은 이렇게 궁색해질 것이다. 여기서의 "무여열반"이란 "열반"의 소승적 철저성을 나타내는 상징적 의미일 뿐이다. "무여열반"이란 생명의 불이 꺼지는 것이다. 그것은 분명 죽음이다. 나 도올에게도 죽음에의 갈망이 있다. 순간 순간 죽음이라는 미지의 환상이 엄습한다. 인간 존재는 사실 타나토스Thanatos적 본능 속에서 산다. 그것은 에로스Eros와 동시적인 강렬한 본능이다. 소승적 수도승修道僧들은 분명, 멸절滅絶의 철저성을 강조했고, 그 강조는 분명 "번뇌의 온상인 육체의 멸절"에까지 이르는 수밖에 없었을 것이다. 사실 진정한 해탈은 죽음에서 비로소 완성完成되는 것이다. 성철당의 "돈오돈수"도 결국 그의 죽음에서 완성되었을 뿐이다. 이제 그는 침묵할 뿐인 것이다.

판본의 문제인데 우리 해인사판에는 가끔 "무無"가 "무无"로 되어 있다. "비유상비무상非有想非无想"의 경우처럼. 판본을 중시하여 판본모습 그대로 배인排印한다.

3-3. **如是滅度無量无數無邊衆生, 實无衆生得滅度者.'**
여 시 멸 도 무 량 무 수 무 변 중 생 실 무 중 생 득 멸 도 자

3-3. 이와 같이 헤아릴 수 없고, 셀 수 없고, 가 없는 중생들을 내 멸도한다 하였으나, 실로 멸도를 얻은 중생은 아무도 없었어라.'

[강해] 바로 여기까지가 "이와 같이 그 마음을 항복받을지어다"의 "이와 같이"의 내용을 부연설명한 것이다. 즉 보살의 마음가짐의 내용을 설한 것이다. 바로 이 3절의 내용이야말로 대승정신의 출발이며, 바로 『금강경』이 『벼락경』이 될 수밖에 없는 전율의 출발인 것이다. 벼락같이 내려친 대승大乘의 종지宗旨인 것이다. 그런데 그것은 무엇인가?

사실 여기 붓다의 결론이 너무 쉽게, 너무 퉁명스럽게, 노출되어 있기 때문에 우리는 당혹감을 느끼기에 앞서 별 느낌이 없는 무감각 상태로 서 있을 수도 있다. 여기서 과연 붓다는 우리에게 무엇을 설

파說破하려 하고 있는가?

우선 외면적으로 이 불타의 한마디는, 비록 외면적으로는 보살을 주어로 하고 있지만, 불타가 추구해온 자비慈悲의 삶에 대한 전면부정이다. 이것은 모든 전도주의(Evangelism), 모든 구원주의(Saviorism, Soteriology)에 대한 전면 파업이다!

나는 윤회의 굴레를 계속하는 헤아릴 수 없고 셀 수도 없는 많은 중생들을 구원할려고 하였다. 아니! 나는 구원하였다. 나는 그들과 더불어 웃고 울고, 같이 위로하고 애통해 하고, 모든 방편을 동원하여 가르치고 또 동고동락하였다. 나는 그들이 그들의 윤회의 굴레의 아픔을 벗어버릴 수 있도록 멸도滅度의 길을 열어주었다. 그런데 나 붓다의 실존적 깨달음은 멸도의 길을 열어주었다고 하는 자비행에 있지 아니하였다. 나는 깨달았다. 내가 멸도의 길을 열어준, 그 "열음"의 혜택을 입은 자는 아무도 없었다는 사실을! 실로 나는 아무도 멸도하지 않았던 것이다. 나는 아무도 구원하지 않았던 것이다. 아니! 구원을 받아야 할 자가 아무도 없었던 것이다. 그렇다면 나의 자비의 삶은 무의미한 것이었는가? 죽도록 열심히 산 나의 번거로운 삶의 수고는 헛짓이었나? 그렇다! 그것은 나의 인식 속에서 전면 부정되어야 할 사태인 것이다. 여기서 우리는 붓다가 붓다 자신의 자비로운 삶을 부정하는 태도에서 우리는 당혹감을 느끼게 된다. 과연 붓다는 여기서 우리에게 무엇을 말하려고 하고 있는가?

나는 불교를 생각할 때, 아니, 불교를 잉태한 인도문명을 생각할 때, 단 한마디의 말을 떠올린다. 그것은 "윤회의 공포"(the Horror of Transmigration)! 이것은 비단 불교에 국한되지 않는다. 윤회는 인도 문명에서 삶을 영위하는 모든 사람들의 가치관의 기본틀이다. 윤회 없는 삶이란 없다. 윤회란 한마디로 내 삶의 행위가 행위 자체로 단절되는 것이 아니라 그것이 업이 되어 시간 속에서 영속된다는 것이다. 내가 죽는다는 것은 죽는 것이 아니요, 그것은 또 하나의 윤회의 삶을 의미한다. 그 또 하나의 삶으로의 태어남은 또 하나의 죽음(재사再死)을 전제로 할 것이다. 그 또 하나의 죽음은 다시 또 이생으로의 환귀還歸를 의미할 것인가? 하여튼 이런 생각은 공포스러운 생각이다. 나의 죽음이 죽음이 아니요, 나의 삶이 삶이 아니다. 이 생사生死의 끊임없는 고리를 이어가는 업은 나의 삶의 도덕적인 행위다. 선업善業은 선과善果를 낳고, 악업惡業은 악과惡果를 낳는다. 이것은 회피할 수 없는 엄연한 사실이다. 윤회는 하나의 사실이다. 시간 속의 존재의 사실이다. 그리고 윤회만을 엄격히 생각한다면 윤회 속에는 인간의 구원의 여지가 없다. 윤회의 영속이 있을 뿐이다. 우리는 업業의 존재存在이기 때문이다.

이 윤회는 인간에게 엄격한 도덕성을 요구한다. 윤회는 숙명론(fatalism)이나 종말론(eschatology)이 아니다. 기독교처럼 복락의 천국론天國論(Kingdom of Heaven)이 보장되어 있는 것도 아니다. 그것은 무시이래無始以來의 이후무종以後無終의 영속永續일 뿐이다. 산다는 것! 그것은 하나의 비극!

해탈이란 바로 이 윤회의 굴레로부터의 벗어남을 의미한다. 즉 그

것은 브라만계급으로부터 모든 카스트의 사람에게 이르기까지 공통
共通된, 윤회의 공포로부터의 해방의 복음이었다. 업業(karman)과 윤
회(saṃsāra)와 해탈(mokṣa), 이 세 가지는 인도문명의 기본골격이었다.
그러나 윤회로부터의 해탈, 그 복음의 소식은 붓다의 시대를 벗어날
수록 특정한 수도인修道人들의 전유물이 되어버리고, 아라한들의
고행苦行에 가리어 버렸다. 뭇 중생들은 오직 해탈의 가능성이 없는
윤회의 굴레를 굴리고 있었을 뿐이다.

   윤회의 주체는 우리가 흔히 말하는 "사람"이 아니다. 그것은 "업
業"이다. 그것은 "행위"다. 그런데 여기 아주 중대한 문제가 발생한다.
그 윤회를 일으키는 업의 주체는 무엇인가? 윤회의 주체는 업이다.
그러면 업의 주체는 무엇인가?

   그런데 불타는 무엇을 말했든가? 불타가 보리수 아래서 깨달았다
고 하는 무상정등각無上正等覺은 무엇이었든가? 아뇩다라삼먁삼보
리의 핵심은 무엇이었든가? 일체개고一切皆苦? 아니다! 제행무상諸
行無常? 아니다! 열반적정涅槃寂靜? 아니다! 사실 이러한 얘기들은 붓
다가 아니래도 당대의 모든 현자賢者들이 상투적으로 할 수 있는 말
들이었다. 모든 것이 고통스럽고, 모든 것이 덧없고, 오직 열반만이 고
요하고 아름답다! 이런 얘기들은 당대의 현자들이라면 누구든지 설
교할 수 있는 말꺼리에 지나지 않았다. 그렇다면 불타의 가르침의
핵심은 무엇인가? 그것이 바로 우리가 『금강경』에서 깨달아야 할
정종법인正宗法印인 "제법무아諸法無我"라는 것이다. 불교의 핵심은
삼법인三法印이 아니요, 바로 "제법무아諸法無我"라는 일법인一法印

인 것이다.

제법무아諸法無我란 무엇인가? 불교에서 말하는 제법諸法이란, "법法"이라 해서 무슨 대단한 "달마"나 "진체眞諦"를 말하는 것이 아니고, 설일체유부說一切有部나 유식唯識에서 칠십오법七十五法, 백법百法 운운했듯이 그냥 "모든 존재存在"를 말하는 것이다. 법法은 존재요, 있을 수 있는 모든 것이다. 그런데 인도인들은 법을 크게 두 카테고리로 나눈다. 하나는 인간이 작위적으로 만든 유위적 법法(존재)이요, 하나는 인간이 조작한 것이 아닌 스스로 그러한 무위적 존재다. 전자를 유위법有爲法이라 하고 후자를 무위법無爲法이라 하는데, 유위법 속에는 또다시 크게 색법色法, 심법心法, 심소유법心所有法, 불상응행법不相應行法의 4카테고리가 있다. 우리가 제행무상諸行無常이라 할 때의 제행諸行의 행行은 "saṃskāra"를 말하는데 이 행行은 곧 유위법有爲法의 통칭通稱인 것이다. 즉 "만들어진 모든 것"(제행諸行)은 덧없다(무상無常)는 것이다. "덧없다"하는 것은 불변不變하는 것일 수 없다는 것이다. 그 항상됨이 보장될 수 없다는 것이다.

그러나 제법諸法의 법法은 제행諸行의 행行과는 달리, 유위법有爲法과 무위법無爲法 모든 것을 총괄하는 말이다. 유위법이든 무위법이든 존재하는 모든 것은 "아我가 없다," 이것이 곧 "제법무아諸法無我"의 본뜻인 것이다. 그런데 "아我(나)가 없다"함은 무슨 뜻인가?

여기서 말하는 아我(ātman)는 일상적으로 우리가 경험하는 "나"가 아니다. 그 "나"는 넓은 의미에서의 "아我"의 한 종류에 불과한 것이다. 아我란 무엇인가? 그것은 매우 철학적이고도 추상적인 불타의 논리적 깨달음에 속하는 것이다. 평상적으로 "내가 없다"는 그런 상식적 논의가 아닌 것이다. 여기서 아我라는 것은 곧 "실체"(substance)를 말하는 것이다. 실체란 무엇인가? 그것은 아래에(sub) 놓여진 것(stance)이다. 즉 현상의 배후에 현상의 존속을 가능케 하는 자기동일체로서의 존재인 것이다. "여기 책상이 있다"고 할 때 참으로 우리가 책상이 있다고 생각한다는 것은 곧 책상을 실체화할 때만 가능한 것이다. 즉 책상을 책상이게끔 하는 고정불변의 존재가 책상의 자기동일체로서 책상 속에 들어있다는 것이다. 이 책상의 자기동일체를 바로 우리가 "아我"라고 부르는 것이다.

"저기 저 꽃은 예쁘다!" 아주 그럴듯한 말처럼 들린다. 이런 말을 할 때 우리는 마치 저기 저 꽃이 있고, 그 있는(존재하는, 아我가 있는) 꽃이 아름다움이라는 속성을 구유하고 있는 것으로 생각한다. 저기 꽃이 있고 그 꽃은 아름다움을 소유한 상태로 있다? 과연 그런가! 내일 보면 어떨까? 시들어져 버렸다. 어저께는 어땠는가? 피지도 않았다. 그럼 이 순간에는 어떠한가? 과연 저기 저 꽃이 있는가? 그럼 과연 아름답다는 것은 무엇인가? 아름다움이라는 것이 어디 있는가? 그것은 나의 마음의 상태인가? 내가 저 꽃을 감지하는 순간의 나의 느낌인가? 그것은 실체성이 있는가? 과연 저 꽃은 아름다운가? 저기 저기 저 꽃이 있는 것이 아니라 내가 아름답다고 느낀 그 순간에 그 느낌의 대상으로서의 무엇이 있었을 뿐이다. 그리고 그 무엇은 존재가 아닌 나의 느낌을 담아낸 어떤 물체의 조합이었다. 그 물체의 구성요소를 불교에서는 색色·수受·상想·행行·식識의 오온五蘊이라 부르고 그 조합을 가합假合이라고 부른다. 즉 그 꽃은 존재存在가 아닌 오온의 가합인 것이다.

다시 묻겠다! 제법諸法은 있는가? 모든 존재存在는 참으로 존재하는가? 붓다의 무상정등각의 최후의 깨달음은 바로 존재는 존재가 아니라는 것이었다. 이 말을 제법諸法은 무아無我, "모든 존재는 실체가 없다"라는 말로 표현했던 것이다. 보리수 아래서 깨달음을 얻었을 때, 붓다의 포효는 바로 이것이었다. 나는 없다! 그 나가 없다고 외치고 있는 붓다라는 아我조차가 허공虛空으로 사라져 버리고 있었던 것이다.

그런데 여기 큰 문제가 발생한다. 제법무아諸法無我라고 한다면, 윤회는 과연 어떻게 가능한가? 아我가 없는데 윤회가 과연 가능할까? 그렇다면 불교는 애초로부터 윤회를 포기해야 하는가? 윤회설은 애당초 성립하지 않는 것일까? 그럴 수는 없다. 윤회는 모든 존재의 기반이다. 윤회를 전제로 하지 않는 존재를 생각할 수도 없고, 윤회의 전제가 없는 불교는 생각할 수도 없다. 사실 윤회는 이론이기 전에 하나의 사실이요, 구원이기 전에 하나의 현실이다. 윤회는 모든 생명의 생사의 법칙이요, 순환의 대세다. 불교가 윤회를 포기할 수 없는 것은, 그것이 인도라는 문화환경 속에서 태어났기 때문이기도 하겠지만, 무엇보다도 윤회의 설정이 없이는 인간삶의 도덕성이 불가능해지기 때문이다. 선업善業에 대한 요구가 근원적으로 성립할 수가 없기 때문인 것이다.

바로 "윤회와 무아無我의 모순," 이것은 불교사의 해결하기 어려운 과제상황이었다. 윤회와 무아 사이에 존存하는 갈등과 긴장은 불교사의 시작으로부터 끝까지 해결되기 어려운 과제였다. 실로 모든 불교의 종파宗派의 성립成立은 바로 이러한 숙제를 풀어가는 과정에서 성립한 지류적支流的 해결을 의미하는 것이었다.

보살론의 등장은, 아라한에게 파산을 선고하고 나온 새로운 대중 운동의 출발은 이러한 문제에 대한 과감한 도전을 의미하는 것이다.

여기 『금강경』 본문에 "무여열반無餘涅槃"이라는 얘기가 나온다. 사실 이것은 소승 아라한들의 "멸절滅絶에의 동경"을 의미하는 것이다. 그러나 대승보살들에게는 바로 이 멸절에의 동경의 모습이 사라지고 있는 것이다.

생生도 무아無我다. 사死도 무아無我다. 생사生死에는 생사라고 하는 고유한 본체가 있는 것이 아니다. 그렇다면 열반에도 열반이라고 하는 고유의 본체가 있는 것이 아니다. 생사의 윤회의 지멸止滅이 곧 열반을 보장하는 것도 아니다. 윤회는 삶의 현실이다. 그 삶을 벗어나는 죽음이 그 삶의 행복을 보장할 수는 없는 것이다. 그렇다면 보살들이 추구하는 삶은 무엇인가? 윤회의 현실이 곧 열반이라고 하는 생각의 회전이다. 이 생각의 회전은 또 무아의 부정의 부정, 부정의 끊임없는 부정을 의미하는 것이다. 열반이 생사의 고리 밖에는 잡을 것이 없다. 열반이 자리잡을 수 있는 그 실체적 자리가 근원적으로 없어지고 마는 것이다. 생사가 곧 열반이다. 생사즉열반生死卽

涅槃! 이 사상은 곧 번뇌가 곧 깨달음이라고 하는 "번뇌즉보리煩惱
卽菩提"의 과감한 생각으로 비약하게 되는 것이다. 번뇌 그 자체가
죄가 아니요, 번뇌 그 자체가 중생구원의 자비慈悲로 화化하는 것이
곧 대승大乘이다!

인간 붓다는 선포한다. 붓다인 그대 보살들이여! 그대들은 반드시
이와 같이 마음가짐을 지닐지라: "나는 헤아릴 수 없고, 셀 수 없고,
가없는 뭇 중생들을 구원한다고 생각하였다. 그러나 구원이란 근원
적으로 그 뭇 중생들에게 존재해야 할 그 무엇이 아니었다. 나는 아
무도 구원한 바가 없다. 나의 구원의 삶, 그 자체가 성립불가능한
것이었다."

내가 항상 읽으면서 눈물을 흘리는 『성경』의 한 구절이 있다(복음
서의 원형인 「마가복음」을 선택한다).

> 제 육시가 되매 온 땅에 어두움이 임하여 제 구시까지 계속하더니
> 제 구시에 예수께서 크게 소리지르시되 엘리 엘리 라마 사박다니
> 하시니 이를 번역하면 나의 하나님, 나의 하나님, 어찌하여 나를 버리
> 셨나이까 하는 뜻이다(「마가」 15:33~34).

예수는 분명 그의 삶을 인간에 대한 구원의 삶으로 이해했다. 예수
는 분명 자기자신을 "하나님의 아들"(the Son of God)이라고 자각적
으로 이해하고 있었다. 예수는 "빛"(Light)이었다. 그는 어둠 속으로
진입한 빛이다. 그는 육체의 어둠 속으로 수육受肉한 구원의 빛이요

영혼이다. 그는 제자 앞에서 때로는 그 모습이 변형(Transfiguration)되어 해같이 찬란한 빛으로 되고 그의 옷조차 빛으로 화化한다(「마태」 17:2, 「마가」 9:2).

우리가 잘 아는 동화에 『거지왕자』라는 이야기가 있다. 왕자가 우연히 얼굴이 똑같게 생긴 거지의 옷을 입게 되고, 거지로서 오인되어 경험하는 온갖 수난과 열락의 이야기! 예수의 상황도 이와 같다. 예수는 인간이 아닌 하나님의 아들이다. 그는 우리와 같은 윤회의 어둠 속에 갇힌 존재가 아닌 자유로운 천상天上의 빛이다. 항시 해탈이 가능한 자유로운 빛이다. 그런데 어쩌다가 인간의 옷을 입었다. 거지왕자가 거지로 오인될 수밖에 없듯이, 예수는 윤회의 굴레 속의 사람으로 오인될 수밖에 없다. 예수는 내가 왕자라 하고 빛이라 할수록 그는 조롱과 멸시와 핍박의 대상이 될 뿐이었다. 그의 삶의 박해는 시작되었다. 윤회의 굴레는 시작되었다. 그런데 생각해보자! 그가 그의 죽음을 예언하고, 그의 십자가 죽음을 받아들이는 사건은 바로 거지왕자가 이제 그 진짜 거지를 만나 다시 자기의 본모습인 왕자로 되돌아가는 순간인 것이다. 인간의 몸의 윤회의 어둠을 버리고 다시 빛의 세계로, 천상天上의 하나님에게로 다시 돌아가는 순간이었던 것이다. 기나긴 오해와 박해와 수모의 시간들을 버리고 영광의 시간으로 진입하는 승리의 순간이었다. 그런데 이토록 기쁜 그 순간! 왕궁의 모든 찬란한 보화가 기다리고 있는 그 기쁜 순간에, 하나님 아버지의 품으로 되돌아가는 회귀回歸의 기쁜 순간에 예수는 무어라 외쳤던가?

나의 하나님, 나의 하나님!
어찌하여 나를 버리시나이까?

나는 이 구절에서 항상 눈물을 흘린다. 왜냐? 나는 한 인간의 소름끼치는, 절망의 심연에서 우러나오는 울부짖음을 듣기 때문이다. 『성서』를 해석하는 그 어느 누구도 이 구절을 정직하게 해석하는 자들이 없다. 성서의 기자들이 이것을 기록했다고 하는 이 사실이야말로 성서기자들의 위대한 대승정신인 것이다. 예수의 이 순간의 외침은 바로 자기의 삶이 "하나님의 아들"로서의 삶이라고 하는 자각의 전면부정을 의미하는 것이다. 불행하게도 기독교 교리에서는 이러한 해석은 무서운 이단을 낳을 뿐이다. 그러나 이것은 정직한 사실이다.

나의 하나님! 나의 하나님! 어찌하여 나를 버리시나이까? 이것을 어찌 달리 해석할 방도가 있을까? 주여! 주여! 어찌하여 나를 버리시나이까? 정녕코 나를 십자가에 죽이시려 하시나이까? 주여! 주여! 나는 하나의 인간이로소이다. 나는 거지가 되어 태양보다 더 찬란한 희비喜悲의 삶을 살았소이다. 날 그대로 두소서! 윤회의 어둠 속에 그대로 두소서! 어찌하여 날 죽이시나이까? 어찌하여 날 해탈의 허공 속으로 버리시려 하시나이까?

예수의 십자가는 단순한 인간적 죽음이 아니다. 그것은 바로 예수의 해탈방식이었던 것이다. 그 해탈은 곧 하나님의 아들이라고 하는 아상我相의 전면부정이다. 예수는 십자가상에서 또 무어라 외쳤던가? "아버지여 저희를 사하여 주옵소서! 자기의 하는 것을 알지 못함이니이다"(「누가」 23:34). 바로 이 "알지 못함," 이것은 곧 인간의 무명의 윤회를 의미하는 것이다. 예수의 십자가는 바로 예수의 무여열반이었다. 그것은 바로 그의 인간됨의 완성이었고, 신의 아들됨의 성취였다. 가만히 앉아 좌선坐禪한 채 입적入寂하는 붓다가 아니라 인류의 죄를 대속하는, 인류의 무명의 굴레를 불사르는 삶 속의 해탈이었다. 예수의 십자가는 삶 속에서 이루어지는 죽음의 실현이었던 것이다. 그것은 윤회가 곧 열반이라고 하는 대승적 삶의 승리였다.

엘리 엘리 라마 사박다니가 예수의 죽음·해탈의 순간에 외친 하나님의 아들됨의 부정의 지혜라고 한다면, 우리의 주제도 동일하다. 만약 인간 붓다가 브라만들에게 잡히여 십자가형에 처해졌다면, 그 십자가에 못박힌 붓다의 최후의 말은 무엇이었을까? 그것은 무여열반의 죽음을 찬란한 삶으로 전환시킨 그 한마디였을 것이다.

나는 헤아릴 수도 없는 가없는 뭇 중생들을 구원하였다.
그러나 나는 아무도 구원하지 않았다.

3-4. 何以故? 須菩提! 若菩薩有我相人相衆生相
　　　하 이 고　　　수 보 리　　　약 보 살 유 아 상 인 상 중 생 상

壽者相, 卽非菩薩。
수 자 상　즉 비 보 살

3-4. 어째서 그러한가? 수보리야! 만약 보살이 아상이나 인상이나 중생상이나 수자상이 있으면 곧 보살이 아니기 때문이다.

강해 바로 이 절에서 정종분正宗分은 피크를 이룬다. 이것은 불타의 무아론無我論의 본의로 회귀하자는 보살운동의 캣치프레이즈이기도 한 것이다: "Return to Buddha!"

역사적으로 보살의 의미규정은 이 한 절에 완료되고 완성된다. 바로 보살됨의 내용이 이 한 절을 벗어남이 없다. 역사적으로 대승의 규정은 이 한 절을 떠나서 따로 존재할 수 없는 것이다. 이것이 바로 대승의 종지宗旨인 것이다.

이 사상四相이라고 하는 "아我·인人·중생衆生·수자壽者"에 대해서는 번역본마다 차이가 있고 또 역대의 해석이 구구 분분, 도무지 종잡을 수 없으므로, 모든 역대의 해석을 각설하고 간략하게 내가 직관적으로 생각하는 바를 설파하겠다.

한마디로 이 사상四相의 부정은 곧 불타의 일법인一法印이라 할 수 있는 "제법무아諸法無我"론으로의 회귀를 의미하는 것이다. 앞서 말한 멸도滅度의 행위의 부정의 인식론적 근거를 밝힌 것이다. 이미 앞 절에서 내가 어느 정도 약설略說했기에 장황설을 삼가기로 하겠다.

보살에게는 어떠한 경우도 "아我"라고 하는 실체가 있어서는 아니된다. 아我가 있으면 그것은 곧 보살이 아니다. 즉 보살됨의 규정은 곧 무아無我의 실천을 의미하는 것이다. 무아無我의 실천이 없이는 반야의 지혜가 불가능해지는 것이다. 우선 라집羅什의 번역에 해당되는 산스크리트 원문의 개념을 상응시키면 다음과 같다.

라집역羅什譯	산스크리트 원문	현장역玄奘譯
아상我相	ātman	아상我想
인상人相	pudgala	보특가라상補特伽羅想
중생상衆生相	sattva	유정상有情想
수자상壽者相	jīva	명자상命者想

그런데 산스크리트 원문의 순서는, 아인중수我人衆壽의 순서가 아니라, ātman → sattva → jīva → pudgala의 순서대로 되어 있다. 라집羅什이 그 순서를 바꾼 것은 그 나름대로 한역의 독립적 리듬을 존중했기 때문일 것이다. 우선 사상四相에 대한 한역漢譯 용어를 이해하는 것은 해석자에 따라 제멋대로 이루어지고 있지만, 산스크리트 원문의 개념적 이해는 비교적 명료한 것이므로 우선 그것을 해설해 보자! 모든 개념은 역사적 상황을 갖는 것이며, 이 네 개념은 기실 알고 보면 새로운 보살승운동이 기존의 그리고 당대當代의 모든 사념邪念들을 타파하기 위한 것으로서 설정한 대자적 개념이라는 점을 유의할 필요가 있다.

1) 우선 아트만(ātman)은 전통적 브라마니즘의 가치관의 부정이다. 그것은 브라마니즘이 형이상학적 원리로서 상정한, 아트만이라고 하는 실체적 원리이며, 그것은 윤회의 주체인 것이다. 여기 아트만의 부정은 불교의 반反브라마니즘적 성격을 명료히 드러내는 것이다.

2) 다음, 사트바(sattva)는 초기대승불교의 자체 반성을 촉구하는 말로서 해석되어야 한다. 사트바는 곧 유정有情이다. 즉 "유정有情＋깨달음의 추구"가 되면 그것은 곧 "보살"이 된다. 즉 보살(bodhisattva)과 중생(sattva)의 이원적 구분의 상相이 있어서도 아니 된다는 것이다. 모든 보살은 유정有情(중생衆生)을 전제로 하고 있으니, 보살이 곧 중생이요, 중생이 곧 보살인 것이다. 중생과 보살이 따로 있지 아니한 것이다. 그리고 진정으로 우리가 일승一乘의 깨달음을 추구한다면 유정有情과 비정非情의 구분조차 해소되어야 하는 것이다.

3) 지바(jīva)는 불교와 동시대에 흥기興起한 자이니즘에 대한 비판으로 이해될 수 있다. 지바(jīva) 혹은 지바아트만(명아命我)은 존재의 순수영혼으로 설정된 것이었다. 모든 생명에는 이 순수영혼인 지바가 실체로서 존재하며, 이 지바는 업業에 의하여 속박된다. 자이나교의 창시자 마하비라는 업을 바로 지바에 달라붙는 일종의 미세한 물질(pudgala)로 간주했다. 이 업물질(karma-pudgala)에 의해 지바는 때가 끼고 계박繫縛을 당한다. 따라서 자이나교의 추종자들은 이 업물질을 순수영혼으로부터 벗겨내는 고행苦行을 해야한다. 고행을 통해 이 때가 제거되면 순수영혼 지바는 순수한 제 모습을 드러내게 되는데 이 상태가 곧 해탈이요 열반이다. 그러나 대승사상은 이러한 사

유의 전면부정이다. 순수영혼이 실체로서 엄존한다는 생각 자체가 무아론無我論에 위배되는 것이다.

4) 뿌드갈라(pudgala)는 소승 부파불교 중의 한 지파인 독자부犢子部(Vātsīputrīya)에 대한 비판으로 보여진다. 독자부이론은 바로 초기불교의 고민거리였던 윤회와 무아의 모순을 해결하기 위하여 윤회의 주체로서 뿌드갈라를 설정했다. 뿌드갈라는 오온五蘊과는 다르지만 오온을 떠나서 따로 존재하지 않는 비즉비리온非卽非離蘊의 존재다. 이 뿌드갈라는 윤회의 업을 운반하는 자기동일체로서 인간에 대한 도덕적 수행의 요구의 존재론적 근원이 되는 것이다. 독자부의 뿌드갈라 이론은 명료한 아트만사상은 아니다. 그러나 그들은 뿌드갈라를 유위법有爲法과 무위법無爲法의 중간자적 존재로서 상정함으로써 실체의 오류를 최소화시키고 있는 듯이 보이지만, 결국 윤회의 자기동일체를 인정한다는 점에서는 실체론의 오류를 완전히 벗어날 수 없었다. 이러한 맥락에서 독자부의 뿌드갈라 이론은 대승의 무아론과는 배치되는 것이다. 인도불교가 중국화되는 과정에서 발생한,『홍명집弘明集』같은 문헌에서 나타나는 신멸불멸논쟁神滅不滅論爭에서 불교가 무아론無我論의 입장과 상치되는 "신불멸론神不滅論"의 입장을 고수하는 아이러니에 빠진 것도 바로 당대에 전래된 불교의 성격이 이 독자부犢子部 뿌드갈라론論의 영향을 크게 받은 때문이라고 보고 있다(독자부犢子部는 뿌드갈라의 이론으로 유명하기 때문에 "pudgalavāda"라고도 불리운다).

이렇게 사상四相을 고구考究하면 사실 이 아我・인人・중생衆生・수

자壽者는 무아론無我論의 네 개의 다른 표현에 불과하다. 그러나 아我·인人·중생衆生·수자壽者를 말하는 중국인의 언어환경 속에서는 이것은 모종의 독자적 의미체계를 띠게 되었을 것이다. 왜냐하면 중국인들에게 이 말은 하등의 정확한 원전적 레퍼런스를 동반하고 있지 않기 때문이다.

나는 이 사상四相을 존재存在의 외연의 확대로 해석한다. 먼저 아상我相이란 나라는 생각이다. 인상人相이란 내가 인간이라는 생각이다. 중생상衆生相이란 내가 살아있는 생명체, 저 죽어있는 돌보다 더 위대하다는 자만감이다. 수자상壽者相이란 시간의 존속을 가지는 모든 존재로 확대되어 나간다. "Ego → Man → Life → Existence"의 실체관의 외연의 확대로 해석될 여지가 있다는 것이다.

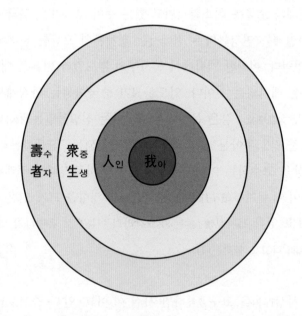

그러나 또 다른 해석의 가능성은 아我와 인人을 한 쌍으로 보고, 중생衆生과 수자壽者를 한 쌍으로 보는 것이다. 아我는 나요, 인人은 타他다. 내가 있다는 생각, 타인他人이 있다는 생각, 이것은 바로 실체적 사고의 전형이다. 즉 불타에게서 구원의 주체인 "나"가 있고 구원의 대상인 "타"가 있었다면 불타는 곧 자신의 가르침을 위배한 것이다. 보살 또한 마찬가지다.

우리말 어원을 한어와의 관련 속에서 고찰하는 국어학자들에 의하면 우리말의 짐승(즘생)은 곧 "중생衆生"의 변행태라고 한다. 앞서 말했듯이 중생衆生(sattva)은 유정有情을 통칭하며 유정의 개념에서는 식물의 외연이 빠진다는 나의 발언을 생각하면 쉽게 수긍이 갈 것이다. 우리말에 "중생"이 상말로 쓰일 때는 "짐승"의 의미가 내포된다.

즉 "중생상衆生相"이란 즘생(짐승) 같은 삶을 영위하는 뭇 인간들이다. 거기에 대비되어 나타나는 것이 곧 수명壽命과 복락福樂을 구유具有한 고귀한 존재인 "나"이다. 이렇게 보면 수자壽者와 중생衆生은 한 의미의 쌍으로 나타날 수도 있다.

我 相 아상	←——→	人 相 인상
壽者相 수자상	←——→	衆生相 중생상

상相은 현장玄奘의 번역대로 곧 "상想"이다. 그것은 실재가 아니요 곧 생각인 것이다. 아我가 있고 인人이 있고 중생衆生이 있고 수자壽者가 있다는 생각(상想), 그 모습(상相)이 있는 한 우리는 영원히 보살승에 오를 수 없게 되는 것이다. 다시 한번 상기하자! 부처님은 문둥이! 십자가는 무아!

妙行無住分　第四
묘　행　무　주　분　제 4

4-1. 復次須菩提! 菩薩於法應無所住, 行於布施。
복 차 수 보 리　보 살 어 법 응 무 소 주　행 어 보 시

제4분　아름다운 행동은 집착이 없다

4-1. 이제 다음으로 수보리야! 보살은 법에 머무는 바 없이 보시를 행하여야 한다.

강해 "묘행妙行"이란 "아름다운 행동"이라 번역했지만, 실제로 여기서의 "행行"은 "보시"를 가리킨다. 대승불교에서의 "묘妙"라는 글자는 "진공묘유眞空妙有"라 할 때의 묘妙와 항상 의미적으로 상통해 있는 글자며, 그것은 통속적 인식을 벗어난, 즉 지혜의 인식을 거친

후에 획득되는 상식의 세계를 의미한다. "무주無住"라는 말은 "부주열반不住涅槃" 혹은 "무주처열반無住處涅槃"이라는 대승의 개념에서 도출되는 말이다. 앞서 말했듯이, 생사生死가 곧 열반이고, 번뇌가 곧 보리菩提라고 한다면, 대승보살에게 있어서의 열반은 생사윤회 속에 내재하는 것이지만 그 윤회 속에서 사는 방식이 반드시 "무주無住" 즉 일정한 데 머물거나 안주하거나 집착하거나 함이 없어야 한다는 것이다. 이 제4분의 주제는 "보시布施바라밀"이다. 아我와 타他가 존재하는 보시가 아니라, 아我와 타他가 근원적으로 해소되는 보시인 것이다. 자선을 표방하는 자者들에게 크게 경종을 울리는 대목이라 하지 않을 수 없을 것이다.

"복차復次"는 "또 다음으로"의 뜻인데, 문맥을 살려 "또"를 "이제"로 바꾸었다. 불문佛門에서는 "부차"로 읽기도 하나 고운古韻을 따르면 "복차"로 읽는 것이 옳다.

"어법於法"의 "법法"은 소승부파불교에서 말하는 존재存在이다. 존재의 실체성에 집착하는 그러한 인식구조에서는, 내가 남에게 베푼다는 행위는 불필요한 업業의 증대만 가져올 뿐이라는 것이다.

4-2. 所謂不住色布施, 不住聲香味觸法布施。須
소위불주색보시　불주성향미촉법보시　수

菩提! 菩薩應如是布施, 不住於相。
보리　보살응여시보시　불주어상

4-2. 이른바 색에 머물지 않고 보시하고, 성·향·미·촉·법에 머물지 않고 보시한다는 것이다. 수보리야! 보살은 반드시 이와 같이 보시할 것이며, 상에 머물러서는 아니 되는 것이다.

[강해] 종교의 사회적 기능으로서 우리는 반드시 "구제," "보시"를 생각하지 않을 수 없다. 종교가 실제적으로 사회에 해악을 끼치는 측면이 심하게 많음에도 불구하고 인간세에서 끊임없이 그 조직이 유지되는 이유는 아마도 이 보시의 기능 때문일 것이다. 보시는 "dāna"의 번역인데 "준다"는 뜻이다. 그런데 이 보시는 크게 "삼시三施"로 나뉜다. 그 첫째가 "재시財施"인데, 의식衣食과 같은 물자를 주는 것을 말한다. 그 둘째가 "법시法施"인데, 이는 가르침을 베푸는 것을 말한다. 그 셋째가 "무외시無畏施"인데, 이는 두려움을 제거시켜주는 것을 말한다. 그런데 우리가 대승의 인식론으로 들어가게 되면, 주는 자도 공空이요, 받는 자도 공空이요, 주고 받는 것도 공空이다. 따라서 "보시"의 가장 본질적 여건은 내가 보시를 행한다고 하는 나의 상相의 해소다. 한마디로 티나지 않게 보시를 해야하는 것이다: "너는 구제할 때에 오른손의 하는 것을 왼손이 모르게 하여 네 구제함이 은밀하게 하라. 은밀한 중에 보시는 너의 아버지가 갚으시리라."(「마태복음」 6:3~4).

여기 색色을 먼저 말하고 그 뒤로 성聲·향香·미味·촉觸·법法을 말하는 것은 불교경전이 논리를 전개시키는 전형적 방법 중의 하나다. 색色·성聲·향香·미味·촉觸·법法은 육경六境이며 이것은 육근六根과 함께, 제법諸法 중에서 색법色法에 속하는 것이다. 색법이라함은 물체적 형태를 갖는 것을 말한다. 즉 공간을 점유하는 것이다. 보시는 이러한 물리적 색법에 안주하거나 집착하여서 행하여서는 아니 되는 것이다. 제일 끝에 나오는 "불주어상不住於相"에서 "상相"은 곧 "표시"를 의미하는 것이다("不"이 부정사로서 독립적 기능이 강할 때 "부"로 읽지 않고 "불"로 읽는 것이 정당하다). 즉 "티를 내지 않는다," "자취를 남기지 않는다"는 뜻으로 해석하면 아주 쉽게 이해될 것이다.

4-3. 何以故? 若菩薩不住相布施, 其福德不可思量。
하 이 고 약 보 살 불 주 상 보 시 기 복 덕 불 가 사 량

4-3. 어째서 그러한가? 만약 보살이 상에 머물지 않고 보시한다면, 그 복덕은 생각으로 헤아릴 수 없으리라.

[강해] 불교가 중국에 들어오기 전, 이미 선진시대先秦時代에 불교와 무관하게 성립한 중국의 지혜의 서書인『노자老子』제7장에 다음과 같은 말이 있다.

> 그러하므로 성스러운 사람은
> 몸을 뒤로 하기에
> 그 몸이 앞서고
> 몸을 내던지기에

그 몸이 존한다.

이것은 사사로움이

없기 때문이 아니겠는가?

그러므로

능히 그 사사로움을

이룰 수 있는 것이니.

是以聖人後其身而身先。
시 이 성 인 후 기 신 이 신 선

外其身而身存。
외 기 신 이 신 존

非以其無私邪?
비 이 기 무 사 야

故能成其私。
고 능 성 기 사

　여기서 말하는 "무사無私"는 곧 불교의 "무아無我"로 이해될 수
있다. 그런데 진정하게 무사無私하면 곧 그 사私를 이룰 수 있다고
하는 역설이 여기 숨어있다. 그러나 우리가 여기서 조심해야 할 것
은 성사成私하기 위해서 무사無私하는 것은 아니라는 것이다. 성사
成私는 무사無私의 자연스러운 결과일 뿐이다. "신선身先"이란 "후
기신後其身"의 결과로 자연스럽게 그 몸이 앞서는 것이다. "신선身
先"이라 했지, "선신先身"이라 하지 않았다. "선신先身"의 선先은 신
身을 목적어로 갖는 타동사이다. "신선身先"의 "선先"은 신身이라는
주어에 붙는 자동사일 뿐이다. "불주상보시不住相布施"에도 복덕福
德은 따른다. 그러나 그것은 진정하게 우리가 "불주상不住相"할 때

에 따라오는 결과일 뿐이다. 즉 여기서 보살운동은 무아無我의 도덕성을 윤회와 결부시켜 논의하는데, 그 인과는 우리가 말하는 세속적 인과관계는 아닌 것이다. 왕필王弼은 그의 명저『노자미지예략老子微旨例略』의 끝머리에서 다음과 같이 말하고 있다: "몸을 뒤로 하기에 그 몸이 앞선다 하는 것은, 결과적으로 그 몸이 앞서는 것일 뿐이지, 그 몸을 앞세움으로써 이루어지는 그러한 것은 아니다. 몸을 내던지기에 그 몸이 존한다 함도, 결과적으로 몸이 보존되는 것일 뿐이지, 그 몸을 보존하려 해서 이루어지는 그러한 것은 아니다."(후기신이신선後其身而身先, 신선비선신지소능야身先非先身之所能也; 외기신이신존外其身而身存, 신존비존신지소위야身存非存身之所爲也。)

4-4. 須菩提! 於意云何? 東方虛空可思量不?"
수 보 리　어 의 운 하　　동 방 허 공 가 사 량 불
"不也, 世尊!"
불 야　세 존

4-4. 수보리야! 네 뜻에 어떠하뇨? 동쪽의 허공을 생각으로 헤아릴 수 있겠느냐? 없겠느냐?" "없습니다. 세존이시여!"

보기 강해 "어의운하於意云何"는 계속 나오는 관용구다. "뜻에 있어서 어떠한가?"인데, 세조본의 아름다운 우리말에 따라 "네 뜻에 어떠하뇨?"로 일관되게 번역하겠다.

우리가 동쪽하늘의 양이나 크기를 개념적으로 수량화해서 잴 수 가 없는 것이다. 무아無我의 보시가 결과적으로 가져오는 무량無量한 복덕福德이 이와 같이 엄청난 것임을 말해주는 것이다. 무아無我의 도덕을 실천한다 하는 것은 외면적으로 도덕을 초월하는 것 (trans-ethical)처럼 보인다. 그러나 초도덕성의 도덕은 헤아릴 수 없는 엄청난 도덕적 결과를 가져온다는 것이다. 여기에서 우리는 보살사상에 대한 깊은 도덕적 권면이 숨어있는 것을 간과해서는 안될 것이다.

4-5. "須菩提! 南西北方四維上下虛空可思量不?"
　　　수보리　　　남서북방사유상하허공가사량불

"不也。世尊!"
　불야　세존

4-5. "수보리야! 남·서·북방과 사유·상·하의 허공을 생각으로 헤아릴 수 있겠느냐? 없겠느냐?" "없습니다. 세존이시여!"

[강해] 우리가 보통 시방(十方)이라고 하는 것은 가능한 온갖 방위를 가리키는 인도인의 개념화방식에서 비롯된 말이다. 우리 동방인들은 주로 4방·8방은 잘 말해도 "시방"을 말하지는 않았다. "시방"에는 상上과 하下의 2방이 더 들어가는데 이것은 인도인들의 공간감각이 중국인들보다 훨씬 입체적이었다는 것을 말해주는 것이다. 사방四方은 동서남북東西南北의 네 방위다. 사유四維라는 것은 그 사이

사이에 끼어들어 가는, 동북·동남·서남·서북을 말한다. 여기에 상上과 하下가 들어가 10방위가 되는 것이다. 불교에서는 "염불"이라는 챈팅(chanting)의 습관 때문에 받침(stop)을 과히 좋아하지 않는다. 숨이 받침으로 끊어지기 때문이다. 그래서 "십방"이 "시방"으로 발음되는 것이다.

이 시방 중에서 동방 하나만을 먼저 꺼집어 내어 이야기하고 나머지를 싸잡아서 한꺼번에 이야기하는 방식은 인도인이 논리를 구사하는 특이한 패턴이다. 『반야심경』도 잘 살펴보면 모두 그러한 방식으로 압축되어있는 것이다.

4-6. "須菩提! 菩薩無住相布施福德, 亦復如是不
     수 보 리   보 살 무 주 상 보 시 복 덕   역 부 여 시 불
可思量。
가 사 량

4-6. "수보리야! 보살이 상에 머물지 않고 보시하는 것의 복덕도, 또한 이와 같이 생각으로 헤아릴 수 없느니라.

강해 『반야심경』의 "수상행식受想行識, 역부여시亦復如是"를 연상하면 같은 패턴의 문장구성방법임을 알 수 있을 것이다.

4-7. 須菩提! 菩薩但應如所教住。"
수 보 리　보 살 단 응 여 소 교 주

4-7. 수보리야! 보살은 오직 가르친 바 대로 머물지니라."

〔강해〕 "단但"을 "오직"으로 한 것은 세조본의 우리말을 따랐다. 여기서 "가르친 바 대로"라는 것은 본분本分에서 말한 내용을 가리킨다. 보살은 부처님의 이와 같은 가르침대로 살아야 하는 것이다.

〔통석〕 『노자老子』 제2장에 "공성이불거功成而弗居"란 말이 있다. "공이 이루어져도 그 이루어진 공에 머물지 않는다"는 뜻이다. 노자老子의 "불거弗居"는 여기서 말하는 "불주어상不住於相"과 크게 차이가 없다. 중국인들은 오히려 불교의 "불주不住"의 논리를 노자적老子的인 불거弗居로서 이해했음에 틀림이 없다. 중국인들에게서는 『노자老子』가 분명 선행되었던 지혜의 경전이다. 이 선행하는 의미의 틀에 따라 외래적外來的 사상을 이해하는 것을 "격의格義"라고 부른다. 사실 중국의 불교는 한역漢譯이 되면 곧 "격의格義"불교가 되는 것이다. 우리는 격의를 너무 협애하게 규정할 필요는 없다. 그리고 격의불교라는 의미를 너무 비하해서 바라볼 필요도 없다. 격의이건 비격의이건 그것은 모두 인류의 지혜의 소산 사이의 관계이기 때문이다. 나는 노장老莊의 지혜와 대승불학大乘佛學의 지혜는 그 맛은 다르지만 우리삶에서 의미하는 것은 크게 차이가 없다고 생각한다.

기독교에서는 "아가페적 사랑"을 말한다. 나는 이 아가페적 사랑의 진정한 의미는 여기서 말하는 불주상보시不住相布施가 되어야 한다고 생각한다. 여호와 하나님의 진정한 사랑은 여호와 하나님이 사라져야 한다. 나의 아가페적 사랑은 "나"가 사라져야 한다. 진정한 그리스도인은 바로 이러한 무주상보시를 실천하는 사람들이다. 테레사수녀가 그러하고, 문둥이를 껴안고 그 문둥이의 모습에서 예수를 발견하는 성 프란시스가 그러하다. 우리 이제 참으로 모든 사상과 종교의 벽을 허물 때가 되지 않았는가?

如理實見分　第五
여 리 실 견 분　제 5

5-1. "須菩提! 於意云何? 可以身相見如來不?"
　　　수 보 리　어 의 운 하　　가 이 신 상 견 여 래 불

제5분　진리대로 참 모습을 보라

5-1. "수보리야! 네 뜻에 어떠하뇨? 몸의 형상으로 여래를 볼 수 있겠느냐? 없겠느냐?"

[강해] "여리如理"는 "리理와 같이" "리理대로"라는 뜻이다. 그런데 불교에서, 그리고 물론 이것은 한역불교에서 더 뚜렷이 발전된 개념이지만, "리理"라고 하는 것은 "사事"와 대비되어 나타난다. 사事는

인연의 사실들이다. 리理는 그 인연의 사실들을 일으키고 있는 연기 그 자체를 말하는 것으로 그것은 서양철학의 본체론과는 다르지만 본체론적 의미를 지니는 것이다. 리理는 진여眞如의 세계며 그것은 생멸生滅의 세계가 아닌 생멸을 일으키고 있는 그 자체의 세계다. 엄밀하게 말하면 우리의 언어는 오로지 생멸의 세계에 한정되는 것이며 진여眞如의 세계에서는 언어가 격절된다. 본 분分에서 말하는 "상相"은 바로 언어와 관련되는 것이다. "여리如理"는 곧 언어를 격절시킨다는 뜻이다.

"실견實見"에서의 "실實"은 역시 부사적 용법으로 "여실히"의 뜻이다. 그러니까 "여실하게 본다"의 뜻이다. 그런데 나는 "그 참 모습을 보라!"라고 번역하였다. 언어가 격절된 그 자리에서 그 실상實相을 있는 그대로 보라는 뜻이다.

이 분을 시작하기 전에 이 분의 내용과 관련하여 또 불교의 중요한 이론체계 하나를 설명해야 할 것 같다. 소위 "삼신설三身說" (trayaḥ kāyāḥ)이라는 것이다. 이것은 우리가 붓다라는 존재存在를 이해하는 다양한 방식, 즉 우리의 붓다에 대한 인식의 구조를 밝힌 이론이다. 삼신三身이란 보통, 1) 법신法身(dharma-kāya) 2) 응신應身(nirmāṇa-kāya) 3) 보신報身(saṃbhoga-kāya)을 말하는데, 이외로도 화신化身(nirmāṇa-kāya) 등이 첨가되기도 한다. 이외로도 또 수없는 신身들의 이름이 있을 뿐 아니라, 그 의미의 해석도 모든 경전이 제각기 다른 의미를 부여하고 있기 때문에 일률적으로 말하기 어려운 난점이 있다. 그래서 불교학도들이 이것에 관해 논의하는 것을 보면 때로

심하게 혼효되어 있다. 그러나 경전의 해석에 있어서, 대체로 합의合意되는 의미는 다음과 같다.

먼저 법신法身은 "진리眞理의 신체"를 의미하며 영원불변의 진리의 당체當體를 가리킨다. 법불法佛이니 법신불法身佛이니 법성신法性身이니 자성신自性身이니 여여불如如佛이니 여여신如如身이니 실불實佛이니 제일신第一身이니 진신眞身이니 하는 것들이 모두 이의 다른 이름들이다.

둘째로, 응신應身이란 온갖 중생들의 구제를 위하여, 세간世間의 사람들의 부름에 향응響應하여 나타나는 신체라는 의미로서 응신應身, 응신불應身佛, 응화신應化身 등으로도 불리운다. 응신은 크게 보면 결국 색신이다.

셋째로 보신報身이란 우리 인간이 부처가 되기 위한 인因으로서 행업行業을 쌓아 그 행업行業의 보報로서 완전한 공덕功德을 구비한 불신佛身이 되는 것을 말한다.

그런데 이렇게 해설을 하면 뭔 말인지 알아듣기가 어렵다. 그런데 쉽게 말하면 이런 것이다. 나 도올은 현재 역사적으로 살아 있다. 이 도올은 색신色身을 구비한 자者로서 매일매일 밥먹고 똥싸고 울고 불고 애들하고도 다투고 살고 있다. 아마도 나의 아내 같은 사람이 내 옆에서 바라보는 나는 분명히 살아있는 역사적인 실존적 인물이다. 내가 방귀라도 뀌면 아내는 옆에서 실제로 쿠린내를 맡게 될 것이다.

그런데 지금 내 책으로 나를 접하는 사람들은 살아있는 나를 접하지 못한다. 내가 아무리 책 속에서 지금 방귀를 꾸었다고 해도 그 냄새를 맡을 리가 없다. 그들은 오직 내가 설說하는 진리만을 이 책을 통해 접하고 그 진리의 주체로서의 도올 김용옥이라는 존재를 그냥 상정할 뿐이다. 내가 죽고난 다음에 내 책을 읽는 사람들에게는 더욱 그러할 것이다.

한 인간존재를 이해하는 방식은 크게 이 두가지로 나뉠 수가 있는 것이다. 그 첫째방식을 색신色身이라 하고 그 둘째방식을 법신法身이라 하는 것이다. 색신이란 역사적 실존인물을 가리키는 것이요, 법신이란 진리의 구현체로서의 존재성을 가리키는 것이다.

色身 색 신	Historical Buddha 역사적 붓다	Historical Jesus 역사적 예수
法身 법 신	Buddha as Spiritual Principle 정신원리로서의 붓다	Jesus of Faith 신앙의 대상으로서의 예수, 즉 그리스도

역사적 붓다나 역사적 예수는 모두 색신色身을 이름이요, 정신적 원리로서의 붓다나 신앙의 대상으로서의 예수는 모두 이 법신法身을 가리킨 것이다. 오늘 나 밥먹고 똥싸는 김용옥은 색신色身이요, 먼 훗날 도올서원의 강의자로서 사람들에게 기억되는 추상적 김용옥은 법신法身이다. 붓다의 사후부터 대승불교 중기中期 즉 4세기에

이르기까지는 이 색신色身(rūpa-kāya)과 법신法身(dharma-kāya)이라고
하는 명료한 이신二身의 개념밖에는 없었다. 그러나 후대에 이 이신
二身이, 잡소리를 좋아하는 많은 이론가들에 의하여 복잡한 개념으
로 발전케 된 것이다. 삼신三身사상에서 응신應身이니 화신化身(중생
衆生의 교화敎化를 위하여 종종種種의 형체를 취取하여 화현化現하는 불佛)이
니 하는 것은 모두 이 색신色身을 가리킨 것이다. 그리고 보신報身이
란 이 응신應身(색신色身)과 법신法身의 개념의 중간자적 통합으로서
후대에 제시된 것이다.

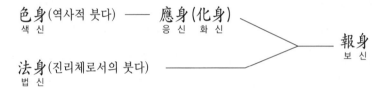

그런데 삼신三身사상에서 가장 중요한 것은 색신色身(응신應身)과
법신法身의 두 개념이다. 이 두 개념은 인류의 종교사에 모두 공통된
문제의식의 아키타입(원형)인 것이다.

기독교의 문제점은 법신法身예수를 모르고 색신色身예수에게만
집착한다는 것이다. 불교의 문제점은 색신色身붓다를 너무 무시해
버리고 법신法身붓다만을 진리로 생각한다는 것이다. 이 두 종교는
이 문제에 있어서 너무도 대조적이다. 그런데 기독교는 정확히 말하
자면 이 색신과 법신에 대한 명료한 구분의식이 없었기 때문에 색신
色身의 신화화(mythologization)에 빠져버리고 만 것이다.

기독교의 가장 큰 문제는 "예수의 부활"이다. 예수라는 역사적 인물을 생각할 때 우리는 어떻게 한 인간이 십자가에 못박혀 죽었다가 다시 살아날 수 있느냐 하는 문제에 심각하게 봉착한다. 그러나 사실상 십자가에 못박혀 있던 인간이 무덤 속에 가사상태로 사흘 정도 있다가 다시 살아날 수 있는 가능성은 현대의학적으로나, 과학적으로나 얼마든지 가능하다. 그뿐 아니라, 예수가 실제로 죽었다 해도, 그가 다시 살아났다는 소식은 얼마든지 초대교회의 제자들에 의하여 성공적으로 날조될 수 있다. 그리고 그러한 픽션이 순식간에 퍼져 당대의 사실로 확정될 수 있는 가능성은 아주 쉽사리 가정해 볼 수 있는 것이다. 그런데 이런 나의 상식적이고도 건강한 논변은 기독교에 있어서는 입에 담지 못할 이단에 속하는 것이다. 그런데 나는 이러한 사실적 가능성에 대한 논변을 벌이고 있는 것이 아니다. 왜냐하면, 기독교의 초대교회의 성립이 선행하고 부활이 날조되었다기보다는, 초대교회의 성립 자체가 "부활의 믿음"으로 인하여 성립한 것이고, 사도 바울의 개종 자체가 "부활의 믿음"으로 가능한 것이었기에, 만약 예수부활을 이렇게 사실적 가능성으로 기술하게 되면 기독교사가 성립하지 않을 뿐 아니라, 기독교신학이 성립할 근거가 없어지는 것이다.

예수는 분명히 죽었다 살아났다!

　그런데 우리의 해결은 바로 색신色身과 법신法身을 분리하는 것이다. 예수의 부활이라는 케리그마는 색신色身의 사실이 아니라 법신法身의 사실인 것이다. 예수의 법신法身이 죽었다 살아났다는 사실에 대해 우리는 과학적 논변을 할 필요가 없는 것이다. 그것은 믿음의 사실이요, 소망의 사실이요, 대망의 사실이다. 그것은 종교적 진리의 사실이다. 기독교가 색신色身과 법신法身을 애초부터 분리하지 않았기 때문에 많은 혼동이 생기고 오히려 색신色身의 신화화라는 미신만을 낳게 된 것이다. 예수의 색신色身에 집착하고 있는 뭇 중생들에게 목사들은 불행하게도 상식에 어긋나는 쌩거짓말들만 내뱉어야만 하는 것이다. 사실 색신色身과 법신法身을 분리한다면 예수의 부활은 "미륵불의 하왕생"보다도 더 리얼한 진실일지도 모른다.

오늘날, 20세기 기독교신학이 "역사적 예수"에 집착하고, 또 그 역사적 예수의 논의가 과거의 신화화에 대한 비신화화를 추구하며, 양식사학(Form Criticism, Formgeschichte)이라고 하는 매우 정교하고 존경스러운 문헌비평의 학문방법까지 탄생시켰지만, 그 모든 논의의 근본 오류는 예수의 색신色身 오로지 그것 하나만을 전제로 하고 있다는 것이다. 나도 불트만신학을 읽을 만큼은 읽었다. 그러나 그는 놀라웁게도 치밀한 지식의 소유자이긴 하지만, 아주 단순한 지혜를 결여하고 있었다. 종교현상은 그것을 비신화화하기에 앞서 그 자체의 법, 다르마로서 논의되어야 한다는 것이다. 이제 기독교는 예수의 색신에 대한 집착에서 근원적으로 떠나야 한다! 카톨릭신학의 삼위일체론三位一體論(Trinitarianism)도 오로지 성부·성자·성신의 신비적 이동異同의 문제만 집착하고 있을 뿐, 내가 말하는 색신과 법신에 대한 명료한 의식이 없기 때문에, 아무 쓸모도 없는 복잡한 교리가 되고 만다. 그것은 후대교회의 성찬제식론의 일부로 등장한 것이며, 성서적 근거가 박약한 말엽적 논의에 불과한 것이다. 근원적으로 기독교의 테마가 되어서는 아니 되는 것이다.

이런 문제점에 비하면 불교는 역사적 붓다를 너무 초기부터 법신화法身化시켜 버렸다. 붓다의 생애 자체가 신비적 요소가 없었기 때문에 아이러니칼하게도 더 추상화되고, 예수의 생애는 너무도 신비적 요소가 많기 때문에 역설적으로 더 구체화된 것이다. 불교의 삼신론三身論의 주체는 법신法身이다. 싯달타라는 카필라성의 왕자, 그 색신色身은 법신法身 위에 잠깐 걸쳐진 지푸라기만도 못한 것이다. 그런데 잘 생각해보면 불교가 색신色身을 무시하고 법신法身에 집착한 것은 너무도 정당한 것이다.

나 도올의 책을 읽는 사람들은 인간의 역사와 우주 전체의 이법을 논하는 웅대한 정신에 접한다. 그러나 사실 나 도올은 출판사에 다녀오다가 경찰한테 티켓이라도 뜯기는 판에는 애숭이 전경아저씨한테 살살 빌고있는 초라한 인간에 불과하다. 나는 지금 이 글을 쓰는 동안 치주염으로 몹시 고생하고 있는데, 치과에 가서 입을 벌리고 있는 동안은 그 끔찍하도록 짜릿한 큐렡의 공포 이외에는, 우주고 인간이고 아무것도 생각하지 못하는 가냘픈 서생에 불과하다. 그렇다고 해서, 나의 색신色身이 이렇게 초라하다 해서, 감히 이 도올의 우주적 정신을 얕봐서야 되겠는가? 붓다의 본질은 색신色身에 있지 않고 법신法身에 있다. 나 도올의 가치는 김용옥의 색신色身에 있지 아니하고 법신法身에 있다. 그것은 나 색신色身의 더러움을 변명하고자 함이 아니다. 그것은 모든 위대한 인간을 바라보는 우리의 눈이 그 인간이 설說하는 법法(진리)에 있어야 한다는 만고불변의 철칙을 논구하고자 함이다. 나 색신을 괴롭히지 말라! 길거리에 걸어가는 나 도올을 놓고 쑥떡꿍 쏙딱꿍거리지 말라! 나는 매일 매일 울고 웃는 초라한 인간이니까. 붓다도 예수도 그러했을 것이다.

여기 1절에서 "신상身相으로 여래如來를 보지말라"는 뜻은 바로 붓다를 색신色身으로 바라보지 말고 진리의 구현체인 법신法身으로서 바라보라는 대승大乘의 명령인 것이다.

5-2. "不也。世尊! 不可以身相得見如來。何以故?
　　　불야　세존　불가이신상득견여래　하이고

如來所說身相, 卽非身相。"
여래소설신상　즉비신상

5-2. "없습니다. 세존이시여! 몸의 형상으로는 여래를 볼 수 없습니다. 어째서 그러하오니이까? 여래께서 이르신 몸의 형상이 곧 몸의 형상이 아니기 때문입니다."

강해 "신상身相"을 나는 "몸의 형상"으로 번역하였는데 이는 붓다의 색신色身을 구성하는 특징에 관한 것이다. 상相에 해당되는 산스크리트어는 "lakṣaṇa"인데 "nimitta"와 대응하여 물체의 외면적 특징을 나타내는 말이다. 그것은 표시(mark), 싸인(sign), 심볼(symbol), 증거(token), 성격(characteristic), 속성(attribute), 성질(quality) 등의 의미를 내포하고 있다.

전통적으로 소위 "부처님상"이라고 부르는 것으로 "삼십이상
三十二相"(dvātriṃśan mahā-puruṣa-lakṣaṇāni)이라는 것이 있는데, 삼십
이대장부상三十二大丈夫相, 삼십이대인상三十二大人相, 삼십이대사상
三十二大士相으로 불리운다. 이는 부처님 혹은 전륜성왕의 몸에 구족
된 32종三十二種의 미묘한 특징을 가리키는 것이다. 이것도 경전마다
차이가 있으나 『대지도론大智度論』 권제4卷第四에 나열된 것(『大正』
25/90~91)을 여기 적어보면 다음과 같다.

1. **족하안평립상**足下安平立相: 편평족과 마당발의 형태. 석굴
   암 본존 발바닥모양이 그러하다.
2. **족하이륜상**足下二輪相: 발바닥에 두 개의 수레바퀴자국 같
   은 것이 있다. 석굴암 본존불에 그렇게 묘사되어 있다.
3. **장지상**長指相: 발가락·손가락이 가늘면서 길다.
4. **족근광평상**足跟廣平相: 발뒤꿈치가 넓고 평평하다.
5. **수족지만망상**手足指縵網相: 손가락·발가락 사이에 무늬 없
   는 비단 같은 그물, 즉 황금빛 물갈퀴가 있다(오리발처럼).
6. **수족유연상**手足柔軟相: 손·발이 매우 보드라워 도라면兜羅
   綿 같고 홍적紅赤색을 띤다.
7. **족부고만상**足趺高滿相: 발등이 거북이 등 모양으로 높고
   통통하다.
8. **이니연박상**伊泥延膊相: 장딴지가 이니연이라는 사슴의 다리
   같이 가늘고 둥글며 예쁘게 점점 굵어진다.
9. **정립수마슬상**正立手摩膝相: 일어서서 팔을 내리면 무릎까지
   내려간다.

10. **음장상**陰藏相: 자지가 마왕馬王의 자지처럼 산봉우리같이 크고 우뚝 솟으나 보통 때는 오므라들어 몸 속에 안 보일 정도로 숨어있다.

11. **신광장등상**身廣長等相: 키가 두 팔 벌린 넓이와 같다.

12. **모상향상**毛上向相: 머리부터 발끝까지 모든 털이 위로 솟아 있고 감청紺靑색이며 부드럽고 윤기가 있다.

13. **일일공일모생상**一一孔一毛生相: 털구멍 하나에 반드시 한 개의 털만 나며, 그 색깔은 청유리색이며, 모든 털구멍에서 미묘한 향기가 난다.

14. **금색상**金色相: 온몸 전체가 순금빛이며 광채가 나고 깨끗하다.

15. **장광상**丈光相: 온몸에서 발하는 빛이 한 길이 된다.

16. **세박피상**細薄皮相: 살결이 보드랍고 매끄러우며 일체의 더러움에 물들지 않는다.

17. **칠처융만상**七處隆滿相: 두 발바닥·두 손바닥·두 어깨·목덜미 일곱 군데가 도톰하고 원만청결하며 빛이 나며 유연하다.

18. **양액하융만상**兩腋下隆滿相: 두 겨드랑이 밑이 불고불심不高不深, 도톰하여 허당이 없다.

19. **상신여사자상**上身如獅子相: 윗몸의 위용이 단엄端嚴한 것이 꼭 사자 같다.

20. **대직신상**大直身相: 사람 중에서 그 신체가 가장 곧고 크다.

21. **견원호상**肩圓好相: 양 어깨가 둥글며 풍만한 느낌을 주며 특별히 잘생겼다.

22. **사십치상**四十齒相: 잇빨의 갯수가 40개이며 가지런하고 백설같이 희다.

23. **치제상**齒齊相: 잇빨생김이 높거나 낮거나 둘쑥날쑥하지 않고 가지런하여 털 하나도 들어갈 틈이 없다.

24. **아백상**牙白相: 잇빨이 백설같이 희고 광채가 난다. 혹설에는, 40개 이외로 아래위 두 개씩 네 잇빨이 희고 광결光潔하다.

25. **사자협상**獅子頰相: 두 뺨이 넓고 도톰한 것이 동물의 왕인 사자의 뺨 같다.

26. **미중득상미상**味中得上味相: 목구멍 양쪽에서 감로가 흘러나와 무엇이든지 입안에 들어가면 최고로 맛있게 된다.

27. **대설상**大舌相: 혓바닥이 길고 넓고 연박軟薄하여 입안에서 나오면 얼굴전체를 덮을 수 있다(선사 마조馬祖를 연상한다).

28. **범성상**梵聲相: 목소리가 하늘에서 울려퍼지는 것과 같이 맑고 멀리 퍼지는데 꼭 가릉빈가迦陵頻伽(까라윙까) 새소리 같다. 듣는 자에게 기쁨을 준다.

29. **진청안상**眞靑眼相: 눈동자가 검푸르며(감청색紺靑色), 푸른 연꽃과도 같다.

30. **우안첩상**牛眼睫相: 속눈썹이 길고 가지런하고 얽히지 않은 모습이 소의 눈과 같다.

31. **정계상**頂髻相: 머리꼭대기 한가운데 살이 솟아올라 꼭 상투모양을 하고 있다(석굴암본존상의 머리꼭대기에도 육계肉髻가 표현되어 있다).

32. **백모상**白毛相: 두 눈썹 사이로(미간眉間) 흰 털이 나서 도라면兜羅綿과도 같다. 그 모습이 백설과도 같이 희며 광결청정光潔淸淨하다.

그리고 이외로도 부처님 색신色身의 특징을 묘사하는 말로써 "팔십종호八十種好"라는 것이 있는데(『대반야경大般若經』 제381第三百八十一), 그 걸음걸이가 코끼리처럼 유유자적하다든가, 귓밥이 윤상輪狀으로 길게 늘어져 있다든가 하는 80종의 특징을 가리킨다. 그를 어찌 여기 일일이 나열하리요? 32상三十二相은 인류학자나 불상연구가들에게 좀 도움이 될 것 같아 자세히 묘사한 것이다. 그 묘사가 발바닥에서부터 머리로 점차 올라갔는데 인도사람들의 "미인관"이라든가 "초인적 인간상"에 대한 관념이라든가 의학적 지혜의 단면들을 엿볼 수 있다.

부처는 말한다: "어찌하여 너희들은 날 이런 색신의 모습으로 쳐다보려 하느뇨?"

> 도마에게 이르시되 네 손가락을 이리 내밀어 내 손을 보고 네 손을
> 내밀어 내 옆구리에 넣어보라. 그리하고 믿음없는 자가 되지 말고
> 믿는 자가 되라.
> 도마가 대답하여 가로되 나의 주시며 나의 하나님이시니이다.
> 예수께서 가라사대 너는 나를 본 고로 믿느냐? 보지 못하고 믿는
> 자들은 복되도다 하시니라(「요한복음」 20:27~29).

부활하신 예수님의 몸에 남은 못자국에 손가락을 쑤셔넣고서야 예수님의 부활하심을 믿는 어리석은 예수의 제자들이여!

공空의 이치를 터득한 수보리는 대답한다: "부처님이시여! 부처님의 몸의 형상은 곧 몸의 형상이 아니오니이다."

5-3. 佛告須菩提:"凡所有相皆是虛妄。若見諸
　　　불 고 수 보 리　　범 소 유 상 개 시 허 망　　약 견 제

相非相, 則見如來。"
상 비 상　즉 견 여 래

5-3. 부처님께서 수보리에게 이르시되: "무릇 있는 바의 형상이 모두 허망한 것이니, 만약 모든 형상이 형상이 아님을 보면 곧 여래를 보리라."

[강해] "무아론無我論"이 강한 어조로 노출되어 있다. 여기 처음 "허망虛妄"하다는 말이 나오는데, 허망이라는 말은 곧 인간의 인식과 관련된 말이다. 존재 그 자체의 허망이라기보다는 우리가 존재를 인식하는 방법·수단이 모두 허망하다는 뜻이다. 콘체는 이 허망을 "fraud"라고 번역했는데, 이것은 우리 인식의 기만성을 내포한 말이다. "견제상비상見諸相非相"의 "견見"은 "깨닫다"의 의미가 내포되어 있다. 즉 제상諸相이 비상非相임을 깨닫는다면, 그제서야 곧 여래

如來를 보게 되리라는 뜻이다.

법정 스님께서 나에게 이런 말을 하신 적이 있다: "이 구절을 어느 선객禪客이 제상諸相과 비상非相을 같이 본다면 곧 여래를 보리라고 해석한 적도 있다. 문의文義의 맥락으로 보면 바른 해석은 아니지만 이렇게 해석하여도 그 종지宗旨에 어긋남은 없다."

원불교는 법당에 모신 법신불法身佛이 참으로 법신法身이라면 사람의 형상을 하고 있는 등신불等身佛일 필요가 하나도 없다 하여 아예 그것을 원圓(동그라미)의 모습으로 추상화시켰다. 과감하고 혁신적인 발상이다. 원불교도 처음에는 이러한 혁신불교로서 출발한 콤뮤니티운동이었다. 그러나 원불교의 과제상황은 바로 그러한 혁신적인 발상을 지속적으로 그리고 일관성 있게 유지시킨다는 것이 참으로 어렵다는 데 있다. 원불교도들에게 끊임없는 반성을 촉구한다.

석두희천石頭希遷 문하門下의 선승, 단하천연丹霞天然, 739~824이 혜림사慧林寺에 머물 때, 매우 추운 겨울 날씨에 법당에서 좌선을 하다가 궁둥이가 시려우니까 법당에 놓인 목불상을 도끼로 뻐개 불지피우고 궁둥이를 쬐이는 장면이 있다. 내 책『화두, 혜능과 셰익스피어』(통나무, 1998) 68~69쪽에 자세히 묘사되어 있다. "제상비상諸相非相"의 의미를 한번 이와 관련시켜 다시 새겨볼 만하다. "범소유상凡所有相, 개시허망皆是虛妄. 약견제상비상若見諸相非相, 즉견여래則見如來."는『금강경』에 처음 나오는 사구게四句偈다.『금강경』에서 "사구게"라고 말한 것이 꼭 이런 것을 지칭한 것은 아니지만, 4행시에 해당되는 대목이 제10분, 제26분, 제32분에도 나온다. 그러니까 4개의 4행시가 있는 셈이다.

正信希有分　第六
정 신 희 유 분　제 6

6-1. 須菩提白佛言:"世尊! 頗有衆生得聞如是言
　　 수 보 리 백 불 언　　세 존　 파 유 중 생 득 문 여 시 언

　　 說章句, 生實信不?"
　　 설 장 구　 생 실 신 불

제6분　바른 믿음은 드물다

6-1. 수보리가 부처님께 사뢰어 말하였다: "세존이시여! 펵으나 많은
　　 중생들이 이와 같은 말씀이나 글귀를 듣고 진실한 믿음을 낼 수
　　 있겠습니까? 없겠습니까?"

강해 "정신正信"은 "바른 믿음"이다. 문중文中의 "실신實信"과 상
통한다. 선진문헌先秦文獻에서는 "신信"이란 글자는 오늘날 우리가
생각하는 종교적 의미에서의 "믿음"(faith)이라는 용례用例로 쓰인 적
이 없다. 그것은 "실증한다"라는 "verification"의 의미에 가까운 내
포를 지녔을 뿐이다. 이미 라집羅什의 시대에는 신信이라는 글자가

종교적 "믿음"의 함의를 지니고 있었음을 엿볼 수 있다(중국의 언어가 서구화되는 일면을 나타낸다). "희유稀有"는 "드물게 있다"라는 뜻이다. 인간세人間世에서는 언제고 "바른 믿음"은 희유稀有한 것이다. 우리의 시대를 살펴보면 잘 이해가 갈 것이다.

이 분分은 전체적으로 말세론적 색채를 깔고 있다. 불법佛法이 날이 갈수록, 즉 인간의 역사가 진행될수록 쇠퇴하리라는 것은 초기불교승가의 믿음 중의 하나였다. 그러나 불교의 말세론은 거대한 순환 속에 있다. 기독교의 종말론적 단절과는 근원적으로 문제의식이 다르다. 다시 말해서 역사의 모든 순간이 종말론적일 수 있는 것이다. 그러나 대승불교는 이러한 말세론적 시대에 처하여 말세적 감각을 이용하여 인간을 현혹시키고 천당天堂에 가는 티켓구입료를 높이려는 사상이 아니다. 그것은 말세적 분위기에 근원적 희망을 주려는 사상이다.

오늘의 시대를 우리는 "위기의 시대"(the Age of Crisis)라고 말한다. 새로운 밀레니엄을 맞이한 오늘, 우리는 우리의 삶의 모습에 대한 각성이 없을 수 없다. 지식만이 증대하고 지혜가 멸시되며, 감각만이 팽대하고 깊은 사유가 차단되며, 육욕에 노예가 되어 젊은이들은 방황하고 늙은이조차 가치관을 상실한 채 표류하고, 역사의 진행은 정당한 역사가 들어설 수 있는 환경을 파괴하는 방향으로만 치닫고 있다. 우리 삶을 풍요롭게 한다면서 우리 삶의 질을 근원적으로 저하시키고 생명의 장場들을 모두 파괴해나가고 있다. 과연 우리는 종말의 기로에 서있는 것일까?

여기 이 절에서 수보리는 인류가 과연 이러한 말세론적 분위기 속에서『금강경』의 지혜와 같은 심오한 사유를 삶의 가치로서 받아들일 수 있겠는가 하는 회의론적 질문을 던지고 있다.

6-2. 佛告須菩提:"莫作是說。如來滅後後五百
　　　불 고 수 보 리　　막 작 시 설　　여 래 멸 후 후 오 백

歲, 有持戒修福者, 於此章句能生信心, 以此
세 　유 지 계 수 복 자　어 차 장 구 능 생 신 심　이 차

爲實。
위 실

6-2. 부처님께서 수보리에게 이르시되:"그런 말 하지말라. 여래가 멸한 뒤 후오백세에도 계율을 지키며 복을 닦는 사람이 있어, 이 글귀에 잘 믿는 마음을 낼 것이며, 이를 진실한 것으로 삼으리라.

강해 수보리의 비관론에 대하여 불타의 낙관론이 설파되고 있다. 여기의 핵심되는 구절은 "후오백세後五百歲"인데, 사실 이 말이 정확하게 무엇을 의미하는 것인지 범문梵文원본에도 한역본에도 완벽하게 명료하지는 않다. 범문梵文에는 "후後의 오백년대五百年代에"라고 되어 있다. 일반적으로 이것은 삼시三時사상 중에서 가운데 시대인 "상법像法"의 시대를 가리키는 것으로 해석하고 있다.

삼시三時란 불타의 멸적 후의 시대를 정법正法 · 상법像法 · 말법末法

의 삼기三期로 나누는 시대구분을 말하는데, 이 정正·상像·말末의 시대의 길이를 잡는 방식은 문헌에 따라 다양하다. 그런데 보통 500년씩 잡아 1,500년으로 보는 것을 기준으로 하지만, 이런 계산이 맞아떨어지지 않을 때는 제멋대로 늘리기 마련이다.

정법正法이란 부처님이 돌아가신 후 바로 500년간, 가장 불타의 가르침이 잘 실천된 시기로서 교敎(가르침)와 행行(수행)과 증證(깨달음), 삼자三者가 구비된 시기다. 다음의 상법像法이란 제2의 500년간으로서, 교敎와 행行만 있고 증證이 없는 시기다. "상像"이란 "비슷한데 진짜가 아닌"의 뜻이다. 그 이후가 말법末法의 500년으로서, 교敎만 있고 행行과 증證이 다 결여된 법멸法滅의 시기다. 그런데 이러한 삼법三法의 명료한 규정은 당唐나라때 규기窺基, 632~682의 『대승법원의림장大乘法苑義林章』 제6第六에서 시작되는 것이며 여기 이 문의에 그대로 적용할 수는 없다. 나카무라 하지메中村元는 이 글이 쓰여진 시기가 대강 불멸후佛滅後 500년이 되기 때문에 곧 정법正法이 멸하고 상법像法이 시작되는 혼란의 시기를 지칭한 것이라 하지만, "후오백년後五百年"을 그렇게 볼 수 있는지 나는 의문이다.

나는 "후오백년後五百年"이란 말이 어떤 정확한 삼시三時의 시점을 가리킨다기보다는 추상적으로 불법佛法이 쇠퇴한 먼 훗날의 시대로 생각함이 옳을 듯하다. 대승운동이 흥興한 시기를 상법像法의 시대로 꼭 끼워맞출 필요는 전혀 없다고 생각한다. 그러나 대승불교의 흥기를 불타 열반 후 500년 정도로 보는 관점은 역사적 정황에 대체로 들어맞는다.

불타는 수보리에게 이른다: "그렇게 비관적인 소리 하지 말아라! 아무리 말세가 와도 계율을 지키고 복을 닦는 자는 반드시 있을 것이며, 이 『금강경』의 설법에 독실한 믿음을 내고, 이것이야말로 진실한 구원의 방편이라고 생각하는 사람은 얼마든지 있을 것이다. 나의 가르침은 이들을 위한 것이다." 그렇다! 말세가 될수록 진실한 사람은 더 많게 마련이다. 비관하지 말자!

6-3. 當知是人, 不於一佛二佛三四五佛而種善根,
　　　당 지 시 인　　불 어 일 불 이 불 삼 사 오 불 이 종 선 근

　　　已於無量千萬佛所種諸善根, 聞是章句乃至
　　　이 어 무 량 천 만 불 소 종 제 선 근　문 시 장 구 내 지

　　　一念生淨信者。
　　　일 념 생 정 신 자

6-3. 마땅히 알지어다. 이 사람은 한 부처, 두 부처, 서너다섯 부처님께 선근을 심었을 뿐 아니라, 이미 한량없는 천만 부처님 자리에 온갖 선근을 심었으므로, 이 글귀를 듣는 즉시 오직 일념으로 깨끗한 믿음을 내는 자라는 것을.

강해 산스크리트 원본과 비교해 보면 라집역은 매우 간결하게 축약되어 있다. 여기 "부처"는 "깨달음"을 상징하며 역사적인 싯달타를 가리키는 것이 아니다. "부처님께 선근을 심었다"는 표현은 이미 오랜 윤회의 시간 속에서 훌륭한 행동(good conduct)과 덕성(virtuous qualities)과 지혜(wisdom)로 선업을 쌓아온 그런 보살들을 형용하는 말이다. "부처님께 선근을 심었다"는 "많은 깨달은 자들 밑에서 공功을 쌓았다"는 뜻도 되고, "많은 깨달은 자들을 존경하면서 살았다"는 뜻도 된다.

여기 "내지乃至"를 모두 관용구적인 "내지"로 해석하는데, 그렇게 일괄적으로 해석하면 뜻이 안 통한다. 여기서는, 내乃와 지至를 떼어서 해석해야 한다. "곧 …하는데 이르다"라는 뜻이다. 나카무라中村, 이기영은 그 정확한 뜻을 취하지 못했다.

6-4. 須菩提! 如來悉知悉見, 是諸眾生得如是無
　　　수 보 리　　여 래 실 지 실 견　　　시 제 중 생 득 여 시 무

量福德。
량 복 덕

6-4. 수보리야! 여래는 다 알고 다 보나니, 이 뭇 중생들은 이와 같이 한량없는 복덕을 얻을 수밖에 없으리라.

[강해] 여래는 각자覺者이다. 각자는 전체를 보는 사람이다. 여기 "실지실견悉知悉見"이라 함은 기독교에서 말하는 것과 같은 막연한 "전지전능"을 말하는 것이 아니다. 각자는 근본을 꿰뚫고 있기 때문에 어떠한 비극적 상황에도 훌륭한 중생들이 한량없는 복덕을 얻게 되리라는 것을 알고 있는 것이다. 동학에서 "만사지萬事知"라 한 것

과도 상통한다.

6-5. 何以故? 是諸衆生, 無復我相人相衆生相壽
하 이 고   시 제 중 생   무 복 아 상 인 상 중 생 상 수

者相, 無法相亦无非法相。
자 상   무 법 상 역 무 비 법 상

6-5. 어째서 그러한가? 이 뭇 중생들은 다시는 아상·인상·중생
상·수자상이 없을 것이며, 법의 상이 없을 뿐 아니라, 법의 상이
없다는 생각조차 없기 때문이다.

[강해] 이 글귀의 핵심은 "무법상역무비법상無法相亦無非法相"에
있다. 박테리아를 쳐부시는데 항생제만큼 좋은 것이 없다. 그렇다
고 항생제를 좋아해서 항생제를 계속 먹으면 그것이 더 큰 병을 불
러 일으킨다. 공空사상은 존재存在를 실체의 존속으로 파악하는 우
리의 유병有病을 치료하는 데는 더 없는 좋은 약이다. 그러나 공空
그 자체에 집착하면 더 큰 병이 생겨난다. 악취공(惡取空, dur-grhītā
śūnyatā: 공의 이치에 대한 오해에서 일어나는 집착)이라는 것이 그것이
다. 불교도들이나 스님들 중에 "해탈한 체" 거드름 피우는 자들이
많다. 이 모두 공병空病에 걸린 자들이다. 그런데 공병空病은 치료가
더 어렵다. 상식의 파괴가 아닌, 상식의 파괴를 파괴해야 하기 때문
이다. 무법상無法相은 실체의 부정이다. 무비법상無非法相은 실체가

존재하지 않는다는 생각조차 버려야 한다는 뜻이다. "무아無我," 그것이 실체화되어 또 하나의 아我를 형성하면 곤란하다는 것이다. 서양에는 비교적 이러한 사상이 빈곤하다. 기독교가 천박한 전도주의에 머물고 있는 역사적 현실도 이런 깊은 생각이 부족하기 때문이다.

6-6. 何以故? 是諸衆生, 若心取相, 則爲著我人
　　　하 이 고　　시 제 중 생　약 심 취 상　즉 위 착 아 인

衆生壽者。若取法相, 卽著我人衆生壽者。
중 생 수 자　약 취 법 상　즉 착 아 인 중 생 수 자

6-6. 어째서 그러한가? 이 무릇 중생들이 만약 그 마음에 상을 취하면 곧 아상·인상·중생상·수자상에 달라붙게 되는 것이다. 만약 법의 상을 취해도 곧 아상·인상·중생상·수자상에 집착하는 것이다.

강해 "약심취상若心取相"은 "그 마음에 존재의 상을 갖는다"는 의미인데, 이는 곧 마음의 상을 바로 밖에 있는 대상의 실체로 간주하는 것이다. 이것은 후대 유식唯識에서 많이 다루게 되는 문제에 속한다.

"약취법상若取法相"은 나카무라 하지메中村元가 마치 "약법취상若法取相"인 것처럼, "약심취상若心取相"과 대비하여 번역했는데(이기영도 나카무라를 따름), "약취법상若取法相"은 "법法에 상相을 취取한다"가 아니고 "법法의 상相을 취取한다"이다. 이것은 설일체유부說一切

有部의 "아공법유론我空法有論"과 같은 것이다. 즉 법法의 실체성(객관적 존재성)을 직접 인정하는 것이다. 첫째번 문장은 마음의 법에 관한 것이요, 두째번 문장은 대상의 법에 관한 것이다. 그런데 이 두 개 모두가 결국 아·인·중생·수자상의 오류와 동일하다는 것이다.

앞의 주절에서는 "즉위착則爲著 …"이라 했고, 뒤의 주절에서는 "즉착卽著 …"이라 했다. 양자에 미묘한 뉴앙스의 차이가 있을 것이다.

참고로 이 부분의 무비 스님 강의본 텍스트가 어그러져 있다. 그것은 현암신서玄岩新書(1980) 김운학金雲學 역주본譯註本에 실린 현토본을 참고한데서 생긴 오류인 것 같은데 현암신서玄岩新書에 실린 현토본 판본은 열악한 판본임을 확실히 해두고 싶다. 세조본도 이 부분에 있어서는 오류를 범하고 있지 않다. 그 판본은 이렇게 되어 있다: "하이고何以故? 시제중생是諸衆生, 약심취상若心取相, 즉위착아인중생수자卽爲着我人衆生壽者。하이고何以故? 약취법상若取法相, 즉착아인중생수자卽着我人衆生壽者。약취비법상若取非法相, 즉착아인중생수자卽着我人衆生壽者。시고是故, 불응취법不應取法, 불응취비법不應取非法。"

6-7. 何以故? 若取非法相, 卽著我人衆生壽者。
　　　하이고　　약취비법상　즉착아인중생수자
是故不應取法, 不應取非法。
시고불응취법　불응취비법

6-7. 어째서 그러한가? 만약 법이 아니라고 하는 상을 취해도 곧 아상·인상·중생상·수자상에 집착하는 것이다. 그러므로 마땅히 법을 취하지 말 것이며, 마땅히 법이 아님도 취하지 말 것이다.

강해 비트겐슈타인의 후기철학이 표방하는 대로 우리 인간의 언어체계는 실재實在의 정확한 그림이 될 수가 없다. 실재세계實在世界를 긍정적으로 표현해도 부정적으로 표현해도 다 부족한 데가 있는 것이다. 다시 말해서 논리의 구사는 논리 그 자체의 법칙을 따를 수밖에 없지만, 그 논리의 법칙은 실재세계의 모습과는 무관한 또 다른 게임일 뿐이다. 이 양자의 정합성에서 세계를 규명하려는 모든 노력은 궁극적으로 헛된 것이다. 모든 언어철학의 궁극은 허무다. 『트락타투스*Tractatus Logico-Philosophicus*』의 마지막 말은 무엇이었든가?: "Whereof one cannot speak, thereof one must be silent."(말할 수 없는 것에 대하여 침묵할지어다).

6-8. 以是義故, 如來常說: ‘汝等比丘, 知我說法
　　　이 시 의 고　여 래 상 설　　여 등 비 구　지 아 설 법

　　　如筏喩者, 法尚應捨。何況非法!’”
　　　여 벌 유 자　법 상 응 사　　하 황 비 법

6-8. 이러한 뜻의 까닭으로, 여래는 항상 말하였다: ‘너희들 비구들아, 나의 설법이 뗏목의 비유와 같음을 아는 자들은, 법조차 마땅히 버려야 하거늘, 하물며 법이 아님에 있어서랴!’”

강해 여기 비교적 길었던 제6분第六分의 총결론이 제출되고 있다. 앞서 이 책의 모두冒頭에서 내가 말했듯이 종교는 교설敎說이 아니다. 부처님의 설법 그 자체가 종교가 아니요, 그 설법조차도 깨달음을 얻기 위한 방편에 불과한 것이다. 아무리 귀한 휴지라도 밑을 닦으면 버려야지, 그것이 귀하다고 주머니에 넣어 보관하면 쿠린내만 계속 날 것이다. 기독교 목사님들의 설교가 이런 쿠린내 나는 휴지쪽이 되어서는 아니 될 것이다.

뗏목(벌筏)의 비유는 참으로 기발한 것이다. 강이 많은 지역에서 생활한 인도사람들에게서 생겨난 지혜의 비유인 것이다.

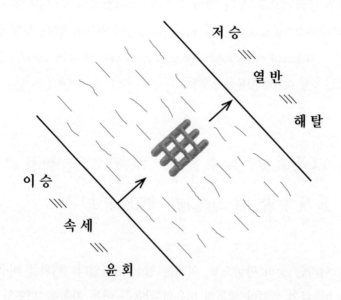

이승에서 저승으로, 이 언덕에서 저 언덕으로 건너 간다 할 때에 우리는 뗏목과 같은 수레(乘)를 이용하지 않을 수 없다. 그런데 문제는 우리가 목적지에 도착했다고 하자! 어렵게 뗏목을 구했고, 뗏목은 아주 훌륭한 나무로 곱게 다듬어져서 잘 만들어져 있었다. 내가 이 강을 건너기 위해 이 뗏목을 얼마나 어렵게 구했던가? 그래서 뗏목이 저쪽 언덕에 도착을 했는데도, 뗏목이 좋고 뗏목이 아름답고 뗏목이 귀하여 그냥 뗏목 속에 주저앉아 있다면 도대체 어느 날에 피안의 땅을 밟을 것인가?

아무리 어렵게 예수님을 만났다 하더래도, 진정한 신앙인은 예수를 버려야 한다. 아무리 전지전능한 여호와 하나님을 만났다 하더래도, 우리는 여호와 하나님을 버려야 한다. 그래야만 참으로 예수의 축복을 받을 수 있을 것이요, 그래야만 참으로 여호와 하나님의 아들이 될 수 있을 것이다. 불교에서 말하는 "방편方便"의 사상은 결코 간단한 사상이 아니다. 인류최고의 지혜를 결집한 두 마디인 것이다: 황 삐엔!

인도문명과 중국문명이 파미르고원이라는 지형상의 조건 때문에 격절되고 차단되어 완벽하게 교섭이 없던 시절, 붓다가 살아있던 그 시절 그 즈음에, 중국에는 노자老子니 장자莊子니 하는 성인이 살고 있었다.『장자莊子』「외물外物」편 마지막에 다음과 같은 이야기가 실려 있다.

> 통발은 물고기를 잡기 위한 것이다.
> 물고기를 잡으면 통발은 버려야 한다.

올가미는 토끼를 잡기 위한 것이다.

토끼를 잡으면 올가미를 버려야 한다.

우리 인간의 말이라는 것은

뜻을 전달하기 위한 것이다.

그 뜻을 잡으면 말은 버려야 한다.

말을 버릴 줄 아는 사람,

나는 언제 그런 사람과 더불어 말을 해볼 수 있을 것인가?

筌者所以在魚, 得魚而忘筌; 蹄者所以在兎, 得兎而忘
전 자 소 이 재 어   득 어 이 망 전   제 자 소 이 재 토   득 토 이 망

蹄; 言者所以在意, 得意而忘言。吾安得夫忘言之人,
제   언 자 소 이 재 의   득 의 이 망 언   오 안 득 부 망 언 지 인

而與之言哉!
이 여 지 언 재

　　장자莊子의 제일 마지막 말은 매우 아이러니칼하다: "말을 버릴
줄 아는 사람과 더불어 **말을 한다.**" 여기에 바로 방편의 본질이 있
는 것이다. 붓다는 장자가 죽은 약 4·5세기 후에 장자를 만나러 중
국에 왔다. 이 두 위대한 영혼은 그리운 만남의 회포를 풀었다. 이것
이 바로 인류문명사의 가장 위대한 전기轉機의 출발이었다. 이것이
실크로드의 출발이요, 이것이 격의불교의 시작이요, 이 지구상에 존
재했던 가장 대규모의 문명교류의 시발이었다.

같은 시간, 전혀 다른 공간에서 이 두 거인들은 같은 이야기를 하고 있었다. 한 사람은 중국인의 프라이드요, 한 사람은 인도인의 프라이드다. 주앙쯔莊子는 승가를 만들지 않았지만 그는 결코 싯달타에 뒤지는 인물이 아니었다. 사실 중국인의 불교이해는 모두 이 노장老莊사상의 틀 속에서 이루어진 것이다. 중국불교가 그 궁극에 있어 "선禪"으로 갈 수밖에 없었던 것도, 결국은 불교이해의 노장적老莊的 격의格義를 노출시킨 사건으로 보아야 할 것이다.

중국인의 지혜의 프라이드로서는 라오쯔 · 주앙쯔가 있다. 인도인의 지혜의 프라이드로서는 싯달타가 있다. 우리 조선문명도 끊임없이 위대한 사상가들을 배출하여 왔다. 19세기 중반에 이미 지구상의 모든 근대성(Modernity)을 표방한 사상체계를 앞질러 간 동학사상이 형성되었고 그것은 동학혁명으로 구체화되었다. 3 · 1독립만세의거, 제주4 · 3민중항쟁, 여순민중항쟁, 4 · 19혁명, 5 · 18민중항쟁, 87년 6월항쟁, 최근의 촛불혁명에 이르기까지 이 모든 역사의 저류에는 우리 생각, 우리 사상, 우리 느낌이 배어있다. 이제 우리 고조선의 후예들은 주앙쯔, 싯달타, 예수를 뛰어넘고, 룻소, 칸트, 헤겔을 뛰어넘는 우리들 자신의 논리와 이념을 형성해야 한다. 시호時乎! 시호時乎! 지금이야말로 새로운 개벽의 때다!

無得無說分　第七
무 득 무 설 분　제 7

7-1. "須菩提! 於意云何? 如來得阿耨多羅三藐三
수 보 리　어 의 운 하　여 래 득 아 뇩 다 라 삼 막 삼

菩提耶? 如來有所說法耶?"
보 리 야　여 래 유 소 설 법 야

제7분　얻을 것도 없고 말할 것도 없다

7-1. "수보리야! 네 뜻에 어떠하뇨? 여래가 과연 아뇩다라삼먁삼보
리를 얻은 것인가? 여래가 설한 바의 법이 과연 있는 것인가?"

[강해] "과연"은 내가 문의를 살리기 위해 첨가한 것이다. 이제 『금
강경』이 바로 『금강경』을 설할 것이다.

7-2. 須菩提言: "如我解佛所說義, 無有定法名阿
수 보 리 언　여 아 해 불 소 설 의　무 유 정 법 명 아

耨多羅三藐三菩提, 亦无有定法如來可說。
뇩 다 라 삼 먁 삼 보 리　역 무 유 정 법 여 래 가 설

7-2. 수보리가 사뢰었다: "제가 부처님께서 설하신 바의 뜻을 이해
하기로는, 아뇩다라삼먁삼보리라 이름 할 정해진 법이 없으며,
여래께서 설하실 만한 정해진 법이 있을 수 없습니다.

강해 실재實在에 대한 언어적 규정의 가장 큰 문제점은 실재는 무
상無常하여 찰나찰나 변해가고 있는데 그것을 규정하는 언어는 그
것과 무관하게 대상세계를 고정시킨다는 것이다. 따라서 언어로 구
성한 세계는 무상의 세계가 아니라 상常의 세계다. 상의 세계는 망
상妄想인 것이다. 천당의 불변적 삶을 추구하는 소승적 기독교인의
망상이 어떠한 오류에 속하는 것인지 이제 좀 깊게 이해할 수 있을
것이다. 천당도 무아無我 속에만 있을 수 있는 것이다.

7-3. 何以故？ 如來所說法, 皆不可取不可說, 非
     하 이 고   여 래 소 설 법   개 불 가 취 불 가 설   비
法非非法。
법 비 비 법

7-3. 어째서 그러하오니이까? 여래께서 설하신 바의 법은 모두 취할
수도 없고 말할 수도 없고, 법도 아니며 법이 아닌 것도 아니기
때문이오이다.

7-4. 所以者何? 一切賢聖, 皆以無爲法, 而有差別。
소 이 자 하　　일 체 현 성 개 이 무 위 법　이 유 차 별

7-4. 그 까닭은 무엇이오니이까? 일체의 성현들은 모두 함이 없는 법으로 이루어져 범인들과는 차별이 있기 때문이오이다."

[강해]　라집羅什은 "하이고何以故,""소이자하所以者何"와 같이, 문의의 다양성을 위해 표현을 약간씩 달리하는 구문을 썼다. 같은 문장 안에서도 동일한 주어의 표현을 바꾸는 것도 그러하다. 나도 번역에 있어 그에 맞추어 변주하였다.

마지막 문장의 뜻이 쉽게 전달되지 않는데 콘체의 범문梵文영역은 다음과 같다: "Because an Absolute exalts the Holy Persons."

너무 서양적 냄새가 나는 번역이지만 물론 그 내면적 뜻을 콘체가 이해 못하고 그렇게 번역한 것으로 간주할 수는 없다. 여기서 "무위無爲"라 함은 인간의 언어가 단절되는 절대 진여眞如의 세계다. 그것은 현상으로서 나타나 있는 존재가 아니라 존재의 근원으로서의 무규정적인 것이다. 절대적인 것이며 무한정적인 것이다. 그것은 "the Unconditioned"(언어에 의해 제약당하지 않는 세계)라고도 영역된다.

범문梵文에 "법法"에 해당되는 말이 없는데도, "무위법無爲法"이라고 여기 라집羅什이 번역한 것은, 무위無爲(asaṃskṛta)가 설일체유부說

一切有部 등의 소승불교 교학에서는 존재存在 즉 법法으로 간주되었기 때문이다. 칠십오법七十五法 중의 큰 카테고리로서 무위법無爲法이 들어가 있다.

여기 라집羅什의 제일 마지막 문구는 그 뜻이 좀 애매하다: "일체성현一切賢聖, 개이무위법皆以無爲法, 이유차별而有差別." 산스크리트 원문에는 "유차별有差別"에 정확하게 해당되는 구절이 없다. 이 부분의 번역으로서 가장 좋은 한역은 진체眞諦의 것이다: "일체성인개이무위진여소현현고一切聖人皆以無爲眞如所顯現故."(일체의 성인은 모두 무위진여로써 현현되기 때문이다). 보통의 번역들이 "유차별有差別"을 무위無爲에 대한 유위적有爲的 분별세계의 문제로 해석하고 있는 것을 전제로 한다면, 아마도 라집의 의도는, 현성賢聖(즉 깨달은 자들)이 유위차별有爲差別의 세계에 살고 있다고 하는 대승적 현실성의 맥락을 강조하는데 있었을 것이다. 라집의 구문의 해석은 "일체一切 성현은 모두 무위법으로써 하지만 차별이 있다"가 되는데, 만약 연속적으로 번역하면 "일체 성현은 모두 무위법으로써 차별을 갖는다, 차별을 짓는다"가 된다. 그 대체의 뜻은, 모든 성현이 비록 차별의 세계에서 살고 있기는 하지만, 그들의 본질은 오로지 무위의 법法(asaṃskṛta-dharma) 즉 함이 없는 법法, 만들어진 것이 아닌 법法에 의해서만 드러나게 된다(현현顯現)는 뜻이다.

여기 드러난다에 해당되는 범어가 "prabhāvita"인데, 콘체는 그 함의를 다음의 다섯 가지 내포로 정리하고 있다. 1) 성현들은 절대적인 무위로부터 생겨났다(arisen), 생성되었다(brought forth). 2) 무위의 결과로써 힘있는 자들이 되었다(become mighty and powerful), 그리고 능동적이다(they thrive). 3) 무위에 의하여 우세하게 되었다(prevail). 4) 무위에 의하여 걸출하게 되었다(excel). 5) 무위에 의하여 인식된 다(recognized), 특징 지워진다(characterized), 드러나게 된다(revealed).

콘체의 번역은 "절대가 성스러운 사람들을 고귀하게 만든다"라고 했는데 이것은 역시 너무 기독교적 냄새가 난다. 꼭 성신이 성자를 고귀하게 만든다는 식의 표현같이 느껴지기 때문이다. 성인은 이미 무위로만 생성되는 사람이며 그것으로 인해 고양되거나 저하되는 존재일 수는 없다. 막스 발레사(Max Walleser)의 독일어 번역이 가장 원의에 가깝다고 보아야 할 것이다: durch das Nichtgewirkte ausgezeichnet sind nämlich die Edlen(왜냐하면, 고귀한 사람들은 만들어진 것이 아닌 것들에 의해 특징 지워지기 때문이다).

이러한 많은 논의에도 불구하고 나의 라집역羅什譯에 대한 최종적 해석은 아주 단순하다. "유차별有差別"을 분별세계分別世界에 관한 논의로 보지 않고, 그냥 단순하게 "뛰어나다," "범인들과 구분되어지는 위대함이 있다"는 내용의 형용사적 표현으로 보는 것이다. 즉 콘체가 지적한 함의 중에 4번째 의미(to excel)를 나타낸 것으로 보는 것이다. 그리고 "개이무위법이유차별皆以無爲法而有差別"이라 할 때, "이以 — 이而 —"의 구문이 가장 난해한 대목이라 하겠는데 이때 "이以" 속에는 제1의 함의가 들어 있다고 보아야 할 것이다. "성현들은 모두 무위의 법으로써(이以) 되어 있다, 그래서(이而) 뛰어나다"가 그 최종적 해석이다.

依法出生分 第八
의법출생분 제8

8-1. "須菩提! 於意云何? 若人滿三千大千世界
수보리 어의운하 약인만삼천대천세계

七寶, 以用布施。是人所得福德寧爲多不?"
칠보 이용보시 시인소득복덕녕위다불

제8분 법에 의해 다시 태어나라

8-1. "수보리야! 네 뜻에 어떠하뇨? 만약 사람이 삼천대천세계에 가
득찬 칠보로써 보시한다면, 이 사람이 얻을 복덕이 많다 하겠느냐?
그렇지 않다 하겠느냐?"

강해 이 장에서 우리의 "악취공"의 가능성을 경계한다. 법法을 버
리고 비법非法을 떠난다 해서 그럼 우리 인간은 아무 것도 하지 말
란 말인가? 무위無爲란 정말 "아무 것도 하지 말라"는 것일까? 그렇
지 않다. 우리의 현실적 도덕적 행위는 결코 의미 없는 것이 아니다.
단지 그것을 행하는 자세가 보살승에 올라타 있어야 한다는 것이다.

우리는 항상 진리에 의하여 다시 태어나야 하는 것이다.

"삼천대천세계三千大千世界"는 인도인의 과장벽이 심한 우주관의 한 전형이다. 중국인들은 매우 소박한 천지天地, 즉 음양의 하늘과 땅만을 생각했다. 그러나 인도인의 우주관은 오늘 현대물리학에서 말하는 갤럭시이론들과 비슷하다. 그 과장된 표현이 심하지만, 실은 우리가 살고 있는 우주의 실상에 보다 가까운 표현이라 해야 할 것이다.

수미산須彌山이 가운데 우뚝 솟아 있고, 그것을 동심원으로 둘러싸는 일곱 개의 산맥이 있다. 그리고 제일 외연에는 철위산鐵圍山이 둘러쳐 있다. 이 구산九山의 사이사이에 팔해八海가 있다. 또 그 제일 바깥쪽 바다에는 사대주四大洲가 떠있다. 요것이 우리가 살고 있는 하나의 수미세계須彌世界이며, 위로는 색계色界의 초선천初禪天으로부터 아래로는 대지하大地下의 풍륜風輪에까지 이르고 있다. 이 하나의 수미세계를 1,000개 모은 것을 소천세계小千世界라고 한다. 이 소천세계小千世界를 또 1,000개 모은 세계가 중천세계中千世界이며, 이 중천세계中千世界를 또 1,000개 모은 세계가 대천세계大千世界이다. 이 대천세계大千世界는 소小·중中·대大 3종의 천세계千世界로부터 이루어지기 때문에 "삼천대천세계三千大千世界" 즉 "세 개의 천세계千世界로 이루어지는 대천세계大千世界"라고 부르는 것이다. 그러니까 이 대천세계大千世界는 우리가 살고 있는 수미세계의 1,000의 3승, 즉 10억 개의 수미세계로 이루어져 있는데, 이것이 바로 한 부처님의 교화의 범위가 된다.

"칠보七寶"도 경전마다 이동異同이 심하고 순서도 다르지만, 대체로 귀금속이나 보석, 즉 가장 값이 비싼 것들 7종種을 가리키는 것이다.

보통 1) 금金(suvarṇa), 2) 은銀(rūpya), 3) 유리瑠璃(vaiḍūrya),
　　4) 파려頗黎(sphaṭika), 5) 차거硨磲(musāragalva, 인도에서 나는 조개),
　　6) 산호珊瑚(lohitamuktikā), 7) 마노瑪瑙(aśmagarbha)를 가리킨다.

이렇게 삼천대천세계에 가득찰 수 있는 칠보만큼의 많은 물질적 재산으로 어떤 사람이 보시를 한다면 과연 이 사람의 복덕은 많다고 말할 수 있을 것인가? 여기서 우리는 예수가 돈 많은 청년에게 한 말을 상기해볼 수 있다.

> 예수께서 제자들에게 이르시되 내가 진실로 너희에게 이르노니 부자는 천국에 들어가기가 어려우니라. 다시 너희에게 말하노니 약대가 바늘귀로 들어가는 것이 부자가 하나님의 나라에 들어가는 것보다 쉬우니라 하신대(「마태」 19:23~24).

또 예수의 산상수훈에:

> 너희를 위하여 보물을 땅에 쌓아 두지 말라. 거기는 좀과 동록이 해하며 도적이 구멍을 뚫고 도적질 하느니라. 오직 너희를 위하여 보물을 하늘에 쌓아 두라. 저기는 좀이나 동록이 해하지 못하며 도적이 구멍을 뚫지도 못하고 도적질도 못하느니라. 네 보물 있는 그곳에는 네 마음도 있느니라(「마태」 6:19~21).

"하늘에 보물을 쌓아둔다"했을 때의 하늘은 저 푸른 구름 위가 아니다. 그 구름 위에는 싸늘하고 희박한 공기가 있을 뿐이다. 그 하늘은 바로 "대승大乘의 마음"인 것이다. 예수가 보물 있는 그 곳에 네 마음이 있다 한 것도 바로 그것을 말함이다. 보물을 오직 세속적인 향락을 위하여 쌓아둔다면 내 마음은 오직 그 세속적 향락과 함께 있을 뿐이다. 여기 "하늘"이라 함은 보이지 않는 보편적 진리의 세계이다. 칠보七寶공덕의 궁극적 효용은 보이는 물질세계의 풍요를 위한 것이 아니다. 어떻게 인간이 인간다웁게 깨닫고 사느냐 하는 형상을 넘어선 마음의 세계에 있는 것이다. 그 형상을 넘어선 마음의 세계를 예수는 "하늘"이라 한 것이다(Heaven = Mind).

그런데 일단 칠보공덕의 세속적 효용을 붓다와 수보리는 긍정하는 자세로 대화를 진행한다.

8-2. 須菩提言:"甚多。世尊! 何以故? 是福德卽
　　　수 보 리 언　심 다　세 존　하 이 고　시 복 덕 즉
非福德性, 是故如來說福德多。"
비 복 덕 성　시 고 여 래 설 복 덕 다

8-2. 수보리가 사뢰었다: "정말 많습니다. 세존이시여! 어째서 그러하오니이까? 여래께서 말씀하시는 이 복덕은 곧 복덕의 본성을 지니지 않기 때문이오이다. 그러한 까닭에 여래께서는 복덕이 많다고 말씀하신 것이오니이다."

강해 보화를 하늘에 쌓아둔다는 것은 곧 대승적 마음가짐을 말하는 것이다. 대승적 마음가짐이란, 곧 복덕에 복덕이라는 실체성을 부여하지 않는 것이다. 복덕을 복덕으로 생각하지 않을 때만 복덕은 복덕이 될 수 있는 것이다. 노자老子는 말한다: "함이 없음을 행하면 되지 않음이 없다"(위무위爲無爲, 즉무불치則無不治。제3장).

"즉비복덕성卽非福德性"이 『대정大正』판본에는 "즉비복복성卽非復福性"으로 되어 있다. 『대정大正』본에 특별한 교주校註가 없는 것으로 보아 이것은 단순한 식자상의 오류로 간주된다. 나카무라는 『대정大正』본의 오류를 그대로 따랐고 이기영본本 역시 동일하다. 우리가 이런 경우 어떤 근거 위에서 『대정大正』의 판본을 오류라 할 수 있는가? 『대정大正』도 정교하기 이를데 없는 훌륭한 판본이지만, 『대정大正』과 『고려』의 가장 큰 차이는, 바로 『대정大正』은 활자배인본活字排印本이요, 『고려』는 목판본木版本이라는 것이다. 양자간兩者間에 특별한 의미상의 문제가 발생하지 않을 때는, 목판본木版本이 활자본活字本에 항상 우위를 점하는 것이다. 활자본活字本은 식자공에 의하여 너무도 쉽게 오식誤植이 발생할 수 있기 때문이다. 그리고 의미상으로도 "시복덕是福德, 즉비복덕성卽非福德性, 시고여래설복덕다是故如來說福德多。"의 문장에 있어서 "복덕福德"이 "복복復福"으로 바뀌어야 할 하등의 필연성이 없다. 우리 『고려대장경』의 판본의 우수성이 처처處處에서 입증되는 것이다. 위대하도다! 고려Corea라는 대제국 문화인들의 섬세한 손길이여!

세조본도 "즉비복덕성卽非福德性"으로 되어 있다.

8-3. "若復有人, 於此經中, 受持乃至四句偈等爲
     약 복 유 인   어 차 경 중   수 지 내 지 사 구 게 등 위

他人說, 其福勝彼。
타 인 설   기 복 승 피

8-3. "만약 또한 어떤 사람이 있어, 이 경을 받아 지니고 곧 이 경
중에서 사구게라도 하나 타인을 위하여 설파하는데 이른다면,
이 사람의 복이 칠보공덕의 사람의 복을 뛰어 넘으리라.

[강해] 혹자가 나에게 묻기를, 문 중에 경經이라 하니 이는 불타의
한나절 설법인데 어찌 경經이라 할손가? 이미 『금강경』이라는 책이
설법자의 손에 쥐어져 있기라도 하단 말가? 재미있는 지적이기는 하
나, 하나는 알고 둘은 모르는 질문이다. 인도문화는 본시 오디오문
화다. 입에서 귀로 전달되는 것이 일차적인 중요성을 갖는 문화다.
그런데 이 질문은 비디오를 중시하는 중국문화전통의 사람에게서
나온 질문일 뿐이다. 중국의 한자문화는 비디오를 전제로 한다. 그
래서 책이라는 것을 먼저 생각한다. 그러나 여기서 말하는 경經이라
는 것은 바로 이 순간의 불타의 설법 그 자체를 말하는 것이다. 그
것은 문헌이 아니라 노래다.

2절까지 수보리의 칠보공덕자에 대한 현실적 긍정이 이루어졌다.
그러나 그 전제로서 복덕이 복덕성으로 인식되어서는 아니 된다는
것을 말했다. 붓다는 한발자욱 더 나가 최종적 설법을 한다. 붓다의
언설(경經)은 하나의 비약이다. 대승大乘은 소승小乘의 연속적 발전이

아닌 하나의 비약이다.

여기 어떤 위대한 사업가가 있어 큰 사업을 벌이고 그 사업을 통해 한강의 모래알만큼의 많은 사람들을 먹여살린다고 하자! 돈은 돈을 벌기 위해 돈을 벌 뿐이요, 그 돈이 돌고 도는 가운데서 많은 사람이 혜택을 보는 것은 사실이지만, 그 돈이 돈으로서 가치있을 수 있는 것은 바로 그 돈의 돈됨을 부정하는, 그 돈의 돈됨을 초월하는 곳에 그 돈의 가치가 발현되어야 하는 것이다. 세계적인 부호의 물질적 사업의 방대함과 어느 한 촌부가 깨달음의 한마디라도 타인에게 전달한 것을 비교할 때, 과연 그 부호가 위대하다고 해야 할 것인가? 영원히 남을 지혜의 깨달음 한마디라도 전달하는 그 촌부의 행위를 위대하다고 해야 할 것인가? IMF로 거대한 사업이 도산하고 거대재벌이 물거품처럼 해체되는 것은 다반사이지만, 반짝이는 금강석과도 같은 지혜의 말씀은 도산하거나 해체될 수가 없는 것이다.

여기 "사구게"라고 하는 것은 반드시 "사행시"를 가리키는 것이 아니요, "부처님 말씀이 함축적으로 요약된 어느 구절"로 이해해야 할 것이다. 이 "사구게"라는 말 때문에 어리석은 자들이 『금강경』의 4개의 사행시만을 낭송하는 우를 범하고 있는데 이는 참으로 수주대토守株待兔의 송인宋人의 우보다 더 우매한 것이다. 많은 불교의 설법자들이 이 구절을 이렇게 이해하고 설설說하고 있는 것이다. 오호 嗚呼!

8-4. 何以故? 須菩提! 一切諸佛及諸佛阿耨多羅
　　　하 이 고　　수 보 리　　일 체 제 불 급 제 불 아 뇩 다 라

三藐三菩提法, 皆從此經出。
삼 먁 삼 보 리 법　　개 종 차 경 출

8-4. 어째서 그러한가? 수보리야! 일체의 모든 부처님, 그리고 모든
부처님의 아뇩다라삼먁삼보리의 법이, 모두 이 경에서 나오기
때문이다.

[강해]　바로 이 『금강경』이 설設하고 있는 대승의 지혜야말로 일체
의 무상정등각의 깨달음의 원천인 것이다. 이 『금강경』의 설법을 떠
나서 우리는 반야를 논할 수 없는 것이다. 여기 붓다의 최후의 도약
이 이루어진다. 어느 누구도 말할 수 없는 최후의 심판, 그것은 무엇
이었는가? 다음을 보라!

8-5. 須菩提! 所謂佛法者, 卽非佛法。"
　　　수 보 리　　소 위 불 법 자　　즉 비 불 법

8-5. 수보리야! 이른바 불법이라고 하는 것은 곧 불법이 아닌 것이다."

[강해]　참으로 충격적인 최후의 일언一言이다. 불법은 곧 불법이 아
니다. 여기서의 불佛은 곧 "깨달음"이다. 불법佛法은 곧 깨달음의 법

이다. 이 최후의 충격적 일언―言은 바로 대승불교의 마지막 선포인 것이다. 그것은 바로 "깨달음" 그 자체의 부정인 것이다. 번뇌가 곧 보리다!

최후의 만찬에서의 대승예수의 최후의 일언은 이런 것이었다: "나 예수의 말은 예수의 말이 아니다."

一相無相分　第九
일 상 무 상 분　제 9

9-1. "須菩提! 於意云何? 須陀洹能作是念, 我得
　　　　수 보 리 　어 의 운 하　　　수 다 원 능 작 시 념　　아 득

須陀洹果不?"
수 다 원 과 불

제9분　어느 한 상도 상이 아니어라

9-1. "수보리야! 네 뜻에 어떠하뇨? 수다원이 '나는 수다원의 경지를 얻었노라'하는 이런 생각을 해서 되겠느냐? 아니 되겠느냐?"

[강해]　이 제9분은 역사적으로 『금강경』의 위치를 확인하는데 매우 중요한 분이다. 『금강경』은 소승과 대승이라는 구분개념을 사용

하지 않는다. 그러나 역사적으로 당대에 성립한 부파불교에 대한 통렬한 반성 위에서 출발하고 있다. 바로 이 분分은『금강경』이 쓰여진 당대의 부파불교의 통념에 대한 매우 통렬한 비판의 어조를 깔고 있다. 불교의 언어는 매우 밋밋하고 두리뭉실한 듯이 보인다. 그러나 우리는 그 배면에 숨어있는 역사적 정황을 날카롭게 분석해야하는 것이다.

여기서 문제시하고 있는 것은 "사향사과四向四果"라고 하는, 소승부파불교가 인간수행의 과정으로 설정한 4개의 계위階位에 관한 것이다. 여기 집역什譯에 즉하여 그를 살피면 다음과 같다.

階位 계 위	산스크리트	음역	羅什의 譯 라 집 역	통용
第一位 제 1 위	srota-āpanna	須陀洹 수 다 원	入　流 입　류	預　流 예　류
第二位 제 2 위	sakṛdāgāmin	斯陀含 사 다 함	一往來 일 왕 래	一　來 일　래
第三位 제 3 위	anāgāmin	阿那含 아 나 함	不　來 불　래	不　還 불　환
第四位 제 4 위	arhat	阿羅漢 아 라 한	(應供) 응 공	阿羅漢 아 라 한

제1위는 수다원須陀洹이라 음역되는 것으로 "인간세의 미혹함을 끊고 성자의 영원한 평안함의 흐름(류流)에 방금 들어간(입入) 자"의 의미다. 즉 속세를 떠나 전문적인 조용한 비구승의 길에 초입初入한

자를 말하는 것이다. 초입의 예비단계라는 뜻을 살려 보통 "예류預流"라고 한다.

제2위는 사다함斯陀含이라 음역되는 것으로 원어를 직역하면 "한 번 오는 자"가 된다. 인도인의 이상은 "해탈"이다. 해탈이란 곧 윤회의 굴레를 벗어난다는 뜻이다. 다시 말해서 두 번 다시 생사의 굴레 속으로 들어가지 않을 수 있도록 벗어난다는 뜻이다. 그런데 이것은 최후의 가능성이다. 수행이 깊어져 가는 제2단계, 즉 삼결三結(유신견有身見, 계금취견戒禁取見, 의疑)을 끊어 버리고 탐·진·치의 삼독三毒의 죄업이 희박하게 된 이 단계에 오면, 천상天上이나 인간세人間世에 단 한 번만 다시 태어남을 보장받는다는 것이다. 얼마나 기쁠까? 즉 한 번만 더 윤회의 굴레로 들어갈 뿐, 더 이상의 윤회는 없다는 것이다. 이 사람이 인간세人間世에서 이 과果를 얻으면 반드시 천상天上으로 가고, 다시 인간세로 돌아와 열반에 든다는 것이다. 그리고 이 사람이 천상天上에서 이 과果를 얻으면 반드시 인간세로 가고, 다시 천상天上으로 돌아와 열반에 든다는 것이다. 이와 같이 이 사람은 반드시 한 번을 천상과 인간세를 왔다갔다(왕래往來) 하므로 "일왕래一往來"라 의역한 것이다. 보통 "일래一來"라고 부른다.

제3위는 아나함阿那含이라고 음역되는 것으로, 그 산스크리트 원의는 "결코 돌아오지 않는 자者"이다. 이 경지는 상당히 높은 경지로, 욕계欲界의 번뇌를 완전히 절단시킨 사람으로, 사후死後에 색계色界·무색계無色界에 태어날지언정, 절대 두 번 다시 욕계에는 태어나지 않는다. 이 사람은 색계에서는 이미 각자覺者의 위치에 간 사람으로, 욕계로는 절대 돌아오지 않는다. 오지 않는다는 의미에서 "불환不還" "불래不來"로 의역된 것이다.

제4위인 아라한은 이미 첫머리에 소승·대승에 관한 개략에서 논의한 바대로, 소승불교에서 인간이 수행을 통해 도달할 수 있는 최고의 경지이다. 이미 학도學道가 완성完成되어 더 이상 배움이 필요 없기 때문에 "무학위無學位"라 하고, 그 이하의 3위位를 "유학위有學位"라고 하는 것이다. 아라한은 열반에 들었기 때문에 미망의 세계 즉 삼계三界(욕계欲界, 색계色界, 무색계無色界)에는 다시 태어나지 않으므로 "불생不生," "살적殺賊"이라고도 부른다. 그러나 앞서 말한 대로 붓다의 위치보다는 아래로 설정된 것이다.

"사향사과四向四果"라 할 때 "향向"은 수행修行의 목표를 말하며 "과果"는 도달한 경지를 나타낸다. 그래서 전체적으로는 팔위八位가 된다.

向 향			果 과		
預 예	流 류	向 향	預 예	流 류	果 과
一 일	來 래	向 향	一 일	來 래	果 과
不 불	還 환	向 향	不 불	還 환	果 과
阿羅漢 아 라 한		向 향	阿羅漢 아 라 한		果 과

우선 소명태자의 분分이름은 그가 만약 이 내용에 즉해서 얘기했다면, 이런 의미가 될 것이다: 이 사향사과四向四果의 어느 한 모습도 참으로 우리가 본받아야 할 수행자의 모습이 아니다. 어느 한 모습도 근원적으로 모습이라 할 수 없는 것이다.

본문의 "수다원과須陀洹果"는 수다원의 경지를 나타내는 말이다. 즉 수다원의 향向(발심)을 가진 자가 수다원의 과果(결과로서의 경지)를 획득했다할 때, 우리는 그 획득함을, 획득했다하는 자부감대로 인정해야 할 것인가?

우리 해인사판에는 "수다원"의 "다"가 타陁로 되어 있다. 기타 판본은 거의 다陀로 통용된다. 이하 "사다함斯陀含"의 경우도 마찬가지다. 타陁는 다陀의 속자俗字이다. 본 경經에서는 속자俗字의 경우, 정자正字로 환원시키는 것을 원칙으로 삼았다. 세조본 역시 "타陁"를 썼다.

9-2. 須菩提言:"不也。世尊! 何以故? 須陀洹
　　　수 보 리 언　　　불 야　　세 존　　하 이 고　　　수 다 원
名爲入流, 而無所入。不入色聲香味觸法。
명 위 입 류　 이 무 소 입　　불 입 색 성 향 미 촉 법
是名須陀洹。"
시 명 수 다 원

9-2. 수보리가 사뢰었다: "아니 되옵니다. 세존이시여! 어째서이오니이까? 수다원을 이름하여 '들어간 자'라 하지만, 그는 들어감이 없습니다. 그는 형체에도, 소리에도, 내음새에도, 맛에도, 만져지는 것에도, 마음의 대상에도 들어간 적이 없기 때문에만 수다원이라 이름할 수 있습니다."

[강해] 수다원이 수다원일 수 있는 것은 평화로운 수도의 생활에 들어갔기 때문에가 아니다. 어느 곳에도 들어감이 없기 때문에 수다원인 것이다. 이 분分에서 깨고자 하는 것은 모든 수도인들의 자의 식이다. 수행의 모든 단계에서 생겨나는 자의식을 모두 깨쳐버려야 한다는 것이다. 우리 스님들뿐 아니라 수행을 자처하는 모든 사람들이 깊게 읽고 깨우쳐야 할 말씀이다.

이 부분에서는 색·성·향·미·촉·법을 의역하였다.

9-3. "須菩提! 於意云何? 斯陀含能作是念, 我得
　　 수 보 리　어 의 운 하　　 사 다 함 능 작 시 념　 아 득
斯陀含果不?"
사 다 함 과 불

9-3. "수보리야! 네 뜻에 어떠하뇨? 사다함이 '나는 사다함의 경지를 얻었노라'하는 이런 생각을 해서 되겠느냐? 아니 되겠느냐?"

9-4. 須菩提言: "不也。世尊! 何以故? 斯陀含
　　　수보리언　　　불야　세존　하이고　사다함

名一往來, 而實無往來, 是名斯陀含。"
　명일왕래　이실무왕래　시명사다함

9-4. 수보리가 사뢰었다: "아니 되옵니다. 세존이시여! 어째서이오니
　　　이까? 사다함을 이름하여 '한 번 왔다갔다 할 자'라 하지만,
　　　그는 실제로 왔다갔다 함이 없기 때문에 바로 사다함이라 이름
　　　하는 것입니다."

[강해] 라집羅什이 음역과 의역을 이용하여 기나긴 산스크리트 원
문을 간결하게 처리해버리는 한역방식이 참으로 돋보인다. 사다함?
하늘과 땅을 이제 단 한 번만 왔다갔다 할 자라구? 우리 이제 대승
들은 그러한 신화적 상상력의 단계에 머물러 우리 존재를 규정짓는
바보짓을 하지말자! 사다함이 사다함일 수 있는 것은 본질적으로
왔다갔다 함이 없기 때문인 것이다.

　천당 가기 위해 예수를 믿는다구? 수보리는 말한다. "감"이라는
게 없나이다. 예수께서 산 자와 죽은 자를 심판하러 오신다구? 하늘
에서 천군천사 대동하구 빵빠레를 울리면서 오신다구? 수보리는
말한다. "옴"이라는 게 없나이다.

　도올은 말한다. 이게 다 소승기독교인을 위한 신화적 상상력에 불
과한 것이라구. 기독교 동포들이여! 그대들은 참으로 대승기독교인이

될 수는 없는가? 감과 옴이 없는(불왕래不往來) 기독교인이 될 수는 없는가? 꼭 천당 가고 지옥 가기 때문에 예수를 믿어야 할까? 연보 돈 내어 기도원 짓고 교회당 건축해야만 천당 갈 것인가? 사방에 드 높이 올라가는 건 모두 교회 건물뿐이니 도대체 그 많은 건물 지어 무엇 하겠다는 건가? 그렇게 색성향미촉법에 집착하는 것이 다 소승 기독교의 폐해다. 한국의 목사님들이시여! 그대들의 신도들을 참으로 대승인으로 만들 수 있는 그런 설교를 하사이다. 매일 매일 십일조 내라구 쫄린 주머니 털어 공해뿐일 건물 짓는데 우리민족의 신앙 에너지를 낭비하지 마사이다.

9-5. "須菩提! 於意云何? 阿那含能作是念, 我得
　　　수 보 리　어 의 운 하　　아 나 함 능 작 시 념　　아 득

阿那含果不?"
아 나 함 과 불

9-5. "수보리야! 네 뜻에 어떠하뇨? 아나함이 '나는 아나함의 경지를 얻었노라'하는 이런 생각을 해서 되겠느냐? 아니 되겠느냐?"

9-6. 須菩提言: "不也。世尊! 何以故? 阿那含名
　　　수 보 리 언　　불 야　세 존　하 이 고　　아 나 함 명

爲不來, 而實无來。是故名阿那含。"
위 불 래　이 실 무 래　시 고 명 아 나 함

9-6. 수보리가 사뢰었다: "아니 되옵니다. 세존이시여! 어째서이오니이까? 아나함을 이름하여 '이제 다시 아니 올 자'라 하지만, 실제로 온다 함이 없는 것입니다. 그러한 까닭에만 아나함이라 이름할 수 있는 것입니다."

강해 우리 해인사본本에 "실무래實无來"로 되어 있는 부분이 명본明本에는 "실무불래實無不來"로 되어 있고, 세조본도 명본明本을 따랐다. 우리나라 시중 통용본도 한결같이 "무불래無不來"로 되어 있다.

언뜻 보기에는 아나함阿那含이 불래不來의 뜻이므로 그것의 부정은 "무불래無不來"가 되어야 할 것처럼 보인다. 그러나 한문에서 "무불래無不來"라고 하면 그것은 이중부정이 되어, "오지 않음이 없다," 즉 "언제고 온다"가 된다. 근본적으로 "불래不來"라는 개념의 부정이라는 맥락이 성립하지 않는다. 그러므로 라집羅什은 "무래無來" 즉 온다고 하는 것 그것 자체가 성립하지 않는다고 말함으로써 "다시 아니 올 자"라고 하는 개념을 파기시켜 버린 것이다. 이러한 깊은 뜻을 모르고 그것을 "무불래無不來"로 고치는 것은 옛사람들, 특히 교정을 좋아하는 소학가小學家들의 천박함에 지나지 않는다. 육조六祖의 주석에도 "고명불래故名不來, 이실무래而實無來"로 되어 있다. 다시 말해서 육조六祖가 본 『금강경』판본에는 "무래無來"로 되어있었다는 것을 입증하는 것이다. 우리 해인사판본의 우수성이 이런 데서 입증되는 것이다. 『대정大正』본本은 바로 우리 고려본을 따랐다. 따라서 나카무라도 이 부분을 "무래無來"로 바르게 번역했는데(來る

こと無ければなり), 이기영은 또 이 부분만 "무불래無不來"로 원문도 고치고 번역도 그에 따라 했으니 도무지 그 일관성의 기준이 어디에 있는지 이해가 가지 않는다. 별 생각 없이 통용본을 따르신 것 같다.

9-7. "須菩提! 於意云何? 阿羅漢能作是念, 我得
수 보 리   어 의 운 하   아 라 한 능 작 시 념   아 득
阿羅漢道不?"
아 라 한 도 불

9-7. "수보리야! 네 뜻에 어떠하뇨? 아라한이 '나는 아라한의 도를 얻었노라'하는 생각을 해서 되겠느냐? 아니 되겠느냐?"

[강해] 제1위第一位로부터 제4위第四位에 이르기까지 완전히 같은 패턴으로 나열되어 있다. 그런데 앞의 3위는 모두 "과果"로 되어있었는데 최후의 제4위는 그것이 "도道"로 되어 있다. 아라한의 증득 證得의 상태가 이전의 3단계의 상태와는 다르다고 하는 차별성을 살리는 표현으로, 범문梵文에 그렇게 되어있기 때문에 라집羅什이 그에 맞추어 번역한 것이다. 앞의 세 경우는 "phalaṃ"이라하여 "열매" (fruit)라는 표현을 썼지만, 아라한의 경우는 "arhattvam"(Arhatship)이라는 표현을 썼다.

그런데 아라한은 어원적으로 "마땅히 대접을 받아야 할 자," "존경받을 만한 사람"의 의미다. 그러면 여기 문장의 실내용은 이렇게 된다: "아라한이 '나는 이제 존경받을 만한 사람이 되었다'라고 생각한다면, 그것은 과연 옳은 일인가?" 이렇게 해석하면 이해가 보다 리얼해질 것이다.

9-8. 須菩提言: "不也。世尊! 何以故? 實無有法
　　　수 보 리 언　　불 야　세 존　하 이 고　　실 무 유 법

名阿羅漢。世尊! 若阿羅漢作是念, 我得阿
명 아 라 한　　세 존　약 아 라 한 작 시 념　아 득 아

羅漢道, 卽爲著我人衆生壽者。
라 한 도　즉 위 착 아 인 중 생 수 자

9-8. 수보리가 사뢰었다: "아니 되옵니다. 세존이시여! 어째서이오니이까? 실제로 아라한이라고 이름할 수 있는 법이 도무지 있지 않기 때문입니다. 세존이시여! 만약 아라한이 '나는 아라한의 도를 얻었노라'하는 이런 생각을 일으킨다면, 그것은 곧 아상·인상·중생상·수자상에 집착하는 것이 되는 것입니다.

[강해] 번역이 실제적 의미에 따라 조금씩 변주되면서 읽기 쉽게 되어 있으므로 그 뜻을 쉽게 이해할 수 있을 것이다. 전체적 의미는 존경을 받을 만한 사람이 나는 존경을 받을 만한 사람이 되었다라고 생각한다면 그는 이미 존경스러운 사람이 아니라는 것이다. 그는 이미

아상我相의 노예가 되었을 뿐이다. 이것은 실제로 우리 삶에서 쉽게 경험하고 이해할 수 있는 사태이다. 많은 존경스러운 우리사회의 리더들이 반성해야할 대목이라고 생각한다. 다음은 수보리가 자신에게 붙여진 명예로운 이름들을 들어, 자기자신을 맹렬히 반성하는 대목이다. 타인에게 적용되었던 논리를 자신에게도 적용하는 것, 자신을 객화하여 보편적인 논리로 형량하는 것은 결코 쉬운 일이 아니다.

9-9. 世尊! 佛說我得無諍三昧人中最爲第一, 是
　　　세존　불설아득무쟁삼매인중최위제일　시
第一離欲阿羅漢。 我不作是念, 我是離欲阿
제일리욕아라한　　아불작시념　아시리욕아
羅漢。
라한

9-9. 세존이시여! 부처님께서는 제가 무쟁삼매의 사람 중에서 가장
　　　으뜸됨을 얻었다고 말씀하시니, 이는 욕심을 떠난 제일의 아라
　　　한이라는 말씀이십니다. 그러나 저는 제가 욕심을 떠난 아라한이
　　　다라는 이 같은 생각을 짓지 않습니다.

강해 　 "무쟁삼매인중최위제일無諍三昧人中最爲第一"의 원문은 "araṇā-vihāriṇām agryaḥ"이며 그 뜻을 직역하면, "다툼이 없는 상태에 머무는 사람들 사이에서의 최고의 사람"이다. "다툼이 없다"는 것은 나 이외의 인간들로부터의 온갖 모욕과 박해와 비난, 그리고

외도外道로부터의 비판에 대해 더불어 싸우지 않는다는 의미도 되지만, 내면적으로는 모든 감정이나 오염에 물들지 않는 마음의 평화(dwelling in Peace, 콘체 역)와 순결(purity)을 의미하는 것이다. 그리고 또 이것은 수보리가 속세로부터 은퇴하여 깊은 숲속에서 홀로 살면서 마음의 평정과 평화를 즐겼던 사람이라는 뜻도 된다. 바로 이런 뜻이 최후의 일절에 나오는 "낙아란나행자樂阿蘭那行者"의 의미와 결부되어 있다.

9-10. 世尊! 我若作是念我得阿羅漢道, 世尊則不
　　　세존　아약작시념아득아라한도　세존즉불
　　　說須菩提是樂阿蘭那行者。以須菩提實無所
　　　설수보리시낙아란나행자　이수보리실무소
　　　行, 而名須菩提是樂阿蘭那行。"
　　　행　이명수보리시낙아란나행

9-10. 세존이시여! 제가 만약 '나는 아라한의 도를 얻었다'라는 생각을 했다면, 세존께서는 수보리야말로 아란나의 행을 즐기는 자라고 말씀하시지 않으셨을 것입니다. 수보리는 실제로 행하는 바가 없기 때문에 곧 수보리야말로 아란나의 행을 즐긴다고 이르신 것입니다."

[강해] 여기 "아란나阿蘭那의 행行을 즐기는 자"(araṇā-vihārin)라는 표현은 앞의 "무쟁삼매無諍三昧를 얻은 사람"과 같은 표현이다. "득

무쟁삼매인得無諍三昧人"이라는 것은 의역이고 "낙아란나행자樂阿蘭那行者"는 음역이다. "무쟁삼매無諍三昧를 얻은 사람"의 산스크리트 복수 소유격이 "araṇā-vihāriṇām"이었던 것을 상기하면 될 것이다. "아란나阿蘭那의 행을 즐기는 자"라는 것은 정적한 곳에서 일체의 경계를 끊어버리는 무쟁삼매를 수행하는 것을 일컫는다. 그러나 그러한 실천을 하고 있는 수보리는 곧 "함이 없다"(무소행無所行)는 말로 자신을 비우고 있는 것이다.

莊嚴淨土分　第十
장 엄 정 토 분　제 10

10-1. 佛告須菩提: "於意云何? 如來昔在然燈佛
불 고 수 보 리　어 의 운 하　　여 래 석 재 연 등 불

所, 於法有所得不?"
소　어 법 유 소 득 불

제10분　깨끗한 땅을 장엄케 하라

10-1. 부처님께서 수보리에게 이르시되: "네 뜻에 어떠하뇨? 여래가 옛날에 연등부처님의 곳에서, 법에 얻은 바가 있느냐? 있지 아니하냐?"

강해 여기 "정토淨土"란 이름이 분명分名으로 나오고 있는데 본문本文 속의 "불토佛土"와 동일한 뜻이다. 정토淨土란 말은 한역漢譯 『무량수경無量壽經』에 나오는 "청정국토清淨國土"라는 말을 두 글자로 압축시킨 것이다. 정토淨土란 "부처님의 나라" 즉 깨달은 자들의 나라며 정복淨福의 영원한 이상향이다. 불계佛界, 불국佛國, 불찰佛刹로도 쓰이는데, 이는 우리가 살고 있는 현실세계인 "예토穢土"(더러운 땅)와 상대적으로 쓰이고 있다. 불교사상사에서 이 정토는 "내세정토來世淨土"(앞으로 갈 정토), "정불국토淨佛國土"(지금 이룩하는 정토), "상적광토常寂光土"(이미 있는 정토)의 삼종류三種類로 대별大別된다.

그런데 과연 이 예토와 정토란 무엇인가? 여기서 우리는 기독교에서 말하는 "천국天國"(the Kingdom of God)을 생각하지 않을 수 없다. 천국론天國論은 바로 예수의 복음의 핵심적 멧세지이며, 이것은 "재림사상"(파루시아parousia, the Second Coming of Christ), 그리고 종말론(Eschatology), 그리고 교회론(에클레시아, Ecclesiology), 그리고 "예수의 몸"(the Body of Christ)사상 등과 밀접히 관련되어 있다. 천국天國이란, 히브리어나 희랍어의 원의에 즉해서 이야기하면 그것은 문자그대로 "하나님이 왕이 되어 다스리는 나라"이다. 즉 세속적 왕의 불완전한 다스림이 아닌, 의롭고, 평화롭고, 보편적이며, 영원한 어떤 새로운 기준에 의하여 다스려지는 축복된 나라이다(실제로 이런 나라는 추상적 질서basileia를 의미한다). 이러한 나라에 대한 염원은 우리 세속(윤회의 나라)에 살고 있는 모든 인간들에게 항시 주어지는 보편적인 갈망이다. IMF로 나라가 기울어질 때, 6·25전쟁으로 서로가 살상을 일삼을 때, 우리는 얼마나 온전한 나라의 모습을 갈망했던가? 나 도올은

말한다. 불교에서 말하는 "정토"와 기독교에서 말하는 "천국天國"은
동일한 개념인 것이다.

$$淨土_{(佛土, 佛國)} = 天國$$
정 토 　　　　　　　　천 국

정토는 곧 불법佛法의 모든 가능성이 실현된 깨끗한 나라요, 그것
은 하나님의 법法이 실현된 왕국王國이다. 예수는 인간세에, 천국天
國이 가까왔다는 외침으로써 등장했다("하나님 나라가 가까왔다! 회개
하라! 그리고 이 기쁜 소식을 믿으라!"「마가」 1:15). 그리고 그는 이렇게
기도했다: "당신의 나라basileia가 임하옵시며"(「누가」 11:2, 그 유명한
"주기도문" 중에서).

그러나 문제는 천국이 언제 어떻게 오는가이다. 예수의 삶의 시간
동안에 과연 천국은 도래했는가? 그것은 역사적 사실이었는가? 그
런데 예수는 십자가 위에서 "엘리 엘리 라마 사박다니"를 외치고 죽
었다. 결국 천국은 오지 않았던 것이다. 그럼 천국의 도래에 대한 믿
음을 포기해야 할 것인가? 그렇지 않다! 여기에 다시 등장하는 것이
예수의 재림(Parousia)이다. 다시 말해서 초림初臨에서 선포한 복음의
완성을 위하여 부활하신 예수가 다시 온다는 것이다. 이것은 미륵의
하생下生이나 거의 동일한 생각이다. 그러나 초기기독교 교회의 사
람들은 56억 7천만 년 후에 나타나는 미륵의 하생下生처럼 그렇게
시간을 멀리 잡지 않았다. 예수가 곧 내려온다고 생각했다. 그 유명한
예수의 사도, 바울의 다음과 같은 이야기를 한번 들어보라!

주께서 호령과 천사장의 소리와 하나님의 나팔로 친히 하늘로 좇아 강림하시리니 그리스도 안에서 죽은 자들이 먼저 일어나고 그 후에 우리 살아 남은 자도 저희와 함께 구름 속으로 끌어 올려 공중에서 주를 영접하게 하시리니 그리하여 우리가 항상 주와 함께 있으리라. 그러므로 이 여러 말로 서로 위로하라(「데살로니가전서」 4:16~18).

사도바울은 본시 로마시민권의 소유자로서(요즈음 말로 하면 미국시민권을 소유한 교포) 매우 합리적인 희랍교육을 받고 자라난 사람이지만(희랍어, 그러니까 요즈음 말로는 "영어"를 완벽하게 구사하는 당대 최고의 지성인이었다), 그에게는 매우 신비적인 비전이 있었다. 깊은 합리적·개념적 사유와 아주 비합리적이고 신비적인 통찰이 절묘하게 결합된 좀 이해키 어려운 인물이었다. 사도바울은 이러한 재림의 비전을 문자 그대로 믿었고 그것이 자기 삶의 당대에 이루어지리라 믿었다. 또 그러한 믿음 때문에 당대의 자기가 세운 교회의 사람들에게 희망과 용기를 주면서 재림의 대비를 권면했던 것이다. 그런데 그런데! 예수의 재림은 이루어지지 않았다! 예수는 오지 않았다! 아아! 실망스럽다. 이러한 민중의 실망을 또 다시 깨우치고 나오는 사상이 "교회론"이다. 즉 믿음을 가진 자들의 모임으로 이루어진 콤뮤니티, 그 공동체가 바로 천국의 도래라는 것이다. 그리고 그 공동체가 바로 예수의 몸이라는 것이다. 그 공동체에 속한 성원은 그 몸의 지체肢體라는 것이다(「로마서」 12:4~5, 「고린도전서」 12:12).

그런데 이러한 교회론의 맹점은 또 다시 교회에 부여된 재림적 의미의 특수성 때문에 교회가 다시 특수화되고 신비화되고 선민화되고 제식화되어 갔다는 것이다. 그리고 말틴 루터의 도전에까지 이어지는 기나긴 카톨릭의 역사, 그 후에 이루어진 신·구교의 모든 역사 속에는 이러한 초기기독교의 기본적 문제들이 해소되지 않은 채 남아있는 것이다.

천국天國이나 정토淨土의 가장 기본적 문제는 우리가 살고 있는 세계, 즉 사바세계, 즉 예토穢土와의 관계를 어떻게 설정하느냐에 있다.

"내세정토來世淨土"는 곧 우리가 사후에 갈 곳으로 설정된 극락세계이다. 여기서 불토(정토)는 우리가 살고있는 예토와 전혀 다른 실체로서 설정되어 있다.

그러나 "정불국토淨佛國土"는 바로 우리가 살고 있는 세계의 정토화淨土化를 의미한다. 이것은 바로 천국의 현실적 실천이다. 바로 현실 속에서 정토를 만들어 가는 행위가 곧 "보살행"인 것이다. 정불국토淨佛國土의 "정淨"은 불국토佛國土를 깨끗이 한다고 하는 우리 삶의 현실적 행위를 가리키는 동사인 것이다. 그리고 그것은 영원한 진행형이다.

"상적광토常寂光土"는 일체의 한정을 넘어선 절대정토이며, 그것은 나의 신앙을 통하여 지금 여기 있는 정토이다. 그것은 곧 법신法身의 토土이며, 법성法性의 토土인 것이다. 그것은 현실적으로 이미 있는, 이미 도래되어 있는 정토인 것이다. 바로 여기서 "사바즉적광娑婆卽寂光"이라는 사상이 도출된다. 이 마지막 절대정토야말로 바로 『금강경』이 설說하고 있는 사상에서 출발하는 것이다. 그것은 또 하나의 대승의 궁극적 의미이다.

기독교도나, 불교도나 일반신도들이 신앙의 대상으로 믿는 것은 "내세정토來世淨土"이다. 그러나 그것은 승가를 유지시키기 위한 수단으로, 또 죽음을 앞둔 연약한 인간들의 위로로서 설정되는 방편이다. 정토사淨土史에 있어서 내세정토來世淨土는 정正이요, 정불국토淨佛國土는 반反이요, 상적광토常寂光土는 합슴이다. 다시 말해서 우리는 천국을 상적광토常寂光土로 이해해야 하는 것이다. 그것은 변증법적 궁극이다.

천국론의 궁극적 해결은 바로 천국의 존재라는 그 실체성을 해소시켜버리는 데 있다. "파루시아"는 초대교회 사람들의 결집을 위한 하나의 권면적 수단이었다. 천국은 곧 나의 마음인 것이다. 그러나 우리는 나의 마음속에 천국이 있다고 하는 생각조차 없애야 하는 것이다. 천국이 곧 나의 마음이라고 하는 생각조차 없는 상태, 그때 비로소 천국은 실현되는 것이다.

예수의 복음의 멧세지를 깊게 살펴보면, 예수도 천국이라는 의미를 매우 상징적으로 사용했다. 그것은 미래적 사건이기도 하였지만 동시에 항상 현재적 사건이었다. 종말론적인 동시에 현세론적이었다. 그가 "천국이 가까왔다"고 외친 것은 오로지 그 다음에 오는 멧세지를 위한 방편이었다. 그 주 멧세지를 위한 조건적 설정이었다. 그것은 바로 "회개하라"라는 현재적 명령이다. 회개의 요청의 전제로서 천국의 도래의 임박성이 설파된 것이다. 따라서 회개 없는 천국은,

전혀 의미없는 것이다. 공관복음서의 천국의 도래의 외침은 한결같이 모두 "회개하라"의 조건절이 되어 있는 것이다. **어찌 회개함이 없이 천국만을 바라고, 십자가 없이 부활만을 희구할 것인가?**

여기 제1절에 연등불然燈佛이라는 말이 나오는데 이는 "Dīpaṅkara Tathāgata"의 의역이다. 이 부처님은 과거세過去世의 불佛로서 "수기 授記"(vyākaraṇa)사상과 관련되어 있다. 이것은 "화가라나和伽羅那," "파가라나婆伽羅那," "폐가란다弊迦蘭陀" 등으로 음역된다. 수기授記는 "예언"을 의미하는데, 이것은 과거세過去世에 있어서, 과거불過去佛이 수행자修行者에게 미래未來의 세世에 있어서 반드시 부처(佛, 각자)가 되리라고 하는 보증을 확약하는 예언을 하는 것을 말한다. 여기 연등불은, 타오르는 등불과도 같은 부처님으로서, 석존 이전의 과거세에 존재存在했던 이십사불二十四佛 중의 한 사람이었다.

이 "연등불"의 이야기는 불교설화문학에 속하는 것이다. 석가모니는 전생에 있어서 "수메다"(선혜善慧, 미각彌却, Sumedha)라는 이름의 고행자였다. 이 고행자는 당대의 부처님이었던 연등불이 지나가신다는 말을 듣고 그곳으로 뛰어갔다. 그런데 연등불이 지나갈 도로가 수선하는 바람에 아주 질펀하게 더러운 물이 고여 있었다. 그래서 수메다는 그 곳에 몸을 뉘여 연등부처님이 몸을 밟고 지나가시도록 했다. 일설에 의하면 머리를 풀어헤쳐 길을 덮어 연등부처님이 젖지 않고 지나갈 수 있게 하였다고 한다. 그리고 일곱 자루의 연꽃을 헌화하였다. 즉 수메다는 연등부처님과 같은 각자를 존경하는 마음이 지극했던 것이다. 따라서 그때 연등부처님은 기記를 내리시는(수授)

것이다: "그대는 후에 샤캬족의 성자가 되리라." 이 "산화해발散花解髮"의 본생담은 여러 곳에 다양한 형태로 기재되어 있다.

지금 이 정토분의 대화의 시작은 바로 석가가 자신의 전생의 일을 회상하며 묻는 것으로 시작되고 있다. 그러나 여기 중요한 것은 바로 연등부처님으로부터 어떤 보장이나 확약을 받았다고 하는 그 법法이 실체화되어 있다면 그것은 진정한 깨달음의 도가 아닌 것이다. 그래서 수보리는 다음과 같이 대답한다.

10-2. "世尊! 如來在然燈佛所, 於法實无所得."
　　　세 존　　여 래 재 연 등 불 소　　어 법 실 무 소 득

10-2. "세존이시여! 여래께서는 연등부처님의 곳에서 법에 얻은 바가 실로 아무것도 없습니다."

[강해] 산스크리트 원문에는 앞의 질문이 "여래가 연등불(디빵까라 따타가따) 아래서 얻은 그 무엇이 있단 말인가?"의 뉘앙스로 되어 있다. 여기 "소득所得"이라는 말이 중요하다. 즉 "얻은 그 무엇," 바로 그 무엇이 실체화되고 있는 것이다. 따라서 수보리의 대답은 실로 그 무엇을 얻은 것은 아무것도 없다고 무화无化시키고 공화空化시켜 버리는 것이다. 여래가 전생에서 샤캬의 성자(샤캬무니=석가모니)가

됨을 확약 받았기에 성자가 되었다면, 그것은 참으로 소승적小乘的 발상이요, 대승적 발상이 아니다. 예수가 오직 다윗왕의 자손이었기에 하나님의 아들이 되었다면 그것은 소승적 발상이요 대승적 발상이 아니다. 예수는 갈릴리의 목수요, 요셉의 사생아요, 말구유깐에서 태어난 천민이기에 곧 예수일 수 있는 것이다.

10-3. "須菩提! 於意云何? 菩薩莊嚴佛土不?"
       수 보 리   어 의 운 하   보 살 장 엄 불 토 불

10-3. "수보리야! 네 뜻에 어떠하뇨? 보살이 불토를 장엄하게 한다는 것이 말이 되느냐? 아니 되느냐?"

10-4. "不也。世尊! 何以故? 莊嚴佛土者, 則非
       불 야   세 존   하 이 고   장 엄 불 토 자   즉 비
莊嚴, 是名莊嚴。"
장 엄   시 명 장 엄

10-4. "아니 되옵니다. 세존이시여! 어째서이오니이까? 불토를 장엄하게 한다 하는 것은 장엄하게 함이 없기 때문에, 비로소 장엄하다 이름하는 것이오니이다."

강해 여기에 나오는 "장엄莊嚴"이라는 말은 "vyūha"에 해당되는 말인데 그 원의는 "건립"(formation), "보기 좋은 배열, 배치"

(distribution, arrangement), "수식, 장식," "구조물"(structure), "군대의 질
서정연한 사열"(military array) 등의 의미를 지니고 있다. 그런데 이
"kṣetra-vyūha"(국토國土의 건설)라는 말은 명사화되어 있고, 이것을
목적으로 갖는 본동사로서는 "niṣpādayati"가 쓰여지고 있다. 이는
"성취한다, 완성시킨다, 성숙시키다"(to accomplish, perfect, achieve,
ripen and mature)의 뜻이다.

따라서 "장엄불토莊嚴佛土"라는 말에 해당되는 산스크리트 원문
은 "불토佛土의 건립을 성취한다"라는 뜻이며, "장엄莊嚴"이라는 한
문의 동사적 형태는 "···의 건립을 성취한다," "···을 아름답게 꾸미
는 것을 완성한다"의 복합적 뜻을 내포하고 있다.

한자漢字의 "장莊" "엄嚴" 모두 "엄숙하고 질서정연하게 정돈한
다"의 뜻으로, 불국토佛國土나 불佛의 설법說法의 장소를 아름답게
꾸민다, 또는 부처나 보살이 복덕福德·지혜智慧로써 자기 몸을 꾸민
다는 등의 뜻으로 일반적으로 널리 쓰인다.

그런데 제일 마지막의 문구 "시명장엄是名莊嚴"을 모두 한국의 번
역자들이 애매하게 오역하고 있다. 그리고 산스크리트 원문의 의미
와도 합치하지 않게 번역하고 있다.

> 그 이름이 장엄하기 때문입니다(이기영).
> 이 이름이 장엄하기 때문입니다(석진오).
> 그 이름이 장엄입니다(무비).

이 번역들이 모두 한결같이 "시명장엄是名莊嚴"의 "시명是名"을 "이(그) 이름"으로 명사화시키고 있다. 이것은 한문의 고유한 문법을 정확히 이해하지 못하는 데서 생기는 "두리뭉실 학문"의 오류 (The Fallacy of Inarticulate Learning)에 속하는 것이다. 여기서 아주 결정적인 오류는 그 문맥이, "장엄"이란 이름뿐이며, 그 이름으로서의 장엄은 부정된다는, 부정적인 맥락으로 해석될 수밖에 없다는 것이다. 그러나 산스크리트 원문의 의미는 용수가 말하는 『중론中論』적인 언어적 표현의 부정을 말하고 있질 않다.

우선 "시명장엄是名莊嚴"의 "명名"은 명사가 아니라 "이름한다" (to name)는 동사이다. 그리고 그 앞의 "시是"는 지시대명사로서 앞의 문장 전체를 받는다: "이것을 장엄이라 이름한다"의 뜻이다. 여기에는 장엄이라 이름하는, 그 이름하는 행위에 대한 부정의 의미가 전혀 내포되어 있지 않다. 다시 말해서 "장엄불토자莊嚴佛土者, 즉비장엄則非莊嚴, 시명장엄是名莊嚴。"은 "불토를 장엄하게 한다는 것은 즉 장엄하게 내가 불토를 만들고 있다고 하는 아상我相이 없을 때 우리는 비로소 이것을 장엄하게 한다라고 표현해 줄 수 있다"는 뜻이다. 다시 말해서 불토佛土를 장엄하게 한다는 우리의(보살의) 현실적 행위를 부정하는 것이 아니다. 그것은 오히려 궁극적으로 긍정되어야 할 사태며, 부정되어야 할 것은 "장엄하게 만들고 있다"는 나 보살의 의식이다. 다시 말해서 장엄하게 만든다고 **진정하게 이름할 수 있는 우리의 행위는 철저히 긍정되어야 한다**는 의미를 제일 마지막 구절 "시명장엄是名莊嚴"은 내포하고 있는 것이다. 그것은 "장엄은 이름뿐이다"의 뜻이 전혀 아닌 것이다. 『금강경』에 대한 우리사회의 오해의 오류가 모두 이 "시명是名"에 대한 그릇된 해석에서 비롯되고 있으며, 스님들이 너무 쉽고 안일하게 "알음알이"니 "헛된 이름뿐"이니 하는 식으로 보살의 사회적 행위를 내쳐버리는 공병空病에 빠져있게 되는 병폐가 바로 이러한 해석의 오류에서 기인하게 되는 것이다.

라오쯔는 말한다:

> 길을 길이라 이름하면
> 그것은 항상 그러한 길이 아니다.

道可道, 非常道。
도 가 도 비 상 도

해인사판본에는 "장莊"을 모두 "장莊"으로 썼는데, 장莊은 장莊의 속자俗字이므로 그냥 장莊으로 표기한다.

10-5. "是故須菩提! 諸菩薩摩訶薩應如是生清淨
　　　시 고 수 보 리　제 보 살 마 하 살 응 여 시 생 청 정
　　心。不應住色生心, 不應住聲香味觸法生
　　심　불 응 주 색 생 심　불 응 주 성 향 미 촉 법 생
　　心。應无所住而生其心。
　　심　응 무 소 주 이 생 기 심

10-5. "그러므로, 수보리야! 뭇 보살과 마하살은 반드시 이와 같이 맑고 깨끗한 마음을 내어야 한다. 마땅히 색에 머물러 그 마음을 내지 말 것이며, 또한 마땅히 성·향·미·촉·법에 머물러 그 마음을 내지 말 것이다. 반드시 머무는 곳이 없이 그 마음을 낼지니라.

───

강해 앞의 "시명장엄是名莊嚴"의 인식론적 내용을 설파하고 있다. 나의 마음이 불토佛土를 구성하는 육경六境에 머물러서는 아니 되는 것이다. 다시 말해서 불토라고 하는 인식작용의 대상이 근원적으로 해소되어야 하는 것이다. 처음에 색色을 말하고 나중에 성聲·향香·미味·촉觸·법法을 묶어 말하는 관용적 용법은 이미 말하였다. 그리고 제일 마지막 구절은 그것을 다시 한 번 종합하여 강조한 것이다. 그 바로 마지막 구절이 육조六祖 혜능慧能이 출가出家의 인연이 되었고 그로 인해, 오조五祖 홍인弘忍을 찾아뵙게 되었다는 『단경壇經』, 『전등록傳燈錄』 등의 이야기는 앞서 개략을 논할 때 상세하게 언급하였다.

10-6. 須菩提! 譬如有人身如須彌山王。於意云
   수 보 리   비 여 유 인 신 여 수 미 산 왕   어 의 운
何? 是身爲大不?"
하   시 신 위 대 불

10-6. 수보리야! 비유컨대, 그 몸이 수미산처럼 큰 사람이 여기 있다고 하자. 네 뜻에 어떠하뇨? 이 몸이 크다 할 것이냐? 크지 않다 할 것이냐?"

강해 논의는 불국토佛國土의 정화행위로부터 법신法身의 인식문제로 옮아가고 있다. 그리고 그것을 동일한 문제의식의 패턴 속에서 논구하고 있다. 여기 역시 수미산須彌山만큼 큰 법신의 부정을 말하고 있는 것이 아니다. 그것의 긍정인 것이다.

"수미산왕須彌山王"이라는 표현은 수미산이 산 중의 왕이라 해서 붙인 이름일 수도 있지만(Suppose, Subhuti, there were a man endowed with a body, a huge body, so that he had a personal existence like Sumeru, king of mountains. 콘체역), 내가 생각하기에는 이와 무관한 개념이다. 중국불교문헌에서는 모든 사물에 왕王자를 붙여 그것을 생명체로서 존중해주는 의미의 접미사로 사용하고 있다. 예를 들면, 부처님 삼십이상三十二相을 말할 때, 그 자지가 말자지 같다 했을 때도 "마왕馬王"의 그것 같다 했고, 손가락사이에 물갈퀴가 있다 했을 때도 "안왕雁王"의 그것 같다 했고, 종아리를 설명할 때도 "녹왕鹿王"의 그것 같다고 한 표현들이 바로 좋은 예다. 만유萬有를 생명체로서 존중하는 중국적 세계관 일반과 부합된다.

수미산은 "Sumeru" 혹은 "Meru"라 하는데, 의역할 때는 "묘고산妙高山"이라 한다. 우주의 중심에 있는 거대한 산이다. 세계의 제일 아래에는 풍륜風輪이 있고 그 위에 수륜水輪이 있고, 그 위에 금륜金輪(지륜地輪)이 있고(철위산鐵圍山으로 동그랗게 둘러쳐져 있다), 그 위에 구산팔해九山八海, 사대주四大洲가 있고 그 정가운데 16만 유순由旬의 높이로 솟아있는 것이 수미산이다. 그 정상頂上에는 제석천帝釋天의 거소居所가 있는데 그것이 곧 삼십삼천三十三天인 도리천忉利天(Trāyastriṃśa)이다.

10-7. 須菩提言:"甚大。世尊! 何以故? 佛說非
　　　수 보 리 언　　심 대　　세 존　 하 이 고　　　　불 설 비

　　身, 是名大身。"
　　신　 시 명 대 신。

10-7. 수보리가 사뢰었다: "정말 큽니다. 세존이시여! 어째서 그러하오니이까? 부처님께서 그 몸은 몸이 아니라 말씀하시기 때문에 비로소 이를 큰 몸이라 이름할 수 있습니다."

강해　"비신非身, 시명대신是名大身"과 "비장엄非莊嚴, 시명장엄是名莊嚴"은 동일한 논리적 구조로 되어 있다. 부정이 아닌 대긍정의 논리다. 그러나 그 대긍정의 전제는 신身이 신身이 아니라고 하는 "무아無我"(실체의 부정)인 것이다. 『금강경』은 긍정의 논리이지, 부정의 논리가 아니라는 것을 특히 유념해주기 바란다.

無爲福勝分 第十一
무 위 복 승 분   제 11

11-1. "須菩提! 如恒河中所有沙數, 如是沙等恒
       수보리   여항하중소유사수   여시사등항

      河! 於意云何? 是諸恒河沙寧爲多不?"
      하   어의운하   시제항하사녕위다불

제11분 함이 없음의 복이여, 위대하여라!

11-1. "수보리야! 갠지스강에 가득찬 모래알의 수만큼, 이 모래만큼의
       갠지스강들이 또 있다고 하자! 네 뜻에 어떠하뇨? 이 모든
       갠지강들에 가득찬 모래는 참으로 많다 하지 않겠느냐?"

[강해] 내가 너무도 사랑하는 분分이다. 인도인들의 프라이드와 시
적 정취가 너무도 잘 표현된 아름다운 분分이다. 인도의 고문명古文
明은 하라파(Harappa), 모헨죠다로(Mohenjodaro) 등의 유적지에서 보
여지는 하라판문명(Harappan Civilization)으로부터 출발하였다. 이것을
포함하여 인더스강 계곡 전체문명을 가리켜 인더스계곡문명(Indus

Valley Civilization)이라고도 총칭한다(BC 3300~BC 1300). 그러니까 지금 파키스탄의 펀잡(Punjab)지역이다. 이 하라판문명은 아리안들이 중앙아시아에서 하향 이동하기 이전의 토착적인 농경문화였고, 그들의 언어는 아리안어가 아닌 드라비다어군(Dravidian languages)에 속하는 것이었다. 그런데 이 문명은 기원전 1750년경 급속히 쇠락했다. 대홍수의 흔적도 있고, 대침공의 흔적도 있으나 이것이 반드시 아리안족의 침략으로 인한 것인지는 알 수가 없다.

키가 크고, 말 잘 타고, 얼굴이 허옇고, 술 잘 먹고, 노래 잘 부르는, 호전적이고 거친 사람들, 이들은 산스크리트어라는 특유의 언어를 가지고 있었다. 이들 아리안은 하라판문명의 쇠락과 더불어 이 지역에 정착하면서 토착문명을 흡수해갔다. 이들은 베다문학을 만들었고, 브라만계급을 형성했고, 지배계급으로서 카스트제도를 정착화시켰다.

그리고 이들은 인더스강 유역의 문명에서 점차 동진을 시작했고 서서히 그 문명의 센터를 갠지스강 유역으로 옮겼다. 붓다시대에는 모든 문명이 갠지스강 유역에 밀집되어 있었다. 갠지스강이야말로 그들 삶의 모든 상징이 되어 있었던 것이다.

우리민족에게 있어서 "한강"처럼, 이 갠지스강의 비유는 암암리 그러한 역사적 배경과 인도인들의 한과 낭만을 짙게 깔고 있는 것이다. 인간 붓다의 생애도 갠지스강의 한 모래알처럼 그 역사의 홍류 洪流 속에 쓸려 지나갔을 것이다.

여기 "여항하중소유사수如恒河中所有沙數"의 구문에서 "소유所有"
가 『대정大正』본에는 "소소所所"로 되어 있다. 해인사본本의 "소유
所有"가 맞는 것으로 생각된다. 『오가해설의五家解說誼』본, 세조본도
다 "소유所有"로 되어 있다. "소소所所"는 "처처處處"와 같은 의미
로, "곳곳에"의 뜻이며 "모든"의 뜻으로 새길 수는 있다. 그러나 그
것은 단순한 식자상의 오류일 것이다. 해인사판본이야말로 모든 본의
근원이 됨을 다시 확인할 수 있다.

마지막의 "불不"은 여태까지 모두 "그렇지 아니한가"로 새겼으나,
사실 이것은 한문에 있어 의문형을 만드는 방식의 문장패턴일 뿐이
므로, 그것을 따로 새기지 않고 그냥 의문형으로 번역하면 그 뜻이
정확히 반영되는 것이다. 문의의 흐름에 따라 때때로 그냥 의문형으로
하고 이를 따로 번역하지 아니한다.

11-2. 須菩提言: "甚多。世尊! 但諸恒河尙多無數,
수 보 리 언　심 다　세 존　단 제 항 하 상 다 무 수
何況其沙?"
하 황 기 사

11-2. 수보리가 사뢰었다: "참으로 많습니다. 세존이시여! 그 모든
갠지스강만이라도 너무 많아 그 수를 헤아릴 수 없거늘, 하물며
그 모래 수이겠습니까?"

11-3. "須菩提! 我今實言告汝。若有善男子善女
       수 보 리   아 금 실 언 고 여   약 유 선 남 자 선 여

人, 以七寶滿爾所恒河沙數三千大千世界,
인   이 칠 보 만 이 소 항 하 사 수 삼 천 대 천 세 계

以用布施, 得福多不?"
이 용 보 시   득 복 다 불

11-3. "수보리야! 내 지금 너에게 진실한 말로 이르노니, 만약 선남
       자 선여인이 여기 있어, 칠보로써 그 모든 갠지스강의 모래 수
       만큼의 삼천대천세계를 채워 보시한다고 한다면, 복을 얻음이
       많겠느냐?"

강해 "아금실언고여我今實言告汝"는 여태까지 없었던 표현인데, 산
스크리트 원문에 "내가 너에게 이른다. 수보리야! 너 잘 듣거라(너는
가슴에 꼭 명기銘記하거라. 티베트본本)"로 되어 있는 것을 축약한 것이
다. 그 뜻을 "내 지금 너에게 진실한 말로 이르노니"로 축약한 것이다.
그러니까 "실언實言"이라는 말 속에는 "잘 명심하라"는 간곡한 권
면이 숨어있는 것이다.

11-4. 須菩提言: "甚多。世尊!"
       수 보 리 언   심 다 세 존

11-4. 수보리가 사뢰었다: "정말 많습니다. 세존이시여!"

11-5. 佛告須菩提: "若善男子善女人, 於此經中,
　　　불고수보리　　약선남자선여인　어차경중

　　　乃至受持四句偈等, 爲他人說, 而此福德勝
　　　내지수지사구게등　위타인설　이차복덕승

　　　前福德。"
　　　전복덕

11-5. 부처님께서 수보리에게 이르시되: "만약 선남자 선여인이 이 경
　　　가운데서, 사구게 등을 받아 지니게 되어, 그것을 딴 사람들에
　　　게 잘 설명해 준다면, 이 복덕은 앞서 칠보의 복덕보다 더 크
　　　리라."

　강해　인도인들의 과장법의 표현과 그 진실한 내용이 잘 조화되어
있다. 과연 우리가 무엇을 위해 사는가? 돈은 필요한 것이다. 그리고
『금강경』은 칠보의 공덕을 결코 천시하거나 낮잡아보거나 무시하지
않는다. 그것도 "甚多"한 것이다. 인간의 경제적 삶은 인간존재의
기본이다. 그러나 우리 삶의 가치는 그것을 넘어서는 곳에 있다. 집
에 금은보화를 채워놓는 것이 중요한가? 진리의 말씀 한 구절이라
도 참으로 터득하는 것이 중요한가? 이 땅의 젊은이들이여! 깊게 생
각하고 또 깊게 생각할지니.

尊重正教分　第十二
존 중 정 교 분　　제 12

12-1. "復次須菩提！隨說是經乃至四句偈等，當
복 차 수 보 리　수 설 시 경 내 지 사 구 게 등　당

知此處一切世間天人阿修羅，皆應供養如
지 차 처 일 체 세 간 천 인 아 수 라　개 응 공 양 여

佛塔廟。何況有人盡能受持讀誦！
불 탑 묘　하 황 유 인 진 능 수 지 독 송

제12분　존중해야 할 바른 가르침

12-1. "이제 다음으로 수보리야！ 어디서나 이 경을 설하되, 사구게 하
나라도 설하는데 이른다면, 마땅히 알라, 바로 그곳이 일체세간
의 하늘과 인간과 아수라가 모두 기꺼이 공양하는 부처님의
탑묘와도 같은 곳이 되리라는 것을. 하물며 어떤 사람이 있어
이 경 전체를 수지하고 독송함에 있어서랴！

강해 이 분 역시 대승불교운동의 역사적 상황을 간접적으로 시사
해주고 있다. 다시 말해서 이 『금강경』의 성립이, 부처님의 탑묘와

같은 것이 많이 지어진 시대를 배경으로 하고 있다는 것이다. 물론 탑묘가 많이 지어진 아쇼까왕의 시대 이후가 될 것이다.

그런데 이 분의 근본사상은 바로 요즈음의 교회나 사찰의 정황과 비슷하다. 목사님이나 스님께서는 헌당한다고 신도들을 못살게 구는데, 이 『금강경』의 기자는 바로 사구게 하나라도 외우는 그 자리가 바로 교회요 법당이요, 베드로의 반석이나 싯달타의 탑묘보다 더 중요한 성소聖所가 된다고 말하고 있는 것이다. 이것은 보살운동의 진보적 성격을 잘 나타내주는 것이다.

여기 "탑묘塔廟"의 원어는 "짜이띠야 부후따"(caitya-bhūta)이다. 이 짜이띠야는 일반적으로 불교 이전부터 "묘소"를 가리키는 말이었다. 불교에서는 부처님과 그 불佛제자의 유골을 헌납한 거대한 니토泥土의 총塚을 "스뚜빠"(stūpa, 탑塔)라고 부르고, 그 외의 성물聖物, 예를 들면, 바리나 경전 같은 것을 헌납한 건조물을 "짜이띠야"라고 불러 양자兩者를 구분했으나, 후대에는 이 양자가 혼동되어, 스뚜빠를 짜이띠야라고도 불렀다. 여기의 "탑묘"는 부처님의 묘소로 가장 큰 존경을 바쳐야 할 곳이다.

"천天·인人·아수라阿修羅"는 중생이 자기가 지은 업에 의하여 생사를 반복하는 여섯 개의 세계인 육도六道(육취六趣) 중에서 "지옥地獄·아귀餓鬼·축생畜生"의 삼악도三惡道를 빼고 난 삼선도三善道를 가리킨다.

"아수라阿修羅"는 "asura"의 음사이며 "아소라阿素羅," "아수륜阿須倫" 등으로 쓰이기도 하며, "비천非天," "무주신無酒神"으로 의역되기도 한다. 혈기血氣가 왕성하고 전투를 좋아하는 귀신의 일종이다. 이 인도의 아수라(asura)는 이란의 신화에서는 아후라(ahura)로 나타나며, 이란이나 인도나 고대신화에 있어서는 이 아수라(asuras)는 데바(devas)와 함께 같은 선신善神들이었다. 그러나 인도에서는 인드라신(제석천帝釋天) 등의 대두와 더불어 아수라는 데바의 적으로 간주되었고, 항상 신神들에게 싸움을 거는 악마·귀신류類로 추방되었다. 아수라를 어원적으로 수라(sura, 신神)에 아(a)라는 부정사를 붙이어 "신神이 되지 못한 놈들"(이런 뜻으로 한역에 "비신非神"이라는 말이 생겨났다)의 뜻으로 새기는 것은 정당한 어원해석이 아니라, 아수라의 지위격하와 더불어 악신의 이미지를 구축하기 위해서 날조된 후대의 어원해석으로 여겨지고 있다.

그러나 재미있는 사실은, 이 데바와 아후라(아수라)의 관계가 이란의 신화에서는 거꾸로 발전되었다는 것이다. 즉 데바daevas(이란식 철자)가 악신으로 격하되어 "데몬demons" 즉 악마가 되어버리고 아후라는 최고의 신(the supreme God)으로 격상되었다.

불교佛教의 윤회전생설輪廻轉生說 중, 육도설六道說에 있어서는 아수라阿修羅가 사는 세계를 "(아阿)수라도修羅道"라 하여 천天·인人과 함께 삼선도三善道의 하나가 되며, 불법佛法의 수호신守護神의 지위地位를 허락받았다. 따라서 여기『금강경』에서 말하는 아수라는 악신의 이미지가 아니라, 불법수호의 신의 함의로 쓰인 것을 알아야 한다.

"천인아수라天人阿修羅"의 정확한 의미는 "하늘의 신들과 인간세의 사람들과 아수라신들"이 될 것이다(that spot of earth will be like a shrine for the whole world with its gods, men and Asuras. 콘체 역).

힌두신화에서는, 아수라들과 데바들은 불사不死의 묘약妙藥인 아므리따(amṛta)를 추출하기 위하여 밀크의 대양大洋을 같이 휘젓는다. 그리고 이 아므리따의 소유를 위해 이 양 진영은 끊임없는 영원한 투쟁을 벌인다. 호전적인 성격 때문에 이 아수라가 벌이는 비참한 싸움의 장소를 보통 "아수라장"이라고 하는데, 우리나라의 일상언어에서는 엉망진창, 개판, 난장판을 "아수라장"이라 하는 것도, 불교설화를 통하여 옛날부터 이런 이미지가 스며들었기 때문이다. 우리 민족의 습속 속에 힌두의 신화가 부지불식간에 침투한 좋은 사례라 할 것이다.

아수라왕王(아수라의 대표)과 제석천帝釋天(데바의 대표)의 전투는 『구사론俱舍論』에 묘사되고 있는데, 제석천궁帝釋天宮을 공격한 아수라왕이 해와 달을 잡아 손으로 덮는 데서 일식・월식이 생긴다고 말하고도 있다.

12-2. 須菩提! 當知是人, 成就最上第一希有之法。
수 보 리   당 지 시 인   성 취 최 상 제 일 희 유 지 법

若是經典所在之處, 則爲有佛若尊重弟子。"
약 시 경 전 소 재 지 처   즉 위 유 불 약 존 중 제 자

12-2. 수보리야! 마땅히 알지니, 이 사람은 최상이며 제일인 희유의
　　　법을 성취하리라는 것을. 그리고 이 경전이 있는 곳이 바로
　　　부처님과 그의 존경스러운 제자들이 계신 곳이 된다는 것을.”

[강해] 이것은 "교회론"의 최종적 해석이다. 내가 이 『금강경』을 내
방에 꽂아두면(그 말씀을 내 방과 내 마음에 모시면) 곧 내 방이 부처님
의 사리탑이 되고 법당이 되는 것이다. 『신약성경』을 내 책상에 꽂
아두면 바로 그 책상이 베드로의 성전이 되는 것이요, 예수님이 살
아계신 교회가 되는 것이다. 그 얼마나 참신하고 과격하고 진실한
사상인가? 동포들이여! 앞으로 오는 세기에는 이제 불필요한 건물
들 좀 그만 짓자! 건축업자들을 달리 먹여 살릴 방도를 좀 생각해보
자! 필요한 교회와 법당은 지어야 할 것이다. 그러나 마음의 교회와
법당이 사라져간다면, 예수님과 부처님의 도적 같고(「데전」 5:2, 「누
가」 12:39~40) 벼락 같은 지혜의 말씀을 내 마음에 안치함이 없이 공
허한 건물만을 짓는다면, 그깟놈의 연보돈 내 뭣짓 하고 있단말가!

　여기 "성취成就"라는 말은 "성공成功"의 뜻으로 한대漢代의 문헌
에 나오지만 선진고경先秦古經에는 그 용례가 없고, 후대에 불교의
번역용어로서 크게 성행된 말이다. 불교에서 "성취成就"는 "몸에 구
비되어 있다"(yukta, anvita), "달성한다"(samanvaya), "완성完成한다, 충
분히 이루어진다"(siddhi) 등의 뜻으로 쓰인다. 우리말의 "성취한다"는
그대로 불교의 용례에서 온 것이다.

여기 "약若"은 그냥 명사와 명사를 연결하는 "또는"(or)의 의미로 쓰였다.

如法受持分　第十三
여 법 수 지 분　제 13

13-1. 爾時, 須菩提白佛言: "世尊! 當何名此經,
　　　이 시　수 보 리 백 불 언　세 존　당 하 명 차 경

　　　我等云何奉持?"
　　　아 등 운 하 봉 지

제13분　법에 따라 받아지녀라

13-1. 이 때에, 수보리는 부처님께 사뢰어 말하였다: "세존이시여!
　　　이 경을 마땅히 무어라 이름하오며, 우리들은 어떻게 이 경을
　　　받들어 지녀야 하오리까?"

13-2. 佛告須菩提: "是經名爲金剛般若波羅蜜, 以
　　　불 고 수 보 리　시 경 명 위 금 강 반 야 바 라 밀　이

　　　是名字, 汝當奉持。"
　　　시 명 자　여 당 봉 지

13-2. 부처님께서 수보리에게 이르시되: "이 경을 이름하여 금강반야
　　　바라밀이라 하라. 이 이름으로써 그대는 이를 마땅히 받들어
　　　지닐지라."

[강해] 콘체는 『금강경』이 바로 여기서 끝난다고 보고 있다. 사실
콘체의 이와 같은 분석은 공부를 깊게 한 사람의 통찰력 있는 문헌
비평적 발언이다. 나 역시 그 말에 동감한다. 실제로 『금강경』의 주
된 암송(the main recitation)이 여기서 끝났을 것이다.

　그런데 너무 짧고 아쉬우니까 그 후에 딴 암송자들이 앞의 내용을
부연하여 반복하면서 계속 늘여갔을 것이다. 사실 내용적으로 보면
이 이후의 『금강경』은 여기까지의 내용의 사족蛇足에 불과하다.

　콘체는 이후의 텍스트가 심히 혼란되고 논리적인 정합성이 깨지고
있다고 말한다. 그리고 무착無着·세친世親·까말라실라(Kamalaśīla,
?~797?)가 모두 이 배면의 논리를 따라가는 것을 곤혹스럽게 생각
한 측면이 많다고 지적한다. 그리고 콘체는 이 13분分에서 29분分
까지의 자기 번역을 자평하여 "도움이 안되고, 결착이 나지 않으며,
지루하고, 영감이 결여되어 있으며, 아주 적극적으로 혼란스럽다"
(unhelpful, inconclusive, tedious, uninspiring and positively confusing)고
까지 혹평한다. 그것은 아마도 이 부분이 잡스러운 암송가들의 잡
스러운 비빔밥이기 때문일 것이라고 말하고 있다. 그리고 겨우 30장
부터 32장까지 참신한 새 기운이 솟고 있다고 말한다.

그러나 앞서 지적했듯이 나는 이렇게까지는 생각하지 않는다. 분명 이후의 부분이 잡스러운 비빔밥 재탕일 수는 있으나, 이 뒷부분이 없다면 『금강경』은 진실로 소품에 머물렀을 것이고 사람을 취하게 만드는 마력을 상실했을 것이다. 끊임없는 반복은 반복이 아닌 변주며, 그것은 아마도 『금강경』의 기자들에 의하여 세심하게 오케스트레이션된 의도적 구성이었을 것이다.

나는 그러한 의도를 살리는 방향에서 살을 붙이고 문법적 구도를 부드럽게 가다듬고 음색을 자연스럽게 하여 새롭게 연출해낼려고 노력할 것이다. 제현들의 봉지奉持하심이 있기를 비오나이다.

13-3. *"所以者何? 須菩提! 佛說般若波羅蜜, 則*
   소 이 자 하   수 보 리   불 설 반 야 바 라 밀   즉
   非般若波羅蜜。須菩提! 於意云何? 如來
   비 반 야 바 라 밀   수 보 리   어 의 운 하   여 래
   有所說法不?"
   유 소 설 법 불

13-3. "그 까닭이 무엇이뇨? 수보리야! 부처가 설한 반야바라밀은 곧 반야바라밀이 아니기 때문이다. 수보리야! 네 뜻에 어떠하뇨? 여래가 설한 법이 과연 있다고 생각하느냐?"

[강해] "여당봉지汝當奉持"에서 멋있게 끝난 피날레를 억지로 논리

를 붙여내어 끌어간 느낌이 역력하다. 그러나 퍽으나 자연스럽게 논지를 펼쳐가고 있다.

그런데 여기 중요한 판본의 문제가 하나 있다. 우리나라 시중에서 통용되고 있는 많은 『금강경』이 라집역본羅什譯本임을 표방하고 있으면서도 그 잘못된 의취義趣에 따라 제멋대로 가감加減한 비선본非善本을 저본底本으로 취取하고 있기 때문에 의도치 않은 큰 오류들이 발생할 소지가 있다는 것이다. 라집역본羅什譯本의 정본正本으로서는 우리 해인사 『고려대장경』본 이상의 것은 없다. 그리고 그것을 저본으로 한 『대정신수대장경大正新修大藏經』본이 가장 가깝게 오는 것이지만 우리가 보아 왔듯이 해인사본의 정밀성에는 미칠 수가 없다. 바로 우리나라가 『금강경』의 세계적 기준이 되는 제일 좋은 판본을 가지고 있는데, 한국사람이면서 우리 『고려대장경』본을 들쳐 보지 않는다는 것처럼 수치스러운 일이 어디 있는가? 우리나라 불교가 『금강경』을 가장 중요한 소의所依경전으로 삼으면서도 우리나라가 자체로 소유하고 있는 가장 위대한 『고려대장경』본을 텍스트로 한 『금강경』이 역사적으로 희유稀有하다는 이 사실을 도대체 무엇이라 설명해야 할 것인가?

그런데 여기 3절의 "불설반야바라밀佛說般若波羅蜜, 즉비반야바라밀則非般若波羅蜜"이 우리나라에서 나온 거개의 『금강경』에는 "불설반야바라밀佛說般若波羅蜜, 즉비반야바라밀卽非般若波羅蜜, 시명반야바라밀是名般若波羅蜜."로 되어 있다. "즉則"자字가 "즉卽"으로 되어 있고, 끝에 "시명반야바라밀是名般若波羅蜜"이 첨가되어 있다. 무비

스님본이 그렇게 되어있고, 또 여러 판본을 비교연구하신 석진오 스님본이 그렇게 되어 있고, 이기영본은 나카무라본을 그대로 옮긴 것이기 때문에 대정본大正本의 모습대로 되어 있으나, 그 우리말 해석에는 "그 이름이 반야바라밀이니라"라는 구문을 첨가해놓는 오류를 범하고 있다(물론 그 첨가해놓은 상황에 대한 특별한 설명도 없다. 다시 말해서 해석할 때 자기 자신의 텍스트를 보지 않고 한국의 통용본을 따랐다는 얘기밖에는 되지 않는다). 그런데 이것은 모두 근본적으로 있지도 않은 것을 적어놓은 아주 단순한 허위의 오류에 속하는 것이다.

우리 해인사『고려대장경』본에도『대정大正』본에도 "시명반야바라밀是名般若波羅蜜"이라는 구문은 존재하지 않는다. 이것은『오가해五家解』에 기초한 세조世祖언해본에 나타나고, 현암신서玄岩新書의 김운학金雲學 역주譯註,『신역新譯 금강경오가해金剛經五家解』속에 영인되어 있는 일제시대판본으로 보이는 현토본에 나타날 뿐이다. 고익진 선생高翊晉先生이 책임교열한 동국대학교『한국불교전서』속에 들어가 있는 득통得通 기화己和의『금강반야바라밀경오가해설의 金剛般若波羅蜜經五家解說誼』본 속에도 "시명반야바라밀是名般若波羅蜜"은 존재하지 않는다.

이러한 문제가 사소한 것 같이 보일 수도 있지만, 이는 학문의 기저가 왔다갔다할 수 있는 매우 중대하고 심각한 사태에 속하는 것이다. 우리나라의 많은 불교학 논문들이『금강경』의 논리를 논구할 때에 바로 이 구절을 대표적인 것으로 인용하여 선禪의 사구게적四句偈的 논리나, 중론中論의 논리論理와 대비시키고 있는 사례들이

많기 때문이다. 이것은 판본의 무검토에서 생겨난 단순한 오류임에
도 불구하고 우리 학문의 국제적 신빙도를 추락시키는 아주 부끄러
운 사례가 될 수 있는 것이다. 일본 학자들에게서는 발견하기 어려
운 이러한 사례들이 우리나라 논문에는 비일비재한 것이다. 나는 동
경대학교東京大學校 중국철학과中國哲學科에서 학창생활을 거치면서
일본 학자들이 너무도 뼈저리고 가혹하게 이런 문제에 관한 비판의
식을 축적해가면서 학문여정의 일보 일보를 쌓는 것을 보았다. 그런데
우리나라 학자들은 이러한 문제에 관해 너무도 무지하고 무감각한
것이다.

"시명반야바라밀是名般若波羅蜜"하나쯤 삽입한다고『금강경』의
대의가 변화가 없을 뿐아니라 오히려『금강경』의 의취가 더 일관되
고 풍부해지는데 뭐가 그렇게 야단법석이냐? 그리고 산스크리트 원
문에는 그것이 오히려 들어가 있는 형태로 문장이 구성되어 있다면
그것쯤 첨가된다고『금강경』이 잘못될 것은 아무것도 없지 않은가?
그렇지 않다. 우리가 말해야하는 것은 라집한역본羅什漢譯本의 사실
이다. 학문에 있어서 사실은 사실일 뿐이다. 없는 것을 있다고 말할
수는 없는 것이다. 없는 것을 첨가할 때는 그 첨가하는 정확한 이유
를 밝혀야 하는 것이다.

생각해보라! 고려시대에 팔만대장경의 판각을 누가 했는가? 필부
필녀가 했을 것이요, 선남선녀가 했을 것이다. 그리고 그것은 목판
이다. 한 글씨 한 글씨 써서 파넣은 것이다. 그런데 한 글자도 쉽사
리 어긋남이 없는 선본善本이다. 우리에게 처절하게 반성되어야 할

문제는 바로 오늘날 우리나라의 대석학들의 수준이 고려말기 대장경 판각을 관장했던 학인이나 공인들의 수준에 못미치고 있다는 사실인 것이다. 과연 우리의 학계가 이토록 기본을 무시하는 학통 속에서 우리의 자녀들을 기르고 있다면 이런 민족의 손끝에서 세계를 리드하는 전자산업이나 여타 정밀산업이 나올리 만무한 것이다. 진정한 의미에서 우리 자신의 학문의 토대가 쌓여가고 있다고 말할 수도 없을 것이다. 일본을 따라 잡느니 어쩌니 말하기 전에, 도서관에 가서 『고려대장경』의 판본을 정밀하게 검색해보는 기초적 학문의 자세부터 점검해야 할 것이다.

후학들에게 다시 한번 반성을 촉구한다. 고전이나 여타 문헌을 다룰 때 반드시 "판본"의 문제를 고려할 것이다. 그리고 판본의 선택의 기준을 세우고, 그 기준에 따라 타 판본들을 비교검토할 것이다. 논문을 쓸 때에, 우리나라에 "통용通用"되고 있는 어떠한 책도 함부로 반성없이 베껴서는 아니 되는 것이다. 이러한 문제의 해결은 매우 단순하다. 조그만큼의 성의와 육체노동이면 족한 것이다. 도서관에 가서 성실하게 조사해보면 그것으로 모든 문제는 해결되는 것이다.

13-4. 須菩提白佛言:"世尊! 如來無所說。"
수 보 리 백 불 언　　세 존　　여 래 무 소 설

13-4. 수보리는 부처님께 사뢰어 말하였다: "세존이시여! 여래께서는 말씀하신 바가 아무것도 없습니다."

13-5. "須菩提! 於意云何? 三千大千世界所有微
　　　수 보 리　어 의 운 하　　삼 천 대 천 세 계 소 유 미

塵, 是爲多不?"
진　 시 위 다 불

13-5. "수보리야! 네 뜻에 어떠하뇨? 삼천대천세계의 모든 티끌이
　　　많다 하겠느뇨?"

13-6. 須菩提言: "甚多。世尊!"
　　　수 보 리 언　심 다　세 존

13-6. 수보리가 사뢰었다: "매우 많습니다. 세존이시여!"

13-7. "須菩提! 諸微塵如來說非微塵, 是名微塵。
　　　수 보 리　제 미 진 여 래 설 비 미 진　시 명 미 진

如來說世界非世界, 是名世界。"
여 래 설 세 계 비 세 계　시 명 세 계

13-7. "수보리야! 그 모든 티끌을 여래는 설하기를, 티끌이 아니라고
　　　한다. 그래서 비로소 티끌이라 이름할 수 있는 것이다. 여래는
　　　이 세계가 세계가 아니라고 설파한다. 그래서 비로소 세계라
　　　이름할 수 있는 것이다."

강해 우리나라의 여타 번역이 바로 이 "시명是名"의 해석에 있어서 문제가 있다는 것은 이미 지적한 바 대로다. 반야의 사상은 근원적으로 우리의 "언어"의 세계를 부정한다. 그러나 비록 잘못된 것이기는 하지만 우리는 언어라는 방편이 없이는 살 수가 없다. 지금 내가 쓰고 있는 글도 잘 뜯어보면 모순덩어리에 불과하다. 언어 그 자체가 파라독스 덩어리인 것이다. 아무 낙서도 없는 깨끗한 벽에 "낙서금지"라는 불필요한 팻말을 걸어놓는 것과도 같은 근본무명의 행위인 것이다. 그러나 『금강경』은 언어를 "묘유적妙有的"으로 긍정한다. 우리는 티끌을 티끌이라 말할 수 있어야 하고, 세계를 세계라 이름할 수 있어야 하는 것이다.

13-8. "須菩提! 於意云何? 可以三十二相見如來不?"
수 보 리 어 의 운 하   가 이 삼 십 이 상 견 여 래 불

13-8. "수보리야! 네 뜻에 어떠하뇨? 삼십이상으로써 여래를 볼 수 있겠느뇨?"

강해 32상三十二相(dvātriṃśan mahā-puruṣa-lakṣaṇāni)은 제5분에서 이미 상설詳說하였다.

13-9. "不也。世尊! 不可以三十二相得見如來。
불야 세존 불가이삼십이상득견여래
何以故? 如來說三十二相卽是非相, 是名
하이고 여래설삼십이상즉시비상 시명
三十二相。"
삼십이상

13-9. "볼 수 없습니다. 세존이시여! 삼십이상으로는 여래를 볼 수가 없나이다. 어째서 그러하오니이까? 여래께서 말씀하신 삼십이상은 곧 상이 아니기 때문입니다. 그래서 비로소 삼십이상이라 이름할 수 있는 것이오니이다."

13-10. "須菩提! 若有善男子善女人, 以恒河沙等
수보리 약유선남자선여인 이항하사등
身命布施, 若復有人於此經中乃至受持四句
신명보시 약복유인어차경중내지수지사구
偈等, 爲他人說, 其福甚多。"
게등 위타인설 기복심다

13-10. "수보리야! 만약 여기 선남자 선여인이 있어, 갠지스강의 모래 수와 같은 많은 목숨을 다 바쳐 보시를 했다 하더라도, 또한 다시 여기 한 사람이 있어 이 경 중의 사구게 하나만이라도 받아지녀 딴 사람에게 설하였다 한다면 이 사람의 복이 더 많으리라."

강해 이제 아름다운 반복의 선율이 펼쳐지고 있다. 다음의 분에서는 여태까지의 우리의 논리적 논의를 매우 감성적인 텃치로 바꾸어 우리를 감동시키면서 포괄적으로 총술總述하고 있다. 다음 분은 참으로 물 흐르듯 자연스럽고 감동적이다. 콘체가 이를 혹평한 것은 콘체 자신의 감성의 메마름 때문일 것이다.

離相寂滅分 第十四
리 상 적 멸 분   제 14

14-1. 爾時, 須菩提聞說是經, 深解義趣, 涕淚悲
이 시 수 보 리 문 설 시 경   심 해 의 취   체 루 비

泣而白佛言:"希有世尊! 佛說如是甚深經
읍 이 백 불 언   희 유 세 존   불 설 여 시 심 심 경

典。我從昔來所得慧眼, 未曾得聞如是之經。
전   아 종 석 래 소 득 혜 안   미 증 득 문 여 시 지 경

제14분 상을 떠나 영원으로

14-1. 이 때에, 수보리가 부처님께서 이 경을 말씀하시는 것을 듣고, 그 의취를 깊게 깨달아 눈물 흘려 흐느끼며, 부처님께 사뢰어 말하였다: "정말 드문 일입니다. 세존이시여! 부처님께서 이와 같이 깊고 깊은 경전을 설하신다는 것은! 저는 예로부터 얻은 바의 혜안으로도 이와 같은 경을 얻어 들을 수는 없었습니다.

[강해] 이 제14분은 『금강경』 전체에서 가장 긴 분이다. 콘체의 말대로 주된 암송이 제13분에서 끝났다고 한다면, 어떤 제2주자가 옆에 있다가 그 전 내용을 간추리고 요약하여 총결짓기 위해 다시 한 번 읊어내린 듯한 인상을 주는 분分이다. 그러나 콘체가 말했듯이 지루하거나 딱딱하여 영감을 던져주지 않는 그런 내용은 결코 아니다. 제14분이야말로 여태까지의 우리의 논의를 전체적으로 반추하게 만드는 힘을 가지고 있는 매우 아름다운 분이라 할 수 있다. 특별히 재미있는 점은 그 묘사가 매우 감성적이라는 것이다. 아마도 제2의 암송자가 자기의 색다른 특징을 나타내기 위해 의도적으로 그렇게 다른 칼라를 첨가했을 것이다. 단적으로 나타나는 표현이 여기 "심해의취深解義趣, 체루비읍涕淚悲泣"과 같은 구문의 첨가다. 이전에는 전혀 없었던 감정적 표현인 것이다. 그 의취를 "깊게" 이해했다든가, 문자 그대로 직역하면 "콧물·눈물 다 흘리고 슬피 흐느끼며"가 되는 이런 표현인 것이다. 그 산스크리트 원문에는 "법法에 감동하여 눈물을 흘렸다. 그는 눈물을 닦고나서 …"로 되어있는 것을 라집羅什은 읍泣한다(흐느낀다)라는 아주 간략한 중국적 표현으로 바꾸었다.

우리 독자들도 여기쯤 오면 한번 깊게 통곡할 만큼 깨달음이 오지 않았을까?

14-2. 世尊! 若復有人得聞是經, 信心淸淨, 則生
　　　세 존　　약 복 유 인 득 문 시 경　　신 심 청 정　　즉 생
實相。當知是人成就第一希有功德。
실 상　　당 지 시 인 성 취 제 일 희 유 공 덕

14-2. 세존이시여! 만약 여기 다시 한 사람이 있어 이 경을 얻어 듣고, 그 믿는 마음이 깨끗하면 곧 참된 모습을 깨달을 것입니다. 이 사람이야말로 제일의 희유한 공덕을 성취할 것임을 알겠나이다.

14-3. 世尊! 是實相者, 則是非相, 是故如來說名
　　　세 존　시 실 상 자　즉 시 비 상　시 고 여 래 설 명
實相。
실 상

14-3. 세존이시여! 이 참된 모습이라고 하는 것은 곧 어떤 모습이 아닙니다. 그러므로 여래께서 참된 모습이라 이름할 수 있다 말씀하셨습니다.

[강해] 여기 "참된 모습"은 집역什譯의 실상實相인데, 이 실상實相이 산스크리트 원문에서 정확하게 무엇을 가리키는 것인지는 명확하지 않다. 나카무라의 번역에 의거하면, "진실하다고 하는 생각, 眞實だという思い" 정도의 의미다. 그러나 일반적으로 불교에서 실상實相이라는 말은 진여眞如와 같은 의미로, "모든 존재의 있는 그대로의 참모습"을 의미한다. 본체론적 의미를 지니고 있다. 실상實相이라는 말은 본래 중국철학에 있었던 말이 아니고 바로 구마라집鳩摩羅什의 구역舊譯에 의해 유행되게 된 말이며, 라집羅什이 『중론中論』 등 여러 책의 번역에서 매우 즐겨 썼던 용어이다.

그리고 나카무라는 현존하는 산스크리트 원본보다 라집이 저본으로 한 산스크리트 텍스트가 더 고본古本이었다는 것을 여러 용어의 유무나 변형태로서 입증하고 있다.

14-4. 世尊! 我今得聞如是經典, 信解受持, 不足
　　　세존　아금득문여시경전　신해수지　부족
為難。若當來世後五百歲, 其有眾生得聞是
위난　약당내세후오백세　기유중생득문시
經, 信解受持, 是人則為第一希有。
경　신해수지　시인즉위제일희유

14-4. 세존이시여! 제가 지금 이와 같은 경전을 얻어 듣고, 믿어 깨
　　　닫고 이를 받아지니는 것은 결코 어려운 일이라 할 수 없지만,
　　　만약 먼 훗날 후오백세에 어떤 중생이 있어 이 경을 얻어듣고,
　　　믿어 깨달아 이를 받아지닌다면, 이 사람이야말로 제일 희유한
　　　사람이라 하겠나이다.

14-5. 何以故? 此人無我相人相眾生相壽者相。
　　　하이고　　　차인무아상인상중생상수자상
所以者何? 我相即是非相, 人相眾生相壽
소이자하　　아상즉시비상　인상중생상수
者相即是非相。何以故? 離一切諸相, 則名
자상즉시비상　하이고　　리일체제상　즉명
諸佛。"
제불

14-5. 어째서 그러하오니까? 이 사람은 아상·인상·중생상·수자상이 없기 때문입니다. 그 까닭은 무엇이오니까? 아상은 곧 상이 아니며, 따라서 인상·중생상·수자상도 곧 상이 아니기 때문입니다. 어째서 그러하오니까? 일체의 모든 상을 떠난 자를 곧 이름하여 부처님이라 하기 때문입니다."

14-6. 佛告須菩提: "如是如是。
　　　 불 고 수 보 리　　　여 시 여 시

14-6. 부처님께서 수보리에게 이르시되: "그렇다! 그렇다!

14-7. 若復有人, 得聞是經, 不驚不怖不畏。當知
　　　약 복 유 인　득 문 시 경　불 경 불 포 불 외　　당 지
是人甚爲希有。
시 인 심 위 희 유

14-7. 만약 또 한 사람이 있어 이 경을 얻어 듣고, 놀라지도 않고 떨지도 않고 두려워하지도 않으면, 마땅히 알지니, 이 사람이야말로 심히 희유의 사람이라는 것을.

14-8. 何以故? 須菩提! 如來說第一波羅蜜, 非第
하 이 고　　　수 보 리　　　여 래 설 제 일 바 라 밀　　　비 제

一波羅蜜。是名第一波羅蜜。
일 바 라 밀　　　시 명 제 일 바 라 밀

14-8. 어째서 그러한가? 수보리야! 여래는 설하였다, 제일바라밀은
제일바라밀이 아니라고. 그래서 비로소 제일바라밀이라고 이름
할 수 있는 것이다.

14-9. 須菩提! 忍辱波羅蜜, 如來說非忍辱波羅蜜。
수 보 리　　　인 욕 바 라 밀　　　여 래 설 비 인 욕 바 라 밀

14-9. 수보리야! 인욕바라밀은, 여래가 설하기를, 인욕바라밀이 아니
라고 한 것이다.

강해　9절에서 우리는 해인사본과 『대정』본을 제외하고는 모두 천
편일률적으로 "여래설비인욕바라밀如來說非忍辱波羅蜜" 다음에 "시
명인욕바라밀是名忍辱波羅蜜"이 첨가되어 있다. 이 경우 산스크리트
원문에도 "시명是名" 구절이 있을 여지가 없다. 시명是名 구절을 천편
일률적으로 집어넣어 그 문맥상의 패러렐리즘(parallelism, 병행並行)을
고수하는 것이 의미의 완벽을 기하는 것이라는 생각 그 자체가 참으로
매우 유치한 것이다. 라집羅什은 이런 병문적騈文的인 획일주의를 아주
싫어했던 것 같고 문맥의 다양성을 말살시킨다고 생각했던 것이다.

물론 13분 3절의 경우도 라집羅什은 의도적으로 시명是名구절을 빼 버렸던 것이다. "A는 A가 아니다. 그러므로 A라 이름할 수 있다"라 는 구문에서 가장 핵심이 되는 주장은 "A는 A가 아니다"라는 주장 이다. "그러므로 A라 이름할 수 있다"는 "A는 A가 아니다"라는 논 리구조에서 도출되는 부분적인 현상에 지나지 않는다. 따라서 "A는 A가 아니다"라는 역설의 주장만으로 종결이 되어도 "그러므로" 이 후의 종속적 구문은 때로 더 강력하게 함의될 수 있는 것이다. 라집 羅什은 이러한 문의文義의 심오한 중층적 구조를 잘 이해하고 있었 다. "시명是名"구문을 짜맞추고 있는 후대의 교주가校注家들은 이러 한 라집羅什의 심오한 의중을 이해하지 못했다. 그리고 무엇보다도 내가 앞서 지적했듯이 "시명是名"구문을 근본적으로 오석誤釋하고 있었던 것이다.

인욕(kṣānti)이란, 대승보살의 수행덕목인 육바라밀六波羅蜜 중의 하나이다. 인욕이란 나에게 주어지는 모든 모욕侮辱과 박해迫害, 외 도外道의 박해자나 비방자들의 비난, 중상, 모략, 굴욕 등을 참아내 어 분노의 마음을 일으키지 않는 것을 의미한다.

사실 우리가 "참는다," "인내한다"라는 말을 할 때, 흔히 우리는 외부에서 내부로 진입하는 박해의 실체를 상정하기 쉽다. 그러나 더 본질적인 "참음"이라는 것은 근원적으로 "욕됨을 용서한다"는 뜻이다. 더 나아가서 다른 사람의 고통을 기꺼이 받는다는 적극적인 뜻과, 모든 일에 대하여 희노애락의 동요됨이 없이 사물의 본성이 평등무 이平等無二함을 깨달아 해탈한다는 의미로 확산된다. 사실 "인욕"의 본질은 참는다는 데 있는 것이 아니라, 외부에서 내부로 진입하는 박해의 실체를 근원적으로 해소시키는 데 있는 것이다.

단순히 참는다는 것은 "인욕"이다. 그런데 참는 대상이 없어지고 참는 주체가 사라지는 경지, 즉 내가 참고 있다라고 하는 의식마저 해소되어버리는 경지가 곧 "인욕바라밀"이다. 예수가 인류의 죄를 대속하기 위하여 인욕의 삶을 살았다면, 참으로 대승적 예수는 그렇게 자기가 인류를 대속한다 하는 의식도 없어야 하고 또 자기가 인욕했다고 하는 인욕의 의식조차 없어야만 진정한 예수가 되는 것이다. 이러한 무아無我의 바라밀지혜가 없으면 그는 항상 배신감에 젖게 되고, 불운에 대한 저주감에 빠지게 되는 것이다. 불타는 인욕바라밀조차 그것이 인욕바라밀이 아니기 때문에 인욕바라밀일 수 있다는 역설의 논리를 여기 다시 한 번 강조하고 있는 것이다.

제14분의 기자는 이러한 인욕바라밀의 느낌을 강조하기 위하여 본생담本生譚의 이야기를 하나 도입하고 있다. 14분의 기자는 매우 문학적인 상상력의 소유자인 것이다. 본생담이란 본생경本生經에 쓰여져 있는 이야기를 일컫는 일반명사다. "본생本生"이란, 본本이 되는 생生이란 뜻으로 석존釋尊(석가모니)의 전생을 의미한다. 그런데 논리적으로 전생이란 윤회의 굴레 속에서 무한히 가능하다. 그러므로 무한히 가능한 이야기들이 말하여질 수 있다. "옛날 옛적에 …," "옛날 어느 나라에 어느 왕이 다스리고 있었을 때에," "어느 어느 지방에 사는 어느 여자의 태 속에 회임되었을 때에 …"(이것은 실제로 정형화되어 있는 양식의 샘플이다)라 하고 그냥 시작하기만 하면 되는 것이다. 이렇게 양식적인 무제약성 때문에 인도의 설화문학, 그리고 기존하는 모든 지혜로운 인도의 민담이 재미만 있으면 불타의 이야기로 둔갑되어 수용될 수 있었다. 이러한 이야기가 쓰인 경전을 일반명사로 통칭하여 "본생경本生經"이라 하고, 그것을 범어로 "자따까"(Jātaka)라고 하는데, 이것은 물론 "탄생," "출산," "기원," "생명"의 뜻을 가지는 "자띠"(jāti)와 같은 어원에서 유래된 말로 "태어남"의 뜻이다.

재미난 것은 이러한 초기불교설화문학이 아주 크게 성행하여, 오늘날 『대정대장경』 제3~제4책冊 전체가 본생경으로 이루어져 있을 만큼 방대한 문학을 형성했다는 것이며, 바로 이러한 본생경문학이 우리가 알고 있는 이솝우화나 아라비안나이트 속으로도 흡수되었다는 역사적 사실이다. 우리는 20세기에나 와서 이솝우화를 배우면서 (희랍인의 민간설화가 AD 1세기경 로마의 파에드루스[Phaedrus]에 의하여 수집·기록된 것) 서양의 지혜를 신기하고 재미있게 배운다는 생각은 했을지언정, 바로 그 이솝우화의 원형들이 해인사 『팔만대장경』 속에 감추어져 있다는 사실은 지금까지도 아무도 모르고 있다는 것이다. 얼마나 우매한가? 서양을 따라간다고 헛구름을 쫓았던 우리민족의 개화의 역사여! 태고적 신라인들이야말로 21세기 우리보다 훨씬 더 개화되어 있었으니! 석굴암을 보라! 그것은 희랍조각예술이 간다라예술을 거쳐, 돈황·용문을 거쳐 우리의 것으로 승화·완성된, 인류사상 가장 국제적인 예술작품이었으니! 오늘 21세기 디지털문명에서의 조선문명의 성취는 이미 예정된 것이었다. 자신의 가능성을 모르고 비굴하게 미국이나 일본의 뒷다리만 잡고 있으면 살길이 열린다고 생각하니 이 얼마나 초라한 역사의 아이러니인가? 나를 모르고 나 아닌 것만 쫓는 가련한 우파 꼴통들이여! 고조선-고려의 기상을 계승하여 전세계로 뻗어나가고 있는 이 땅의 젊은이들의 포효에 귀를 기울여라!

여기에 수록된 본생담은 바로 불타가 그 옛날 옛적에 끄샨띠바딘 리쉬(Kṣāntivādin ṛṣi, 인욕선인忍辱仙人)이었을 때의 이야기다. 그 시대의 왕은 가리왕歌利王(Kali-rāja)이었는데 "가리歌利," "가리迦利," "가리迦梨," "갈리羯利"로도 음사되고, 또 "Kaliṅga"로 불리기도 하기 때문에 "가릉가迦陵伽," "갈릉가羯陵加," "가람부迦藍浮"라고 음사되기도 한다. 가리왕歌利王에서 앞의 가리歌利는 "Kali"의 음사인데 그것은 그냥 악惡하다는 뜻이다. 그러니까 가리왕歌利王이 고유명사였다기보다는 그냥 "나쁜 왕"(악왕惡王)이라는 비특칭적인 뜻에서 만들어진 이름일 것이다. 또 "투쟁鬪爭," "악세惡世," "악생惡生," "악세무도惡世無道" 등으로 의역되기도 한다. 의역이 상징하듯이 극악무도함이 이를 데 없는 아주 흉악한 인물이었다. 이때의 붓다의 이름은 "찬디바리羼提波梨"(물론 앞의 Kṣāntivādin의 음사임을 알 수 있다. "인욕의 수행자"의 뜻)였다.

찬디바리는 인욕忍辱을 실천하기 위해 산중에서 홀로 수행하고 있었다. 때마침 가리왕은 많은 신하와 궁녀를 데리고 이 산으로 사냥을 왔다. 왕은 점심을 먹은 후 노곤하여 잠이 들었다. 궁녀들은 이 틈을 타 유행遊行을 나갔는데 한참 가다보니 찬디바리가 단정히 앉아 있는 모습을 보게 되었다. 그 순간 가슴에서 공경한 마음이 우러나와 꽃을 꺾어 찬디바리 주위에 뿌리고 그 앞에 앉아 조용히 설법을 듣게 되었다.

한편 왕은 잠을 깨어 사방을 둘러보니 궁녀들이 보이지 않는지라, 사대신四大臣을 대동하고 궁녀들을 찾아나서 여인배와 찬디바리가 같이 앉아있는 곳에 이르렀다. 그 모습을 보자, 가리왕은 질투심이 솟아올랐다. 가리왕은 찬디바리에게 물었다:

"너는 사공정四空定에서 얻은 바가 있느냐?"
"없습니다."
"그럼 너는 사무량심四無量心에서 얻은 바가 있느냐?"
"없습니다."
"그럼 너는 사선사四禪事에서 얻은 바가 있느냐?"
"없습니다."
"그럼 너는 아무런 공덕功德을 얻은 바가 없다면 일개 범부
  凡夫에 지나지 않는 놈이로구나! 그런데 어찌하여 궁녀들을
  데리고 폼잡으며 설법하고 야단이냐? 도대체 넌 뭘 하는
  놈이냐?"
"인욕忍辱을 수행修行하고 있습니다."

이 때 가리왕은 날이 시퍼런 검을 쑤욱 빼들었다.
"네 이놈! 네가 정말 인욕을 수행하는 자라면, 네 인욕을 내
  가 당장 시험하리라!"하고 양팔을 싹뚝 짤라버렸다.

"너 정말 뭐 하는 놈이냐?"
"인욕을 수행하고 있습니다."

왕은 다시 찬디바리의 양다리를 싹뚝 베어버렸다.
"다시 묻건대, 너 정말 뭐하는 놈이냐?"
"인욕을 수행하고 있습니다."

화가 머리끝까지 치오른 가리왕은 찬디바리의 머리카락을 움켜
쥐고 찬디바리의 코를 싸악 베어버렸다.

이 때도, 찬디는 안색顔色이 하나도 동요함이 없이 인욕을 수행할
뿐이라고 말하는 것이었다. 이때였다. 하늘과 땅이 여섯 번 크게 다
른 모습으로 진동하는 것이 아닌가? 이 때 선인仙人의 오백五百제자
들이 허공을 날아가는 모습이 보이더니 찬디에게 묻는 것이었다.

"찬디바리님이시여! 이와 같은 고통을 겪으시고도 인욕의
   마음을 잃지 않으셨나이까?"
"내 마음 한 치의 변함도 없다."

가리왕은 이 모습을 보고 크게 경악하였다. 그래서 찬디에게 다시
물었다.
"네가 아직도 인욕을 운운한다면, 그것을 무엇으로 증명할
   수 있느냐?"
"내 진실로 인욕하는 마음이 지성至誠하여 거짓됨이 없다면,

내 흘린 피 모두 젖이 되리라, 그리고 모든 잘린 몸이 제자
리로 돌아오리라!"(아약실인我若實忍, 지성불허至誠不虛, 혈당위유
血當爲乳, 신당환복身當還復!)

이 말이 끝나자 마자 피가 드디어 우유빛 같은 젖이 되고, 예전과
같이 몸이 온전하게 되돌아왔다.

이에 찬디바리의 인욕바라밀이 인증되는 것을 보고, 가리왕의 공
포는 더욱 짙어졌다. 그제야 비로소:
"나의 무례함을 용서하소서. 제가 대선大仙을 훼욕毁辱하였
으나 그대는 나를 오직 가엾게만 여겼을 뿐이외다. 나의
참회를 받으소서."

이에 찬디바리는 다음과 같이 말하였다:
"그대, 여색女色으로 인하여 나의 형체를 도륙하였도다. 나는
대지처럼 굳세게 참았노라. 내 훗날 성불成佛케 되면 혜도
慧刀로 먼저 너의 삼독三毒을 치리라."(여이여색汝以女色, 도절
아형刀截我形, 오인여지吾忍如地。아후성불我後成佛, 선이혜도先以慧
刀, 단여삼독斷汝三毒。)

이때 산중의 제룡諸龍과 귀신鬼神들이 가리왕이 찬디바리 선인仙
人을 모독하는 것을 보고 큰 구름과 안개를 일으키고, 번개와 벼락
을 내리쳐 가리왕과 그 모든 권속을 죽이고자 하였다. 이때 찬디 선
인仙人이 하늘을 우러러보며 외치기를:

"그대들이여! 그대들이 진정으로 날 위한다면 이들을 해치지 말라!"

이때 비로소 가리왕이 크게 뉘우치고 선인을 궁宮으로 모셔다가 잘 공양供養하더라.

이야기는 또 이어지지만, 여기까지가 『현우경賢愚經』 권제2卷第二 (『대정大正』 4/359-360)에 쓰여져 있는 가리왕과 인욕선인의 이야기(찬디바리품제12屬提波梨品第十二)를 내가 상술詳述한 것이다. 이런 이야기의 보고들이 수만 장의 장판藏版을 메우고 있는 것이다.

사도 바울을 감동시킨 스테판의 죽음의 장면(「사도행전」 7장)이 연상되기도 하고, 이차돈의 순교장면이 연상되기도 하는 이 한 이야기 속에서만도 우리는 수없는 설화의 전형들을 발견할 수 있다. 이차돈의 순교의 피는 왜 흰 젖기둥이 되어 한 길이나 치솟았는가?(백유용출일장白乳湧出一丈. 『삼국유사三國遺事』 권제3卷第三, 「원종흥법原宗興法 위촉멸신獸觸滅身」). 이 모든 것이 하나의 설화의 전형이며, 농경문화에서 성립할 수 없었던 이야기임이 드러난다. 기마민족·유목민족인 아리안족의 생활관념(피=젖)이 반영된 것을 엿볼 수 있는 것이다. 이제 불타가 자기의 과거본생本生을 회상하는 이야기를 들어보라!

14-10. 何以故? 須菩提! 如我昔爲歌利王割截身
       하 이 고   수 보 리   여 아 석 위 가 리 왕 할 절 신

體。我於爾時, 無我相, 无人相, 无衆生相,
체　아어이시　무아상　무인상　무중생상

無壽者相。何以故？我於往昔節節支解時,
무수자상　하이고　아어왕석절절지해시

若有我相人相衆生相壽者相, 應生瞋恨。
약유아상인상중생상수자상　응생진한

14-10. 어째서 그러한가? 수보리야! 그것은 내가 옛날에 가리왕에게
　　　신체가 낱낱이 버힘을 당한 것과도 같다. 나는 그 때 아상이
　　　없었고, 인상이 없었고, 중생상도 없었고, 수자상도 없었다.
　　　어째서인가? 그 옛날에 마디 마디 잘림을 당했던 그 때에,
　　　내가 만약 아상·인상·중생상·수자상이 있었더라면, 나는
　　　분명코 분노와 미움을 냈으리라.

강해 이러한 끔찍한 가리왕의 이야기는 결코 설화가 아니다. 보스
니아를 보라! 씨에라 레옹을 보라! 라이베리아를 보라! 이스트 티모
르를 보라! 제주를 보라! 여수·순천을 보라! 광주 금남로를 보라!
이들을 보라! 서로 사지를 자르고 도끼로 해골을 패 죽이는 이 처절
한 모습들을! 과연 이 모습에서 우리는 정치이념을 말할 것인가? 종교
이념을 말할 것인가? 강대국의 농간을 논할 것인가? 빨갱이의 난동
을 말할 것인가? 그것은 결국 이념적으로 정당화할 수 없는 인간의
무명의 모습이 아닌가?

　이스트 티모르를 말하지 말라! 여수·순천민중항쟁을 보고, 제주

4·3민중항쟁을 보고, 대구10월항쟁을 보고, 남부군의 서러운 이야기를 들어보라! 과연 이 학살과 도륙의 이야기들이 정치이념의 대립일까? 강대국의 농간일까? 남북한의 투쟁인가? 민족해방전선인가? 웃기지 말라! 허황된 설명을 붙이지 말라! 그 핵심에는 권력이라는 욕망에 사로잡힌 몇몇 인간들의 흉악한 아집이 자리잡고 있었을 뿐이다. 민중은 이념이 무엇인지, 이데올로기가 무엇인지, 빨갱이가 무엇인지 서북청년단이 무엇인지, 아무것도 모르고 밤낮으로 당했을 뿐이다. 역사를 농단하지 말지어다! 이념으로 포장하지 말지어다. "반란"을 "혁명"으로 고쳐놓았다고, 역사를 바로잡았다고 안위하는 그런 우도 범하지 말자! 그것은 개울물보다 더 얕은 정치학도나 사학도의 구업口業의 장난일 뿐! 무시 이래 아라야 종자의 훈습은 더 짙어만가고 있는 것이다. 우리는 너무 몰랐다. 우리는 너무 속았다. 이념의 굴레에서 근원적으로 탈피하지 않는 한, 반공과 같은 터무니없는 구실 아래 민중이 도륙되는 그런 비극이 되풀이 되지 않으리라는 보장은 없다. 지금도 보수를 자처하는 인간들은 태극기를 앞세우며 사람들을 마음대로 제거할 수 있는 권력을 장악할 수 있는 그날 만을 탐하고 있는 것이다.

  이스트 티모르의 모습이나 우리의 모습이나 모두 끝없는 무명의 굴레이러니, 깊게 깨달을지어다. 이데올로기나 종교적 교리의 역사는 영원히 사악한 업장業障의 장벽을 뚫지 못한다는 것을! 지금 우리에게는 좌도 없고, 우도 없다! 진정한 혁신도 진정한 보수도 없다. 오로지 무명 속에 허우적거리는 인간들의 추태가 있을 뿐이니, 우리를 짓누르는 업장을 모두 거둬내자! 대승의 본래정신으로 돌아가자!

14-11. 須菩提! 又念過去於五百世作忍辱仙人,
수보리 우념과거어오백세작인욕선인

於爾所世, 無我相, 无人相, 無衆生相, 无
어이소세 무아상 무인상 무중생상 무

壽者相。
수자상

14-11. 수보리야! 나는 또 과거 오백세 동안에 인욕선인이었던
것을 또렷이 기억하노니, 그 때의 세상에서도 나는 아상도
없었고, 인상도 없었고, 중생상도 없었고, 수자상도 없었
느니라.

14-12. 是故須菩提! 菩薩應離一切相, 發阿耨多
시고수보리 보살응리일체상 발아뇩다

羅三藐三菩提心。不應住色生心, 不應住
라삼먁삼보리심 불응주색생심 불응주

聲香味觸法生心, 應生無所住心。
성향미촉법생심 응생무소주심

14-12. 그러므로 수보리야! 보살은 마땅히 일체의 상을 떠나, 아뇩
다라삼먁삼보리의 마음을 발할지어다. 색에 머물러 마음을
내지 말지며, 또한 성·향·미·촉·법에 머물러 마음을 내지
말지어다. 마땅히 머무는 바 없는 그 마음을 낼지어다.

14-13. 若心有住, 則爲非住。是故佛說菩薩心不
약심유주 즉위비주 시고불설보살심불

應住色布施。須菩提! 菩薩爲利益一切衆
응주색보시 수보리 보살위이익일체중

生。應如是布施。
생 응여시보시

14-13. 만약 그 마음에 머무는 바가 있다면, 그 머뭄이 머뭄이 되지
않도록 해야 할 것이다. 그러므로 부처는 항상 보살이라면
그 마음이 색에 머뭄이 없이 보시해야 한다고 설했던 것이다.
수보리야! 보살은 일체중생을 이익케 하기 위하여 마땅히
이와 같이 보시해야 하느니라.

[강해] "약심유주若心有住, 즉위비주則爲非住"는 그 함의가 너무 축
약되어 난해하다. "유주有住"가 곧 "비주非住"가 되는 것이라고 해
석해서는 안된다. 산스크리트 원문과 대조하여 그 뜻을 쉽게 풀었다.

14-14. 如來說一切諸相, 卽是非相。又說一切衆
여래설일체제상 즉시비상 우설일체중

生, 則非衆生。
생 즉비중생

14-14. 여래는 설하였다. 일체의 뭇 상들이 곧 상이 아니라고. 여래
는 또 설하였다. 일체의 중생이 곧 중생이 아니라고.

14-15. 須菩提! 如來是眞語者, 實語者, 如語者,
수보리   여래시진어자   실어자   여어자

不誑語者, 不異語者。 須菩提! 如來所得
불광어자   불이어자   수보리   여래소득

法, 此法無實无虛。
법   차법무실무허

14-15. 수보리야! 여래는 참말을 하는 자며, 살아있는 말을 하는 자
며, 있는 그대로 말하는 자며, 허황된 말을 하지 않는 자며,
다른 말을 하지 않는 자다. 수보리야! 여래가 깨달은 바의 법,
그 법은 실하지도 허하지도 아니하니라.

14-16. 須菩提! 若菩薩心住於法而行布施, 如人
수보리   약보살심주어법이행보시   여인

入闇則无所見。 若菩薩心不住法而行布施,
입암즉무소견   약보살심불주법이행보시

如人有目日光明照見種種色。
여인유목일광명조견종종색

14-16. 수보리야! 만약 보살의 마음이 법에 머물러 보시를 행하면,
그것은 마치 사람이 캄캄한 어둠 속에 들어가 아무것도 보지
못하는 것과 같고, 만약 보살의 마음이 법에 머무는 바 없이
보시를 행하면, 그것은 그 사람의 눈이 또렷하고 찬란한
햇빛이 온갖 형체를 비추고 있는 것과도 같다.

강해 여기서 우리는 플라톤의 그 유명한 "동굴의 비유"를 연상한다. 그러나 플라톤의 어둠과 빛은 근원적으로 그 이원성의 실체화를 위한 것이요, 여기서 말하는 어둠과 빛은 근원적으로 그 이원적 실체성을 부정하기 위한 것이다. 「요한복음」의 로고스사상은 플라톤적인 발상에 더 가까운 것이다. 그러나 이 모두가 같은 문명권의 같은 사유패턴 속에서 다른 양식의 길을 선택한 것임을 깨달아야 한다.

"약보살심주어법이若菩薩心住於法而 …"의 정확한 번역은 "만약 보살이 마음을 법에 머물게 하여"가 될 것이지만, 문의의 부드러움을 위하여 약간 달리 번역하였다.

14-17. 須菩提! 當來之世, 若有善男子善女人,
수보리 당래지세 약유선남자선여인

能於此經受持讀誦, 則爲如來以佛智慧悉
능어차경수지독송 즉위여래이불지혜실

知是人, 悉見是人, 皆得成就無量无邊功
지시인 실견시인 개득성취무량무변공

德。
덕

14-17. 수보리야! 앞으로 오는 세상에 선남자 선여인이 있어, 능히 이 경을 받아 지니고 열심히 읽고 외우면, 여래는 깨달은 자의 지혜로써 이 사람을 다 알고, 이 사람을 다 보나니, 이 모든 이들이 헤아릴 수 없고 가없는 공덕을 성취할 수 있으리라."

[강해] 진실로 진실로 나 이르노니, 종교를 불문하고 이념을 불문하고 학문을 불문하고 귀천을 불문하고 빈부를 불문하고 남녀를 불문하고 노소를 불문하고, 헤아릴 수 없고 가없는 공덕을 성취하시옵기를 비옵나이다.

持經功德分　第十五
지 경 공 덕 분　　제 15

15-1. "須菩提! 若有善男子善女人, 初日分以恒
　　　　수보리　약유선남자선여인　초일분이항

河沙等身布施, 中日分復以恒河沙等身布
하 사 등 신 보 시　중일분복이항하사등신보

施, 後日分亦以恒河沙等身布施。如是無
시　후일분역이항하사등신보시　여시무

量百千萬億劫以身布施。若復有人聞此經
량 백 천 만 억 겁 이 신 보 시　약 복 유 인 문 차 경

典信心不逆, 其福勝彼。何況書寫受持讀
전 신 심 불 역　기 복 승 피　하 황 서 사 수 지 독

誦爲人解說!
송 위 인 해 설

제15분　경을 외우는 공덕

15-1. "수보리야! 여기 만약 선남자 선여인이 있어, 아침 나절에 갠지스강의 모래 수만큼의 몸을 바쳐 보시하고, 또 점심 때 갠

지스강의 모래 수만큼의 몸을 바쳐 보시하고, 다시 또 저녁 때 갠지스강의 모래수 만큼의 몸을 바쳐 보시한다 하자! 그리고 또 이와 같이 매일 매일 헤아릴 수 없는 백천만억 겁의 시간 동안을 몸바쳐 보시한다 하더라도, 만약 또 어떤 사람이 있어, 이 경전을 듣고 믿는 마음이 우러나와 거슬리지 않는다면, 바로 이 사람의 복이 저 사람의 복을 이기리니. 하물며 이경을 베껴 쓰고, 받아 지니고, 읽고 외워 남에게 해설해주는 사람들에게 있어서랴!

[강해] 앞서 언급했듯이 뜻글자를 가진 중국문명은 비디오를 중시한다고 했다. 허나 인도문명은 알파벳으로 된 소리글자며, 중국어와는 달리 비성조의 굴절언어이다. 따라서 오디오가 더 중시되는 전통을 가지고 있다. 즉 눈에서 눈으로 전달되는 것보다는 귀에서 귀로 전달되는 것이 더 중요한 의미전달의 수단이라는 뜻이다. 문명사적으로 볼 때는 인도문명과 중국문명을 비교할 때, 상대적인 평가이겠지만, 인도는 음악전통이 강하고, 중국은 회화전통이 강하다. 이 『금강경』을 통하여 계속 나오고 있는 이 "수지受持"라는 낱말은 내가 "받아 지닌다"고 그냥 뜻대로 풀었지만, 그것은 "dhārayati"에 해당되는 말로써, 실제적 의미는 귀로 듣고 기억한다는 뜻이다. 즉 "memorization"이다. 다시 말해서 가르침을 내 마음속으로 받아들여 간직한다는 것이며, 이것이 곧 암기한다는 뜻이 되는 것이다. "경"의 세계는 인간의 마음을 매개로 하여 전달되는 것이다. 따라서 암기 이상의 위대한 신앙행위는 없는 것이다. 그것은 신의 소리를 내 마음에 새기는 작업인 것이다.

"초일분初日分,"중일분中日分,"후일분後日分"은 이미 제1분 제2
절에서 "밥 때"(식시食時) 이야기를 할 때 이미 언급되었다. 하루를 삼
분三分해서 생각하는 인도인의 생활습관을 나타낸 말이다. 그런데
정확한 시간이 규정되어 있다기보다는, 아침, 점심, 저녁 정도의 아
주 느슨한 개념이다. 즉 초일분·중일분·후일분을 합치면 "하루종
일"의 뜻이 된다. 즉 "하루종일 쉼이 없이 몸바쳐 보시한다"는 뜻이다.

"무량백천만억겁無量百千萬億劫"의 원어는 "bahūni kalpa-koṭi-
niyuta-śata-sahasrāṇi"다. "kalpa"는 "겁劫"으로 음역되며, "무한히 긴
시간"을 뜻한다. "koṭi"는 "십만十萬,"억億"으로 번역된다. "niyuta"
는 "nayuta"라고도 하는데, "조兆,"나유타那由他"로 번역된다.
"śata"는 "백百"이며, "sahasra"는 "천千"이다. 원문을 직역하면, "백
百의 천千의 십만十萬의 조兆의 수많은 겁劫"인데, 이는 "백百 곱하
기, 천千 곱하기, 십만十萬 곱하기, 조兆 곱하기의 그만큼의 겁劫"이
란 뜻이다. 이것은 즉 인간의 상상을 절絶하는 무한의 시간을 가리
키는 것이다. 인도인들의 과장법의 벽, 아니, 그 공상의 스케일, 아니,
그런 엄청난 스케일에서 놀기를 좋아하는 여유를 나타내는 말이다.

15-2. 須菩提! 以要言之, 是經有不可思議不可稱
수 보 리　이 요 언 지　시 경 유 불 가 사 의 불 가 칭

量無邊功德。如來爲發大乘者說, 爲發最上
량 무 변 공 덕　여 래 위 발 대 승 자 설　위 발 최 상

乘者說。
승 자 설

15-2. 수보리야! 요약하여 말하건대, 이 경은 가히 생각할 수도 없고 가히 헤아릴 수도 없는 가없는 공덕을 지니고 있으니, 여래는 이를 큰 수레에 발심한 자를 위하여 설하고, 가장 좋은 수레에 발심한 자를 위하여 설하느니라.

강해 최상의 지혜는 최상의 지혜를 추구하는 자들을 위하여 설하여질 수밖에 없는 것이요, 깨달음의 지혜는 깨달음을 추구하는 자들을 위하여 설하여질 수밖에 없다.

여기 "대승大乘"이라는 표현이 나오고 있으나 산스크리트 원문에는 "mahāyāna"라는 표현은 없다. 즉 그런 식으로 개념화되고 있질 않다. "이것 위로는 아무것도 없는 도道를 향하는 사람들"이란 표현만 있다. 그리고 "소승小乘"과 짝지어 대비되고 있지도 않다.

여기 "불가사의不可思議"란 말이 나오는데, 우리 일상언어에서 "불가사의"란 말은 "이해가 되기 어려운 기묘한" "신비로운"의 상투적 의미를 담고 있지만, 이는 본시 한역불전의 매우 특이한 개념임을 유념할 필요가 있다. 이것은 인간의 언어개념이 격절되는 세계에 대한 형용이다. 따라서 "불가사의경계不可思議境界"라든가, "불가사의공덕不可思議功德"이라든가 "불가사의해탈不可思議解脫" 등의 표현이 성립한다. 황똥메이 교수가 그의 강의 대승불교시간에 그토록 즐겨 썼던 말이었다. 산스크리트어 "acintya"에 해당되는 불교전문용어임을 기억해주면 좋겠다.

15-3. 若有人能受持讀誦, 廣爲人說, 如來悉知是
　　　약유인능수지독송　광위인설　　여래실지시

人, 悉見是人, 皆得成就不可量不可稱無有
인　실견시인　개득성취불가량불가칭무유

邊不可思議功德。如是人等, 則爲荷擔如來
변불가사의공덕　　여시인등　즉위하담여래

阿耨多羅三藐三菩提。
아뇩다라삼먁삼보리

15-3. 여기 만약 어떤 사람이 있어 이 경을 받아 지니고 읽고 외워,
널리 사람들을 위하여 이를 설한다면, 여래는 이 사람을 다 알고,
이 사람을 다 보나니, 이 사람은 헤아릴 수 없고 잴 수 없고 가
없는 불가사의공덕을 성취할 수 있으리라. 이와 같은 사람들은
여래가 깨달은 아뇩다라삼먁삼보리를 스스로 깨닫게 되리라.

보기 강해 　 "광위인설廣爲人說"의 "광廣"자 같은 표현은 좀 후대의 전도
주의적 성격(evangelistic tone)이 강화된 표현이다.

성서의 4복음서에도 이와 같은 전도주의적 입장은 강하게 나타나
있지 않다. 「마가복음」의 끝머리에 나타나는 "너희는 온 천하에 다
니며 만민에게 복음을 전파하라."(16:15)는 이야기도 원래 「마가복
음」에 없던 텍스트로 후대에 구성되어 삽입된 것이다. 재미있게도
공관복음서共觀福音書의 원형(제일 먼저 쓰여짐, AD 65~75?)으로 간주
되는 「마가복음」에는 "예수의 부활"이나 "부활현현"에 대한 아무런
언급도 없다. 보통 "땅끝까지 전파하라"운운하는 따위의 전도주의

는 「사도행전」 첫머리에 나온 말이다(1:8). 모두 종단조직의 이해와 관계되는 말이다.

이 절에서는 "불가사의不可思議"가 개념화되어 있으므로 그 뜻을 풀어 번역하지 않았다. "불가사의공덕不可思議功德"은 물론 무슨 신비스러운 공덕이 아니라, **인간의 언어가 단절된 무아無我의 공덕**을 이름이다.

끝 귀에 나오는 "하담荷擔"은 "걸머멘다"는 의미인데, 해당되는 원문은 "samāṃśena bodhiṃ dhārayiṣyanti"로 되어 있다. 우이 하쿠쥬宇井伯壽, 1882~1963(타카쿠스高楠順次郎의 제자. 옥스포드대학에 유학. 동경제대 교수가 됨. 인도철학의 대가. 나카무라는 그의 제자)는 한역漢譯에 의거하여 "samāṃśena"를 "svāṃśena"의 오사誤寫로 보고 있다. 그렇게 되면 그 뜻은 "자기의 어깨로써 보리를 걸머진다"가 된다. 콘체의 번역은 "All these beings, Subhuti, will carry along an equal share of enlightenment."로 되어 있다.

티베트역문譯文은 "일체중생은 자기의 깨달음을 어깨에 멘다"이다. 그 뜻을 종합해보면, "자기자신의 노력과 힘으로 깨달음을 얻는다"는 뜻이 내포되어 있다. "어깨에 멘다"는 관용구적 용법이 우리 독자에게 잘 전달되지 않으므로 나는 "여래가 깨달은 아뇩다라삼먁삼보리를 스스로 깨닫는다"로 의역하였다.

"어깨에 멘다"는 것은 내 자신의 것으로 한다, 내 자산으로 만든다,

내 힘으로 삼는다의 뜻이다. 그러나 그것은 오직 내 스스로의 힘으로 이루어야 한다. 불교에는 자력自力과 타력他力, 모든 가능성이 공존共存한다. 그러나 대승은 철저한 자력自力의 믿음 위에 서있다.

15-4. 何以故? 須菩提! 若樂小法者, 著我見人見
하이고   수보리   약낙소법자   착아견인견

衆生見壽者見, 則於此經不能聽受讀誦爲
중생견수자견   즉어차경불능청수독송위

人解說。
인해설

15-4. 어째서 그러한가? 수보리야! 작은 법에 만족하는 자들은 아견 · 인견 · 중생견 · 수자견에 집착하게 되므로, 이 경을 들어 자기 것으로 하지도 못하고, 읽고 외워 남을 위하여 해설하지도 못하게 되느니라.

강해 "낙소법자樂小法者"는 소승을 간접적으로 지칭한 말이다. 즉 당대의 아라한을 추구하는 부파불교의 비구들을 가리킨 말이다. 산스크리트 원문에는 소법小法의 법法에 해당되는 말이 없다. 한역의 "낙소법자樂小法者"는 "작은 법을 즐기는 자들"로 직역되지만, "작은 법에 만족하는 자들"로 표현을 달리하였다.

"아상我相"이 "아견我見"으로 바뀌어 있다. "아견我見"은 "내가 실체로서 있다고 하는 견해"의 뜻이다.

아견我見에 집착하게 되면 이 경經을 들어 자기 것으로 하지도 못하고(청수聽受) 남을 위하여 해설할 수도 없다는 것은 만고의 명언이다. 그리고 이것은 우리가 학문(학문의 원형은 "문학問學"이다. 묻고 배움)을 하는 기본자세에 관한 것이다. 우선 내가 없어야 남의 말이 들린다. 이것은 내 줏대를 없애라는 말이 아니다. 우선 남의 말을 들으려면 내 마음을 비워야 하는 것이다. 많은 사람들이 나 도올이 지식이 많다고 말하는데, 나는 지식이 없다. 단지 내 서재에 책이 많아 그 책에 있는 정보들을 활용할 뿐이다. 단지 내 마음이 비어있기 때문에 많은 지식을 담을 수 있고, 남의 말들을 편견 없이 있는 그대로 주워담을 수 있을 뿐이다. 이 점『금강경』을 읽는 젊은이들이 명심하여 학문하는 방법의 가장 근원적인 자세로 삼아 주었으면 한다.

젊었을 때, 교회도 가고 절에도 가고, 설교도 들어보고 설법도 들어보고, 하나의 신앙체계에 고착되는 것보다는 아상·인상을 없애는 "허기심虛其心"(『노자老子』 3장)의 공부를 하는 것이 훨씬 더 유익할 것이다.

15-5. 須菩提! 在在處處若有此經, 一切世間天人
수 보 리　　　재 재 처 처 약 유 차 경　　일 체 세 간 천 인

阿修羅所應供養。當知此處則爲是塔, 皆應
아 수 라 소 응 공 양　　　당 지 차 처 즉 위 시 탑　　개 응

恭敬作禮圍繞以諸華香而散其處。"
공 경 작 례 위 요 이 제 화 향 이 산 기 처

15-5. 수보리야! 어느 곳에든지 이 경이 있게 되면 바로 그곳이 일체세간의 하늘과 인간과 아수라가 기꺼이 공양하는 곳이라. 마땅히 알지니라! 이곳이 곧 탑이라는 것을! 모두가 기꺼이 공경하는 마음으로 절을 드리고 주위를 돌면서 온갖 꽃의 향기로써 그곳에 흩으리라."

강해 앞서 말했듯이, 이 마지막 절의 멧세지는 "교회론"의 궁극적 해결이다. 교회라는 조직에 집착하는 자들은, 교회는 지상에 이미 도래한 천국天國이며 교회를 통하지 않고서는 구원의 길이 없다고 말하는 아우구스티누스Augustine of Hippo, AD 354~430(초기 호교론자) 류의 교회론의 도그마에 빠져있는 자들은, 그리고 현실적으로 교회라는 조직을 관리해야만 생계를 해결할 수 있는 구조 속에 들어가 있는 우리나라 목사님들은, 이러한 『금강경』의 말씀을 두려워한다. 그러나 조선의 청년들이여! 마음을 가라앉히고 곰곰이 생각해보라! 무엇이 참 진리인 것인가를! 사도바울 선생은 평생을 "천막지기"(tent-maker: 어릴 때 교회에서 쓰던 말. "짓다"라는 동사에서 온 듯)로, 신도로부터 금전 한 푼 취함이 없이 홀로 사시지 않으셨던가? 『금강경』의 이 말씀, 그 얼마나 아름다운 표현인가?

성경구절 한 구절이 있는 바로 그 곳이 탑이요 십자가요 절이요 교회다! 어디 교회가 따로 있을 수 있을손가? 이것은 양천년兩千年 두 밀레니엄 동안을 내려온 엄연한 "지혜의 전통"이다. 바로 진리의 말씀이 있는 바로 그 곳이 탑이요 십자가요, 모든 사람과 신과 천사가 그 주위를 경배하고 아름다운 꽃의 향기로써 성화聖化하리라!

  야곱이 돌베개를 쌓은 곳이 어디 씨멘트 건물 속이었던가? 예수
가 사탄의 시험을 받은 고난의 간증처가 바로 허허 벌판 광야가 아
니었던가? 세례 요한이 대승의 구원을 외친 곳이 그 푸른 물결이 넘
실거리는 요단강이 아니었던가? 사막의 이사야 선지자는 그 미세한
주님의 음성을 어디서 들었는가? 드높은 고딕성당의 파이프오르간
울림통에서라도 들었단 말인가? 어찌하여 대형교회로만 가는가?
어찌하여 허리띠 졸라매어 연보돈만 내는 것이 신앙이라 생각하는
가? 조선의 순결한 심령들이여! 그대들의 푸른 화단에 그대들의 성경
한 구절을 심으라! 그 곳이 곧 드높은 교회당보다 더 드높은 믿음과
소망과 사랑의 회당이 되리니.

  "공양供養"이란 말은 "pūjā"의 역어인데, 그 원의는 "존경하는 마
음으로 간절히 대접한다"는 뜻이다. 종교적으로 위대한 경지에 간
사람들에게 공경스럽게 자구資具 등을 제공하는 것을 말한다. 초기
교단에서는 음식飮食, 의복衣服, 와구臥具, 탕약湯藥의 사사공양四事
供養이 설설說하여졌으나, 후대에 내려오면서 여러 공양의 개념이 발전
하였다.

能淨業障分　第十六
능 정 업 장 분　제 16

16-1. "復次須菩提! 善男子善女人受持讀誦此經,
　　　　복 차 수 보 리　선 남 자 선 여 인 수 지 독 송 차 경

若爲人輕賤, 是人先世罪業應墮惡道。以今
약 위 인 경 천　시 인 선 세 죄 업 응 타 악 도　이 금

世人輕賤故, 先世罪業則爲消滅, 當得阿耨
세 인 경 천 고　선 세 죄 업 즉 위 소 멸　당 득 아 녹

多羅三藐三菩提。
다 라 삼 막 삼 보 리

제16분　더러운 업을 항상 깨끗이

16-1. "이제 다음으로 수보리야! 선남자 선여인이 이 경을 받아 지
니고 읽고 외울 때에 이로 인하여 사람들에게 경시당하고 핍
박을 받는다면 이는 전생에 지은, 지옥에 떨어지게 될지도 모
르는 죄업 때문일 것이다. 그러나 바로 지금 세상의 사람들이
이 사람을 경시하고 핍박하기 때문에 곧 전생의 죄업이 소멸할
것이요, 그래서 반드시 아뇩다라삼먁삼보리의 깨달음을 얻을
것이다.

[강해] 그 내면적 뜻의 정확한 논리구조에 따라 의역한 것이다. 문법적 구조만 그대로 따르면 무슨 말인지 확연히 이해하기 어렵다.

대륙의 합리론 전통과 영국의 경험론 전통을 종합하여 대성한 계몽주의 사상의 완성자完成者, 임마누엘 칸트Immanuel Kant, 1724~1804는 그의 대저『실천이성비판實踐理性批判』에서 인간의 도덕적 행위와, 그 행위에 대한 사회적 보상이나 현실적 결과 사이에 존재하는 괴리의 문제를 아주 심도있고 고민스럽게 파헤치고 있다. 간략히 말하면, 도덕(moral conduct)과 행복(happiness)의 괴리의 문제를 분석하고 있는 것이다.

우선 칸트는 도덕은 상식이라는 전제를 깔고 있다. 우리의 직관적 상식은 건전한 도덕의 궁극적 기준이 무엇인지를 알고 있다는 것이다. 도덕철학의 임무는 이 궁극적 기준을 명료하게 명시하는 작업일 뿐이다. 칸트는 이것을 정언명령定言命令(kategorischer Imperativ)이라 불렀다. 그것은 어떤 조건하에서만 타당한 가언명령假言命令(hypothetischer Imperativ)이 아닌 무조건적 명령이요, 절대적 명령이다.

칸트는 인간이 결코 행복하기 위해서 사는 것이 아니라, 바로 이 정언명령의 의무를 실천하기 위해서 산다고 생각한다. 과연 내가 행복하기 위해서만 사는가? 그럼 이 시간에도 이 고생하고 원고 쓰는 짓을 포기하고 저 천고마비天高馬肥의 푸른 하늘 아래 신나게 여행이라도 하련만! 하여튼 "행복"이 무엇인가 하는 문제는 보다 깊은 고려가 필요하다.

그러나 가장 결정적인 문제는 내가 아무리 나의 도덕의지(ein guter Wille)를 실천하고 산다고 해도, 바로 그러한 삶이 나에게 불행을 가져오는 상황! 이것은 현실적으로 우리가 얼마든지 경험할 수 있는 괴리며, 이 문제로 인해 우리의 모든 "억울함"의 느낌이 발생한다.

칸트는 이 "억울함"의 느낌을 해소하기 위한 유일한 방도로서 신神을 "요청"(postulation)하지 않을 수 없다고 생각한다. 신에 의하여 그의 미래적 삶에 있어서 오늘의 선행에 대한 보상이 있으리라는 보장이 이루어지지 않는다면, 우리는 결코 "도덕의 근거"를 확보하는데 실패할 수밖에 없다고 말한다. 칸트의 "신의 요청"은 사실 불교에 있어서 "윤회의 요청"과 동일하다. 무르띠T. R. V. Murti(바나라스 힌두대학 철학교수. 동국대 원의범 교수의 선생)는 불교의 중심철학인 중관사상中觀思想의 종합을 칸트의 순수이성적 종합으로 보았지만, 그보다 불교와 칸트가 더 잘 대비될 수 있는 영역은 실천이성 영역인 것이다. 그 불교적 해결의 가장 명료한 논리가 바로 이 16분 1절에 잘 드러나 있다.

흔히 우리가 일상적으로 쓰는 말에 "좋은 일 하면 손해본다"라는 말이 있다.

인因	과果
좋은 일 하면	손해 본다
조건절	주 절

"좋은 일 하면, 손해 본다"에서 좋은 일 하는 행위는 손해 보는 것의 조건이 되며, 따라서 "좋은 일 함"이 원인이 되고 "손해 봄"이 결과가 된다는 것이 우리의 분석의 상식적 구조이다. 그래서 이 인과관계가 억울하게 느껴진다는 것이다. 그러나 여기에 윤회연기를 도입하면 이러한 우리의 추론은 단연코 깨어지고 만다. 여기서의 인과관계의 설정이 너무 협애한 현재적 시점에만 국한되어 그 연기적 실상의 전체를 간과하고 있다는 것이다. 즉 현재 내가 좋은 일을 하고 있는 행위는 미래 어느 시점에선가 반드시 선과善果를 거둘 것이며, 현재 내가 손해를 보고 있다는 악과惡果는 과거의 나의 악업惡業의 결과일 뿐이라는 것이다.

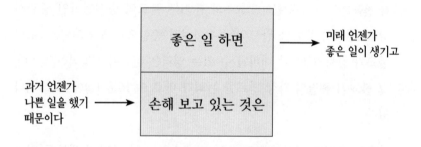

다시 말해서 우리는 우리의 행위의 인과관계를 기나긴 윤회의 과정 속에서 넓게 설정해야 한다는 것이다. 따라서 "좋은 일 하면 손해 본다"라는 우리의 현실적 판단은 옳은 듯하지만, 결코 옳지 못하다는 것이다. 이것은 반드시 미신적인 전생이나 후생을 이야기하지 않아도, 나의 삶에 있어서 내가 지금 받고 있는 고통이 곧 나의 현재적 행위의 결과라는 생각을 지양하는데 보다 포괄적인 인식의 지평을 제공하는 훌륭한 논리구조인 것이다.

그러기 때문에 좋은 일 해서 손해 보기 때문에 좋은 일을 안할 것이 아니라, 손해 보든 말든 반드시 선업善業을 계속 쌓아가는 행위야말로 나의 삶의 정언명령이라는 것이다.

이 절은 바로 선남자 선여인이 『금강경』의 실천으로 인해 현시적으로 핍박을 받는다 해도 그것은 과거 악업의 결과일 뿐, 오히려 그러한 핍박으로 인해 나의 전생의 죄업이 다 씻기고 반드시 아뇩다라삼먁삼보리를 얻으리라고 하는 희망에 찬 찬란한 멧세지를 우리에게 던지고 있는 것이다.

16-2. 須菩提! 我念過去無量阿僧祇劫, 於然燈佛
수보리 아념과거무량아승기겁 어연등불

前, 得値八百四千萬億那由他諸佛, 悉皆供
전 득치팔백사천만억나유타제불 실개공

養承事無空過者。
양승사무공과자

16-2. 수보리야! 내 돌이켜 생각해보니, 과거의 헤아릴 수도 없는 아
승기의 겁의 기나긴 시간 동안에, 연등부처님을 뵈옵기 전에도
이미 팔백사천만억 나유타 수의 많은 부처님을 뵈올 수 있었고,
또 이 분들을 공양하고 섬김에 조금도 헛된 세월이 없었어라.

강해 "아승기阿僧祇"는 "asaṃkhya"(아삼캬)의 음역이며, 그 뜻은 "셀 수 없음"의 의미다. "무수無數," "무앙수無央數"로 한역漢譯된다.

일정한 수치로서는 10의 59승 혹은 56승으로 알려져 있다. 너무 거대한 수들이기 때문에 때로 정확한 규정이 없다. 여기서는 겁劫의 시간을 상상할 수도 없을 만큼 늘려놓은 시간개념이다. "아승기겁阿僧祇劫," "아승기수阿僧祇數" 등의 표현이 『법화경法華經』 등에도 보인다.

"나유타那由他"는 1,000억에 해당되는 매우 큰 수량의 단위. 여기서는 부처님의 숫자를 나타내는 개념으로 쓰였다. "팔백사천만억나유타八百四千萬億那由他"에 해당되는 산스크리트 원문의 뜻은 "팔십사八十四의 백천억조배百千億兆倍"의 의미로 되어 있다. 불교에서는 다수를 나타낼 때 큰 수의 앞에 팔십사八十四를 곱하는 관용적 습관이 있다. 한역은 "팔백사八百四"로 되어 있다.

16-3. 若復有人, 於後末世, 能受持讀誦此經所得
　　　약 복 유 인　어 후 말 세　능 수 지 독 송 차 경 소 득
　　　功德, 於我所供養諸佛功德, 百分不及一,
　　　공 덕　어 아 소 공 양 제 불 공 덕　백 분 불 급 일
　　　千萬億分乃至算數譬喻所不能及。
　　　천 만 억 분 내 지 산 수 비 유 소 불 능 급

16-3. 여기 또 한 사람이 있어, 오는 말세에 이 경을 잘 받아 지니고 읽고 외워서 공덕을 쌓는다면, 그 공덕에는 내가 과거세에서 그 많은 부처님들을 공양했던 그런 공덕이 그 백분의 일도 미치지 못할 뿐 아니라, 천만억분의 일 내지 어떠한 숫자의 비유로도 그에 미치지 못하리라.

강해 이것은 부처님의 겸손의 말이 아니다. 우리는 확실히 알아야 한다. 어떠한 종교적 행위의 축적도 단 한 순간의 깨달음의 가치에 미치지 못한다고 하는 이 래디칼한 『금강경』의 멧세지야말로 모든 관습의 루틴에 빠진 종교인들에게 벼락을 내려치고 있는 일갈일 것이다.

16-4. 須菩提! 若善男子善女人, 於後末世, 有受
　　　수보리　약선남자선여인　어후말세　유수

持讀誦此經, 所得功德, 我若具說者, 或有
지독송차경　소득공덕　아약구설자　혹유

人聞, 心則狂亂狐疑不信。須菩提! 當知是
인문　심즉광란호의불신　수보리　당지시

經義不可思議, 果報亦不可思議。"
경의불가사의　과보역불가사의

16-4. 수보리야! 선남자 선여인이 법이 쇠퇴한 먼 훗날에도 이 경을 받아 지니고 읽고 외울지니, 그 때 그들이 얻을 수 있는 공덕을 내가 만약 자세히 다 말한다면, 보통 사람들은 그것을 듣고 마음이 미쳐 흐트러지거나, 반신반의하여 믿으려 들지 않을 것이다. 수보리야! 마땅히 알지라! 이 경의 뜻은 불가사의하며 그 과보 또한 불가사의하다는 것을!"

강해 이 절의 마지막 한마디는 마이스터 엑카르트Meister Eckhart, c. 1260~1328의 신비주의를 연상케 한다. 모든 신비주의는 신神(God)이라는 언어를 넘어서 신성神性(Godhead) 그 자체로의 접근을 시도

한다. 나 개인의 영혼과 신과의 합일合一을 추구한다. 그러나 그 구극에 있어서는 이러한 합일合一조차도 거부되는 단절이 드러난다. 신과 나라는 모든 실체가 거부되어야 하는 것이다.

『금강경』의 지혜는 불가사의한 것이다. 모든 지혜의 신비는 주관과 객관, 주부와 술부의 대립이 해소되는 자리에 서있다. 어떠한 언어도 그 자리에 진입할 수 없다. 그것은 진입될 수 없는 전체인 것이다. 그것은 불가분할不可分割이요, 그래서 불가사의不可思議한 것이다.『금강경』은 아주 상식적인 이야기처럼 들린다. 그러나 『금강경』의 지혜는 우리의 상식으로 영원히 미칠 수 없는 불가사의의 세계에 서있는 것이다. 위대하도다! 『금강경』의 신비여!

"호의狐疑"는 『초사楚辭』나 『한비자韓非子』에 나오는 선진고경先秦古經의 언어로, 의심이 깊어 결심決心이 서지 않는 모습을 나타낸다. 여우가 초봄에 언 강물을 건너지 못하고 주저주저하는 모습에서 그 뜻이 유래되었다.

통석 다음 제17분부터는, 제2분에서 제기되었던 질문, "운하항복기심云何降伏其心"(어떻게 그 마음을 항복받아야 하오리까?)이 반복되면서 다시 여태까지의 모든 논의들이 반복되어 전개되어 나가기 때문에 바로 이 16분에서 『금강경』의 전반前半이 끝나고, 17분부터는 전반의 내용이 반복되는 후반後半으로 간주한다. 그러나 『금강경』을 이렇게 바라보는 것은 그 텍스트에 대한 관점이 너무

상투적인 데서 야기되는 오류이다. 콘체의 말대로 전반이 끝난다면, 제13분 2절에서 끝난다고 보는 것이 정당하다. 그리고 그 후의 14분, 15분, 16분은 그 나름대로의 독립적 유기성을 지니는 다른 장르의 작품들이다. 그러니까 앞으로 오는 17분도 내가 보기에는 그런 성격의 유기적 단일체로 보아야 할 것이다. 우리가 복음서를 말할 때, 「마태」나 「마가」, 「누가」, 「요한」, 그 하나만을 말하지 않는다. 그 네 개의 중복되는 것들이 나열되어 모두 함께 예수의 복음의 멧세지의 전체를 구성하는 것이다. 금세기의 명화, 쿠로사와의 『라쇼몬』도 동일한 사건에 대한 여러 사람들의 이야기의 중복으로 구성되어 있다. 이 『금강경』의 편집체계는 바로 이러한 중복의 정직성과 다양성과 변주성을 고려하면서 이루어진 것이다.

究竟無我分 第十七
구 경 무 아 분   제 17

17-1. 爾時, 須菩提白佛言: "世尊! 善男子善女人,
이시 수보리백불언   세존 선남자선여인

發阿耨多羅三藐三菩提心, 云何應住? 云
발 아 녹 다 라 삼 막 삼 보 리 심   운 하 응 주   운

何降伏其心?"
하 항 복 기 심

제17분 지혜의 궁극은 나가 없음

17-1. 이 때에, 수보리가 부처님께 사뢰어 말하였다: "세존이시여! 선남자 선여인이 아뇩다라삼먁삼보리의 마음을 냈으면, 어떻게 마땅히 살아야 할 것이며, 어떻게 그 마음을 항복받아야 하오리까?"

강해 해인사본은 목판본이기 때문에 각刻의 시간과 수고를 덜기 위해 약자略字나 속자俗字를 많이 썼다. 그 예例는 이爾 → 尒, 만萬 → 万, 무無 → 无, 호號 → 号, 장莊 → 庄, 소所 → 所, 차此 → 乢, 타陀 → 陁 등이다. 처음에 나오는 이시爾時의 "이爾"는 예외없이 다 "이尒"로 되어 있다. 본 『금강경』이 앞으로 두고두고 많은 사람에게 정본正本으로서 읽히게 될 상황을 고려하여, "무无"를 제외한 모든 글자는 정자正字로 환원하였다.

제2분 3절에는 "응운하주應云何住"로 되어 있었으나, 여기서는 "운하응주云何應住"로 되어 있다. 상통相通하는 용법用法이다.

17-2. 佛告須菩提: "善男子善女人, 發阿耨多羅
　　　　불고수보리　　선남자선여인　발아뇩다라

三藐三菩提者, 當生如是心, 我應滅度一切
삼먁삼보리자　당생여시심　아응멸도일체

眾生, 滅度一切眾生已, 而无有一眾生實滅
중 생　멸 도 일 체 중 생 이　이 무 유 일 중 생 실 멸

度者。
도 자

17-2. 부처님께서 수보리에게 이르시되: "선남자 선여인으로 아뇩다
라삼먁삼보리를 발하는 자는 반드시 이와 같은 마음을 낼
지어다: '나는 일체중생을 멸도한다 하였으나 일체중생을 다
멸도하고 보니 실로 멸도를 한 중생이 아무도 없었다'라고.

강해　전체적으로 2·3분의 내용을 압축한 것인데 그 문자를 사용
함이 아주 절묘하게 경제적이고, 그 변주의 느낌이 아주 새롭다.

1절에는 아뇩다라삼먁삼보리 다음에 "심心"이 있으나 본절에는
"심心"이 없다. 송본宋本·원본元本·명본明本 모두 "심心"이 들어가
있으나, 우리 해인사본本에는 "심心"이 없다. 그러나 해인사본은 뒤
에 "당생여시심當生如是心"이라는 말이 따라오기 때문에 그 중복을
피하여 심心을 뺀 것이며, 이것이 라집역의 원 모습임이 분명하다.
『대정』은 우리 해인사본을 따랐다. 세조본, 우리나라 통용본들(이기
영, 무비, 석진오 등)은 모두 "심心"을 삽입하고 있다.

17-3. 何以故? 須菩提! 若菩薩有我相人相眾生
하 이 고　　수 보 리　　약 보 살 유 아 상 인 상 중 생

相壽者相, 則非菩薩。所以者何? 須菩提!
_{상 수 자 상 즉 비 보 살   소 이 자 하   수 보 리}

實無有法發阿耨多羅三藐三菩提者。
_{실 무 유 법 발 아 녹 다 라 삼 먁 삼 보 리 자}

17-3. 어째서 그러한가? 수보리야! 만약 보살이 아상이나 인상이나
중생상이나 수자상이 있으면 곧 보살이 아니기 때문이다. 그
까닭이 무엇이뇨? 수보리야! 아뇩다라삼먁삼보리를 발한다고
하는 법이 실로 따로 있는 것이 아니기 때문이다.

[강해] 이 절의 끝에 나오는 발아뇩다라삼먁삼보리發阿耨多羅三藐三
菩提 다음에도 "심心"이 없다. 세조언해본에는 있는데, 우리나라 통용
본들이 모두 이 언해본류의 조잡한 개악改惡판본을 따르고 있기 때문
에 일제히 "심心"을 삽입하고 있다. 『대정』만이 우리 해인사본을 따르
고 있다. 일본사람들은 정확하게 우리 『고려대장경』판본을 따르고
있는데, 우리 한국사람들은 아무도 우리 자신의 해인사판본을 따르고
있지 않다는 이 기초적인 오류를 도대체 무엇으로 설명해야 할 것인가?

17-4. 須菩提! 於意云何? 如來於然燈佛所, 有法
_{수 보 리 어 의 운 하   여 래 어 연 등 불 소   유 법}

得阿耨多羅三藐三菩提不?" "不也。世尊!
_{득 아 녹 다 라 삼 먁 삼 보 리 불   불 야   세 존}

如我解佛所說義, 佛於然燈佛所, 無有法得
_{여 아 해 불 소 설 의 불 어 연 등 불 소   무 유 법 득}

阿耨多羅三藐三菩提。"
_{아 녹 다 라 삼 먁 삼 보 리}

17-4. 수보리야! 네 뜻에 어떠하뇨? 여래가 연등부처님의 곳에서 아뇩다라삼먁삼보리를 얻을 만한 법이 있었느냐? 있지 아니 하였느냐?" "있지 아니하였나이다. 세존이시여! 제가 부처님 께서 말씀하신 바의 뜻을 이해하기로는, 부처님께서 연등부처 님의 곳에서 아뇩다라삼먁삼보리를 얻을 만한 법이 따로 있지 아니하옵니다."

17-5. 佛言: "如是如是。須菩提! 實無有法如來
　　　불언　　여시여시　수보리　실무유법여래

得阿耨多羅三藐三菩提。
득아뇩다라삼먁삼보리

17-5. 부처님께서 말씀하시었다: "그렇다! 그렇다! 수보리야! 여래 가 아뇩다라삼먁삼보리를 얻는다고 하는 그런 법이 도무지 있지 아니한 것이다.

[강해] 앞에서 10분에서 말한 주제가 더 상세하게 전개되고 있다. 그리고 10분에서는 언급이 없었던 수기授記(vyākaraṇa)의 구체적 상황과 그 의미가 되씹어지고 있다.

17-6. 須菩提! 若有法如來得阿耨多羅三藐三菩
　　　수보리　약유법여래득아뇩다라삼먁삼보

提者, 然燈佛則不與我受記, 汝於來世當得
리자　연등불즉불여아수기　여어내세당득

作佛, 號釋迦牟尼。以實无有法得阿耨多羅
작불   호석가모니   이실무유법득아뇩다라

三藐三菩提, 是故然燈佛與我受記作是言,
삼막삼보리   시고연등불여아수기작시언

汝於來世當得作佛, 號釋迦牟尼。
여어내세당득작불   호석가모니

17-6. 수보리야! 만약 여래가 아뇩다라삼먁삼보리를 얻는다고 하는
그런 법이 있다고 한다면, 연등부처님께서 나에게 수기를 내
리시면서, 너는 내세에 반드시 석가모니라 이름하는 훌륭한
부처가 되리라고 하지 않으셨을 것이다. 진실로 아뇩다라삼
먁삼보리를 얻는다고 하는 법이 없기 때문에, 연등부처님께서
나에게 수기를 내리시면서, 너는 내세에 반드시 석가모니라
이름하는 훌륭한 부처가 되리라고, 이런 귀한 말씀을 해주신
것이다.

[강해] 명본明本에는 고려본의 "수기受記"가 "수기授記"로 되어 있다.
일반불교용어로 말할 때는 "수기授記"라는 표현이 보편적으로 쓰인
다. 그런데 "수기授記"라는 표현은 문자 그대로 "기記(증거, 확약, 표
시)를 준다(수授)"는 뜻이다. 즉 "수기授記"라 할 때는 수授가 "준다"
는 타동사이고 기記가 그 목적이 되는 것이다. 그러나 여기서 "수기
受記"라는 표현은 그 전체가 여與라는 수여동사의 직접목적이 되어
있다. "여수기與受記"는 "기를 받음을 허락한다," "받을 기를 주다"
가 된다. 따라서 우리 해인사본에서는 수授자를 안쓰고 수受자를 의
도적으로 쓴 것이다. 우리나라 통용본들은 이러한 맥락의 고려가

없이 이 수受를 수授로 고친 것들이 대부분이다. 참 딱한 노릇이다.

"석가모니釋迦牟尼"(Śākya-muni)라 할 때 "석가釋迦"는 싯달타가 속한 종족의 이름이다. 종족은 부족보다 작은 단위의 원시적 씨족 공동체를 말한다. 우리나라 "성씨마을"을 생각하면 쉽게 이해될 것이다. "모니牟尼"는 "영감을 얻은 자," "예언자," "고행자," "성자"의 뜻이다. 석가모니란 "석가족의 존경받는 수행자"정도의 뜻이 될 것이다.

그런데 과연 "유법여래득아뇩다라삼먁삼보리有法如來得阿耨多羅三藐三菩提"의 정확한 의미는 무엇일까? 이런 것의 해석에 있어, 모든 번역자들이 적당히 넘어가는데, 내가 생각키에 정확하게 두 가지 뜻이 있다고 생각한다. 그 하나는 콘체의 번역대로 "어떤 한 법이 존재하여, 그 존재하는 법에 의하여 여래가 무상정등각을 얻는다"는 뜻이 있을 것이다(There is not any dharma by which the Tathagata has fully known the utmost, right and perfect enlightenment. 콘체의 번역문 맥락은 그러한 법의 존재를 부정하는 맥락이지만, 일단 그러한 법의 존재를 전제로 하고 있다. 콘체의 텍스트와 라집역의 텍스트는 대조할 수 있도록 일치하지 않는다. 라집역은 한문의 맥락 그대로 해석하는 것이 정도이다). 또 하나의 가능성은 여래가 무상정등각을 얻었다고 하는 마음의 상태가 하나의 법인 것처럼 생각한다는 뜻이다. 다시 말해서 무상정등각을 얻었다고 하는 마음의 상태가 하나의 실체화되는 오류에 관한 것이다. 이러한 법을 부정하게 되면, 무상정등각 그 자체의 존재성이 해소되어 버릴 것이다.

17-7. 何以故? 如來者, 卽諸法如義。
하 이 고　　여 래 자　즉 제 법 여 의

17-7. 어째서 그러한가? 여래라고 하는 것은 모든 법이 있는 그대로의 모습일 뿐이라는 뜻이기 때문이다.

강해 이것은 여래가 자신을 여래라 부르는 것에 대한 최종적 선포이다. "bhūta-tathatā"를 라집羅什은 "여如"라는 단 한마디로 번역하였다.

모든 존재가 있는 그대로의 모습일 뿐(여如)이라면 사실 "깨달음"이라는 것이 따로 설정될 수 없는 것이다. 기독교식으로 말하면, 모든 존재가 있는 그대로 있는 것이라면 "구원"(Salvation)이라는 개념이 성립불가능하다는 것이다.

"여如"는 문자 그대로 "같다"이다. "여여如如"는 "같고 같다"이다. 그런데 내가 생각하기에 불교에서 이 여자如字만큼 혼란스러운 글자가 없다. 사실 인도사람들이나 일본의 불교학자들은 "여如"라는 말을 쓰면서도, 이것을 변화의 배후에 상정되는 불변의 진리라는 식으로 쓸 때가 많다. 다시 말해서 생멸生滅하는 현상의 근원을 이루는 불변不變의, 항상 같고 같은 모습을 의미하는 것이다. 그런데 현상의 배후에 항상 같고 같은 그 무엇이 있다고 한다면 그것이야말로 또 하나의 "실체의 오류"일 수밖에 없다. 일본학자들은 이러한 오류에 대해 일반적으로 섬세한 감각이 결여되어 있다.

그런데 중국어에서의 "여如"는 그냥 "그러한 모습"이다. 다시 말해서 현상과 본체라는 이원적 인식의 구조가 근원적으로 틀 지워져 있지 않은 상태의, 말하자면 아무 틀이 없는 가운데서의 그냥 그러한 모습이다. 이것은 매우 철저한 현상일원론적 해석이다. 나는 『금강경』은 이러한 철저한 현상일원론적 입장에서 해석되어야 한다고 생각한다(물론 여기 "현상"이라는 말 자체의 상대적 어폐가 또 개재된다). 바로 이 점이 『금강경』이 후대에 선禪의 소의所依경전으로 인식된 측면일 것이다.

17-8. 若有人言如來得阿耨多羅三藐三菩提, 須
      약 유 인 언 여 래 득 아 뇩 다 라 삼 막 삼 보 리   수
      菩提! 實無有法佛得阿耨多羅三藐三菩提。
      보 리   실 무 유 법 불 득 아 뇩 다 라 삼 막 삼 보 리

17-8. 만약 어떤 사람이 있어, 여래가 아뇩다라삼먁삼보리를 얻었다고 말한다면, 수보리야! 실로 깨달은 자가 아뇩다라삼먁삼보리의 깨달음을 얻었다고 하는 그러한 법이 있지 아니한 것이다.

17-9. 須菩提! 如來所得阿耨多羅三藐三菩提,
      수 보 리   여 래 소 득 아 뇩 다 라 삼 막 삼 보 리
      於是中無實无虛。是故如來說, 一切法皆是
      어 시 중 무 실 무 허   시 고 여 래 설   일 체 법 개 시
      佛法。
      불 법

17-9. 수보리야! 여래가 깨달은 바 아뇩다라삼먁삼보리, 바로 그 속
　　　에는 진실도 없고 거짓도 없나니, 그러하므로 여래는 설하기를,
　　　일체의 법이 모두 부처님 법일 뿐이라 한 것이다.

　[강해]　어째서 이 분分이 여췌餘贅라 말하는가? 이 분이 없다면『금
강경』의 무상정등각이 보다 여실如實하게 우리 가슴에 와 닿을 길이
없다. 위대하도다!『금강경』의 기자들이여! 그대들은 참으로 위대한
심포니를 지었도다. 깨달음에는 진실도 없고 거짓도 없다. 내가 참
된 기독교인이요 네가 사탄이라고 하는 생각도 없다. 사탄도 껴안으
면 곧 천사요, 천사도 껴안으면 곧 사탄이라! 진실한 여여如如와 허
망한 미혹迷惑이라는 생각, 그것이 없는 자리가 곧 여래의 무상정등
각이다. 오미불이悟迷不二!

　일체의 존재(법法)는 곧 깨달음의 존재다. 일체의 존재는 있는 그대
로 각자覺者요, 붓다인 것이다. 풀 한 포기에서 성자의 모습을 보라!
꽃 한 송이에서 예수의 모습을 보라!

17-10. 須菩提! 所言一切法者, 卽非一切法。是故
　　　　수 보 리　　소 언 일 체 법 자　　즉 비 일 체 법　　시 고
　　　名一切法。"
　　　　명 일 체 법

17-10. 수보리야! 내가 말한 바 일체의 법이라 하는 것도 곧 일체의
　　　법이 아니다. 그러므로 일체의 법이라 이름할 수 있는 것이다."

17-11. "須菩提! 譬如人身長大。" 須菩提言: "世尊!
　　　　수 보 리　　비 여 인 신 장 대　　　수 보 리 언　　　세 존

如來說人身長大, 則爲非大身。是名大身。"
여 래 설 인 신 장 대　　즉 위 비 대 신　　시 명 대 신

17-11. "수보리야! 비유컨대 사람의 몸이 장대한 것과도 같다." 수보
리가 사뢰었다: "세존이시여! 여래께서 사람의 몸이 장대하
다고 말씀하신 것은 곧, 그 장대한 몸이 장대한 몸이 아니기
때문입니다. 그래서 비로소 장대한 몸이라 이름할 수 있는
것입니다."

[강해] 10분分에서 이미 언급되었던 내용인데 그 삽입된 맥락이 좀
퉁명스럽다. 앞의 절과 단절시켜 독립적으로 이해해야 할 것이다.
여기 "인신장대人身長大"하다는 것은 단순히 몸의 싸이즈를 말하는
것이 아니다. 그것은 보살의 덕망이 위대하다는 뜻이다. 즉 그 위대
함은 위대함이 아닐 때만 위대함이라 말할 수 있는 것이다. 앞에서
말한 깨달음의 상태를 덕성의 위대함에 병치竝置시켜 논리를 전개
하고 있는 것이다.

　오늘날, 우리나라 정치지도자들을 보면 왜 그렇게 모두 위대해질
려고 노력하는 지를 모르겠다. 그다지도 못하는 영어를 그다지도 열
심히 하려 하고, … 이미 그런 식으로 자기의 잘남을 과시해야 할
하등의 필요가 없는 자리에 앉아있음에도 불구하고. 우리나라의 정
치지도자들은 소위 지식에 대한 콤프렉스를 깨끗이 벗어났으면 좋
겠다. 리더십의 본질은 기민한 상황판단과 명석한 가치판단에 있는

것이다. 다시 말해서 판단능력에 있는 것이지 지식에 그 리더십의 본질이 있는 것이 아니다. 고등학교만 나왔으면 어떻구 국민학교만 나왔으면 어떤가? 있는 그대로 소신 있게 꾸밈없이 자신있게 판단을 내릴 줄 아는 사람, 그 여여如如의 진실을 우리 국민들은 원하고 있는 것이다. 나의 몸을 크다고 말하지 말라! 나의 위대함은 위대함이 아닐 때만이 그 위대함을 발휘할지니.

17-12. "須菩提! 菩薩亦如是。若作是言, "我當滅度無量衆生, 則不名菩薩。何以故? 須菩提! 實无有法名爲菩薩。
수보리 보살역여시 약작시언 아당멸도 무량중생 즉불명보살 하이고 수보리 실무유법명위보살

17-12. "수보리야! 보살 또한 이와 같다. 보살이 만약 '나는 헤아릴 수 없는 많은 중생을 멸도하리라'하고, 이와 같은 말을 지었다하면 그를 보살이라 이름할 수 없느니라. 어째서 그러한가? 수보리야! 진실로 이름하여 보살이라 할 수 있는 법이 있지 아니하기 때문이다.

17-13. 是故佛說一切法, 無我, 无人, 無衆生, 無壽者。"
시고불설일체법 무아 무인 무중생 무수자

17-13. 그러므로 부처는 말하느니라. 일체의 법이 아도 없고, 인도
　　　 없고, 중생도 없고, 수자도 없다라고."

17-14. "須菩提! 若菩薩作是言, 我當莊嚴佛土,
　　　　 수보리　약보살작시언　아당장엄불토

　　　 是不名菩薩。何以故? 如來說莊嚴佛土者,
　　　 시불명보살　하이고　여래설장엄불토자

　　　 卽非莊嚴, 是名莊嚴。
　　　 즉비장엄　시명장엄

17-14. "수보리야! 만약 보살이 나는 반드시 불토를 장엄케 하리라
　　　 고 이런 말을 짓는다면, 그를 보살이라 이름할 수 없느니라.
　　　 어째서 그러한가? 여래가 불토를 장엄케 한다고 말한 것은
　　　 즉 장엄케 함이 아니다. 그러므로 오히려 장엄케 한다고 이름
　　　 할 수 있는 것이다.

　[강해]　제10분 3·4절의 주제가 다시 언급되었다.

17-15. 須菩提! 若菩薩通達無我法者, 如來說名
　　　　 수보리　약보살통달무아법자　여래설명

　　　 眞是菩薩。"
　　　 진시보살

17-15. 수보리야! 만약 보살이 무아의 법에 통달하면, 여래는 비로소 그를 참으로 보살이라 이름할 수 있다 설하느니라."

강해 17분도 역시 참으로 위대한 분이라 아니할 수 없다. 그 유려한 오케스트레이션의 클라이막스는 "무아법無我法"이라는 말로 끝나고 있다. 그 산스크리트 원문은 "nirātmāno dharmā"이다. 불교의 종지는 무아無我요, 대승의 종착은 무아無我요, 보살의 종국은 무아無我다.

一體同觀分 第十八
일 체 동 관 분   제 18

18-1. "須菩提! 於意云何? 如來有肉眼不?" "如
수 보 리   어 의 운 하   여 래 유 육 안 불   여
是。世尊! 如來有肉眼。"
시   세 존   여 래 유 육 안

제18분 모든 것을 한몸으로 보아라

18-1. "수보리야! 네 뜻에 어떠하뇨? 여래는 육안이 있느뇨? 없느뇨?" "그러하옵니다. 세존이시여! 여래는 육안이 있사옵니다."

18-2. "須菩提! 於意云何? 如來有天眼不?""如
　　　수보리　어의운하　　여래유천안불　　　　여

是。世尊! 如來有天眼。"
시　세존　　여래유천안

18-2. "수보리야! 네 뜻에 어떠하뇨? 여래는 천안이 있느뇨? 없느
　　　뇨?""그러하옵니다. 세존이시여! 여래는 천안이 있사옵니다."

[강해] 앞 절에서 말한 "육안"은 그냥 우리말대로 육안이며, 우리
의 평상적 몸을 구성하는 감각기관으로서의 육안이다. 그러나 "육
안"이라는 말은 항상 어폐가 있다. "눈이 본다"할 때, 과연 눈이 보
는가? 눈동자를 후벼 파내어 책상 위에 놓는다면 과연 그것은 보
는 작용을 하는 것일까? 눈은 과연 보는 것일까? 감각기관의 기능
의 국부성은 그것 자체로 독립되는 것이 아니라, 그 기능을 가능케
하는 신체 전체와 관련되어 있다는 것은 우리가 너무도 상식적으로
깨달을 수 있는 우리 몸의 사태이다. 눈은 결코 보지 않는다. 그것
은 보는 과정의 한 단계를 담당하는 빈 그릇과도 같은 것이다. 그렇
다면 우리가 "본다"고 하는 전체적 과정은 어떻게 이루어 지는가?
그것이 바로 여기서 말하는, 육안肉眼 → 천안天眼 → 혜안慧眼 →
법안法眼 → 불안佛眼이라는 총체적 과정인 것이다. 이것은 생리적
과정의 사실인 동시에 우리 인식의 단계적 제고를 말하는 것이다.

"천안天眼"의 원어는 "divyaṃ cakṣus"이다. 티베트역譯은 "신神의
눈"(lhaḥi spyan)으로 번역하였다. 콘체역은 "heavenly eye."

18-3. “須菩提! 於意云何? 如來有慧眼不?”“如
　　　수보리 어의운하 여래유혜안불 여

　　　是。世尊! 如來有慧眼。”
　　　시 세존 여래유혜안

18-3. “수보리야! 네 뜻에 어떠하뇨? 여래는 혜안이 있느뇨? 없느
　　　뇨?”“그러하옵니다. 세존이시여! 여래는 혜안이 있사옵니다.”

18-4. “須菩提! 於意云何? 如來有法眼不?”“如
　　　수보리 어의운하 여래유법안불 여

　　　是。世尊! 如來有法眼。”
　　　시 세존 여래유법안

18-4. “수보리야! 네 뜻에 어떠하뇨? 여래는 법안이 있느뇨? 없느
　　　뇨?”“그러하옵니다. 세존이시여! 여래는 법안이 있사옵니다.”

18-5. “須菩提! 於意云何? 如來有佛眼不?”“如
　　　수보리 어의운하 여래유불안불 여

　　　是。世尊! 如來有佛眼。”
　　　시 세존 여래유불안

18-5. “수보리야! 네 뜻에 어떠하뇨? 여래는 불안이 있느뇨? 없느
　　　뇨?”“그러하옵니다. 세존이시여! 여래는 불안이 있사옵니다.”

강해 "혜안慧眼"은 지혜의 눈이다. "법안法眼"은 현상계의 형체를 넘어서서 그 다르마(법法) 그 자체를 직시하는 눈일 것이요, "불안佛眼"은 모든 존재의 구분이 사라진 여여如如의 눈일 것이다. 그러나 이러한 나의 설명 자체가 구차스러운 것이다. 독자들이 스스로 느끼는 대로의 의미가 가장 적합한 의미가 될 것이다.

18-6. "須菩提! 於意云何? 恒河中所有沙, 佛說
　　　수 보 리　어 의 운 하　　항 하 중 소 유 사　불 설

是沙不?" "如是。世尊! 如來說是沙。"
시 사 불　　여 시　세 존　여 래 설 시 사

18-6. "수보리야! 네 뜻에 어떠하뇨? 저 갠지스강에 있는 저 모래를 부처가 말한 적이 있느냐? 없느냐?" "그러하옵니다. 세존이시여! 여래께서는 그 모래를 말하신 적이 있사옵니다."

강해 5절과 6절 사이에는 단절이 있다. 다른 주제로 옮아가고 있는 것이다. 그런데 갑자기 11분에서 언급되었던 "갠지스강의 모래"의 이야기를 상기시킨다. 그 상기의 방법도 여태까지와는 달리 매우 간접적이다. 우리의 기대는 또 "갠지스강의 모래"하면 바로 "칠보공덕"으로 옮겨 가리라는 예상 속으로 빠져들어간다. 그러나 놀라웁게도 이 "갠지스강의 모래"는 칠보공덕과는 전혀 다른 맥락에서 언급되고 있음이 드러난다. 매우 신선하다! 이 분分 전체의 주제는 육

안을 넘어서는 심안의 문제라는 일관성을 잃지 않고 있다. 그러면서 과거에 언급되었던 상투적인 개념의 틀을 새롭게 사용하는 자세가 변주의 색다른 다양성을 창조하고 있는 것이다.

18-7. "須菩提! 於意云何? 如一恒河中所有沙,
　　　 수 보 리　 어 의 운 하　　 여 일 항 하 중 소 유 사

　　 有如是等恒河, 是諸恒河所有沙數佛世界,
　　　유 여 시 등 항 하　 시 제 항 하 소 유 사 수 불 세 계

　　 如是寧爲多不?" "甚多。世尊!"
　　　여 시 녕 위 다 불　　　 심 다　 세 존

18-7. "수보리야! 네 뜻에 어떠하뇨? 하나의 갠지스강에 있는 모든 모래, 그만큼의 갠지스강들이 있고, 이 갠지스강들에 가득찬 모래 수만큼의 부처님세계가 있다면, 이는 많다고 하겠느냐? 많지 않다고 하겠느냐?" "너무도 많습니다. 세존이시여!"

[강해] 여기 "불세계佛世界"는 "불안佛眼"으로 보이는 세계일 것이다. 여기 갠지스강의 모래에 대한 과장된 형용을 많은 사람들이 문학적 상상력에 의한 과장으로 생각할 것이다. 그러나 나 도올은 생각한다: 그것은 과학적 사실이다! 불교에서 말하는 세계世界란 현대 물리학이 말하는 물리적 우주가 아니다. 물리적 우주는 물론 그 무한대의 시공연속체를 전제로 하면 하나밖에 있을 수 없다. 그러나 불교가 말하는 세계는 "삶의 세계"(Umwelt)인 것이다. 존재가 인식

하는 세계요, 나의 감관이 구성한 세계요, 나의 행업行業이 지어놓는 세계다. 나에게 있어서 세계는 실제적으로 이러한 삶의 세계를 벗어나지 않는다. 우리가 말하는 우주도 알고보면 이러한 "삶의 세계"의 총화에 불과한 것이다. 한 집안에서도 부인의 세계가 다르고 아들의 세계가 다르고 딸의 세계가 다르고 나의 세계가 다르다. 부인의 세계가 인식하는 부엌과 나의 세계가 인식하는 부엌은 완전히 다른 공간이다. 그리고 그 속에 들어와 있는 바퀴벌레가 인식하는 또 다른 세계가 있는 것이다. 이렇게 한번 생각해보라! 우리가 살고 있는 세계, 그 우리를 구성하는 그 무한한 "나"의 수數는 실로 한강의 모래수만큼의 한강들에 가득찬 모래보다도 훨씬 더 많은 것이다. 바로 이 세계들의 중첩구조를 불교에서 "연기"라 말하는 것이다.

18-8. 佛告須菩提: "爾所國土中所有衆生若干種
　　　불 고 수 보 리　　　　이 소 국 토 중 소 유 중 생 약 간 종
心, 如來悉知。何以故? 如來說諸心, 皆爲
심　여 래 실 지　하 이 고　　여 래 설 제 심　개 위
非心, 是名爲心。
비 심　시 명 위 심

18-8. 부처님께서 수보리에게 이르시되: "그 많은 부처님 나라에 살고 있는 중생들의 갖가지 마음을 여래는 다 아느니, 어째서 그러한가? 여래가 설한 갖가지 마음이 모두 마음이 아니기 때문이다. 그래서 비로소 마음이라 이름할 수 있는 것이다.

강해   "중생들의 갖가지 마음"이라는 표현에 내가 윗절에서 말한 "삶의 세계"의 의미가 잘 드러나고 있다. "갖가지"라는 우리말 속에는 "온갖 종류의"라는 "종種"의 뜻이 포함되어 있어 "약간종若干種"의 번역으로 썼다.

여기서 말하는 "심心"이란 원어로 "citta-dhārā"인데 이것은 실로 "의식의 흐름"(Flow of Consciousness)을 뜻한다. 과거의 경험에 기초한 의식 및 무의식이 현재·미래로 흘러가면서 우리의 의식작용이나 행동을 규정하고 있다는 의미의 맥락에서 사용되는 것이다. 진체眞諦 Paramārtha, AD 499~569(중국불교사에서 4대 번역가 중의 한 사람. 서인도 아반티국의 학승)는 "심상속주心相續住"(마음이 서로 끊임없이 흘러가면서 어떤 아이덴티티를 유지한다)라고 아주 좋은 번역을 내었고, 현장玄奘 은 "심류주心流注"(의식의 흐름)라 번역했으니, 이제 와서 제임스 죠이 스James Joyce, 1882~1941(아일랜드 출신의 소설가)를 따로 말할 필요도 없다.

불교는 결국 우리가 살고 있는 세계를 심心의 류주流注로 본다. 거대한 마음이 흘러가고 있는 세계가 곧 우리가 바라보고 있는 세계라고 생각하면 되는 것이다. 물리학적 우주도 알고보면, 물리학자들의 마음이 흘러가고 있는 우주인 것이다. 우리는 너무 과도하게 그 하나의 세계에 객관성을 부여하고 있을 뿐이다. 따라서 불교라는 것은 이 세계를 인식하는 우리의 마음의 상태를 전환시키려는 거대한 사회운동인 것이다. 프롤레타리아혁명은 생각해봤을지언정, 과연 참으로 위대한 마음의 혁명을 생각해본 적이 있는가? 이 땅의 젊은

이들이여! 일어나라! 혁명을 위하여! 일어나라! 깨어라! 마음의 혁명을 위하여! 동학혁명을 부르짖었던 조선의 민중은 보국안민輔國安民 척양척왜斥洋斥倭를 서슴치 않고 표방했는데, 지금 우리도 과연 그러한 용기를 가지고 있는가? 대한민국의 민중은 너무도 자유로운 사고를 못하고 있는 것은 아닐까?

18-9. 所以者何? 須菩提! 過去心不可得, 現在心
소 이 자 하   수 보 리   과 거 심 불 가 득   현 재 심

不可得, 未來心不可得。"
불 가 득   미 래 심 불 가 득

18-9. 그 까닭이 무엇이뇨? 수보리야! 과거의 마음도 얻을 수 없고, 현재의 마음도 얻을 수 없고, 미래의 마음도 얻을 수 없기 때문이니라."

[강해] 여기에 이르면 누구든지, 선가禪家에 일가견이 있는 사람이라면 누구든지, "덕산방德山棒, 임제할臨濟喝"의 한 주인공 덕산선감德山宣鑑(780~865)의 그 유명한 이야기를 생각하지 않을 수 없다. 덕산德山은 청원행사靑原行思에서 석두희천石頭希遷으로 이어지는 법통에서 나온『금강경』의 대가大家였다. 아주 어려서 출가出家하였고, 율장律藏을 정구精究하고 성상性相의 제경諸經의 지취旨趣를 관통하였는데, 그가『금강경』에 미쳐있었기 때문에 그를 "주금강周金剛"이라 불렀다(주周는 그의 속성俗姓이다).

그가 남방南方에서 선풍禪風이 성행한다는 소리를 듣고 아주 불쾌하게 생각하여 그 선풍禪風의 소굴로 뛰어들어 직지인심直指人心 운운云云하는 새끼들의 씨종자를 다 말려버리겠다고 결심하고, 그는 호남 예양澧陽, 당대의 최고의 선사 용담숭신龍潭崇信이 주석하고 있는 예강변으로 긴 여로를 떠났다. 자기가 지은 『청룡소초靑龍疏鈔』라는 『금강경』주석서를 멜빵에 메고!

다 왔을 무렵, 해는 저물어가고 낙엽은 소조히 스치는데, 배가 심히 고파 참을 수가 없었다. 때마침 노상에서 한 노파가 빈대떡(유자油糍, "油餈"라고도 쓴다. 인절미 자)을 자글자글 부치고 있는 것이 아닌가? 돈은 없지, 끼웃끼웃 거리고 있는데, 노파가 말을 걸었다.

"거추장스럽게 어깨에 메고 다니는 것이 뭐유?"
"『청룡소초』니라."
"소초라구? 뭔 경을 해설한 게요?"
"『금강경』이니라."
"『금강경』이라구? 내 일찌기 항상 궁금한 게 있었는데, 그대
  가 내 물음에 대답을 하면 점심을 거져줄 것이고, 그렇지
  못하면 딴 곳으로 꺼지게나!"
"어서 씹어보아라!"

우리말에 "점심"은 "lunch"를 의미한다. 그런데 중국말에서 "점심點心"(우리말의 "점심"을 많은 사람이 순수 국어로 아는데, 그것은 중국말의 점심點心을 그대로 옮긴 것일 뿐이다)은 "lunch"를 의미할 때도 있겠

지만, 우리말에 더 정확히 해당되는 말은 "간식間食"이다. 사이사이 조금조금 먹는 비정통 식사를 말한다. 그런데 이 점심은 보통 배고플 때 먹기 마련이다. 배고프면 머리가 혼란스럽고 마음이 어두워진다. 점심點心이란 문자 그대로 "마음에 불을 켠다"는 뜻이다. 음식은 한의학적으로 화火다. 그것은 탄수화물 에너지다! 배고픈 마음에 퍼뜩 불을 켜는 데는 점심 이상이 없는 것이다. 바로 이 노파의 질문은 이 점심點心이라는 말의 의미의 편(pun: 쌍관희어雙關戲語)과 관련된 것이다.

> "여보게 청년! 난 말이지, 옛날부터 『금강경』에 있는 이 말
> 이 뭔 뜻인지 궁금했거든. 거 중간쯤 어디께 '과거심불가
> 득, 현재심불가득, 미래심불가득'이란 말이 있지 않나?"

고개를 끄떡이는 덕산에게 노파는 대짜고짜 다그친다.

> "야 이눔아! 근데 넌 지금 뭔 마음(심心)을 점(점點) 하겠다는
> 게냐?"

이 노파의 한마디는 『금강경』에 관한 한 더 이상 없는 아뇩다라천하天下의 명언名言이다. 여기서부터 흥미진진한 덕산의 오도悟道의 이야기가 끊임없이 이어진다. 그 흥미진진한 이야기! 과연 덕산은 뭐라 말했을까? 이놈들아! 뭘 꾸물거리는 게냐! 내 책을 보아라! 『화두話頭, 혜능과 셰익스피어』(통나무, 1998) 제4칙第四則 부분에 상술되어 있다.

아마도 이 이야기는 픽션이 아닐 것이다. 당唐나라 선승들의 뼈저린 구도적 삶의 이야기였을 것이다. 그리고 이 노파도 결코 픽션 속의 인물이 아니었을 것이다. 우리나라 절깐 앞에서 빈대떡을 팔고 있는 조선의 할머니 중에, 지금도 『금강경』을 암송하고 있는 분은 얼마든지 있다. 그리고 덕산 같은 큰스님에게 이와 같은 통찰력 있는 질문을 던질 수 있는 지혜를 가지신 분들이 얼마든지 있다. 그들은 단지 침묵할 뿐인 것이다.

지혜는 지식의 단계에서 얻어지는 것이 아니다. 우리가 가지고 있는 지성의 교만이나 오만을 불식하지 않으면 우리는 『금강경』의 지혜로 영원히 입문할 수 없는 것이다. 불행하게도! 불행하게도!

法界通化分　第十九
법 계 통 화 분　제 19

19-1. "須菩提! 於意云何? 若有人滿三千大千
수보리　어의운하　약유인만삼천대천

世界七寶, 以用布施, 是人以是因緣得福多
세계칠보, 이용보시, 시인이시인연득복다

不?" "如是。世尊! 此人以是因緣得福甚多"
불　여시　세존　차인이시인연득복심다

제19분 모든 법계를 다 교화하시오

19-1. "수보리야! 네 뜻에 어떠하뇨? 만약 어떤 사람이 삼천대천
세계에 가득 차는 칠보로써 보시한다면, 이 사람이 이 인연으로
얻는 복이 많다 하겠느냐? 많지 않다 하겠느냐?" "그러하
옵니다. 세존이시여! 이 사람이 이 인연으로 얻는 복은 정말
많습니다."

[강해] "그러하옵니다"하고 대답하는 양식이 18분과 같다. 18분과
19분은 같은 사람에 의하여 암송되었을 것이다.

19-2. *"須菩提! 若福德有實, 如來不說得福德多.*
　　　　수 보 리　　약 복 덕 유 실　　여 래 불 설 득 복 덕 다

以福德無故, 如來說得福德多."
　이 복 덕 무 고　　여 래 설 득 복 덕 다

19-2. "수보리야! 만약 복덕이라고 하는 실제 모습이 있다고 한다
면, 여래는 결코 복덕을 얻음이 많다고 설하지 아니하였을 것
이다. 복덕이 없는 까닭에 여래는 복덕을 얻음이 많다고 설한
것이다."

[강해] 변주의 한 소품.

"고故"가 "이복덕무고以福德無故"에 그 용례가 드러나는 바대로,

문장의 말미에 붙는 것은 선진先秦문헌의 문법에는 그리 흔치 않다. 고故는 다음에 오는 문장의 접속사로 흔히 쓰였다. "이以 … 고故" 류의 문장패턴은 역시 산스크리트어를 번역하는 과정에서 발달된 것으로 간주해야 할 것이다. "고故"를 해석할 때 문두에 오는가 문미에 오는가를 잘 분별할 필요가 있다. 한의학 문헌을 읽는다든지 할 때, 무차별하게 불교식으로 "고故"를 문미로 끊어 읽는 경우가 많다. 한국에서 한학을 한다고 하는 사람들의 나쁜 버릇에 속하는 독법 중의 하나이다. "because"와 "therefore"는 다른 성질의 것이다.

離色離相分　第二十
리 색 리 상 분　제 20

20-1. "須菩提! 於意云何? 佛可以具足色身見
수 보 리　어 의 운 하　불 가 이 구 족 색 신 견

不?" "不也。世尊! 如來不應以具足色身
불　불 야　세 존　여 래 불 응 이 구 족 색 신

見。何以故? 如來說具足色身, 卽非具足色
견　하 이 고　여 래 설 구 족 색 신　즉 비 구 족 색

身。是名具足色身。"
신　시 명 구 족 색 신

제20분 색을 떠나시오, 상을 떠나시오

20-1. "수보리야! 네 뜻에 어떠하뇨? 부처가 색신을 구족한 것으로 볼 수 있느냐? 없느냐?" "없습니다. 세존이시여! 여래께서 색신을 구족하신 것으로 보아서는 아니 되옵니다. 어째서 그러하오니이까? 여래께서는 '색신을 구족했다하는 것은 곧 색신을 구족한 것이 아니다'라고 설하셨기 때문입니다. 그래서 비로소 색신을 구족했다고 이름할 수 있는 것이오니이다."

[강해] 여기 바로 내가 앞에서 말한 삼신三身의 한 테마가 나오고 있다. 그런데 여기서는 분명하게 "색신色身"이라는 말을 쓰고 있다. 산스크리트 원문은 "rūpa-kāya"(루빠까야)로 되어 있다. 바로 여기서 "응신應身"이니 "화신化身"이니 하는 따위의 후대의 개념을 쓰지 않고, "색신色身"이라는 말을 썼다는 것 자체가 『금강경』 텍스트의 초기경전적 성격을 확보해주는 것이다.

"루빠"란 바로 『반야심경』에서 "색즉시공, 공즉시색"이라 할 때의 바로 그 "색"이다. "루빠"란 "구체적인 형체를 가진 것"의 뜻이다. 즉 공간을 점유하는 것, 데카르트의 용어를 빌리면 연장성(extension)을 갖는다는 의미다.

"구족한다"는 것은 "단려端麗한 신체를 완성한다," "단정한 모습을 구비하고 있다"의 뜻이다.

한번 생각해보라! 나 도올이 도올서원에 서서 강의를 할 때, 앞에 있는 도올서원 재생들에게 이와 같이 말한다면?

"나 여기 서있는 도올이 단정한 신체를 구비하고 있다고 그대들은 생각하는가?" 역사적 실체로서의 신체를 구비하고 있는 도올 김용옥은 과연 여기 존재하고 있는 것일까? 한번 말해보라!

20-2. "須菩提! 於意云何? 如來可以具足諸相
　　　수 보 리　어 의 운 하　　여 래 가 이 구 족 제 상

見不?" "不也。世尊! 如來不應以具足諸相
견 불　　　불 야　세 존　여 래 불 응 이 구 족 제 상

見。何以故? 如來說諸相具足, 卽非具足。
견　하 이 고　　여 래 설 제 상 구 족　즉 비 구 족

是名諸相具足。"
시 명 제 상 구 족

20-2. "수보리야! 네 뜻에 어떠하뇨? 여래가 뭇 상을 구족한 것으로 볼 수 있겠느냐?" "없습니다. 세존이시여! 여래께서 뭇 상을 구족하신 것으로 보아서는 아니 됩니다. 어째서 그러하오니이까? 여래께서 '뭇 상이 구족되었다 하는 것은 곧 구족된 것이 아니다'라고 설하셨기 때문이오이다. 그래서 비로소 뭇 상이 구족되었다고 이름할 수 있는 것이오니이다."

[강해]　여기 "뭇 상"(제상諸相)이라 한 것은 제5분에서 언급한 32상류三十二相類의 색신色身을 형용한 말의 맥락에서 이해되어야 할 것이다.

非說所說分　第二十一
비 설 소 설 분　제 21

21-1. "須菩提! 汝勿謂如來作是念, 我當有所說
수보리　여물위여래작시념　아당유소설

法。莫作是念。何以故? 若人言如來有所
법　막작시념　하이고　약인언여래유소

說法, 卽爲謗佛。不能解我所說故。須菩提!
설법　즉위방불　불능해아소설고　수보리

說法者, 無法可說。是名說法。"
설법자　무법가설　시명설법

제21분　설하는 자도 없고 설되어지는 자도 없다

21-1. "수보리야! 너는 여래가 '나는 마땅히 설할 법을 가지고 있노
라'고, 이 같은 생각을 지었다고 말하지 말라. 이 같은 생각을
지어서는 아니 된다. 어째서 그러한가? 만약 어떤 사람이 여래
가 설할 법을 가지고 있다고 말한다면 그는 곧 부처를 비방하
는 자라. 내가 설한 바를 깨닫지 못하기 때문이라. 수보리야!
법을 설한다 해도, 설할 법이 아무것도 없나니, 그래서 비로소
법을 설한다 이름할 수 있는 것이다."

[강해]　진실로 이 후반의 경經이 없었더라면, 『금강경』은 오늘의 『금강경』이 아니 되었을 것이다. 참으로 그 언어가 반복이 아니요, 우리의 폐부를 찌르는 신랄함으로 잠들어 있는 우리 영혼을 흔들어 깨운다. 내가 설할 법을 가지고 있다고 말한다면, 곧 너는 나를 비방하는 자라! 그 얼마나 신랄하고 통렬하고 장쾌한 일언─言인가! 이 주제는 제6분 마지막에서 뗏목의 비유로 비치었고, 7분에서 본격적으로 다루어졌던 주제였다. 그러나 이 21분의 어조는 훨씬 더 촛점이 강렬하고 날카롭게 독자를 치고 들어 온다. "곧 너는 나를 비방하는 자라!"(즉위방불卽爲謗佛). 이제 다음의 『성경』 구절을 들어보라!

> 예수께서 가라사대 내가 곧 길이요 진리요 생명이라. 예수께서 또 가라사대 누구든지 '내가 곧 길이요 진리요 생명이라'고, 이와 같이 생각했다고 말하지 말라. 만약 어떤 이가 내가 곧 길이요 진리요 생명이라고 말했다고 전한다면 그는 곧 나 예수를 비방하는 자라. 내가 이른 바를 깨닫지 못한 자라. 나는 길이 아니요, 진리가 아니요, 생명이 아니라. 그러므로 나는 곧 길이요 진리요 생명이라.

그 얼마나 위대한 성경의 말씀인가? 그런데 이 말씀은 어디에 있는가? 4복음서에 나오는가? 나오지 않는다! 그럼 어디에 쓰여져 있는가? 이 말씀은 바로 『대승복음서』에 쓰여져 있는 말씀이다. 진실로 진실로 내 너희에게 이르노니 『대승복음』이 없이는 「마태복음」이 「마태복음」이 아니요, 「마가복음」이 「마가복음」이 아니요, 「누가복음」이 「누가복음」이 아니요, 「요한복음」이 「요한복음」이 아니니라.

예수께서 가라사대 내가 곧 길이요 진리요 생명이니
나로 말미암지 않고는 아버지께로 올 자가 없느니라

이 말씀은 바로 「요한복음」 14장 6절의 말씀이다. 재미있게도 이 말씀은 여타 공관복음서에는 나오지 않는다. 다시 말해서 공관복음서가 아닌 「요한복음」 특유의 논리 구조 속에서 나온 이야기라는 것이다. 이것은 바로 예수가 제자들의 발을 씻은 장면, 자기의 죽음을 예견하고 있었던 최후의 만찬 후에 이루어진, 사랑하는 제자들에게 남긴 최후의 고별강연의 핵심적 내용을 이루는 말씀이라는 것이다. 다시 말해서 이 말씀은 예수의 십자가 죽음이라는 사건을 전제로 하지 않으면 이해가 되지 않는다. 예수의 죽음은 무엇인가? 그것은 예수의 색신色身의 무화無化를 의미하는 것이다.

예수는 나는 너희에게 길을 보여주고, 진리를 설하며, 생명을 얻게 하여 준다라고 말하지 않았다. 예수는 길을 말하지 않았다. 예수는 진리를 말하지 않았다. 예수는 생명을 말하지 않았다. 예수는 곧 길이며 진리며 생명이었다. 다시 말해서 예수는 인간의 언어가 격절된 곳에 서있는 성령이다. 이것이 바로 「요한복음」의 로고스사상이요, 이것이 바로 그노시스사상이다. A가 곧 B라고 하는 것은, A라는 주어의 상실을 의미하는 것이다. 내가 곧 길이라는 것은 내가 없어지고 길만 남는다는 뜻이다. 예수가 있고 또 길이 있다면 예수는 영원히 길이 될 수 없는 것이다. 내가 곧 길이라는 것은 나의 무화無化 즉 무아無我를 의미하는 것이다.

또 예수가 곧 길이요 진리요 생명이라 말한 것은 예수의 죽음을 전제로 한 것이라는 맥락을 다시 상기할 필요가 있다. 예수의 죽음은 곧 『금강경』이 설說하는 "무아無我"인 것이다. 즉 예수의 아我가 죽고, 예수의 말을 듣는 나의 아我가 죽을 때만, 길과 진리와 생명은 현현하는 것이다. 이것이 곧 내가 말한 바, 『대승복음』이 없이는, 4복음서가 무의미해진다는 것이다. 기독교인들은 성령을 보지 않고 『성경』의 문자만을 보며, 예수의 법신法身을 보지 않고 예수의 색신色身만을 보고 있다. 요한이 말하는 로고스를 보지 않고, 복음서기자의 말만을 보고 있는 것이다. 다음 17절의 말씀을 보라!

> 저는 진리의 영이라. 세상은 능히 저를 받지 못하나니 이는 저를 보지도 못하고 알지도 못함이라. 그러나 너희는 저를 아나니 저는 너희와 함께 거하심이요, 또 너희 속에 계시겠음이라(요한복음 14:17).

21-2. 爾時, 慧命須菩提白佛言: "世尊! 頗有衆
이시 혜명수보리백불언 세존 파유중
生於未來世, 聞說是法, 生信心不?" 佛言:
생어미래세 문설시법 생신심불 불언
"須菩提! 彼非衆生, 非不衆生。何以故?
수보리 피비중생 비불중생 하이고
須菩提! 衆生衆生者, 如來說非衆生。是名
수보리 중생중생자 여래설비중생 시명
衆生。"
중생

21-2. 이 때에, 혜명 수보리가 부처님께 사뢰어 말하였다: "세존이시여! 퍽으나 많은 중생들이 미래의 세상에서 이 법이 설하여지는 것을 듣고 믿는 마음을 내겠습니까? 아니 내겠습니까?" 부처님께서 말씀하시었다: "수보리야! 그들을 중생이라 해서도 아니 되고 중생이 아니라 해서도 아니 된다. 어째서 그러한가? 수보리야! 중생, 중생이라 하는 것은 곧 중생이 중생이 아님을 여래가 설하는 것이다. 그래서 비로소 중생이라 이름할 수 있는 것이다."

 강해   6분의 첫머리와, 14분 14절의 주제가 절묘하게 새롭게 결합되어 변주되고 있다.

여기 "혜명慧命"이라 한 것은 산스크리트어로 "āyuṣmat"인데, 이것은 제2분 1절에 "장로수보리長老須菩提"라 했을 때의 장로長老에 해당되는 산스크리트어, "āyuṣmat"와 동일하다. 다시 말해서 산스크리트 텍스트상으로는 차이가 없는데, 라집羅什이 한역漢譯하면서 다른 표현을 쓴 것과도 같은 인상을 받기 쉬운데, 기실 전혀 그러한 상황이 아니다. 이 부분은(이시爾時부터 시명중생是名衆生까지 2절 전체) 라집역羅什譯이 아니라 보뎨류지역본菩提流支譯本에서 보입補入된 것이다. 이 단의 62자字는 장경2년長慶二年(822)에 승僧 영유靈幽가 진역秦譯(라집본羅什本)에 없는 것을 위역魏譯(류지본流支本)에서 보입補入한 것으로 알려져 있다. 류지流支는 자기의 번역 속에서는 일관되게 "혜명慧命"을 쓰고 있다. 많은 사람들이 이 부분이 류지流支의 것인지 모르고, 라집역羅什譯이라는 전제하에 주를 달고 있는데 이것은 잘못된 것이다. 나카무라도 이러한 오류를 범하고 있다.

"āyuṣmat"는 "장수하고 계신"이란 형용사인데 경어적 호칭으로 쓰이고 있다. "구수具壽," "장로長老," "대덕大德," "존자尊者," "혜명慧命"이 모두 같은 말의 한역술어들이다.

본절 맨 끝에 "중생중생자衆生衆生者"와 같은 표현은 본시 산스크리트 원본에 계속 이와 같이 반복된 형태로서 나타났던 것인데 라집羅什은 이렇게 반복된 형태로 번역한 적이 없다. 보데류지菩提流支 Bodhiruci는 원문에 보다 충실하게 중생衆生을 두 번 반복하여 번역한 것이다. 라집역羅什譯과 그 스타일이 전혀 다른 것을 이 부분에서 느낄 수 있다.

無法可得分　第二十二
무 법 가 득 분　제 22

22-1. 須菩提白佛言: "世尊! 佛得阿耨多羅三藐
수 보 리 백 불 언　세 존　불 득 아 뇩 다 라 삼 막

三菩提, 爲無所得耶?"
삼 보 리 위 무 소 득 야

제22분 얻을 법이 없어라

22-1. 수보리가 부처님께 사뢰어 말하였다: "세존이시여! 부처님께서 아뇩다라삼먁삼보리를 얻었다 하심은 곧 얻음이 없음을 말하는 것이오니이까?"

강해 7분, 17분 등지에서 나왔던 주제가 간결하게 반복되고 있다.

22-2. "如是如是。須菩提! 我於阿耨多羅三藐三
여시여시　수보리　아어아뇩다라삼먁삼
菩提, 乃至無有少法可得, 是名阿耨多羅三
보리　내지무유소법가득　시명아뇩다라삼
藐三菩提。"
먁삼보리

22-2. "그렇다! 그렇다! 수보리야! 내가 아뇩다라삼먁삼보리를 얻음에, 조그만큼의 법이라도 얻을 바가 있지 아니함에 이르렀으므로 비로소 아뇩다라삼먁삼보리라 이름할 수 있는 것이다."

강해 세조본, 송宋·원元·명明 삼본三本 및 통용본에는 "여시여시 如是如是" 앞에 "불언佛言"이 있으나, 우리 해인사본에는 없다. 『대정 大正』은 우리 해인사본을 따르고 있다.

淨心行善分　第二十三
정 심 행 선 분　제 23

23-1. "復次須菩提! 是法平等無有高下, 是名阿
복 차 수 보 리　시 법 평 등 무 유 고 하　시 명 아

耨多羅三藐三菩提。
녹 다 라 삼 막 삼 보 리

제23분　깨끗한 마음으로 선을 행하시오

23-1. "이제 다음으로 수보리야! 이 법은 평등하여 높고 낮음이 있지

아니하니, 그래서 이를 이름하여 아뇩다라삼먁삼보리라 한

것이다.

23-2. 以无我無人無衆生无壽者, 修一切善法, 則
이 무 아 무 인 무 중 생 무 수 자　수 일 체 선 법　즉

得阿耨多羅三藐三菩提。
득 아 녹 다 라 삼 막 삼 보 리

23-2. 아도 없고, 인도 없고, 중생도 없고, 수자도 없는 것으로써 일체

의 선한 법을 닦으면, 곧 아뇩다라삼먁삼보리를 얻으리라.

23-3. 須菩提! 所言善法者, 如來說非善法, 是名
수보리 소언선법자 여래설비선법 시명
善法。"
선법

23-3. 수보리야! 이른바 선한 법이라 하는 것은 선한 법이 아니라고
여래가 설하였으니 이를 이름하여 선한 법이라 한 것이다."

보기 참으로 우리의 마음을 편하게 해주는 보슬비와도 같은 잠언이
다. 2절에서 "선한 법"을 이야기하고, 또 사람들이 "선한 법"이라는
말을 실체적으로 받아들일까봐 무서워서 제3절에서 친절하게도 그
"선한 법"을 다시 해설한 것이다. 그 논리의 간곡함이 실로 정연하다
하겠다.

불교는 초윤리적이라고 말한다. 원효가 요석공주와 파계를 했다
해도 윤리적인 흠이 되지 않는다. 중광 스님이 걸레짓을 하고 다녀
도 그것은 세간에서 비윤리적 행위로 간주되지 않는다. 그러나 "초
윤리"와 "비윤리"는 반드시 구분되어야 하는 것이다. 초윤리는 윤리
를 통해 달성되는 것이다. "비윤리"는 상식적인 악이다. 다시 말해서
불교가 초윤리성을 강조하는 것은 윤리의 파괴가 아니라, 윤리의 고
착성과 협애성에 대한 경고다. 초윤리적일 수 있을 때 우리는 진정
으로 윤리적일 수 있다는 것이다. 이는 고도의 수련을 요구하는 것
이요, 또 때 묻지 않은 우리의 마음을 전제로 하는 것이다.

"여래설비선법如來說非善法"이 명본明本에는 "여래설즉비선법如來

說卽非善法"으로 되어 있다. 세조본은 대체로 명본을 따르고 있다.
『대정』은 해인사본을 따르고 있다. 앞뒤 문맥상 "즉卽"이 없는 표현
이 더 간결하고 직절直截하다.

福智無比分　第二十四
복 지 무 비 분　제 24

24-1. "須菩提! 若三千大千世界中所有諸須彌山
　　　수보리　약삼천대천세계중소유제수미산

　　　王, 如是等七寶聚, 有人持用布施。若人以
　　　왕　여시등칠보취　유인지용보시　약인이

　　　此般若波羅蜜經乃至四句偈等, 受持讀誦
　　　차반야바라밀경내지사구게등　수지독송

　　　爲他人說, 於前福德百分不及一, 百千萬億
　　　위타인설　어전복덕백분불급일　백천만억

　　　分乃至算數譬喩所不能及。"
　　　분 내 지 산 수 비 유 소 불 능 급

제24분　복덕과 지혜는 비교될 수 없다

24-1. "수보리야! 만약 어떤 사람이 삼천대천세계에 있는 모든 수미
　　　산들만큼 쌓인 칠보더미를 가져다가 보시를 한다 해도, 또 어떤
　　　이가 있어 반야바라밀경 내지 그 사구게 하나를 받아 지니고
　　　읽고 외워 타인에게 설한다면, 앞의 칠보복덕은 이에 백분의

일도 미치지 못할 뿐 아니라, 백천만억분의 일 내지 어떠한
숫자의 비유로도 이에 미치지 못하리라."

강해 혹자가 말하기를, "사업하는 사람들은 『금강경』을 읽지마
라." 일리가 있을 수도 있는 말이지만 이는 심히 『금강경』을 곡해한
것이다. 도올은 말한다. 사업하는 사람일수록 『금강경』을 읽어라!
『금강경』은 결코 칠보공덕을 부정하지 않는다. 삼천대천三千大千세
계의 수미산만큼의 칠보더미를 창출하는 경제적 노력은 가귀可貴한
것이다. 문제는 그 귀한 노력이 삶에 가치를 주는 "깨달음"으로 승
화되지 못한다면, 그 노력이 참으로 허망할 수도 있다는 것이다. 우
리는 현실적으로 재물을 중시할 수밖에 없다. 그러나 재물보다 더
귀한 깨달음의 지혜를 사회적 가치의 우위로 두지 않는 사회는 곧
부패하고 패망한다. 이것은 역사의 정칙이다. 삶의 여유가 있는 자
라면 이 도올이 주석한 책을, 대고려제국의 성대한 대장경판본을 텍
스트로 삼은 유일한 이 『금강경』을 많은 이들에게 보시하라! 한강
변의 모래 수만큼의 칠보공덕보다 더 큰 복덕이 생겨나리라.

化無所化分 第二十五
화 무 소 화 분   제 25

25-1. "須菩提! 於意云何? 汝等勿謂如來作是念,
　　　 수보리 어의운하   여등물위여래작시념

我當度衆生。須菩提! 莫作是念。何以故?
아 당 도 중 생   수 보 리   막 작 시 념   하 이 고

實無有眾生如來度者。若有眾生如來度者,
실 무 유 중 생 여 래 도 자　　　약 유 중 생 여 래 도 자

如來則有我人眾生壽者。
여 래 즉 유 아 인 중 생 수 자

제25분 교화는 교화하는 바가 없다

25-1. "수보리야! 네 뜻에 어떠하뇨? 너희는 여래가 '나는 마땅히 중
생을 제도하리라'고 이 같은 생각을 지었다고 말하지 말라. 수
보리야! 이 같은 생각을 지어서는 아니 된다. 어째서 그러한
가? 실로 여래가 제도할 중생이 있지 아니하기 때문이다. 만약
여래가 제도할 중생이 있다고 한다면 이는 곧 여래가 아상·
인상·중생상·수자상을 가지고 있음이라.

[강해] 역시 논조가 신랄하다. 즉 여래의 자기비판인 것이다. 우리
가 예수를 잘못 믿으면 예수는 바로 자기가 설한 말로 인하여 예수
가 되지 아니한다. 즉 예수가 자기말을 어길 수 있게 되는 것이다.
여래가 중생을 제도한다고 말한다면, 이는 곧 여래 자신이 아상·인
상·중생상·수자상에 빠져 있는 셈이 되는 것이다. 이 말을 우리가
하는 것이 아니라, 여래 자신이 말한다는 것은 참으로 서릿발과 같
은 날카로움이다. 우리는 여래를 타자화할 수 없다. 즉 이것은 나의
실존적 독백인 것이다. 내가 여래라 할지라도, 내가 한 말을 내가 지
키지 못한다면, 여래인 나부터 비판당해야 하는 것이다. 즉 아상我相

의 단절은 처음부터 끝까지 나의 책임일 뿐인 것이다. 모든 종교인들이 깊게 통찰해야 할 명언이다. 예수를 두 번 다시 너희들이 만들어 놓은 그 허구적 십자가에 못박지 말라!

25-2. 須菩提! 如來說有我者, 則非有我。而凡夫
　　　수보리　여래설유아자　즉비유아　　이범부
之人以爲有我。須菩提! 凡夫者, 如來說則
지인이위유아　　수보리　범부자　여래설즉
非凡夫。"
비범부

25-2. 수보리야! 여래가 내가 있다고 한 것은 곧 내가 있지 아니한 것이다. 그러나 범부들은 내가 있다고 한 것에만 집착한다. 수보리야! 그러나 여래는 말한다, 범부라는 것도 범부가 아니라고."

[강해] 세조본, 송본宋本, 원본元本에는 "비범부非凡夫"뒤에 "시명범부是名凡夫"구句가 붙어있다. 우리 해인사본에는 없다. 그리고 『대정大正』본도 우리 해인사본을 따랐다.

여기 "범부凡夫"라는 표현은 "어리석은 일반인들"의 뜻인데 원문은 "bāla-pṛthag-janāḥ"이다. 직역하면, "하나 하나씩 따로 따로 태어난 자"인데 이것이 복수형이 되면 "우자愚者," "군중群衆"의 뜻이 된다.

法身非相分　第二十六
법 신 비 상 분　제 26

26-1. "須菩提! 於意云何? 可以三十二相觀如來
수 보 리　어 의 운 하　가 이 삼 십 이 상 관 여 래

不?"
불

제26분　법신은 모습이 없다

26-1. "수보리야! 네 뜻에 어떠하뇨? 삼십이상으로써 여래를 볼 수
있느뇨?"

26-2. 須菩提言:"如是如是。以三十二相觀如來。"
수 보 리 언　여 시 여 시　이 삼 십 이 상 관 여 래

26-2. 수보리가 사뢰어 말하였다: "그러하옵니다. 그러하옵니다.
삼십이상으로써 여래를 볼 수가 있습니다."

강해　여기 수보리의 대답이 우리의 상식적 기대를 벗어나 있다.

분명히 여태까지의 일관된 논리구조 속에서 이를 논하면 분명히 삼십이상으로써 여래를 보아서는 아니 되고, 또 그렇게는 볼 수도 없는 것이다. 그렇다면 이것은 어찌된 일인가?

바로 이것이 방편方便설법이라는 것이다. 수보리는 그 자리에서 부처님의 말씀을 같이 듣는 뭇중생들을 위하여 자신을 낮춘 것이다. 즉 방편적으로 틀린 대답을 함으로써 부처님의 강도 높은 진리의 설법을 유도하려는 것이다. 수보리의 대답은 틀린 대답인 것이다.

그런데 여기 재미난 문제가 개재介在되고 있다. 산스크리트 원문에는 전혀 이런 다이내미즘이 결여되어 있는 것이다. "수보리야! 여래를 삼십이상으로 볼 수 있느냐?"는 질문에 수보리는, "스승님! 그럴 수 없습니다. 제가 스승님의 말씀을 이해한 바로는 여래는 어떠한 모습을 가지고 있다고 보아서는 아니 됩니다."라고 대답한다. 그때 스승님은 말하는 것이었다: "정말 그렇다! 정말 그렇다! 수보리야! 네 말대로다. 수보리야! 네 말 그대로다. 여래는 어떤 모습을 구비하고 있다고 보아서는 아니 된다. ……"

그렇다면, 여기 라집역羅什譯의 "여시여시如是如是"는 수보리의 말이 아니라, 붓다의 말이 되어야 할 것이고, 무엇인가가 앞뒤전후로 하여 누락되었거나 잘못 개찬되었다고 볼 수밖에 없는 의구심을 갖게 된다. 즉 텍스트의 오사誤寫(text corruption)가 발생한 것이다. 정말 그런가?

앞뒤 문맥을 면밀히 검토할 때 우리는 텍스트의 오사가 일어났다고 볼 수가 없다는 결론에 이른다. 앞뒤 논리의 전개가 원문과 비교해보아도 그 나름대로의 정연한 논리를 유지하고 있기 때문이다. 여기서 우리는 라집羅什이라고 하는 위대한 연출가를 발견한다. 계속 반복되는 텍스트의 내용을 똑같이 번역·연출하는데 라집은 싫증을 느꼈던 것이다. 그리고 이렇게 반어적反語的인 뉴전扭轉을 일으킨 것이다. 그러므로 우리는 지루하지 않게 텍스트를 계속 읽을 수 있게 되는 것이다. "번역은 제2의 창조"라는 금언을 되새기기 전에 라집의 정신적 경지가 『금강경』의 기자記者들의 수준을 능가하는 숭고한 인물이었음을 우리는 이러한 뉴전扭轉 속에서 발견하는 것이다.

26-3. 佛言: "須菩提! 若以三十二相觀如來者, 轉
　　　　불언　　수보리　약이삼십이상관여래자　전
輪聖王則是如來。"
류성왕즉시여래

26-3. 이에 부처님께서 말씀하시었다: "수보리야! 만약 네 말대로 삼십이상으로 여래를 볼 수 있다고 한다면 전륜성왕도 곧 여래라고 해야 될 것인가?"

강해　나의 번역은 라집羅什말 그대로의 직역은 아니지만, 그 내면의 흐름을 표출시킨 의역이다. "전륜성왕轉輪聖王"이란 "cakravarti-rāja"를 일컫는 것인데 그 뜻은 "바퀴를 굴리는 왕"이라는 뜻이다.

여기서 바퀴라는 것은 인도 고대의 성왕이 가지고 있었던 무기를 상징화하는 것으로, 적진에 자유자재로 굴러다니면서 적을 분쇄하는 무기인 것이다. 흔히 불교에서 법륜法輪이라고 하는 것은, 바로 부처님의 설법을 이렇게 우리의 무명을 쳐부수는 바퀴로 상징한 데서 생겨난 말인 것이다. 전륜성왕은 세속적인 통치자이지만 이와 같은 정의正義의 법륜法輪을 가지고서 이 세계를 통치하는 이상적인 지배자인 것이다. 플라톤이 꿈꾼 "철인왕哲人王"(Philosopher King)이나, 장자莊子가 말하는 "내성외왕內聖外王"이나, 인도인이 말하는 "전륜성왕轉輪聖王"은 동일한 세속적 메시아니즘의 표현인 것이다. 역사적으로 이 『금강경』이라는 문헌이 전륜성왕으로 불리운 마우리아 왕조의 아쇼까왕의 치세 후에 성립했다는 것을 생각할 때 『금강경』기자의 레퍼런스는 암암리 아쇼까왕 같은 이에게 가 있었을 것이다.

전통적으로 이 "32상三十二相"의 관념은 오직 붓다에게만 적용된 것은 아니다. 이 전륜성왕 또한 32상을 구비하여 태어나며, 즉위할 때, 하늘로부터 이 윤보輪寶를 감득感得하여 그것을 굴려 전 인도를 정복하게 된다는 메시아적 전설이 공존共存하고 있었던 것이다.

붓다의 대답은 바로 이러한 32상을 구비했다고 하는 탁월한 정치적 지도자라 한들 과연 그를 여래로 볼 수 있겠냐고 비꼰 것이다.

수보리의 말대로 여래를 상相으로 볼 수 있다면 그러한 상을 구비한 자로 여겨지는 전륜성왕이야말로 곧 여래로 간주될 수밖에 없다는 것이다. 여기 붓다의 어조 속에는 종교가 결단코 정치에 아부할 수 없다는 날카로운 새카즘이 숨어 있는 것이다.

우리나라 불교를 많은 자들이 "호국불교"라고 말한다. 그리고 그 말을 부끄럽게 생각하지 아니하고 자랑스럽게 생각한다. 과거 신라에 있어서 이국異國의 발호로부터 불법佛法의 힘을 빌어 나라를 지킨다고 하는 호국護國의 관념이 있었던 것은 사실이지만, 그것은 역사적 상황에서 그렇게 형성된 것일 뿐 그러한 역사적 상황이 곧 종교의 본질이 될 수는 없는 것이다. 종교는 나라를 위한 것이라기보다는 인간 그 자체를 위한 것이다. 요즘처럼 선거때만 되면 종교가 들러리를 서지 못해 안달하는 이러한 추세는 호국불교, 아니 그 명분을 본따 덩달아 춤을 추는 호국기독교의 반동적 성격을 모방하는 추태에 불과한 것이다.

불교는 호국불교가 되어서는 아니 된다. 기독교는 호국기독교가 되면 필망한다. 오로지 불법과 하나님의 진리를 이 땅에 실현할 뿐인 것이다. 아무리 탁월한 정치적 지도자라 한들, 그를 여래로 볼 수는 없는 것이다. 그리고 모든 정치이념이라는 것은 아라야식을 스쳐 지나가는 한 티끌도 아니 되는 것이다.

26-4. 須菩提白佛言: "世尊! 如我解佛所說義, 不
수 보 리 백 불 언   세 존   여 아 해 불 소 설 의   불

應以三十二相觀如來。"
응 이 삼 십 이 상 관 여 래

26-4. 수보리가 부처님께 사뢰어 말하였다: "세존이시여! 이제 부처님께서 설하신 바의 뜻을 깨달아 삼십이상으로써 여래를 보아서는 아니 된다는 것을 알겠나이다."

26-5. 爾時, 世尊而說偈言: "若以色見我, 以音
　　　이 시　세 존 이 설 게 언　　약 이 색 견 아　이 음
聲求我, 是人行邪道, 不能見如來."
성 구 아　시 인 행 사 도　불 능 견 여 래

26-5. 이 때에, 세존께서는 게송을 설하여 말씀하시었다:

　　　"형체로 나를 보거나
　　　음성으로 나를 구하지 말라
　　　이는 사도를 행함이니
　　　결단코 여래를 보지 못하리."

[강해] 대화의 다이내미즘이 살아있고, 또 마지막 끝마무리도 아름다운 게송으로 재치있게 표현되고 있다. 형체로 나를 보거나, 음성으로 나를 구하지 말라! 어느 성당에 마리아상이 피 흘린다고 쫓아가고, 어느 절깐에 부처님상이 땀 흘린다고 달려가는 추태를 생각할 때, 이『금강경』의 지혜야말로 그 얼마나 많은 인류사의 종교미신을 단절시킬 수 있는 신령스러운 말씀인가?

無斷無滅分 第二十七
무 단 무 멸 분 　제 27

27-1. "須菩提! 汝若作是念, 如來不以具足相故
　　　 수보리 　여약작시념 　여래불이구족상고

得阿耨多羅三藐三菩提。須菩提! 莫作是
득 아 뇩 다 라 삼 먁 삼 보 리 　수 보 리 　막 작 시

念, 如來不以具足相故得阿耨多羅三藐三
념 　여 래 불 이 구 족 상 고 득 아 뇩 다 라 삼 먁 삼

菩提。
보 리

제27분 끊음도 없고 멸함도 없나니

27-1. "수보리야! 네가 만약 여래가 상을 구족한 까닭으로 아뇩다
라삼먁삼보리를 얻은 것은 아니다라고, 이와 같이 생각한다면,
수보리야! 간곡히 부탁하노니, 이와 같은 생각을 짓지 말라,
여래가 상을 구족한 까닭으로 아뇩다라삼먁삼보리를 얻은 것은
아니다라고.

[강해] 여기 쓰인 "구족具足"의 원어는 "sampad"인데, 이는 모든 것을 구비하고 있다는 뜻이다. 이미 20분에서 논의되었다. 무엇인가를 빠뜨리지 않고 있다는 의미다. "구족具足" 역시 한역불전漢譯佛典에서 유행된 말이며 선진경전에는 보이지 않는다. 한대漢代의 저작인 『논형論衡』「정설正說」에 그 용례가 있다.

비구·비구니들이 입단入團과정에서 거치는 완전한 계율을 "구족계具足戒"라고 하는데 이것도 하나도 빠뜨리지 않은 온전한 계율이라는 뜻이다. 소승 부파불교시대 때부터 이미 자세히 규정된 것인데, 통상通常 비구는 250계戒를 지켜야 하고, 비구니는 348계戒를 지켜야 하는 것으로 되어 있다. 인간평등 운운하는 불교이지만, 인도사회의 관습에서 오는 저질적인 남녀차별의식을 이러한 구족계具足戒의 관습에서도 간파할 수 있다.

오늘날 우리나라 비구사회에 있어서도, 비구니를 깔보는 의식이 암암리 깔려있는 것을 종종 체험하게 되는데, 이런 의식에서 우리는 본질적으로 해방되어야 한다. 조선의 여인은 세계 어느 민족보다도 영특하고 기민하고 참을성 있고 내면의 깊이가 있다. 비구니들 중에서도 앞으로 훌륭한 고승과 학승들이 쏟아져 나올 것이다. 우리나라 불교종단은 비구니들의 교육에 보다 깊은 정성을 쏟아야 한다.

본 절의 내용은 한문을 오독誤讀하기 쉽게 되어 있다. 시중에 통용되는 대부분의 번역들이 산스크리트 원문과 대조하여 그 뜻이 번역되는 미묘한 과정을 면밀하게 살피지 않았기 때문에 그러한 오류를 답습하고 있는 실정이다. 보통 "여래불이구족상고득아뇩다라삼먁삼보리如來不以具足相故得阿耨多羅三藐三菩提"를 중간의 고故 앞에서 끊어 해석하게 되면, "여래는 상을 구족하지 않았기 때문에 아뇩다라삼먁삼보리를 얻었다"로 해석하기 쉽다. 그러나 여래如來 다음에 오는 "불不"은 실제로 문장전체에 걸리는 부정사로 앞의 "이以"에 걸리는 것이 아니라, 본동사인 "득得"에 직접 걸리는 것이다. 그렇게 되면, "여래는 상을 구족했기 때문에 아뇩다라삼먁삼보리를 얻은 것은 아니다"가 된다. 결국 둘다 부정이 있으므로 결과 되는 뜻에는 대차大差가 없을 수도 있으나 후자의 경우가 의미상으로나 문법상으로 더 정확한 해석이라는 것은 의심의 여지가 없다. 산스크리트 원문에는 "수보리야! 어떻게 생각하는가? 온전한 모습을 갖춘 것에 의하여 여래는 그 이상 없는 바른 깨달음을 얻었다고 생각하는가? 그렇지만 수보리야! 너는 그렇게 생각해서는 아니 된다. …"로 되어 있다. 라집羅什역은 산스크리트 원본의 내용을 축약하면서, 그 원본의 의미 전체를 다시 한 번 부정하는, 부정의 대부정의 묘미를 발하고 있다. 또는 산스크리트 원본과 현장역에 즉하여 앞의 "불이구족不以具足"의 "불不"은 연문衍文으로 간주할 수도 있다.

본절의 뜻은 "온전한 상을 구족했기 때문에 무상정등각을 얻은 것은 아니다"라는 그 부정을 또 다시 부정해야 한다는 뜻이다. 온전한 상을 구족했기 때문에 무상정등각을 얻은 것은 아니다라는 생각은 이미 고도의 자각自覺이다. 그러나 그러한 고도의 자각, "…이 아니다"라는 자각 자체가 해소되어야만 비로소 무상정등각이 드러나는 것이다. 백척간두百尺竿頭, 수진일보須進一步!

27-2. 須菩提! 汝若作是念, 發阿耨多羅三藐三菩
　　　수 보 리　　여 약 작 시 념　　발 아 녹 다 라 삼 막 삼 보

提者, 說諸法斷滅相。莫作是念。何以故?
리 자　　설 제 법 단 멸 상　　막 작 시 념　　하 이 고

發阿耨多羅三藐三菩提心者, 於法不說斷
발 아 녹 다 라 삼 막 삼 보 리 심 자　어 법 불 설 단

滅相。"
멸 상

27-2. 수보리야! 너는 혹 이와 같이 생각할지도 모르겠다. 아뇩다라
　　　삼먁삼보리를 발하는 자는 모든 법을 단멸해버린 상을 설한
　　　다고. 그러나 이와 같은 생각을 짓지 말라. 어째서 그러한가?
　　　아뇩다라삼먁삼보리의 마음을 발한 자는 법에 있어 단멸한다
　　　고 하는 상을 설할 것이 아무것도 없기 때문이다."

강해　앞 절의 내용을 한층 심층적으로 분석한 것인데, 우리의 마
음은 본시 단멸斷滅한다고 하는 행위의 대상으로서 존립하는 것이
아니라고 하는 것을 말한 것이다. 이것이 나중에 선禪의 사상으로
발전한 것이다. 나의 마음을 단멸한다고 했을 때, 단멸의 대상으로
존재하는 마음은 단멸당하지 않기 위해 그 의식이 더욱 깊어지고 강
렬해지게 마련이다. 이것은 바로 우리 인간존재의 가장 심연의 파라
독스다. 프로이드 심리학이 범하는 대부분의 오류가 곧 인간의 심적
에너지를 실체화시키고 객관화시켜 분석하는 대상화의 오류에서 기
인하는 것이다. 따라서 그런 심리분석을 받는 자들은 병이 낫는 것
이 아니라 점점 더 병이 깊어져 간다. 다시 말해서 심리분석을 하고

있는 자나, 심리분석을 당하는 자나 다 같이 병이 심화되어만 가는 것이다. 정신분석 의사들의 상당수가 정신병자일 수도 있다는 사실은, 이런 주제를 다루고 있는 대부분의 영화들이 고발하고 있는 상황에 어느 정도 그 현실이 반영되어 있다고 보아야 할 것이다.

본 절 제일 앞머리에 "여약작시념汝若作是念"의 "여汝"가 『대정大正』본에는 없다. 『대정』본에 주도 없는 것으로 보아 단순한 누락으로 생각된다. 우리 해인사본에는 "여汝"가 있다. 그리고 "발아뇩다라삼먁삼보리자發阿耨多羅三藐三菩提者, 설제법단멸상說諸法斷滅相"에서 송宋·원元·명明 삼본三本이 모두 "보리菩提" 다음에 심心이 더 있고 "단멸斷滅" 다음에는 상相이 빠져 있다. 번역의 문맥상 우리 해인사본이 더 원의에 가깝다는 것은 누구든지 판단할 수 있을 것이다. 『대정大正』은 우리 해인사 판본을 따랐다.

不受不貪分　第二十八
불 수 불 탐 분　제 28

28-1. "須菩提! 若菩薩以滿恒河沙等世界七寶布
　　　 수 보 리　약 보 살 이 만 항 하 사 등 세 계 칠 보 보

施。若復有人知一切法無我, 得成於忍, 此
시　약 복 유 인 지 일 체 법 무 아　득 성 어 인　차

菩薩, 勝前菩薩所得功德。
보 살　승 전 보 살 소 득 공 덕

제28분 받을 생각도 말고 탐하지도 말라

28-1. "수보리야! 만약 어떤 보살이 갠지스강의 모래만큼의 세계에 가득찬 칠보로써 보시한다고 하자. 또 어떤 사람이 있어 일체의 법이 아가 없음을 알고, 인을 얻어 이루면, 이 보살의 공덕이 앞의 보살이 얻은 바의 공덕을 뛰어 넘으리라.

강해 여기 또 "갠지스강의 모래"가 나오므로, 칠보니 사구게니 하는 식상하는 얘기가 나올 것으로 생각하지만 『금강경』의 기자는 그러한 단순한 반복의 우를 범하지 않았다. 조건절도 매우 간략하게 줄였으며, 주절은 불교의 핵심적인 교리를 개념적으로 설파하고 있다. 바로 제법무아諸法無我 즉 "일체법무아一切法無我"라는 보살운동의 캣치프레이즈가, 『금강경』이라는 대서사시가 끝나가는 마지막 무렵에서 그 강렬한 모습을 드러내는 것이다. 다시 말해서 앞에서 계속 사태 서술적인(figurative description) 방식을 취해왔기 때문에 여기서는 개념 서술적인(conceptual description) 방식이 의미를 가질 수 있게 되는 것이다.

이 문장에서 제일 문제가 되는 것은 "득성어인得成於忍"인데, 그 원문의 전후의 뜻은 "보살이 자아라고 하는 것도 없고 생하지도 않는 법들에 관한 지혜를 인내를 통하여 얻었다고 한다면"(nirātmakeṣv anutpattikeṣu dharmeṣu kṣāntiṃ pratilabhate)의 뜻이다. 그러나 한역은 그런 맥락적 뜻을 압축시킨 것이다.

"득성어인得成於忍"의 "인忍"은 여태까지 계속 논의되어온 "인욕바라밀"로 볼 수 있다. 그러나 인忍(kṣānti)의 뜻에는 참는다는 뜻만 있는 것이 아니라 "인지認知," "확실한 앎," "지혜"의 뜻이 내포되어 있다. "크샨티"는 "확실히 그러하다는 것을 인지한다"는 뜻이다("忍"은 때로 "認"과도 상통한다. 그러니까 "忍"에는 참는다는 뜻 외로도 인지한다는 뜻이 있다). 다시 말해서 진리의 이법理法을 올바르게 인지함을 뜻한다. "득성어인得成於忍"에는 그런 양면의 내용이 다 들어가 있다. 한역불전의 문법에서는 "어於"가 목적어를 받는 전치사로 쓰인다. 따라서 "인을 얻어 이룬다"가 된다. 콘체의 번역은: "if on the other hand a Bodhisattva would gain the patient acquiescence in dharmas which are nothing of themselves and which fail to be produced, then …" 콘체는 인욕과 지혜, 양면의 뜻을 종합하는 번역을 했다.

세조본, 송宋·원元·명明 삼본三本, 우리나라 통용본에는 "칠보七寶"와 "보시布施"사이에 "지용持用"이 들어가 있다. 그러나 "지용持用"이 없는 편이 더 간결하다. 『대정』은 우리 해인사본을 따랐다.

28-2. 須菩提! 以諸菩薩不受福德故。" 須菩提白
      수 보 리   이 제 보 살 불 수 복 덕 고   수 보 리 백

佛言: "世尊! 云何菩薩不受福德?" "須菩
불 언   세 존   운 하 보 살 불 수 복 덕   수 보

提! 菩薩所作福德, 不應貪著。 是故說不受
리   보 살 소 작 복 덕   불 응 탐 착   시 고 설 불 수

福德。"
복 덕

28-2. 수보리야! 뭇 보살들은 복덕을 받지 않기 때문이다." 수보리
　　　가 부처님께 사뢰어 말하였다: "세존이시여! 어찌하여 보살이
　　　복덕을 받지 않는다고 말씀하시나이까?" "수보리야! 보살은
　　　자기가 지은 복덕에 탐하여 집착해서는 아니 된다. 그러한 까
　　　닭으로 복덕을 받지 않는다 말할 수 있는 것이다."

　강해　"공성이불거功成而弗居"의 위대한 한 표현일 것이다.

　　본 절 첫머리에 나오는 "수보리須菩提" 앞에, 세조본, 송宋·명본明
本, 통용본에는 "하이고何以故"가 삽입되어 있다. 해인사본에는
없다. 『대정』은 해인사본을 따랐다.

威儀寂靜分　　第二十九
　　위　의　적　정　분　　　제 29

29-1. "須菩提! 若有人言如來若來若去, 若坐若
　　　　수 보 리　약 유 인 언 여 래 약 내 약 거　　약 좌 약

臥, 是人不解我所說義。
와　시 인 불 해 아 소 설 의

　　　제29분　위엄 있는 그 모습 고요하기도 하다

29-1. "수보리야! 만약 어떤 사람이 여래를 일컬어, 오는 듯 가는

듯, 앉는 듯 눕는 듯하다 하면, 이 사람은 내가 말한 바의 뜻을 이해하지 못한 것이다.

강해 나는 인간적으로 이 분을 매우 좋아한다. 그 언어가 극히 평이하고 그 말이 가지고 있는 자체의 뜻을 아주 시적詩的으로 리드믹하게 표현해주었기 때문이다. 나카무라는 여래如來(tathāgata)의 본뜻이 여기서 해설하듯 그런 말 자체의 풀이에서 유래되는 심오한 뜻이 있는 것이 아니고, 단순히 "그렇게 간 사람"의 뜻으로 "완전한 인격자," "인격의 완성자"라는 단순한 존칭에 불과하다고 한다. 그러나 『금강경』의 시대에만 와도 이미 벌써 "따타가따"에 대한 어원풀이를 가지고 많은 의미의 펀(pun)을 지어내는 논의가 성행했던 것을 알 수 있다. 더우기 "여래如來"라는 번역술어가 확립된 이후의 중국에서는 그 뜻을 원전에서 구하는 것이 아니라 바로 "여래"라고 하는 한역개념 그 자체에서 구하게 되는 것이다. 그리하여 중국적인 레토릭이 무한히 개발되는 것이다. 그러한 상상력의 원천을 바로 『금강경』의 이 분이 제공했다고 생각한다. "따타가따"에서 "갔다"는 의미보다는, 이승의 구원을 위하여 "왔다"라고 하는 이타利他의 구제자적 성격이 강조되었다는 것은 이미 2분 2절에서 설명한 바와 같다.

여기 "약내약거약좌약와若來若去若坐若臥"의 번역은 산스크리트 원문이 "여래는 가고, 혹은 오고, 혹은 머물고, 혹은 앉고, 혹은 침대에 눕는다"로 되어 있으므로, "오거나 가거나 앉거나 눕거나 한다"로 번역할 수 있지만, 그렇게 번역하면 한역의 맛이 사라진다. 여기

"약내약거若來若去"식의 표현은 이미 『노자老子』에 나오는 표현방식을 빌린 것이다. 『노자』 6장에 "면면약존綿綿若存"(면면히 이어져, 있는 듯)이라는 말이 있고, 41장에 "약존약망若存若亡"(있는 듯 없는 듯)이라는 말이 있는데, 이런 표현에 따라 중국인들은 이를 대구적對句的으로 이해한 것이다. "온다, 간다"보다 "오는 듯 가는 듯," 그 얼마나 시적인가?

29-2. 何以故? 如來者, 無所從來, 亦无所去, 故
　　　 하 이 고　　여 래 자　무 소 종 래　역 무 소 거　　고
　　　 名如來。
　　　 명 여 래

29-2. 어째서 그러한가? 여래는 어디로부터 온 바도 없으며 어디론가 가는 바도 없다. 그래서 여래라 이름하는 것이다."

[강해] "여래자, 무소종래, 역무소거, 고명여래!" 그 얼마나 아름다운 노래 구절인가? 우리의 인생이여! 어디로부터 온 바도 없으며 어디론가 가는 바도 없다. 그래서 우리의 아름다운 삶이 지금 여기 있는 것이다. 어찌 창조와 종말을 운운하랴! 인생은 나그네길, 어디서 왔다가 어디로 가느냐?

一合離相分　第三十
일 합 리 상 분　제 30

30-1. "須菩提! 若善男子善女人, 以三千大千世
　　　 수 보 리　약 선 남 자 선 여 인　이 삼 천 대 천 세
界碎爲微塵。於意云何? 是微塵衆寧爲多
계 쇄 위 미 진　어 의 운 하　시 미 진 중 녕 위 다
不?"
불

제30분　모이나 흩어지나 한 모습

30-1. "수보리야! 만약 여기 선남자 선여인이 삼천대천세계를 힘껏
　　　 부숴 티끌로 만든다면, 네 뜻에 어떠하뇨, 그 티끌들이 많겠느
　　　 냐? 많지 않겠느냐?"

[강해] 우선 분명分名에 텍스트의 문제가 있다. 세조언해본에 보면
분명이 "일합상리분一合相理分"으로 되어 있고(김운학본本, 석진오본本)
또 기타 통용본에는 "일합리상분一合理相分"(무비本, 이기영本)으로 되
어 있는데 이것은 모두 전사轉寫과정에서 생겨난 동음이자同音異字
의 오류에 속하는 것이다. 그 원명은 나카무라가 제시하는 바대로
"일합리상분一合離相分"이다. 기타 판본은 "리離"를 "리理"로 잘못

표기한 데서 생겨난 전사의 오류를 답습하고 있는 것이다. 조선조에 통용된 『금강경』본들이 매우 판본학적으로 열악한 것들이라는 것을 알아야 한다. 한국불교의 텍스트는 일단 모두 해인사대장경으로 돌아가야 한다!(물론 분명分名과 해인사판본과는 아무런 관계가 없다).

세조언해본에 관하여 대체적인 소감을 이야기 한다면, 판본이나 언해나 모두 탄탄한 기초 위에서 진행된 것으로 볼 수가 없다. 관여된 학자들의 불경이해 수준이 정밀함을 결하고 있고 그 의취의 깊은 곳을 세밀하게 파헤치고 있지 못하다고 말할 수밖에 없다. 그러나 우리 옛말을 연구하는데는 큰 도움을 준다. 불경연구의 방편으로서 별로 큰 가치는 없지만 당대의 상황에서 훈민정음을 민중의 보편적 언어수단으로 만드는데 크게 기여하였다고 평가할 수 있다. 일반적으로 고전학문이라 해서 옛 사람들이 더 잘 알았으리라는 망상은 버려야 한다. 자료의 범위가 협애하고 인식의 범주가 너무 제한되어 있는 상황이 많다. 오히려 21세기야말로 고전학의 최전성 시기가 될 것이라는 것을 잊어서는 아니 될 것이다.

콘체는 『금강경』의 주 텍스트가 13분 2절에서 끝난다고 보고 그 이하 29분까지는 주 텍스트의 조잡한 재탕비빔밥으로 보았지만, 제30분부터는 새로운 텍스트가 시작된다고 보고 있다. 그래서 30분부터 다시 주석을 개시하고 있다. 나는 그런 식으로는 『금강경』을 바라보지 않지만, 제30분은 여태까지 논의되지 않았던 불교의 핵심이론의 새 측면을 텃치하고 있는 것이 분명하다. 그것이 바로 이 합리合離 즉 리합離合의 문제이다.

우리가 흔히 쓰는 말에 이합집산離合集散이라는 말이 있다. 떨어졌다, 붙었다, 모아졌다, 흩어졌다는 뜻이다. 전통적인 중국인의 세계관에 있어서는 기氣의 "취산聚散"과 같은 용례가 이미 『장자莊子』에 나오고 있는데(잡편 「즉양則陽」편에 나온다), 이러한 취聚(합合)·산散(리離)의 개념을 불교佛敎적 세계관의 격의의 틀로 사용한 것이다.

여기서 합合이란 매크로(거시)의 세계다. 리離란 마이크로(미시)의 세계이다. 우리가 보통 인식하는 세계를 구성하는 것은 합合의 세계이다. 매크로의 세계인 것이다. 우리가 흔히 바라보는 것들, 나무, 집, 사람, 책상, 항아리 이 모든 것들이 매우 거시적인 사태들이다. 그러나 불교는 이러한 거시적 세계의 인식으로 만족하지 않는다. 거시적인 세계는 항상 마야 즉 환幻의 가능성으로 지배되어 있기 때문이다. 불교는 사물을 미시적으로 분석하기를 좋아한다.

매크로에서 마이크로로 들어가면 반드시 인식론이 개재된다. 인식론적 반성이 없이는 마이크로의 세계를 논구할 수가 없다. 아마도 불교와 기독교가 그 세계관에서 가장 큰 차이를 보이는 것은 바로 이 인식론의 유무다. 기독교는 종교적 진리에 관한 한, 인식론을 거부한다. 예수가 죽었다 살아났다! 그것을 우리는 어떻게 알 수 있는가? 어떻게 인식할 수 있는가? 그것을 과연 우리는 정당한 판단으로서 받아들일 수 있는가? 이러한 모든 분석, 특히 인식론적 분석을 기독교는 거부한다. 기독교가 인식론을 거부하기 때문에, 인식론이 기독교 서구라파 문명전통에서는 과학이나 철학의 분야로 독립되었다.

그래서 철학은 인식론적 반성을 가지고 과학적 세계관을 지원했기 때문에 근세에 오면 종교와 치열한 대립양상을 벌인다. 부루노·갈릴레오·데카르트·뉴턴, …… 칸트에 이르기까지 이들 모두가 기독교와 긴장감을 유지해야만 했다.

그러나 불교는 모든 인식론적 가능성을 수용한다. 불교는 어떠한 명제에 어떠한 분석을 가해도 그 결과가 조금도 그 종교적 진리와 어긋남이 없다고 생각한다. 다시 말해서 불교는 인식론적 반성의 철저성 위에 서있기 때문에 철학이나 과학과 전혀 대립할 필요가 없다. 아니, 불교에서는 종교와 철학과 과학이 일치한다고 생각한다. 이것이 바로 불교의 심오성인 동시에 그 한계인 것이다. 기독교전통에서는 인식론이 종교에서 분리되었기 때문에 오히려 과학이 발달되었고, 불교전통에서는 그것이 합일合一되었기 때문에 오히려 과학의 발전이 저해된 그러한 아이러니를 인류의 역사는 노정露呈시킨 것이다. 그러나 21세기의 역사에 있어서, 과학의 성과가 인류의 보편적 자산이 되어가는 지금, 과연 그 양상이 어떻게 전개될 것인지, 우리는 새로운 시각으로 인류사를 바라봐야 하는 시점에 온 것이다.

내가 지금 이 글을 죽으라고 힘들게 쓰고 있는 나의 책상 앞에는 큰 창이 있고 그 앞에는 푸른 잔디밭이 있다. 과연 내 앞에 잔디밭(lawn)이 있는가?

저기 잔디밭이 있다! 저기 잔디밭이라는 존재가 있다! 저기 잔디밭이라는 존재의 실체가 있다! 과연 그런가? 잔디밭은 거시적 세계다! 그러나 미시적 세계로 들어가보면 그것은 많은 풀들로 이루어져 있다. 갠지스강의 모래 수만큼의 풀로 이루어져 있는 것이다. 과연 잔디밭은 있는가?

아이쿠 이놈의 지겨운 잔디밭이여! 남의 집 잔디밭을 보면 아주 아름답게 보인다. 그것을 바라보는 당신은 좋다. 그러나 그것을 가꾸는 주인집 사람들에게는 정말 미칠 노릇이다. 매주 잔디를 깎아주어야 하고 심심하면 나가서 잡초를 뽑아주어야 한다. 그런데 이런 짓을 안 하면 잔디밭은 곧 흉물이 되어 버린다. 두 주만 안 가꾸고 내버려두어도 그것은 잔디의 모습을 잃어버린다. 그것은 잔디 아닌 잡초의 수풀이 되어버리고 낭만적인 초원이 아닌 지렁이·모기·뱀이 우글거리는 덤불로 바뀐다. 생각해 보라! 잔디라는 것이 과연 있는가? 잔디는 과연 존재(아我)인가? 나는 매일 아침 이 글을 쓰다 말고 잔디밭에 나가 잡초를 뽑는 취미를 가지고 있다. 몇 평 남짓한 터에라도 푸른 풀밭이 있다는 것이, 매일 갇혀 살다시피하는 나에게는 그렇게 고마울 수가 없다. 그러나 잡초를 뽑으면서 생각한다. 나는 이 잡초에게 얼마나 가혹한 폭력을 행사하고 있는가? 들에 나가면 바랭이 웬수, 집에 들어오면 시누이 웬수라던데! 과연 뗏장풀과 클로바와 바랭이의 차이가 무엇인가? 무엇을 위해서 과연 무엇을 뽑아내고 있는 것일까? 이러한 질문은 불교에 있어서 매우 본질적인 질문이다.

지금 나라는 존재를 한번 잔디밭이라고 생각해보라! 과연 "나"가 있는가? "나"라고 생각하는 어떤 존재의 형태는 마치 수없는 잔디

풀이 모여 일정한 형태를 유지하고 있는 이러한 잔디밭과도 같이, 수없는 세포가 모여 어떤 역동적 동일성의 체계를 유지하고 있는 그 무엇을 의미할 것이다. 그런데 그것의 유지는 과연 무엇을 기준으로 해서 이루어지고 있는 것일까?

잔디밭의 유지가 하나의 폭력이라면, 그대는 이런 생각을 해본 적이 없는가? 나의 존재는 하나의 폭력이다! 나의 생명은 신神의 폭력이다! 과연 나는 무엇을 위해 이런 폭력을 저지르고 있는가? 몸을 하루만 안 가꾸어도 내 몸은 잡초처럼 온갖 꼬무래기들이 돋아나고 병이 걸리고 하지를 않는가? 암이 걸리지 않기 위해 나는 얼마나 이 하루를 정결하게 살아야 하는가? 나의 몸의 호미오스타시스(평형) 체계는 분명 잔디밭의 유지와 같은 폭력적 사태임이 분명한 것이다.

이 분의 1·2절은 리離 즉 미시의 세계를 말한다. 3·4절은 합合 즉 거시의 세계를 말한다. 여기서 말한 "티끌"이란 곧 리離의 미시적 세계를 말하는 것이다.

다시, 실체의 문제로 돌아가서, 우리가 잔디라는 합合의 상태가 존재하지도 않는 가합假合의 픽션이라고 한다면, 우리는 과학적으로 이런 생각을 할 수가 있다. 거시적인 가합상태는 실체가 아니라고 하더라도, 그 가합상태를 구성하는 구성 최소단위 그 자체는 실존實存하는 것으로 보아야 한다. 오늘날의 과학적인 원자론의 세계관은 대강 이러한 생각 위에 서있다. 이 구성 최소단위를 소승불교에서는 바로 법法 즉 다르마라고 불렀다. 이러한 소승부파불교의 입장을 우리는 "아공법유我空法有"라고 부른다. 다시 말해서 "나라는 실체는 없지만 나를 구성하는 법은 실유實有한다고 보아야 한다"는 뜻이다. 이 법의 실유론實有論(realism)을 대변하는 철학이 바로 "설일체유부 說一切有部"(Sarvāsti-vādin)라는 소승철학불교인 것이다.

그런데 바로 우리가 읽고 있는 『금강경』은 이러한 유론有論을 부정하는 데서 출발하는 매우 래디칼한 사상인 것이다. "아공법유我空法有"라고 한다면 결국 "무아론無我論"이 성립할 수 없다는 것이다. 잔디밭은 풀 한 포기 한 포기로 구성되어 있다. 잔디밭은 없어도 풀은 있다. 과연 그런가? 풀 한 포기는 또 무엇으로 이루어져 있는가? 또 다시 갠지스강의 모래 수만큼의 식물세포들로 이루어져 있다. 그럼 또 그 세포 하나는 무엇으로 이루어져 있는가? 핵과 세포질과 세포막과 미토콘드리아, 골지체, 리보좀 … 그럼 또 핵은? DNA는? …

무아론無我論의 궁극은 법유法有를 인정할 수가 없다. 그러면 이 세계는 공空인가? 여기에 대한 대답은 그대들 각자가 찾아보라!

이 30분의 해석에 있어서 산스크리트 원문은 매우 애매한 곳이 많다. 나는 최소한 한문의 "미진중微塵衆"은 단순히 "미진微塵"의 복수형으로 보아야 한다고 생각한다. 그리고 대부분의 중국인들이 그 이상의 의미를 이 말에 부여할 수 없었을 것이다. 그러나 산스크리트 원문의 뜻은 "원자原子의 집합체集合體"로 되어있고(나카무라 번역), 콘체는 "a collection of atomic quantities"로 번역하였다. 그런데 가루로 부숴만든 결과가 또 다시 "집합체集合體"라 하는 것은 논리적으로 석연치 않다. "집합체集合體"라든가 "collection"이라는 표현은 이미 가합假合의 매크로한 상태를 말하기 때문이다. 내가 생각하기에는 "원자原子"와 "집합체集合體"는 동격이 되어야 할 것이다. 인도인들은 원자 그 자체가 시공을 점유하는 미세단위라고 생각했고, 따라서 그것은 하나의 덩어리라고 생각한 것이다. 그러니까 이 세계를 구성하는 최소단위는 "먼지라는 덩어리" 즉 "먼짓덩어리"가 되는 것이다. 그 먼짓덩어리가 많으냐 적으냐고 물은 것이다. 그러나 한어漢語의 "미진중微塵衆"이라는 번역은 그러한 복합적 의미를 전달하지 않는다. 이 분分은 산스크리트 원문을 무시하고 그냥 라집羅什의 한역漢譯의 뜻에 충실하게 읽는 것이 좋다.

이 삼천대천세계를 마이크로한 세계로 부숴버리면 티끌(미진微塵)이라는 법法이 남지 않겠는가? 바로 이 법法조차를, 제30분의 철학은 부정하고 있는 것이다.

내 번역문 "힘껏 부숴 티끌로 만든다면" 중의 "힘껏"은 산스크리트 원문에 있는 표현을 삽입한 것이다.

30-2. "甚多。世尊! 何以故? 若是微塵衆實有者,
심 다　세 존　하 이 고　　약 시 미 진 중 실 유 자

佛則不說是微塵衆。所以者何? 佛說微塵
불 즉 불 설 시 미 진 중　　소 이 자 하　　불 설 미 진

衆, 則非微塵衆。是名微塵衆。
중　즉 비 미 진 중　　시 명 미 진 중

30-2. "정말 많습니다. 세존이시여! 어째서이오니이까? 만약 그 티끌
　　　들이 실제로 있는 것이라고 한다면, 부처님께서는 티끌들이라
　　　설하지 아니하셨을 것이오니이다. 그 까닭이 무엇이오니이까?
　　　부처님께서 설하신 티끌들이란 티끌들이 아니기 때문이오이다.
　　　그래서 비로소 티끌들이라 이름할 수 있는 것이오니이다.

　　　[강해]　여기서 분명하게 "아공법유我空法有"의 "법유法有"를 부정하
고 있는 대승大乘정신의 철저성이 드러나고 있다. 존재存在는 무無
다. 과연 이 무無를 어떻게 이해하여야 할까? 조선의 젊은이들이여!
평생을 두고 두고 곱씹어보라!

30-3. 世尊! 如來所說三千大千世界, 則非世界,
　　　　　세 존　여래소설삼천대천세계　 즉 비 세 계
　　　是名世界。何以故? 若世界實有者, 則是
　　　　시 명 세 계　　하 이 고　　 약세계실유자　 즉 시
　　　一合相。如來說一合相, 則非一合相, 是名
　　　일 합 상　　여 래 설 일 합 상　 즉 비 일 합 상　 시 명
　　　一合相。"
　　　일 합 상

30-3. 세존이시여! 여래께서 말씀하시는 삼천대천세계는 곧 세계가
　　　아니오니이다. 그러므로 세계라 이름하오니이다. 어째서이오니
　　　이까? 만약 세계가 실제로 있는 것이라면, 그것은 곧 하나의

큰 전체상일 것이오니이다. 여래께서 말씀하시는 하나의 큰 전체상은 하나의 큰 전체상이 아니오니이다. 그러므로 하나의 큰 전체상이라 이름하오니이다."

[강해] 1·2절에서 "리離"의 세계를 말했다면, 3·4절에서는 "합合" 의 세계를 말했다. 리離는 혜시惠施의 말을 빌리면 지소무내至小無內 (가장 작은 것은 안이 없다)의 세계가 될 것이고, 합合은 지대무외至大 無外(가장 큰 것은 밖이 없다)의 세계가 될 것이다. 붓다는 곧 우리가 합合의 문제로 사유의 방향을 틀면, 곧 세계 그 자체의 문제와 만나 게 된다는 것을 3절의 초반부는 시사하고 있다. 즉 세계 속에 티끌 이 있는 것이 아니라, 티끌의 합合의 궁극은 세계 그 자체의 문제라는 것이다.

여기 "일합상一合相"이라는 표현에 해당되는 범어는 "piṇḍa-grāha" 로, 모든 것을 하나의 전체로 보고 그것이 실체實體라고 집착하는 것을 말한다. 콘체는 "a material object"(한 물리적 대상)라고 번역했 는데 이것은 오역誤譯이다.

세계世界는 우리가 살고 있는 우주(Cosmos)다. 그러나 여기 일합 상一合相이라는 표현은 그 우주보다 더 추상적인 표현이다. 혜시惠 施가 말한 지대무외至大無外로 본다면, 그것은 화이트헤드가 말하는 "연장적 연속체"(extensive continuum: 가능한 가장 큰 사회)를 연상시킨다. 그것은 우리가 우리의 현재적 사유로써 상정할 수 있는 가장 큰 사회를 말하는 것이다. 즉 우리가 알고 있는 우주는 이 연장적 연속체의 하나의 구현具現이다. 그런데 물론 이 연장적 연속체도 궁극적으로는 우리의 사유의 산물이다. 따라서 그것마저 우리의 집착의 대상이 될 수는 없는 것이다. 그리고 연장적 연속체는 실체가 아닌 영원한 가능태일 뿐이다. 그것은 구현의 자리(장場)인 것이다.

나는 "일합상一合相"을 "하나의 큰 전체상"이라고 번역하였다. 현장玄奘은 "일합집一合執"이라는 표현을 썼다.

30-4. "須菩提! 一合相者, 則是不可說。但凡夫
　　　수 보 리　　일 합 상 자　즉 시 불 가 설　　　단 범 부
之人貪著其事。"
지 인 탐 착 기 사

30-4. "수보리야! 하나의 큰 전체상이라 하는 것은 곧 말로 할 수 없는 것이다. 단지 범용한 사람들이 그것에 탐착할 뿐이다."

강해 내가 대만대학臺灣大學 방동미 선생方東美先生의 불교강의를 들었을 때, 내 귀에 가장 많이 남은 한마디가 바로 이것이다: "뿌커수어, 뿌커쓰이"(不可說, 不可思議).

그대들이여! 모든 것을 말하려 들지말라. 말할 수 없고 생각할 수

없는 것, 그것이 곧 우주요 인간이다. 비트겐슈타인의 침묵도 말할 수 없는 것의 부정을 의미하는 것이 아니다. 비트겐슈타인의 침묵은 말할 수 없는 것에 대해 쓸데없이 떠드는 것에 대한 경고인 것이다. 비트겐슈타인은 논리분석주의자가 아니다. 그의 사상의 본질은 불교와 동일한 문제의식선상에 있는 것이다. **말할 수 없는 것에 대하여 침묵할지어다.**

知見不生分　第三十一
지 견 불 생 분　　제 31

31-1. "須菩提! 若人言佛說我見人見衆生見壽者
　　　　　수 보 리　약 인 언 불 설 아 견 인 견 중 생 견 수 자

見。須菩提! 於意云何? 是人解我所說義
견　　　수 보 리　어 의 운 하　　시 인 해 아 소 설 의

不?"
불

제31분　**앎을 갖지 말지어다**

31-1. "수보리야! 누가 부처가 아견·인견·중생견·수자견을 설했
　　　　다고 말한다면, 수보리야! 네 뜻에 어떠하뇨? 이 사람이 내가
　　　　설한 바의 뜻을 이해했다고 생각하느냐?"

　강해　분명分名으로 "지견知見"이라는 말이 나오고 있다. 흔히 우

리 불교계에서, 특히 사려 깊지 못한 스님들이 이를 "알음알이"라고 번역하는데, 제발 이런 추잡스러운 말을 쓰지 않았으면 좋겠다. 인간의 언어란 그 나름대로 물 흐르듯 자연스러운 법칙이 있고, 또 의미론적으로나 성운학적으로 또 통사론적으로 가장 합당하고 가장 아름다운 말을 선택해서 써야하는 것이다. "알음알이," "먹거리" 이 따위 말들은 전혀 순수한 우리말이 아니고, 최근세에 무식한 자들에 의해 날조된 매우 천박한 비국어非國語이다. "먹을 거리"는 가능한 말이래도 "먹거리"란 있을 수 없는 말이다. 어떻게 동사의 어간이 관형사형 어미가 없이 직접 명사에 붙을 수 있는가? "하다"에서 "하일"이 가능한가? "할일"이라고 말할 수 있을 뿐이다. "먹거리"가 우리말이라면, 옷은 "입거리"가 되어야 하고, "볼거리"는 "보거리"가 되어야 할 것이다. 이런 식의 합성은 근본적으로 불가능한 것이다. 단순히 우리말의 구조가 그렇게 되어 있지 않은 것이다. 그리고 왜 하필 "먹다"라는 천박한 느낌의 말을 어간으로 선택해야 하는가? "자실 거리"라 해도 될 것이요, 얼마든지 다른 좋은 표현이 있을 것이다. 한어漢語를 피한다 해서 천박하고 어법에 벗어나는 우리말을 선택하는 것은 단순한 타락이요, 우리 언어생활 격조의 하락일 뿐이다.

"알음알이"도 통사적으로나 음성학적으로나 천박하기 이를 데 없는 표현에 불과하다. "알다"에서 "알이"라는 비루먹은 명사형은 도출될 수가 없다. 그냥 "앎"이라 해도 좋고 그냥 "알음알음"이라 해도 좋을 것이다. 그리고 이런 말의 무의식적 유포가 승려사회에서 마치 지식을 추구하는 모든 사람들을 천시하고 격하시키는 그릇된 관념을 형성시킨다면 그것은 참으로 유감이다. 그것은 단지 스님들의 무식을 정당화하기 위한 그릇된 방편에 불과하다. 절깐 문턱에 "알음알이를 가진 자 여기를 넘어오지 말라"는 둥, 이따위 불결한 팻말을 돌에 새겨놓고 있는 스님네들! 그대들 알음알이부터 후벼 파내버리시오! 지견知見을 가진 자일수록 절깐에 들어와야 하고, 우리는 그들과 끊임없는 대화를 나누어 친절하게 그들의 지견知見을 버리게 해주어야 할 것이다. 불교는 어떠한 경우에도 대화를 거부해서는 아니 된다. 방망이를 함부로 휘두르지 말라! 방망이는 곧 너를 향해 들어라! 이것이 곧 대승정신일지니.

31-2. "世尊! 是人不解如來所說義。何以故? 世
세 존 시인불해여래소설의 하이고 세
尊說我見人見衆生見壽者見, 卽非我見人
존 설아견인견중생견수자견 즉비아견인
見衆生見壽者見。是名我見人見衆生見壽
견 중생견수자견 시명아견인견중생견수
者見。"
자 견

31-2. "세존이시여! 이 사람은 여래께서 설하신 바의 뜻을 이해하지
못하였나이다. 어째서 그러하오니까? 세존께서 말씀하신 아
견·인견·중생견·수자견은 곧 아견·인견·중생견·수자견이
아니오이다. 그래서 비로소 아견·인견·중생견·수자견이라
이름할 수 있는 것이오니이다."

강해 제일 앞머리의 "세존世尊" 앞에 세조본, 송宋·원元·명본明本, 통용본에는 "불야不也"가 삽입되어 있다. 내가 통용본이 조잡하다고 하는 것은, 바로 이런 곳에 다른 곳과 비교하여 같은 패턴으로 획일화시키는 것이 더 정당하다고 생각하고 매끄럽게 불필요한 말들을 삽입하는 용렬함 때문이다. 라집羅什은 그러한 획일적 병치를 좋아하지 않았던 것이다. 우리 해인사판본에는 그러한 용렬한 자의 장난이 일체 보이지 않는다. 신선한 고본古本의 고졸古拙한 느낌! 그 이상 아름다운 것이 어디 있으랴!

『대정大正』본은 우리 해인사본을 따르고 있다.

31-3. "須菩提! 發阿耨多羅三藐三菩提心者, 於
         수보리   발아뇩다라삼먁삼보리심자   어

一切法, 應如是知, 如是見, 如是信解, 不生
일체법 응여시지   여시견   여시신해   불생

法相。須菩提! 所言法相者, 如來說卽非法
법상   수보리   소언법상자   여래설즉비법

相。是名法相。"
상   시명법상

31-3. "수보리야! 아뇩다라삼먁삼보리의 마음을 낸 사람은 일체의
      법에서 마땅히 이와 같이 알고, 이와 같이 보고, 이와 같이 믿고
      깨달을지니, 마음에 법의 상을 짓지 말라. 수보리야! 말한 바
      의 법의 상이라고 하는 것은 여래는 곧 말하였다. 법의 상이

402 ■ 금강경 강해

아니라고. 그래서 우리는 법의 상이라 이름하는 것뿐이니라."

강해 불필언설不必言說.

應化非眞分　第三十二
응 화 비 진 분　　제 32

32-1. "須菩提! 若有人以滿無量阿僧祇世界七寶
　　　　수보리　약유인이만무량아승기세계칠보

持用布施。若有善男子善女人發菩薩心者,
지 용 보 시　　약유선남자선여인발보살심자

持於此經乃至四句偈等, 受持讀誦爲人演說,
지어차경내지사구게등　수지독송위인연설

其福勝彼。
기 복 승 피

제32분　색신은 모습이 없어라

32-1. "수보리야! 만약 어떤 사람이 있어 수로 헤아릴 수 없는 무
량한 세계에 가득찬 칠보를 가져다가 보시를 한다 해도, 여기
선남자 선여인이 있어 보살의 마음을 발하고, 이 경 내지 그 사
구게라도 받아 지녀 읽고 외워, 다른 사람을 위해 연설한다면,
이 복이 저 칠보의 복을 뛰어 넘으리라."

강해 "응화비진應化非眞"의 응화應化는 응신應身과 화신化身을 가리킨다. 이 모두 색신色身의 이명異名이다. 응應·화신化身이 모두 참되지 않다는 것이다. 즉 응應·화신化身은 법신法身이 아니라는 것이다. 그러나 이같이 번역하면 너무 얕은 이원론적 부정의 논리의 인상을 주기 때문에 나는 "색신은 모습이 없어라"로 번역하였다.

"阿僧祇"는 반드시 "아승기"로 읽어야 한다. "아승지"로 읽지 말것이다. 숫자로 표현될 수 없는 가장 많은 수를 나타낸다. 제16분에 기출旣出.

그리고 세조본, 명본明本, 우리나라 통용본들은 "발보살심자發菩薩心者"가 "발보리심자發菩提心者"로 되어 있다. 해인사본은 "보살심菩薩心"으로 되어 있고 『대정大正』은 이에 따랐다. 여기 이 마지막 분分, 다시 말해서 『금강경』을 총결 짓는 이 마지막 부분에서 "보리심"이라고 하는 일반명사가 아닌 "보살심"이 등장하는 것은 너무도 당연한 일이다. 이 『금강경』 자체가 바로 보살운동의 성전이기 때문이다. 산스크리트 원문은 이 부분에서 명료하게 "발보살심發菩薩心"이라고 하는 논리적 초점을 가지고 있지 않다. 이는 곧 라집羅什이라고 하는 탁월한 번역자의 의도적 연출인 것이다. 이 『금강경』은 보살의 마음을 내는 모든 사람들에게 바쳐지는 헌시인 것이다.

32-2. 云何爲人演說? 不取於相, 如如不動。
운 하 위 인 연 설   불 취 어 상   여 여 부 동

32-2. 그리하면 어떻게 다른 사람을 위하여 연설한단 말인가? 상을 취하지 말라. 있는 그대로 움직이지 말라.

강해 "연설演說"이라는 말은 이미 불교 이전의 문헌文獻에 보이는 말인데 한역불전에서 불타의 가르침을 남에게 설한다는 의미로 잘 썼다. "연설演說"이란 "연演하여 설說한다"는 뜻으로, 연연이란, "물 흐르는 대로 그 물가를 따라서 자세히"의 뜻이 있다.

산스크리트 원문에는 "그렇다면 어떻게 남을 위하여 이 가르침을 말하여 들려줄 것인가?"라는 질문에 대하여 "말하여 들려줄려고 하지 말라! 그래야 비로소 말하여 들려준다고 말할 수 있다."로 되어 있다. 이 논지를 라집羅什은 아름답게 바꾸었다:

> 不取於相, 如如不動。
> 불 취 어 상　여 여 부 동
>
> 상을 취하려 하지 말라
> 여여하게, 부동하게!

『老子』의 말에 이런 말이 있다:

> 執大象! 天下往。
> 집 대 상　천 하 왕
>
> 모습 없는 큰 모습을 잡아라!
> 천하가 스스로 간다.

이제 눈물겨웠던 우리의『금강경』강해도 아쉬운 고별을 말하게 되었다. 나는『금강경』에 나오는 이 마지막 게송과 더불어 너무도 절박했던 색신의 노고를 풀려 한다.

32-3. 何以故?
하 이 고

一切有爲法,
일 체 유 위 법

如夢幻泡影,
여 몽 환 포 영

如露亦如電,
여 로 역 여 전

應作如是觀."
응 작 여 시 관

32-3. 어째서 그러한가?

모든 지은 법이여!
꿈과 같고
환영과 같고
거품과 같고
그림자 같네.
이슬과 같고
또 번개와 같아라.

그대들이여

이 같이 볼지니."

32-4. 佛說是經已。長老須菩提及諸比丘比丘尼
　　　 불 설 시 경 이 　 장 로 수 보 리 급 제 비 구 비 구 니

　　　 優婆塞優婆夷, 一切世間天人阿修羅, 聞佛
　　　 우 바 색 우 바 이 　 일 체 세 간 천 인 아 수 라 　 문 불

　　　 所說, 皆大歡喜, 信受奉行金剛般若波羅蜜經。
　　　 소 설 　 개 대 환 희 　 신 수 봉 행 금 강 반 야 바 라 밀 경

32-4. 부처님께서 이 경을 설하심을 마치시었다. 장로 수보리와 그
　　　 자리에 있던 모든 비구와 비구니와 우바색과 우바이, 그리고
　　　 일체세간의 하늘과 인간과 아수라가 부처님께서 말씀하시는
　　　 바를 듣고, 모두 크게 기뻐하여, 금강반야바라밀경을 믿고 받아
　　　 들이고, 받들어 행하더라.

강해 | 모든 초기불교경전이 끝나는 전형적인 양식으로 끝나고 있
다. "비구비구니우바색우바이比丘比丘尼優婆塞優婆夷"는 1분 1절에
서 이미 언급했듯이, 초기 불교승가를 구성한 사부대중四部大衆(사
중四衆, 사부중四部衆)을 말하고 있다. 비구比丘(bhikṣu)와 비구니比丘尼
(bhikṣuṇī)는 출가이중出家二衆으로 구족계具足戒를 받는 사람들이고
우바색優婆塞(upāsaka, "우바새"로 읽기도 한다)과 우바이優婆夷(upāsikā)
는 재가이중在家二衆으로 불佛·법法·승僧 삼보三寶에 귀의歸依하고

오계五戒를 받는다(불살생不殺生·불투도不偸盜·불사음不邪婬·불망어不妄語·불음주不飮酒). 우바색優婆塞은 남성으로, 청신사淸信士, 근사남近事男, 선숙남善宿男 등으로 의역되고, 우바이優婆夷는 여성으로, 청신녀淸信女, 근사녀近事女, 선숙녀善宿女 등으로 의역된다.

통용본에는 제일 마지막의 "금강반야바라밀경金剛般若波羅蜜經"이라는 목적어가 빠져있다. 그러나 라집본羅什本의 유일한 정통 텍스트인 우리 해인사고려대장경에는 "금강반야바라밀경金剛般若波羅蜜經"이 들어 있으므로 반드시 이 경經의 이름으로 이 경을 끝내야 한다. 『대정大正』도 해인사본을 따르고 있다. 그리고 산스크리트 원본도 마지막에 이 경의 이름이 들어가 있다. 우리나라 대부분의 통용본들이 『금강경』을 "신수봉행信受奉行"에서 끝내고 있는데 이것은 매우 잘못된 것이다. 그 이유는 바로 다음의 진언眞言문제와 관련되어 있다.

더 중요한 판본의 문제는 바로 라집본羅什本에 유일하게 그 뒤로 진언眞言이 붙어있다는 사실이다. 『금강경』의 모든 한역본 중에서 진언이 있는 것은 라집역본羅什譯本 하나밖에 없다. 보뎨류지菩提流支(류지留支), 진체眞諦, 달마급다達摩笈多, 현장玄奘, 의정義淨의 역본이 모두 이 진언을 결缺하고 있다. 그리고 오늘날 존存하는 산스크리트본에도 진언이 빠져 있는데 그렇다고 라집이 이 진언을 창작한 것이라고 볼 수는 없다. 다시 말해서 라집이 저본으로 쓴 산스크리트 텍스트에는 이 진언이 붙어 있었던 것이다. 티벹본에는 보다 자세한 진언이 현존하고 있는 것으로 미루어 쉽사리 알 수 있다. 그런데 더 중요한 것은 라집역본羅什譯本 외의 모든 다른 판본, 송宋·원元·명明 3본, 세조본 이하 우리나라의 모든 통용본이 의도적으로 이 진언을 빼버리고 있다는 것이다. 우리나라에서 이 진언을 빼버린 것은『금강경』의 이해가 선종화禪宗化되어 있었기 때문일 것이다. 그러나『금강경』에서 진언을 빼버릴 수는 없다. 우리 해인사대장경판의 소중함은 바로 이『금강경』의 경우만 해도, 라집역羅什譯『금강경金剛經』의 제 모습을 온전하게 전하고 있는 유일무이唯一無二의 고본孤本이요, 고본古本이라는 사실에 있다. 라집역羅什譯『금강경』판본 중에서도 온전한 진언이 텍스트로 붙어 있는 판본은 우리나라 해인사 고려판본 단 하나뿐인 것이다.『대정大正』본만이 우리 해인사본에 따라 진언을 붙여놓고 있을 뿐이다. 우리나라의 불교도들은『금강경』을 말할 때 그것이 라집본羅什本인 이상에는 반드시 이 진언眞言으로써 경經을 마무리지어야 하는 것이다. 그것이 온전한『금강경』이요, 참다운 우리『금강경』이요, 고려제국 사람들의 섬세하고 위대한 손길이 담긴 세계적인『금강경』인 것이다.

『반야심경』에서 "아제아제 바라아제 바라승아제 보리 사바하"(가떼 가떼 빠라가떼 빠라상가떼 보드히 스바하, gate gate pāragate pārasaṃgate bodhi svāhā)라는 진언을 빼먹으면『반야심경』의 맛은 반감된다. 왜냐하면,『반야심경』의 그 모든 것의 실제적인 종교적 의미는 그 진언에 있을 수도 있는 것이기 때문이다. 마찬가지로 이『금강경』의 지혜도 이 진언을 통하여 드러나게 되는 것이다. 진언이란 나의 육신의 발성기관의 진동이 아닌 우주의 소리요 신의 소리인 것이다.

眞言
진 언

那謨婆伽跋帝　鉢喇壤
나 모 바 가 바 떼　　쁘 라 갸

波羅弭多曳
빠 라 미 따 예

唵　伊利底　伊室利　輸盧駄
옴　　이 리 띠　　이 실 리　　슈 로 다

毘舍耶　毘舍耶　莎婆訶
비 샤 야　　비 샤 야　　스 바 하

강해 진언은 진언일 뿐이다. 그것은 인간의 의미로 헤아려서는 아
니 된다. 진언은 나의 신神과의 대화다. 그때 나는 바로 다름 아닌
신神이다. 진언은 그 자체로서 신성한 힘을 갖는 것이다. 진언, 그 자
체가 브라만인 것이다. 삼라만상 이 우주가 모두 진언이다. 이 진언
에 의하여 곧바로 성불한다고 믿는 것이 진언종眞言宗의 신념이다.
그러나 이 진언에 참으로 도달하기 위해서는 우리는 이 기나긴 금

강의 지혜의 여행을 했어야만 했다는 것을 마음에 되새기자!『금강경』을 못 외우더라도, 이 마지막 진언이라도, 어려울 때나 괴로울 때나 기쁠 때나 즐거울 때나 항상 내 마음에서 떠나지 않게 하자!

이 진언의 구성은 나모(Namo)로 시작되어 스바하(Svāhā)로 끝나고 있다. "나모"는 "나무南無"라고 음역하기도 하지만, 이는 여기서 존엄하신 지혜의 완성의 여신(Bhagavate Prajñāpāramitaye)에게 경배(귀의)하는 인사의 말이다. "지혜의 완성"이 여성명사화 되어 신격화 되고 있다.

마지막 "스바하"는 기독교의 "아멘"과도 같은 의미를 지니는 말이다. "그렇게 되기를 바란다," "행복이 깃들기를," "축복이 있기를"의 의미를 지니고 있다. 인도에 가면 사람들이 성스러운 곳에 향을 뿌리면서 "스바하"를 외친다.

기독교의 진언이라 할 수 있는 "아멘"도 히브리말로 "확실히," "그렇게 될지어다"의 뜻을 내포하고 있다.『금강경』에서 상대방의 말에 대해서 "여시여시如是如是"라고 한 것과 같은 의미를 내포하는 양식으로 이미『구약성서』여기저기서 나오고 있다. 이 히브리말을, 희랍어를 말하는 초기 기독교 교회에서 쓰면서 유포된 것이다.

중간의 "옴"(암唵)은 우주의 소리로 "AUM"을 표기한 것이다. A는 소리의 시작이며, U는 지속이며, M은 끝이다. 이것은 우주의 탄생과 지속과 소멸을 다 함축하는 진언인 것이다.

중간에 슈로다(輸盧馱)는 슈루띠(śruti)의 변형일 것으로 추측되지만 정확하게 재구再構하기는 어렵다. 실담悉曇자모 표기에 의하면 "馱" (馱)는 dha(드하)음이다. 그냥 "다"로 적는다. 슈루띠는 "듣는다"는 뜻이다. "하늘의 계시," "신성한 교의"의 뜻도 된다.

『금강경』은 논리의 전개가 아니다. 이것은 깨달음의 찬가요, 해탈의 노래다. 그 노래가 이 진언 속에 다 함축되어 있다. 진언을 말할 때는 반드시 리드믹한 노래로 불러야 한다. 장음과 단음, 억양의 고하의 묘합을 살려!

나모바가바떼 쁘라갸 빠라미따예
옴 이리띠 이실리 슈로다
비샤야 비샤야 스바하

이것으로 나의 강해는 끝난다.

경후설 經後說

나는 어려서부터 궁금한 게 많았다. 모르는 게 너무도 많았다. 그래서 나는 내가 머리가 나쁘다는 생각을 가지게 되었다. 너무도 쉬운 이야기들을 잘 이해하지 못했고, 누가 농담을 던져도 같이 따라 웃지를 못했다. 모든 사람들이 나를 아둔하다고 생각했고 나 역시 동감이었다. 어머님 말씀이 서너 살 때부터 길거리를 지나다가도 풀한 포기가 궁금하면 거기에 덥쑥 주저앉아 떠날 줄을 몰랐다 했다. 그런데 날이 가면 갈수록 궁금증들은 깊어져만 갔다. 그러나 아무도 나의 궁금증을 풀어주는 사람들이 없었다. 선생도, 책도, 나뭇잎도 나의 궁금증을 풀어주는 바가 없었다. 나는 그렇게 성장하였다.

나는 대학에 들어와서 불교강의를 여러 선생님으로부터 들었다. 그런데 도무지 불교라는 것을 이해할 수가 없었다. 그래서 어느날 나는 중이 되리라고 결심했다. 나는 너무도 머리가 나빴기 때문에 직접 중이 되어 불교의 세계를 체험해보지 않고서는 아무것도 알 수가 없을 것 같았다. 나의 고향 산골 어느 폐찰에 들어가 아무도 모르게 승복을 입었다. 그리고 열심히 도를 닦았다. 그렇게 삼 개월이 흘렀다.

나는 승복을 입은 채 상경上京을 시도했다. 갑자기 서울에 계신 엄마가 보고 싶었던 것이다. 완벽한 스님의 모습을 하고 여장을 차렸다. 스무 살 남짓했던 나의 푸른 청춘이 그 잿빛 승복조차 푸르게 만들어 버리고 말 그런 활기찬 모습이었다. 나는 대로를 행진했다.

나는 이때 너무도 깊은 충격을 받았다. 길거리에 지나가는 너무도 많은 아줌마, 할머니들이 그 어린 소년인 나에게 공손히 절을 올리는 것이 아닌가? 내가 절을 해야 할 그 사람들이 나에게 절을 올리는 것이 아닌가? 나는 승복을 한번 입고 크게 깨달았다. 그 얼마나 우리 민중 속에 불법에 대한 신앙이 깊게 자리잡고 있는가 하는 것을. 나는 그것을 처음 몸으로 깨달은 것이다. 엄격한 청교도적인 기독교 집안에서 자라난 나, 그리고 당시 신학대학을 갓 나왔던 나에게는 더 이상의 충격이 없었다.

드디어 서울에 왔다. 신촌 엄마 집 문에 왔다. 가슴이 두근거렸다. 엄마가 이 내 꼴을 보고 얼마나 놀라실까? 우리 엄마는 평생을 무섭도록 정통적인 기독교신앙에 헌신해 사신 분인데 이런 마귀 모습을 하고 나타나다니! 대문을 짤칵 열고 들어서는 순간! 계단 위에 엄마가 서 계신 것이 아닌가? 나는 깜짝 놀랐다. 그때 나의 엄마의 모습은 어떠했을까?

엄마는 여느 때와 아무 다름도 없이 날 빙그레 미소로 반겨주셨다. 참으로 엄청난 충격이었다. 아무 말도 없으셨다. 그 순간에 대하여 오늘날까지 아무 말도 없으셨다. 그 순간의 엄마의 미소! 그것은 가섭의 미소보다 더 소중한 나의 깨달음의 순간이었다.

그때 엄마의 그 미소가 없었더라면, 오늘 이 『금강경』은 태어나지 않았을 것이다.

종교는 체험이 없이는 무의미하다. 여기 이 『금강경』 강해는 나의 지식의 나열이 아니다. 이것은 나의 삶의 깨달음의 역사요, 나의 무지의 체험의 역사요, 나의 삶의 환희의 기록이다. 기독교와 불교에 깊은 신앙체험이 없었더라면, 오늘 이 『금강경』은 태어나지 않았을 것이다.

나는 기독교의 본질을 "십자가"라고 생각한다. 예수님의 십자가에 못박혀 죽으심, 그것이 기독교의 전부라고 생각한다. 오늘의 기독교가 십자가를 말하지 않고 부활과 성령의 은혜를 말하며, 회개와 사랑을 말하지 않고 천국의 도래를 말하는 것은 참으로 유감이다.

나는 어려서부터 깊은 신앙인으로 컸다. 나는 『성경』을 다 외웠고, 나는 엄마를 따라 고사리손을 호호 불면서 매일 매일 새벽기도에 나가, 뭔지도 모르면서 애통의 눈물을 흘렸다. 그리고 나는 성스러운 방언도 했다. 그래서 나는 주님의 사도가 되기 위해 신학대학에 갔다. 나는 신학대학에 다니면서 이미 여기저기서 명설교자로서 이름을 날렸다. 나는 나의 언설의 카리스마를 누구보다도 잘 알고 있었다. 나의 언어는 뭇 대중들에게 성령을 베푸는 마력을 가지고 있었다. 아마도 내가 신학대학을 나와서 목사가 되었더라면 최소한 빌리 그래함보다는 더 위대한 전도사가 되었을 것이다. 지금쯤 아마도 엄청난 성전을 지었을 것이다.

그래서 나는 나를 너무도 잘 알기에, 분명 신의 뜻이 다른 데 있을 것이라고 생각했다. 그래서 나는 신학대학을 나왔다. 너무도 내 목소리가 신의 음성을 닮았기에 나는 나를 더 이상 기만할 수가 없었던 것이다. 신학대학을 걸어나오면서 내가 흘렸던 눈물은 지금도 후회함이 없다. 그리고 오늘날까지 고독하게 살았다.

나의 무지는 계속되었다. 아무리 아무리 묻고 찾아봐도 이 세상에 대한 궁금증이 풀리지를 않았다. 그렇게 나는 천지를 헤맸다. 그렇게 지천명의 나이가 지나갔다.

그런데 요즈음 좀 이상한 일이 생겼다. 조금 무엇인가 아는 듯한 실마리가 보이기 시작하는 것이다. 그동안 머릿속에 궁금해서 집어넣어 놓은 지식들이 서로 춤추면서 어떤 모습을 지어내기 시작하는 것이다. 그러한 느낌을 받기 시작하고 내가 처음 집필한 붓이 아마도 이 『금강경 강해』가 아닌가 생각한다.

나는 이 방대한 원고를 꼭 스무 날 만에 썼다. 초가을의 늦더위가 기승을 부리고, 지루하게 비가 쏟아지는 9월에 이 글을 썼다. 다른 원고에 대한 피치 못할 약속을 지켜야 하기에, 7월 한 달 강의하면서 느꼈던 생각들이 멀리 도망가 버릴 것을 두려워하여, 그리고 한 번 붓을 놓아버리면 영원히 못쓸 것 같아 결사적으로 붓을 놀렸다. 반야 지혜의 여신이 내 붓을 움직여 주시지 않았더라면 나는 이 원고를 스무 날 만에 탈고하는 그런 무지한 짓을 하지 못했을 것이다.

나의 관심은 우리 이 조선땅에서 계속 살아갈 젊은이들이다. 요즈음같이 젊은이들이 보수화되어가고, 역사의 대의나 진실에 무관심해져가는 사태를 나는 방관할 수 없다. 우리 조선의 역사는 젊음을 상실해서는 아니 된다. 나는 이 땅의 젊은이들이 이 『금강경』의 벼락 같은 회초리를 맞고 정말 크나 큰 마음을 가지는 위대한 사람들이 되어 주기를 바라는 것이다. 스바하!

감사의 말

먼저 서문을 써주신 법정 스님께 감사드린다. 맑고 깨끗한 스님의 음성에 감사드린다.

내가 이『금강경』을 강해하는데 가장 크게 참고했던 책은 다음의 두 책이다.

1. 中村元·紀野一義 譯註.『般若心經·金剛般若經』. 東京: 岩波書店, 1997.

2. Edward Conze. *Buddhist Wisdom Books.* New York: Harper Torchbooks, 1972.

이 두 책은 동양과 서양에서 가장 대표적인『금강경』의 역서이자 연구서이다. 동경대학東京大學 학창시절에 나카무라 선생님의 강의를 듣기도 했다. 나카무라 선생님의 한문에 대한 정확한 해독은 나의 작업에 선구적 모범이 되었다. 오히려 콘체는 별로 크게 도움이 되질 않았다. 이 두 분께 감사한다.

이 외로도 참고한 일본 책이 다음 두 권 있다.

1. 橋本光寶·淸水亮昇譯編.『蒙藏梵漢和合璧, 金剛般若波羅蜜經』. 東京: 蒙藏典籍刊行會, 1941.

2. 南條文雄.『梵文金剛講義』. 東京: 光融館藏版, 1909.

그러나 실제로 별로 활용한 바가 없다.

그리고 내가 참고한 한국책은 다음의 4종이 있다.

1. 석진오.『金剛經 어떻게 해석할 것인가』. 서울: 현대문예사, 1986.

2. 석진오.『금강경연구』. 서울: 출판시대, 1999.

3. 이기영 번역·해설.『반야심경·금강경』. 서울: 한국불교연구원, 1978.

4. 무비스님.『금강경 강의』. 서울: 불광출판부, 1995.

내가 본문에서 이 책들의 약간의 문제점을 언급한 바 있지만 네 책 다 아주 좋은 책들이다. 내가『금강경』을 이해하는데 큰 도움을 주었다. 이 세 분께 크게 감사한다. 한국불교계에 많은 훌륭한 선구적 작업을 남기신 고 이기영 선생님께 감사드린다.

그리고 대승반야사상을 이해하는데 카지야마 선생의 날카로운 논변에 많은 깨달음을 얻었다. 참고한 책은 다음의 3권이다.

1. 梶山雄一.『空の思想』. 京都: 人文書院, 1983.

2. 梶山雄一·上山春平.『佛教の思想』. 東京: 中央公論社, 1980.

3. 梶山雄一.『般若經』. 東京: 中央公論社, 1987.

나의 아둔한 머리를 일깨워 주신 카지야마 선생님께 감사드린다.

불교의 많은 개념들을 이해하기 위해서는 사전이 절대로 필요하다. 그런데 좋은 사전들은 대체로 일본문명에서 나왔다.

1.『望月佛教大辭典』. 東京: 世界聖典刊行協會, 1974.

2. 中村元.『佛教語大辭典』. 東京: 東京書籍, 1981.

3. 水野弘元等.『佛典解題辭典』. 東京: 春秋社, 1983.

4. 中村元・福永光司等,『岩波佛敎辭典』. 東京: 岩波書店, 1989.

이 사전 중에서 첫 번째 10권으로 된 모찌즈키(望月)사전은 그 출전을 찾고 그 의미를 파악하는데 상세함에 있어서는 어떠한 사전도 추종을 불허한다. 그러나 네 번째의『이와나미불교사전岩波佛敎辭典』은 참으로 걸출한 명저이다. 불교개념을 고도의 학문적 성과의 바탕 위에서 간결하면서도 깊이 있게 해설하여 놓았다. 이 책에 있는 많은 개념해설이 이 이와나미(岩波)의 사전에서 따온 것이다. 내가 동경대학東京大學 학창시절 때 배운 이 선생님들께 감사드린다. 특히 후쿠나가 선생님은 나에게 격의불교의 역사를 소상히 가르쳐 주셨다. 수강생 스무 명 중에서 학점을 딴 사람이 나 한 명이었던 옛 기억이 새롭다. 이 사전은 정말 너무도 많은 것을 쉽게 깨달을 수 있도록 해주었다. 한국불교계의 업적으로서 사계에 내놓을 만큼 훌륭한 사전은: 운허耘虛 용하龍夏.『불교사전佛敎辭典』. 서울: 동국역경원, 1998. 이다. 선각자이신 운허 큰스님께 감사드린다.

사전은 그 시대의 문화의 수준이다. 한 문화의 학계의 성과는 모두 이 사전에 반영되는 것이다. 우리나라는 사서가 빈곤하다. 특히 불교계는 사서가 빈곤하다. 이런 맥락에서 가산 지관智冠 스님께서 심혈을 기울여 추진하고 계신『가산불교대사림伽山佛敎大辭林』은 참으로 우리민족문화의 가능성을 집결하는 위대한 작업이라 할 수 있다. 그 스케일은 기존의 어떠한 불교사전의 범위도 미칠 수가 없다. 불교계가 합심해서 이 사전이 자랑스러운 우리 문화유산이 되도록 그 완성完成을 도와야 할 것이다.

마지막으로 산스크리트어 사전으로는 다음 3종을 사용하였다:

1. Sir M. Monier Williams. *Sanskrit English Dictionary.* Oxford: Clarendon Press, 1988.
2. Prin. Vaman Shivaram Apte. *The Practical Sanskrit-English Dictionary.* Kyoto: Rinsen Book Co., 1992.
3. 荻原雲來. 『漢譯對照 梵和大辭典』. 東京: 講談社, 1986.

자세하기로는 『윌리암스』를 따라갈 수 없고, 『앞떼』는 실제적으로 유용하다. 그러나 『오기와라』는 산스크리트와 한역이 병치되어 참으로 편리하기가 이를 데 없다.

몇 년 전부터 범어를 배울 것을 종용해주시고 친절하게 교본까지 보내주신 원의범 선생님께 감사한다. 그리고 범어를 가르쳐 주신 서종순 선생님께 감사한다. 그리고 범어에 관해 궁금한 것이 있으면 나의 문의에 친절하게 대답해주신 이지수 교수님, 김성철 선생님, 이종철 교수님께 감사한다.

1999년 9월 21일
무정재에서 탈고

아름다운
우리말 금강경을
독송합시다

1 이와 같이 나는 들었다. 한 때에 부처님께서는 사위국의 기수급고독원에 계셨는데, 큰 비구들 천이백오십인과 더불어 계시었다. ²이 때에, 세존께서는 밥 때가 되니 옷을 입으시고 바리를 지니시고 사위 큰 성으로 들어가시어 밥 빌으셨다. ³그 성 안에서 차례로 빌으심을 마치시고, 본래의 곳으로 돌아오시어, 밥 자심을 마치시었다. ⁴옷과 바리를 거두시고, 발을 씻으심을 마치시고, 자리를 펴서 앉으시거늘.

2 이 때, 장로 수보리가 대중 가운데 있다가, 곧 자리에서 일어나, 웃옷을 한편으로 걸쳐 오른쪽 어깨를 드러내고, 오른쪽 무릎을 땅에 대고, 손을 모아 공경하며, 부처님께 사뢰어 말하였다: ²"희유하신 세존이시여! 여래께서는 뭇 보살들을 잘 호념하시며, 뭇 보살들을 잘 부촉하여 주십니다. ³세존이시여! 선남자 선여인이 아뇩다라삼먁삼보리의 마음을 냈으면, 마땅히 어떻게 살아야 할 것이며, 어떻게 그 마음을 항복받아야 하오리까?" ⁴부처님께서 말씀하시었다: "좋다! 좋다!

수보리야! 네가 말한 바대로, 여래는 뭇 보살들을 잘 호념하며, 뭇 보살들을 잘 부촉해준다. 너 이제 자세히 들으라! 반드시 너를 위하여 이르리라. 선남자 선여인이 아뇩다라삼먁삼보리의 마음을 냈으면, 마땅히 이와 같이 살 것이며, 이와 같이 그 마음을 항복받아야 하리라.” [5]“그러하옵니다. 세존이시여! 즐겁게 듣고자 원하오니이다.”

3 부처님께서 수보리에게 이르시되: “뭇 보살 마하살들이 반드시 이와 같이 그 마음을 항복받을지어다: [2]‘존재하는 일체의 중생의 종류인, 알에서 태어난 것, 모태에서 태어난 것, 물에서 태어난 것, 갑자기 태어난 것, 형태가 있는 것, 형태가 없는 것, 지각이 있는 것, 지각이 없는 것, 지각이 있는 것도 아니고 지각이 없는 것도 아닌 것, 이것들을 내가 다 남김없는 온전한 열반으로 들게 하여 멸도하리라. [3]이와 같이 헤아릴 수 없고, 셀 수 없고, 가 없는 중생들을 내 멸도한다 하였으나, 실로 멸도를 얻은 중생은 아무도 없었어라.’ [4]어째서 그러한가? 수보리야! 만약 보살이 아상이나 인상이나 중생상이나 수자상이 있으면 곧 보살이 아니기 때문이다.

4 이제 다음으로 수보리야! 보살은 법에 머무는 바 없이 보시를 행하여야 한다. [2]이른바 색에 머물지 않고 보시하고, 성·향·미·촉·법에 머물지 않고 보시한다는 것이다. 수보리야! 보살은 반드시 이와 같이 보시할 것이며, 상에 머물러서는 아니 되는 것이다. [3]어째서 그러한가? 만약 보살이 상에 머물지 않고 보시한다면, 그 복덕은 생각으로 헤아릴

수 없으리라. ⁴수보리야! 네 뜻에 어떠하뇨? 동쪽의 허공을 생각으로 헤아릴 수 있겠느냐? 없겠느냐?" "없습니다. 세존이시여!" ⁵"수보리야! 남·서·북방과 사유·상·하의 허공을 생각으로 헤아릴 수 있겠느냐? 없겠느냐?" "없습니다. 세존이시여!" ⁶"수보리야! 보살이 상에 머물지 않고 보시하는 것의 복덕도, 또한 이와 같이 생각으로 헤아릴 수 없느니라. ⁷수보리야! 보살은 오직 가르친 바 대로 머물지니라."

5 "수보리야! 네 뜻에 어떠하뇨? 몸의 형상으로 여래를 볼 수 있겠느냐? 없겠느냐?" ²"없습니다. 세존이시여! 몸의 형상으로는 여래를 볼 수 없습니다. 어째서 그러하오니이까? 여래께서 이르신 몸의 형상이 곧 몸의 형상이 아니기 때문입니다." ³부처님께서 수보리에게 이르시되: "무릇 있는 바의 형상이 모두 허망한 것이니, 만약 모든 형상이 형상이 아님을 보면 곧 여래를 보리라."

6 수보리가 부처님께 사뢰어 말하였다: "세존이시여! 퍽으나 많은 중생들이 이와 같은 말씀이나 글귀를 듣고 진실한 믿음을 낼 수 있겠습니까? 없겠습니까?" ²부처님께서 수보리에게 이르시되: "그런 말 하지말라. 여래가 멸한 뒤 후오백세에도 계율을 지키며 복을 닦는 사람이 있어, 이 글귀에 잘 믿는 마음을 낼 것이며, 이를 진실한 것으로 삼으리라. ³마땅히 알지어다. 이 사람은 한 부처, 두 부처, 서너다섯 부처님께 선근을 심었을 뿐 아니라, 이미 한량없는 천만 부처님 자리에 온갖 선근을 심었으므로, 이 글귀를 듣는 즉시 오직 일념으

로 깨끗한 믿음을 내는 자라는 것을. ⁴수보리야! 여래는 다 알고 다 보나니, 이 뭇 중생들은 이와 같이 한량없는 복덕을 얻을 수밖에 없으리라. ⁵어째서 그러한가? 이 뭇 중생들은 다시는 아상·인상·중생상·수자상이 없을 것이며, 법의 상이 없을 뿐 아니라, 법의 상이 없다는 생각조차 없기 때문이다. ⁶어째서 그러한가? 이 무릇 중생들이 만약 그 마음에 상을 취하면 곧 아상·인상·중생상·수자상에 달라붙게 되는 것이다. 만약 법의 상을 취해도 곧 아상·인상·중생상·수자상에 집착하는 것이다. ⁷어째서 그러한가? 만약 법이 아니라고 하는 상을 취해도 곧 아상·인상·중생상·수자상에 집착하는 것이다. 그러므로 마땅히 법을 취하지 말 것이며, 마땅히 법이 아님도 취하지 말 것이다. ⁸이러한 뜻의 까닭으로, 여래는 항상 말하였다: '너희들 비구들아, 나의 설법이 뗏목의 비유와 같음을 아는 자들은, 법조차 마땅히 버려야 하거늘, 하물며 법이 아님에 있어서랴!'"

7 "수보리야! 네 뜻에 어쩌하뇨? 여래가 과연 아뇩다라삼먁삼보리를 얻은 것인가? 여래가 설한 바의 법이 과연 있는 것인가?" ²수보리가 사뢰었다: "제가 부처님께서 설하신 바의 뜻을 이해하기로는, 아뇩다라삼먁삼보리라 이름할 정해진 법이 없으며, 여래께서 설하실 만한 정해진 법이 있을 수 없습니다. ³어째서 그러하오니이까? 여래께서 설하신 바의 법은 모두 취할 수도 없고 말할 수도 없고, 법도 아니며 법이 아닌 것도 아니기 때문이오이다. ⁴그 까닭은 무엇이오니이까? 일체의 성현들은 모두 함이 없는 법으로 이루어져 범인들과는 차별이 있기 때문이오이다."

8 "수보리야! 네 뜻에 어떠하뇨? 만약 사람이 삼천대천세계에 가득찬 칠보로써 보시한다면, 이 사람이 얻을 복덕이 많다 하겠느냐? 그렇지 않다 하겠느냐?" ²수보리가 사뢰었다: "정말 많습니다. 세존이시여! 어째서 그러하오니이까? 여래께서 말씀하시는 이 복덕은 곧 복덕의 본성을 지니지 않기 때문이오이다. 그러한 까닭에 여래께서는 복덕이 많다고 말씀하신 것이오니이다." ³"만약 또한 어떤 사람이 있어, 이 경을 받아 지니고 곧 이 경 중에서 사구게라도 하나 타인을 위하여 설파하는데 이른다면, 이 사람의 복이 칠보공덕의 사람의 복을 뛰어 넘으리라. ⁴어째서 그러한가? 수보리야! 일체의 모든 부처님, 그리고 모든 부처님의 아뇩다라삼먁삼보리의 법이, 모두 이 경에서 나오기 때문이다. ⁵수보리야! 이른바 불법이라고 하는 것은 곧 불법이 아닌 것이다."

9 "수보리야! 네 뜻에 어떠하뇨? 수다원이 '나는 수다원의 경지를 얻었노라'하는 이런 생각을 해서 되겠느냐? 아니 되겠느냐?" ²수보리가 사뢰었다: "아니 되옵니다. 세존이시여! 어째서이오니이까? 수다원을 이름하여 '들어간 자'라 하지만, 그는 들어감이 없습니다. 그는 형체에도, 소리에도, 내음새에도, 맛에도, 만져지는 것에도, 마음의 대상에도 들어간 적이 없기 때문에만 수다원이라 이름할 수 있습니다." ³"수보리야! 네 뜻에 어떠하뇨? 사다함이 '나는 사다함의 경지를 얻었노라'하는 이런 생각을 해서 되겠느냐? 아니 되겠느냐?" ⁴수보리가 사뢰었다: "아니 되옵니다. 세존이시여! 어째서이오니이까? 사다함을 이름하여 '한 번 왔다갔다 할 자'라

하지만, 그는 실제로 왔다갔다 함이 없기 때문에 바로 사다함이라 이름하는 것입니다." ⁵"수보리야! 네 뜻에 어떠하뇨? 아나함이 '나는 아나함의 경지를 얻었노라' 하는 이런 생각을 해서 되겠느냐? 아니 되겠느냐?" ⁶수보리가 사뢰었다: "아니 되옵니다. 세존이시여! 어째서이오니이까? 아나함을 이름하여 '이제 다시 아니 올 자'라 하지만, 실제로 온다 함이 없는 것입니다. 그러한 까닭에만 아나함이라 이름할 수 있는 것입니다." ⁷"수보리야! 네 뜻에 어떠하뇨? 아라한이 '나는 아라한의 도를 얻었노라' 하는 생각을 해서 되겠느냐? 아니 되겠느냐?" ⁸수보리가 사뢰었다: "아니 되옵니다. 세존이시여! 어째서이오니이까? 실제로 아라한이라고 이름할 수 있는 법이 도무지 있지 않기 때문입니다. 세존이시여! 만약 아라한이 '나는 아라한의 도를 얻었노라' 하는 이런 생각을 일으킨다면, 그것은 곧 아상·인상·중생상·수자상에 집착하는 것이 되는 것입니다. ⁹세존이시여! 부처님께서는 제가 무쟁삼매의 사람 중에서 가장 으뜸됨을 얻었다고 말씀하시니, 이는 욕심을 떠난 제일의 아라한이라는 말씀이십니다. 그러나 저는 제가 욕심을 떠난 아라한이다라는 이 같은 생각을 짓지 않습니다. ¹⁰세존이시여! 제가 만약 '나는 아라한의 도를 얻었다'라는 생각을 했다면, 세존께서는 수보리야말로 아란나의 행을 즐기는 자라고 말씀하시지 않으셨을 것입니다. 수보리는 실제로 행하는 바가 없기 때문에 곧 수보리야말로 아란나의 행을 즐긴다고 이르신 것입니다."

10 부처님께서 수보리에게 이르시되: "네 뜻에 어떠하뇨? 여래가 옛날에 연등부처님의 곳에서, 법에 얻은 바가

있느냐? 있지 아니하냐?" [2]"세존이시여! 여래께서는 연등부처님의 곳에서 법에 얻은 바가 실로 아무것도 없습니다." [3]"수보리야! 네 뜻에 어떠하뇨? 보살이 불토를 장엄하게 한다는 것이 말이 되느냐? 아니 되느냐?" [4]"아니 되옵니다. 세존이시여! 어째서이오니이까? 불토를 장엄하게 한다 하는 것은 장엄하게 함이 없기 때문에, 비로소 장엄하다 이름하는 것이오니이다." [5]"그러므로, 수보리야! 뭇 보살과 마하살은 반드시 이와 같이 맑고 깨끗한 마음을 내어야 한다. 마땅히 색에 머물러 그 마음을 내지 말 것이며, 또한 마땅히 성·향·미·촉·법에 머물러 그 마음을 내지 말 것이다. 반드시 머무는 곳이 없이 그 마음을 낼지니라. [6]수보리야! 비유컨대, 그 몸이 수미산처럼 큰 사람이 여기 있다고 하자. 네 뜻에 어떠하뇨? 이 몸이 크다 할 것이냐? 크지 않다 할 것이냐?" [7]수보리가 사뢰었다: "정말 큽니다. 세존이시여! 어째서 그러하오니이까? 부처님께서 그 몸은 몸이 아니라 말씀하시기 때문에 비로소 이를 큰 몸이라 이름할 수 있습니다."

11 "수보리야! 갠지스강에 가득찬 모래알의 수만큼, 이 모래만큼의 갠지스강들이 또 있다고 하자! 네 뜻에 어떠하뇨? 이 모든 갠지강들에 가득찬 모래는 참으로 많다 하지 않겠느냐?" [2]수보리가 사뢰었다: "참으로 많습니다. 세존이시여! 그 모든 갠지스강만이라도 너무 많아 그 수를 헤아릴 수 없거늘, 하물며 그 모래 수이겠습니까?" [3]"수보리야! 내 지금 너에게 진실한 말로 이르노니, 만약 선남자 선여인이 여기 있어, 칠보로써 그 모든 갠지스강의 모래 수만큼의 삼천대천세계를 채워 보시한다고 한다면, 복을 얻음이 많겠느냐?" [4]수보리

가 사뢰었다: "정말 많습니다. 세존이시여!" ⁵부처님께서 수보리에게 이르시되: "만약 선남자 선여인이 이 경 가운데서, 사구게 등을 받아 지니게 되어, 그것을 딴 사람들에게 잘 설명해 준다면, 이 복덕은 앞서 칠보의 복덕보다 더 크리라."

12 "이제 다음으로 수보리야! 어디서나 이 경을 설하되, 사구게 하나라도 설하는데 이른다면, 마땅히 알라, 바로 그곳이 일체세간의 하늘과 인간과 아수라가 모두 기꺼이 공양하는 부처님의 탑묘와도 같은 곳이 되리라는 것을. 하물며 어떤 사람이 있어 이 경 전체를 수지하고 독송함에 있어서랴! ²수보리야! 마땅히 알지니, 이 사람은 최상이며 제일인 희유의 법을 성취하리라는 것을. 그리고 이 경전이 있는 곳이 바로 부처님과 그의 존경스러운 제자들이 계신 곳이 된다는 것을."

13 이 때에, 수보리는 부처님께 사뢰어 말하였다: "세존이시여! 이 경을 마땅히 무어라 이름하오며, 우리들은 어떻게 이 경을 받들어 지녀야 하오리까?" ²부처님께서 수보리에게 이르시되: "이 경을 이름하여 금강반야바라밀이라 하라. 이 이름으로써 그대는 이를 마땅히 받들어 지닐지라." ³"그 까닭이 무엇이뇨? 수보리야! 부처가 설한 반야바라밀은 곧 반야바라밀이 아니기 때문이다. 수보리야! 네 뜻에 어떠하뇨? 여래가 설한 법이 과연 있다고 생각하느냐?" ⁴수보리는 부처님께 사뢰어 말하였다: "세존이시여! 여래께서는 말씀하신 바가 아무것도 없습니다." ⁵"수보리야! 네 뜻에 어떠하뇨? 삼천대천세계의 모든 티끌이 많다 하겠느뇨?" ⁶수보리가 사뢰었다: "매

우 많습니다. 세존이시여!" ⁷"수보리야! 그 모든 티끌을 여래
는 설하기를, 티끌이 아니라고 한다. 그래서 비로소 티끌이라
이름할 수 있는 것이다. 여래는 이 세계가 세계가 아니라고 설
파한다. 그래서 비로소 세계라 이름할 수 있는 것이다." ⁸"수
보리야! 네 뜻에 어떠하뇨? 삼십이상으로써 여래를 볼 수 있겠
느뇨?" ⁹"볼 수 없습니다. 세존이시여! 삼십이상으로는 여래를
볼 수가 없나이다. 어째서 그러하오니이까? 여래께서 말씀하신
삼십이상은 곧 상이 아니기 때문입니다. 그래서 비로소 삼십
이상이라 이름할 수 있는 것이오니이다." ¹⁰"수보리야! 만약 여
기 선남자 선여인이 있어, 갠지스강의 모래 수와 같은 많은 목
숨을 다 바쳐 보시를 했다 하더라도, 또한 다시 여기 한 사람이
있어 이 경 중의 사구게 하나만이라도 받아지녀 딴 사람에게
설하였다 한다면 이 사람의 복이 더 많으리라."

14 이 때에, 수보리가 부처님께서 이 경을 말씀하시는
것을 듣고, 그 의취를 깊게 깨달아 눈물 흘려 흐느끼
며, 부처님께 사뢰어 말하였다: "정말 드문 일입니다. 세존이
시여! 부처님께서 이와 같이 깊고 깊은 경전을 설하신다는 것
은! 저는 예로부터 얻은 바의 혜안으로도 이와 같은 경을 얻어
들을 수는 없었습니다. ²세존이시여! 만약 여기 다시 한 사람이
있어 이 경을 얻어 듣고, 그 믿는 마음이 깨끗하면 곧 참된 모
습을 깨달을 것입니다. 이 사람이야말로 제일의 희유한 공덕을
성취할 것임을 알겠나이다. ³세존이시여! 이 참된 모습이라고
하는 것은 곧 어떤 모습이 아닙니다. 그러므로 여래께서 참된
모습이라 이름할 수 있다 말씀하셨습니다. ⁴세존이시여! 제가

지금 이와 같은 경전을 얻어 듣고, 믿어 깨닫고 이를 받아지니는 것은 결코 어려운 일이라 할 수 없지만, 만약 먼 훗날 후 오백세에 어떤 중생이 있어 이 경을 얻어듣고, 믿어 깨달아 이를 받아지닌다면, 이 사람이야말로 제일 희유한 사람이라 하겠나이다. [5]어째서 그러하오니이까? 이 사람은 아상·인상·중생상·수자상이 없기 때문입니다. 그 까닭은 무엇이오니이까? 아상은 곧 상이 아니며, 따라서 인상·중생상·수자상도 곧 상이 아니기 때문입니다. 어째서 그러하오니이까? 일체의 모든 상을 떠난 자를 곧 이름하여 부처님이라 하기 때문입니다." [6]부처님께서 수보리에게 이르시되: "그렇다! 그렇다! [7]만약 또 한 사람이 있어 이 경을 얻어 듣고, 놀라지도 않고 떨지도 않고 두려워하지도 않으면, 마땅히 알지니, 이 사람이야말로 심히 희유의 사람이라는 것을. [8]어째서 그러한가? 수보리야! 여래는 설하였다, 제일바라밀은 제일바라밀이 아니라고. 그래서 비로소 제일바라밀이라고 이름할 수 있는 것이다. [9]수보리야! 인욕바라밀은, 여래가 설하기를, 인욕바라밀이 아니라고 한 것이다. [10]어째서 그러한가? 수보리야! 그것은 내가 옛날에 가리왕에게 신체가 낱낱이 버힘을 당한 것과도 같다. 나는 그 때 아상이 없었고, 인상이 없었고, 중생상도 없었고, 수자상도 없었다. 어째서인가? 그 옛날에 마디 마디 잘림을 당했던 그 때에, 내가 만약 아상·인상·중생상·수자상이 있었더라면, 나는 분명코 분노와 미움을 냈으리라. [11]수보리야! 나는 또 과거 오백세 동안에 인욕선인이었던 것을 또렷이 기억하노니, 그 때의 세상에서도 나는 아상도 없었고, 인상도 없었고, 중생상도 없었고, 수자상도 없었느니라. [12]그러므로 수보리야! 보살은 마땅히 일체의 상을 떠나, 아뇩다라삼먁삼보리의 마음을 발할지어다. 색에 머물러 마음을 내지 말지며, 또한 성·향·미·촉·법에 머물러 마음을 내지 말지어다. 마땅히 머무는 바 없는 그 마음을 낼지어다. [13]만약 그 마음에 머무는 바가 있다면, 그 머뭄이 머뭄이 되지않도록 해야 할 것이다. 그러므로 부처는 항상 보살이라면 그 마음이 색에 머뭄이 없이 보시해야 한다고 설했던 것이다. 수보리야! 보살은 일체중생을 이익케 하기 위하여 마땅히 이와 같이 보시해야 하느니라. [14]여래는 설하였다. 일체의 뭇 상들이 곧 상이 아니라고. 여래는 또 설하였다. 일체의 중생이 곧 중생이 아니라고. [15]수보리야! 여래는 참말을 하는 자며, 살아있는 말을 하는 자며, 있는 그대로 말하는 자며, 허황된 말을 하지 않는 자며, 다른 말을 하지 않는 자다. 수보리야! 여래가 깨달은 바의 법, 그 법은 실하지도 허하지도 아니하니라. [16]수보리야! 만약 보살의 마음이 법에 머물러 보시를 행하면, 그것은 마치 사람이 캄캄한 어둠 속에 들어가 아무것도 보지 못하는 것과 같고, 만약 보살의 마음이 법에 머무는 바 없이 보시를 행하면, 그것은 그 사람의 눈이 또렷하고 찬란한 햇빛이 온갖 형체를 비추고 있는 것과도 같다. [17]수보리야! 앞으로 오는 세상에 선남자 선여인이 있어, 능히 이 경을 받아 지니고 열심히 읽고 외우면, 여래는 깨달은 자의 지혜로써 이 사람을 다 알고, 이 사람을 다 보나니, 이 모든 이들이 헤아릴 수 없고 가없는 공덕을 성취할 수 있으리라."

15 "수보리야! 여기 만약 선남자 선여인이 있어, 아침 나절에 갠지스강의 모래 수만큼의 몸을 바쳐 보시하

고, 또 점심 때 갠지스강의 모래 수만큼의 몸을 바쳐 보시하고, 다시 또 저녁 때 갠지스강의 모래 수만큼의 몸을 바쳐 보시한 다 하자! 그리고 또 이와 같이 매일 매일 헤아릴 수 없는 백천 만억 겁의 시간 동안을 몸바쳐 보시한다 하더라도, 만약 또 어 떤 사람이 있어, 이 경전을 듣고 믿는 마음이 우러나와 거슬리 지 않는다면, 바로 이 사람의 복이 저 사람의 복을 이기리니. 하물며 이 경을 베껴 쓰고, 받아 지니고, 읽고 외워 남에게 해 설해주는 사람들에게 있어서랴! [2]수보리야! 요약하여 말하건 대, 이 경은 가히 생각할 수도 없고 가히 헤아릴 수도 없는 가 없는 공덕을 지니고 있으니, 여래는 이를 큰 수레에 발심한 자 를 위하여 설하고, 가장 좋은 수레에 발심한 자를 위하여 설하 느니라. [3]여기 만약 어떤 사람이 있어 이 경을 받아 지니고 읽 고 외워, 널리 사람들을 위하여 이를 설한다면, 여래는 이 사람 을 다 알고, 이 사람을 다 보나니, 이 사람은 헤아릴 수 없고 잴 수 없고 가없는 불가사의공덕을 성취할 수 있으리라. 이와 같 은 사람들은 여래가 깨달은 아뇩다라삼먁삼보리를 스스로 깨 닫게 되리라. [4]어째서 그러한가? 수보리야! 작은 법에 만족하 는 자들은 아견·인견·중생견·수자견에 집착하게 되므로, 이 경을 들어 자기 것으로 하지도 못하고, 읽고 외워 남을 위하여 해설하지도 못하게 되느니라. [5]수보리야! 어느 곳에든지 이 경 이 있게 되면 바로 그곳이 일체세간의 하늘과 인간과 아수라가 기꺼이 공양하는 곳이라. 마땅히 알지니라! 이곳이 곧 탑이라 는 것을! 모두가 기꺼이 공경하는 마음으로 절을 드리고 주위 를 돌면서 온갖 꽃의 향기로써 그곳에 흩으리라."

16 "이제 다음으로 수보리야! 선남자 선여인이 이 경을 받아 지니고 읽고 외울 때에 이로 인하여 사람들에게 경시당하고 핍박을 받는다면 이는 전생에 지은, 지옥에 떨어지게 될지도 모르는 죄업 때문일 것이다. 그러나 바로 지금 세상의 사람들이 이 사람을 경시하고 핍박하기 때문에 곧 전생의 죄업이 소멸할 것이요, 그래서 반드시 아뇩다라삼먁삼보리의 깨달음을 얻을 것이다. ²수보리야! 내 돌이켜 생각해보니, 과거의 헤아릴 수도 없는 아승기의 겁의 기나긴 시간 동안에, 연등부처님을 뵈옵기 전에도 이미 팔백사천만억 나유타 수의 많은 부처님을 뵈올 수 있었고, 또 이 분들을 공양하고 섬김에 조금도 헛된 세월이 없었어라. ³여기 또 한 사람이 있어, 오는 말세에 이 경을 잘 받아 지니고 읽고 외워서 공덕을 쌓는다면, 그 공덕에는 내가 과거세에서 그 많은 부처님들을 공양했던 그런 공덕이 그 백분의 일도 미치지 못할 뿐 아니라, 천만억분의 일 내지 어떠한 숫자의 비유로도 그에 미치지 못하리라. ⁴수보리야! 선남자 선여인이 법이 쇠퇴한 먼 훗날에도 이 경을 받아 지니고 읽고 외울지니, 그 때 그들이 얻을 수 있는 공덕을 내가 만약 자세히 다 말한다면, 보통 사람들은 그것을 듣고 마음이 미쳐 흐트러지거나, 반신반의하여 믿으려 들지 않을 것이다. 수보리야! 마땅히 알지라! 이 경의 뜻은 불가사의하며 그 과보 또한 불가사의하다는 것을!"

17 이 때에, 수보리가 부처님께 사뢰어 말하였다: "세존이시여! 선남자 선여인이 아뇩다라삼먁삼보리의 마음을 냈으면, 어떻게 마땅히 살아야 할 것이며, 어떻게 그 마

음을 항복받아야 하오리까?" [2]부처님께서 수보리에게 이르시되: "선남자 선여인으로 아눅다라삼먁삼보리를 발하는 자는 반드시 이와 같은 마음을 낼지어다: '나는 일체중생을 멸도한다 하였으나 일체중생을 다 멸도하고 보니 실로 멸도를 한 중생이 아무도 없었다'라고. [3]어째서 그러한가? 수보리야! 만약 보살이 아상이나 인상이나 중생상이나 수자상이 있으면 곧 보살이 아니기 때문이다. 그 까닭이 무엇이뇨? 수보리야! 아눅다라삼먁삼보리를 발한다고 하는 법이 실로 따로 있는 것이 아니기 때문이다. [4]수보리야! 네 뜻에 어떠하뇨? 여래가 연등부처님의 곳에서 아눅다라삼먁삼보리를 얻을 만한 법이 있었느냐? 있지 아니하였느냐?" "있지 아니하였나이다. 세존이시여! 제가 부처님께서 말씀하신 바의 뜻을 이해하기로는, 부처님께서 연등부처님의 곳에서 아눅다라삼먁삼보리를 얻을 만한 법이 따로 있지 아니하옵니다." [5]부처님께서 말씀하시었다: "그렇다! 그렇다! 수보리야! 여래가 아눅다라삼먁삼보리를 얻는다고 하는 그런 법이 도무지 있지 아니한 것이다. [6]수보리야! 만약 여래가 아눅다라삼먁삼보리를 얻는다고 하는 그런 법이 있다고 한다면, 연등부처님께서 나에게 수기를 내리시면서, 너는 내세에 반드시 석가모니라 이름하는 훌륭한 부처가 되리라고 하지 않으셨을 것이다. 진실로 아눅다라삼먁삼보리를 얻는다고 하는 법이 없기 때문에, 연등부처님께서 나에게 수기를 내리시면서, 너는 내세에 반드시 석가모니라 이름하는 훌륭한 부처가 되리라고, 이런 귀한 말씀을 해주신 것이다. [7]어째서 그러한가? 여래라고 하는 것은 모든 법이 있는 그대로의 모습일 뿐이라는 뜻이기 때문이다. [8]만약 어떤 사람이 있어, 여래가 아눅다라삼먁삼보리를 얻었다고 말한다면, 수보리야! 실로 깨달은 자가 아뇩다라삼먁삼보리의 깨달음을 얻었다고 하는 그러한 법이 있지 아니한 것이다. 9수보리야! 여래가 깨달은 바 아뇩다라삼먁삼보리, 바로 그 속에는 진실도 없고 거짓도 없나니, 그러하므로 여래는 설하기를, 일체의 법이 모두 부처님 법일 뿐이라 한 것이다. 10수보리야! 내가 말한 바 일체의 법이라 하는 것도 곧 일체의 법이 아니다. 그러므로 일체의 법이라 이름할 수 있는 것이다." 11"수보리야! 비유컨대 사람의 몸이 장대한 것과도 같다." 수보리가 사뢰었다: "세존이시여! 여래께서 사람의 몸이 장대하다고 말씀하신 것은 곧, 그 장대한 몸이 장대한 몸이 아니기 때문입니다. 그래서 비로소 장대한 몸이라 이름할 수 있는 것입니다." 12"수보리야! 보살 또한 이와 같다. 보살이 만약 '나는 헤아릴 수 없는 많은 중생을 멸도하리라'하고, 이와 같은 말을 지었다하면 그를 보살이라 이름할 수 없느니라. 어째서 그러한가? 수보리야! 진실로 이름하여 보살이라 할 수 있는 법이 있지 아니하기 때문이다. 13그러므로 부처는 말하느니라. 일체의 법이 아도 없고, 인도 없고, 중생도 없고, 수자도 없다라고." 14"수보리야! 만약 보살이 나는 반드시 불토를 장엄케 하리라고 이런 말을 짓는다면, 그를 보살이라 이름할 수 없느니라. 어째서 그러한가? 여래가 불토를 장엄케 한다고 말한 것은 즉 장엄케 함이 아니다. 그러므로 오히려 장엄케 한다고 이름할 수 있는 것이다. 15수보리야! 만약 보살이 무아의 법에 통달하면, 여래는 비로소 그를 참으로 보살이라 이름할 수 있다 설하느니라."

18 "수보리야! 네 뜻에 어떠하뇨? 여래는 육안이 있느뇨? 없느뇨?" "그러하옵니다. 세존이시여! 여래는 육안이 있사옵니다." ²"수보리야! 네 뜻에 어떠하뇨? 여래는 천안이 있느뇨? 없느뇨?" "그러하옵니다. 세존이시여! 여래는 천안이 있사옵니다." ³"수보리야! 네 뜻에 어떠하뇨? 여래는 혜안이 있느뇨? 없느뇨?" "그러하옵니다. 세존이시여! 여래는 혜안이 있사옵니다." ⁴"수보리야! 네 뜻에 어떠하뇨? 여래는 법안이 있느뇨? 없느뇨?" "그러하옵니다. 세존이시여! 여래는 법안이 있사옵니다." ⁵"수보리야! 네 뜻에 어떠하뇨? 여래는 불안이 있느뇨? 없느뇨?" "그러하옵니다. 세존이시여! 여래는 불안이 있사옵니다." ⁶"수보리야! 네 뜻에 어떠하뇨? 저 갠지스강에 있는 저 모래를 부처가 말한 적이 있느냐? 없느냐?" "그러하옵니다. 세존이시여! 여래께서는 그 모래를 말하신 적이 있사옵니다." ⁷"수보리야! 네 뜻에 어떠하뇨? 하나의 갠지스강에 있는 모든 모래, 그만큼의 갠지스강들이 있고, 이 갠지스강들에 가득찬 모래 수만큼의 부처님세계가 있다면, 이는 많다고 하겠느냐? 많지 않다고 하겠느냐?" "너무도 많습니다. 세존이시여!" ⁸부처님께서 수보리에게 이르시되: "그 많은 부처님 나라에 살고 있는 중생들의 갖가지 마음을 여래는 다 아느니, 어째서 그러한가? 여래가 설한 갖가지 마음이 모두 마음이 아니기 때문이다. 그래서 비로소 마음이라 이름할 수 있는 것이다. ⁹그 까닭이 무엇이뇨? 수보리야! 과거의 마음도 얻을 수 없고, 현재의 마음도 얻을 수 없고, 미래의 마음도 얻을 수 없기 때문이니라."

19 "수보리야! 네 뜻에 어떠하뇨? 만약 어떤 사람이 삼천대천세계에 가득 차는 칠보로써 보시한다면, 이 사람이 이 인연으로 얻는 복이 많다 하겠느냐? 많지 않다 하겠느냐?" "그러하옵니다. 세존이시여! 이 사람이 이 인연으로 얻는 복은 정말 많습니다." ²"수보리야! 만약 복덕이라고 하는 실제 모습이 있다고 한다면, 여래는 결코 복덕을 얻음이 많다고 설하지 아니하였을 것이다. 복덕이 없는 까닭에 여래는 복덕을 얻음이 많다고 설한 것이다."

20 "수보리야! 네 뜻에 어떠하뇨? 부처가 색신을 구족한 것으로 볼 수 있느냐? 없느냐?" "없습니다. 세존이시여! 여래께서 색신을 구족하신 것으로 보아서는 아니 되옵니다. 어째서 그러하오니이까? 여래께서는 '색신을 구족했다하는 것은 곧 색신을 구족한 것이 아니다'라고 설하셨기 때문입니다. 그래서 비로소 색신을 구족했다고 이름할 수 있는 것이오니이다." ²"수보리야! 네 뜻에 어떠하뇨? 여래가 뭇 상을 구족한 것으로 볼 수 있겠느냐?" "없습니다. 세존이시여! 여래께서 뭇 상을 구족하신 것으로 보아서는 아니 됩니다. 어째서 그러하오니이까? 여래께서 '뭇 상이 구족되었다 하는 것은 곧 구족된 것이 아니다'라고 설하셨기 때문이오이다. 그래서 비로소 뭇 상이 구족되었다고 이름할 수 있는 것이오니이다."

21 "수보리야! 너는 여래가 '나는 마땅히 설할 법을 가지고 있노라'고, 이 같은 생각을 지었다고 말하지 말라. 이 같은 생각을 지어서는 아니 된다. 어째서 그러한가? 만약 어

떤 사람이 여래가 설할 법을 가지고 있다고 말한다면 그는 곧 부처를 비방하는 자라. 내가 설한 바를 깨닫지 못하기 때문이라. 수보리야! 법을 설한다 해도, 설할 법이 아무것도 없나니, 그래서 비로소 법을 설한다 이름할 수 있는 것이다." [2]이 때에, 혜명 수보리가 부처님께 사뢰어 말하였다: "세존이시여! 퍽으나 많은 중생들이 미래의 세상에서 이 법이 설하여지는 것을 듣고 믿는 마음을 내겠습니까? 아니 내겠습니까?" 부처님께서 말씀하시었다: "수보리야! 그들을 중생이라 해서도 아니 되고 중생이 아니라 해서도 아니 된다. 어째서 그러한가? 수보리야! 중생, 중생이라 하는 것은 곧 중생이 중생이 아님을 여래가 설하는 것이다. 그래서 비로소 중생이라 이름할 수 있는 것이다."

22 수보리가 부처님께 사뢰어 말하였다: "세존이시여! 부처님께서 아뇩다라삼먁삼보리를 얻었다 하심은 곧 얻음이 없음을 말하는 것이오니이까?" [2]"그렇다! 그렇다! 수보리야! 내가 아뇩다라삼먁삼보리를 얻음에, 조그만큼의 법이라도 얻을 바가 있지 아니함에 이르렀으므로 비로소 아뇩다라삼먁삼보리라 이름할 수 있는 것이다."

23 "이제 다음으로 수보리야! 이 법은 평등하여 높고 낮음이 있지 아니하니, 그래서 이를 이름하여 아뇩다라삼먁삼보리라 한 것이다. [2]아도 없고, 인도 없고, 중생도 없고, 수자도 없는 것으로써 일체의 선한 법을 닦으면, 곧 아뇩다라삼먁삼보리를 얻으리라. [3]수보리야! 이른바 선한 법이라 하

는 것은 선한 법이 아니라고 여래가 설하였으니 이를 이름하여 선한 법이라 한 것이다."

24 "수보리야! 만약 어떤 사람이 삼천대천세계에 있는 모든 수미산들만큼 쌓인 칠보더미를 가져다가 보시를 한다 해도, 또 어떤 이가 있어 반야바라밀경 내지 그 사구게 하나를 받아 지니고 읽고 외워 타인에게 설한다면, 앞의 칠보 복덕은 이에 백분의 일도 미치지 못할 뿐 아니라, 백천만억분의 일 내지 어떠한 숫자의 비유로도 이에 미치지 못하리라."

25 "수보리야! 네 뜻에 어떠하뇨? 너희는 여래가 '나는 마땅히 중생을 제도하리라'고 이 같은 생각을 지었다고 말하지 말라. 수보리야! 이 같은 생각을 지어서는 아니 된다. 어째서 그러한가? 실로 여래가 제도할 중생이 있지 아니하기 때문이다. 만약 여래가 제도할 중생이 있다고 한다면 이는 곧 여래가 아상·인상·중생상·수자상을 가지고 있음이라. ²수보리야! 여래가 내가 있다고 한 것은 곧 내가 있지 아니한 것이다. 그러나 범부들은 내가 있다고 한 것에만 집착한다. 수보리야! 그러나 여래는 말한다, 범부라는 것도 범부가 아니라고."

26 "수보리야! 네 뜻에 어떠하뇨? 삼십이상으로써 여래를 볼 수 있느뇨?" ²수보리가 사뢰어 말하였다: "그러하옵니다. 그러하옵니다. 삼십이상으로써 여래를 볼 수가 있습니다." ³이에 부처님께서 말씀하시었다: "수보리야! 만약 네 말대로 삼십이상으로 여래를 볼 수 있다고 한다면 전륜성왕도

곧 여래라고 해야 될 것인가?" [4]수보리가 부처님께 사뢰어 말하였다: "세존이시여! 이제 부처님께서 설하신 바의 뜻을 깨달아 삼십이상으로써 여래를 보아서는 아니 된다는 것을 알겠나이다." [5]이 때에, 세존께서는 게송을 설하여 말씀하시었다:

> "형체로 나를 보거나
> 음성으로 나를 구하지 말라
> 이는 사도를 행함이니
> 결단코 여래를 보지 못하리."

27 "수보리야! 네가 만약 여래가 상을 구족한 까닭으로 아뇩다라삼먁삼보리를 얻은 것은 아니다라고, 이와 같이 생각한다면, 수보리야! 간곡히 부탁하노니, 이와 같은 생각을 짓지 말라, 여래가 상을 구족한 까닭으로 아뇩다라삼먁삼보리를 얻은 것은 아니다라고. [2]수보리야! 너는 혹 이와 같이 생각할지도 모르겠다. 아뇩다라삼먁삼보리를 발하는 자는 모든 법을 단멸해버린 상을 설한다고. 그러나 이와 같은 생각을 짓지 말라. 어째서 그러한가? 아뇩다라삼먁삼보리의 마음을 발한 자는 법에 있어 단멸한다고 하는 상을 설할 것이 아무것도 없기 때문이다."

28 "수보리야! 만약 어떤 보살이 갠지스강의 모래만큼의 세계에 가득찬 칠보로써 보시한다고 하자. 또 어떤 사람이 있어 일체의 법이 아가 없음을 알고, 인을 얻어 이루

면, 이 보살의 공덕이 앞의 보살이 얻은 바의 공덕을 뛰어 넘으리라. ²수보리야! 뭇 보살들은 복덕을 받지 않기 때문이다." 수보리가 부처님께 사뢰어 말하였다: "세존이시여! 어찌하여 보살이 복덕을 받지 않는다고 말씀하시나이까?" "수보리야! 보살은 자기가 지은 복덕에 탐하여 집착해서는 아니 된다. 그러한 까닭으로 복덕을 받지 않는다 말할 수 있는 것이다."

29 "수보리야! 만약 어떤 사람이 여래를 일컬어, 오는 듯 가는 듯, 앉는 듯 눕는 듯하다 하면, 이 사람은 내가 말한 바의 뜻을 이해하지 못한 것이다. ²어째서 그러한가? 여래는 어디로부터 온 바도 없으며 어디론가 가는 바도 없다. 그래서 여래라 이름하는 것이다."

30 "수보리야! 만약 여기 선남자 선여인이 삼천대천세계를 힘껏 부숴 티끌로 만든다면, 네 뜻에 어떠하뇨, 그 티끌들이 많겠느냐? 많지 않겠느냐?" ²"정말 많습니다. 세존이시여! 어째서이오니이까? 만약 그 티끌들이 실제로 있는 것이라고 한다면, 부처님께서는 티끌들이라 설하지 아니하셨을 것이오니이다. 그 까닭이 무엇이오니이까? 부처님께서 설하신 티끌들이란 티끌들이 아니기 때문이오이다. 그래서 비로소 티끌들이라 이름할 수 있는 것이오니이다. ³세존이시여! 여래께서 말씀하시는 삼천대천세계는 곧 세계가 아니오니이다. 그러므로 세계라 이름하오니이다. 어째서이오니이까? 만약 세계가 실제로 있는 것이라면, 그것은 곧 하나의 큰 전체상일 것이오니이다. 여래께서 말씀하시는 하나의 큰 전체상은 하나의 큰 전체

상이 아니오니이다. 그러므로 하나의 큰 전체상이라 이름하오니이다." ⁴"수보리야! 하나의 큰 전체상이라 하는 것은 곧 말로 할 수 없는 것이다. 단지 범용한 사람들이 그것에 탐착할 뿐이다."

31 "수보리야! 누가 부처가 아견·인견·중생견·수자견을 설했다고 말한다면, 수보리야! 네 뜻에 어떠하뇨? 이 사람이 내가 설한 바의 뜻을 이해했다고 생각하느냐?" ²"세존이시여! 이 사람은 여래께서 설하신 바의 뜻을 이해하지 못하였나이다. 어째서 그러하오니이까? 세존께서 말씀하신 아견·인견·중생견·수자견은 곧 아견·인견·중생견·수자견이 아니오이다. 그래서 비로소 아견·인견·중생견·수자견이라 이름할 수 있는 것이오니이다." ³"수보리야! 아뇩다라삼먁삼보리의 마음을 낸 사람은 일체의 법에서 마땅히 이와 같이 알고, 이와 같이 보고, 이와 같이 믿고 깨달을지니, 마음에 법의 상을 짓지 말라. 수보리야! 말한 바의 법의 상이라고 하는 것은 여래는 곧 말하였다. 법의 상이 아니라고. 그래서 우리는 법의 상이라 이름하는 것뿐이니라."

32 "수보리야! 만약 어떤 사람이 있어 수로 헤아릴 수 없는 무량한 세계에 가득찬 칠보를 가져다가 보시를 한다 해도, 여기 선남자 선여인이 있어 보살의 마음을 발하고, 이 경 내지 그 사구게라도 받아 지녀 읽고 외워, 다른 사람을 위해 연설한다면, 이 복이 저 칠보의 복을 뛰어 넘으리라." ²그리하면 어떻게 다른 사람을 위하여 연설한단 말인가? 상을 취하지 말라. 있는 그대로 움직이지 말라. ³어째서 그러한가?

모든 지은 법이여!

꿈과 같고

환영과 같고

거품과 같고

그림자 같네.

이슬과 같고

또 번개와 같아라.

그대들이여

이 같이 볼지니."

⁴부처님께서 이 경을 설하심을 마치시었다. 장로 수보리와
그 자리에 있던 모든 비구와 비구니와 우바색과 우바이, 그리
고 일체세간의 하늘과 인간과 아수라가 부처님께서 말씀하
시는 바를 듣고, 모두 크게 기뻐하여, 금강반야바라밀경을
믿고 받아 들이고, 받들어 행하더라.

【진 언】

나모바가바떼　　쁘라갸

빠라미따예

옴　　이리띠　　이실리　　슈로다

비샤야　　비샤야　　스바하

檮杌 金容沃

▷ 충남 천안 태생
▷ 고려대 생물과 · 한국신학대학 · 고려대 철학과 졸업(72)
▷ 국립대만대학 철학과 석사(74) · 일본 동경대학 중국철학과 석사(77)
▷ 하바드대학 철학박사(82)
▷ 고려대 철학과 부교수 부임(82) · 고려대 철학과 정교수(85)
▷ 고려대 철학과 교수직을 사퇴(86년 4월 6일, 양심선언)
▷ 그 후로 자유로운 예술, 저술, 저널리즘 활동
▷ 원광대학교 한의과대학 졸업(90~96) · 동숭동에 도올한의원 개원(96. 9.)
▷ 서울대 천연물과학연구소 교수 · 용인대 무도대학 유도학과 교수
▷ 중앙대 의과대학 한의학 담당교수
▷ 한국예술종합학교 연극원, 전통예술원 객원교수
▷ 중앙대학교 석좌교수(2003)
▷ 국립순천대학교 석좌교수(2005)
▷ 세명대학교 석좌교수(2007)
▷ 원광대학교 석좌교수(2010)
▷ 한신대학교 신학대학원 교수(2011) 이상 역임

저서 : 『여자란 무엇인가』, 『동양학 어떻게 할 것인가』, 『절차탁마대기만성』, 『루어투어 시앙쯔』(上·下), 『천명天命·개벽開闢』, 『새춘향면』, 『신한국기新韓國紀』, 『석도화론石濤畵論』, 『삼국통일과 한국통일』(上·下), 『태권도철학의 구성원리』, 『도올논문집』, 『화두, 혜능과 셰익스피어』, 『이성의 기능』, 『기독교성서의 이해』, 『요한복음 강해』, 『큐복음서』, 『노자와 21세기』(전3권), 『달라이라마와 도올의 만남』(전3권), 『계림수필』, 『논술과 철학강의』(전2권), 『도올의 교육입국론』, 『중용, 인간의 맛』, 『사랑하지 말자』, 『박원순과 도올, 국가를 말하다』, 『도올의 아침놀』, 『도올의 도마복음 한글역주』(전3권), 『논어한글역주』(전3권), 『대학·학기 한글역주』, 『효경 한글역주』, 『중용 한글역주』, 『맹자, 사람의 길』(上·下), 『도올, 시진핑을 말한다』, 『도올의 중국일기』(전5권), 『도올의 로마서 강해』, 『우린 너무 몰랐다』, 『스무살, 반야심경에 미치다』

도올문집 시리즈

제1집:『도올의 청계천이야기』— 서울, 유교적 풍류의 미래도시

제2집:『독기학설讀氣學說』— 최한기의 삶과 생각

제3집:『혜강 최한기와 유교』—『기학』과『인정』을 다시 말한다

제4집:『삼봉 정도전의 건국철학』—『조선경국전』『불씨잡변』의 탐구

제5집:『도올심득 동경대전』(1) — 플레타르키아의 신세계

제8집:『도올의 국가비젼』— 신행정수도와 남북화해

제9집:『앙코르 와트·월남 가다』(상) — 조선인의 아시아 문명탐험

제10집:『앙코르 와트·월남 가다』(하) — 조선인의 아시아 문명탐험

그외 통나무의 권장도서

『중국어란 무엇인가』·『한자학 강의』·『중국어음운학』최영애, 『기학』최한기 지음 손병욱 옮김, 『동학』(1·2) 삼암장 표영삼, 『한 젊은 유학자의 초상』— 王陽明 평전 뚜 웨이밍 지음 권미숙 옮김, 『일본정치사상사연구』마루야마 마사오 지음 김석근 옮김, 『주자의 자연학』야마다 케이지 지음 김석근 옮김, 『고사성어강의』한형조, 『內經病理學』최승훈, 『8체질의학의 원리』주석원, 『화이트헤드와 인간의 시간경험』오영환, 『화이트헤드 과정철학의 이해』·『화이트헤드 철학의 모험』문창옥, 『사람의 과학』김용준, 『과학과 철학』제1~11집 과학사상연구회, 『한계의 과학, 한계의 형이상학』이봉재 外, 『생물학의 시대』최재천 外, 『온생명에 대하여』장회익 外, 『인도에 대하여』이지수, 『인도의 지혜, 히또빠데샤』나라야나 지음 이지수 옮김, 『수학멘토』장우석, 『큐복음서의 민중신학』·『역사의 예수와 동양사상』·『하느님과 사람은 둘이 아니다』김명수, 『도올만화논어』(1·2·3·4·5) 보현, 『도올만화맹자』(1·2) 보현·안승희, 『도올만화중용』(1·2) 보현·안승희, 『김미루의 어드벤처 — 사막, 그 빈자리를 찾아서』김미루, 『초원 이충익의 담노 역주』김학목(2015년 학술원선정 우수학술도서), 『한국인이 캐낸 그리스 문명』김승중(2017년 교양부문 세종도서 선정), 『요동 고구려 산성을 가다 — 73개 고구려 산성 현장답사』원종선(2018년 교양부문 세종도서 선정)

도올 김용옥의 금강경 강해(한글개정신판)

1999년 10월 24일 초판 발행
2017년 5월 30일 2판 18쇄
2019년 1월 19일 3판 1쇄
2019년 9월 5일 한글개정신판 1판 1쇄
2020년 1월 10일 한글개정신판 1판 2쇄
2022년 8월 23일 한글개정신판 1판 3쇄

지은이 도올 김용옥
펴낸이 남 호 섭
펴낸곳 통 나 무

서울 종로구 동숭동 199-27
전화 : (02) 744 - 7992
팩스 : (02) 762 - 8520
출판등록 1989. 11. 3. 제1-970호

ⓒ Young-Oak Kim, 2019   값 18,000원

ISBN 978-89-8264-138-1 (03220)